高等学校专业教材

环境生物技术

陈　坚　主编

中国轻工业出版社

图书在版编目（CIP）数据

环境生物技术/陈坚主编．—北京：中国轻工业出版社，2023.7

高等学校专业教材

ISBN 978-7-5019-2488-2

Ⅰ．环…　Ⅱ．陈…　Ⅲ．环境生物学－高等学校－教材　Ⅳ．X17

中国版本图书馆 CIP 数据核字（2007）第 015850 号

责任编辑：江　娟　　责任终审：滕炎福　　封面设计：崔　云
版式设计：赵益东　　责任校对：方　敏　　责任监印：张　可

出版发行：中国轻工业出版社（北京东长安街 6 号，邮编：100740）
印　　刷：三河市万龙印装有限公司
经　　销：各地新华书店
版　　次：2023 年 7 月第 1 版第 21 次印刷
开　　本：850×1168　1/32　　印张：16.125
字　　数：418 千字
书　　号：ISBN 978-7-5019-2488-2　　定价：34.00 元
邮购电话：010－65241695
发行电话：010－85119835　传真：85113293
网　　址：http://www.chlip.com.cn
Email：club@chlip.com.cn

如发现图书残缺请与我社邮购联系调换

230987J1C121ZBQ

编者说明

环境污染问题目前已成为全球面临的四大难题之一，保护环境也早已定为我国的基本国策。虽然作为高新技术之一的生物技术用于污染物的治理已有悠久的历史，但是由现代生物技术和环境工程技术相结合的新兴交叉学科——环境生物技术只是在80年代才诞生于欧美地区。近10年来，环境生物技术发展极其迅速，一方面其研究领域不断扩大，内容极为丰富，学科的影响和地位日趋提高;另一方面，工程实践表明其已成为一种经济效益和环境效益俱佳的、解决复杂环境污染问题的最有效手段。正是基于这些，轻工高等院校教学指导委员会生物工程教学指导小组决定编写这本教材。

作为一门多学科交叉技术，环境生物技术的范围极其广泛。因此，要在一本书中全面介绍环境生物技术的各个领域是不可能的。根据国内外环境生物技术研究与应用的现状，本书共分为十章，重点介绍两部分内容。第一部分为传统环境生物技术，即废水的常规好氧生物处理、厌氧生物处理、除磷脱氮技术和废物的资源化工程。第二部分重点介绍现代环境生物技术，包括危险性化合物的微生物降解、污染场地的生物补救以及有利于环境的可降解材料(如塑料、表面活性剂、农药)的生物合成。

本书由无锡轻工大学陈坚主编，参加编写的人员有华兆哲、堵国成、任洪强。李寅(博士生)协助了第十章的编写。在全书编写过程中，编者得到了轻工高等院校教学指导委员会主任、中国工程院院士伦世仪教授，轻工高等院校教学指导委员会生物工程教学指导小组组长顾国贤教授的热情指导和鼓励;在出版过程中，编者得到了中国轻工业出版社的大力支持。在此，编者向所有对此书的出版给予关心和支持的前辈、同行和朋友们，表示深切的谢意！

本书中凡成分的含量以%表示的，一般均指质量分数。

由于编者的水平和能力有限，书中一定存在许多遗漏和不当之处，敬请读者批评指正。

编　者

目　录

第一章　环境生物技术的理论基础

第一节　环境生物技术的基本特征和研究内容

一、生 物 技 术

生物技术(Biotechnology)，国内外的许多学者曾对它下过多种大同小异的定义。简单地概括起来，不妨将生物技术理解为"利用生物有机体(从微生物直至高等动物、植物)或其组成部分(包括器官、组织、细胞或细胞器等)发展新产品或新工艺的一种体系"，或定义为"操纵生物(微生物、植物、动物)的细胞、组织或酶，进行生物合成、生物转化或生物降解，大规模地生产预期产品或达到特殊目的的一门技术"。

生物技术已经被使用了几个世纪，传统上它曾被集中地用于生产多种食品，如面包、奶酪、啤酒、葡萄酒以及酱油、米酒和发酵的乳制品(如酸奶)。虽然这种技术体系的原始应用可以追溯到十分古老的主副食品发酵，但最初人们并不知道其中的道理。今天，生物技术已以全新的面貌跻身于现代高科技行列，这完全要归功于近30年来生命科学的飞速发展与辉煌成就，其中特别是微生物学、遗传学、生物化学、细胞生物学和分子生物学等领域在理论与方法上的突飞猛进。此外，现代生物技术的形成和发展也与酿造工业、制药工业和化学工业中的一系列工艺改革和装备更新息息相关。总之，当代较高水平的科学技术背景和社会的需求，推动、促进了生物技术从传统技术转化为高技术，并形成了现代生物技术这一高科技领域。

一般认为，生物技术包括基因工程、细胞工程、酶工程和发酵工程四个方面。

基因工程主要涉及一切生物类型所共有的遗传物质——核酸的分离提取、体外剪切、拼接重组以及扩增与表达等技术。它是将人们所需要的基因从DNA或染色体上切割下来，或人工合成，在细胞体外将该基因连接到载体上，通过转化或转导将重组的基因组送入受体细胞，使后者获得复制该基因的能力，从而达到定向地改变(菌)种的遗传特性或创造新(菌)种的目的。

目前，基因工程主要在细菌方面取得了较大的成功，如利用微生物生产动物蛋白、胰岛素、人体生长激素、干扰素等。在食品工业上，细菌和真菌的改良菌株已影响到传统的面包焙烤和干酪的制备过程，并对发酵食品的风味和组织进行控制。在农业上，基因工程已用于品种改良，如对玉米(高直链淀粉含量，低胶凝温度以及无脂肪氧合酶的甜玉米)和番茄(高固体含量、强风味)等。基因工程在其他机体如酵母、植物、动物中的应用也正在迅速发展，使微生物可以获得本来只有动植物细胞才具有的生产特性。

细胞工程则包括一切生物类型的基本单位——细胞(有时也包括器官或组织)的离体培养、繁殖、再生、融合，以及细胞核、细胞质乃至染色体与细胞器(如线粒体、叶绿体等)的移植与改建等操作技术。简单地说，细胞工程就是动植物细胞的人工培养技术的研究领域，它包括细胞的原生质体融合技术、植物细胞培养技术、动物细胞培养技术。

利用细胞融合技术，已有培育得到番茄、马铃薯、烟草和短牵牛等杂种植株的报道。把亲缘关系较远的一些植物的有益性状，如高蛋白、高赖氨酸含量和抗病、抗旱能力的遗传性状转移到粮食作物中去的研究也已有成功的例子。人们期望有一天可以实现豆科类植物的共生固氮菌基因转移到非豆科类作物中去，使原来不能与根瘤菌共生的固氮的禾科类植物变成能固氮，从而实现不再需要施氮肥的梦想。利用植物细胞培养可以获得许多特殊的产物，如生物碱类(尼古丁)、色素、激素、抗肿瘤药物等。动物细胞培养可以用来大规模地生产贵重药品，如干扰素、人体激素、疫苗、单克隆抗体等。因此，细胞工程在医学和免疫学方面具有巨大的应用前景。

酶工程指的是利用生物有机体内酶所具有的某些特异催化功能，借助固定化、生物反应器和生物传感器等，高效优质地生产特定产品的一种技术。它包括酶的生产、分离提取、精制;酶在游离状态下的利用、固定化酶和固定化细胞的制备和利用;酶反应器的应用等技术。简单地说，酶工程就是酶和酶制剂的生产和应用的技术。

发酵工程，也有人称为微生物工程，是给微生物提供最适宜的发酵条件生产特定产品的一种技术。它包括传统的嫌气发酵(酿酒、发酵调味品、酒精等)和通风发酵(如抗生素、氨基酸、有机酸、酶制剂、单细胞蛋白、维生素、激素、疫苗等)。发酵工艺、菌种、代谢调控、新型发酵设备(反应器)和产品的回收、精制工艺和设备，共同构成了发酵工程的主要内容。发酵工程离不开酶，酶工程是发酵工程的组成部分，所以也有人将酶工程称为“分子水平的发酵工程”。发酵工程的主要产品包括细胞的生产，如酵母、食用菌等;酶类的生产，如各种酶制剂、各种曲类;各类代谢产物的生产，如有机酸、氨基酸、维生素、抗生素、多糖、核苷酸等。

二、环境生物技术的基本特征

生物技术，特别是发酵工程，可以说是一项最早涉足于环境保护领域的工程技术。利用农业废物沤制堆肥在我国农村有着十分悠久的历史，作为废水生物处理主要方法的活性污泥法也经历了80年的历程，并被认为是近代生物技术起源的组成部分。即使现今的一些废水生物处理工程，从某种意义上说，也就是大规模的发酵工程。近30年来，现代生物技术的多数内容都已渗入到环境工程领域中。美国国家科学和技术委员会(National Science and Technology Council)在1995年12月向美国政府提供的《21

世纪的生物技术：新的地平线》(Biotechnology for the 21st Century: New Horizons)报告中认为，生物技术在解决与环境管理和质量保证有关的问题方面，所起的作用包括能对良好的生态系统进行评价，可将污染物转化成无害物质，能利用再生资源生产生物可降解材料，可开发对环境安全的产品加工工艺和废物处置技术。

环境生物技术(Environmental Biotechnology，也有称为Environmental Bioengineering，可译为环境生物工程)，简称EBT，是近20年来发展起来的一门由现代生物技术与环境工程相结合的新兴交叉学科。广义的环境生物技术涉及的面很广，凡自然环境中涉及环境控制的一切与生物技术有关的技术，都可归结为环境生物技术。德国国家生物技术研究中心(GBF)的K.N.Timmis博士认为，生物技术中的三个部分属于环境生物技术的范畴。一是在环境中应用的生物技术，这是相对于一些在高度控制条件下的密闭反应器中进行的生物技术而言；二是涉及到环境中的某些可看作为一个生物反应器部分的生物技术；三是作用于一些必定要进入环境的材料的生物技术。

由于环境生物技术是一门新兴学科，因此，至今对环境生物技术的定义出现了多种说法。南京大学的程树培教授在其1994年出版的国内第一本《环境生物技术》一书中提出，环境生物技术的定义可以由生物技术的定义延伸扩展而获得，即直接或间接利用完整的生物体或生物体的某些组成部分或某些机能，建立降低或消除污染物产生的生产工艺，或者能够高效净化环境污染以及同时生产有用物质的人工技术系统，称之为环境生物技术。德国Timmis博士对环境生物技术下的定义是，环境生物技术是应用生物圈的某部分使环境得以控制，或治理预定要进入生物圈的污染物的生物技术，包括环境中污染物的生物减少(Bioelimination)、污染场地的生物恢复(Bioremediation)和生物可降解材料的开发和应用等。美国Michigan州立大学的J. M. Tiedje教授认为，环境生物技术的核心是微生物学过程。还有一些学者给出了更简单和通俗的定义，他们认为环境生物技术就是应用于环境污染治理方面的生物技术。

近10年来，环境生物技术发展极其迅速，目前已成为一种经济效益和环境效益俱佳的、解决复杂环境污染问题的最有效手段。中国科学院生物技术局局长孟广震教授在庆祝《生物工程学报》创刊10周年(1994年)的报告中指出，国际上认为21世纪生物技术产业化的十大热点中，有三项(环境监测、毒物的生物降解和生物塑料)属于环境生物技术的内容。我国国家环保局在“九五—2010年科技发展思路框架”中也明确指出，要重点研究微生物工程处理技术，大力开展污染场地补救、修复等环境生物技术研究，以解决我国面临的许多环境难题。实际上，目前在几乎所有的生物技术或环境工程领域的大型国际会议中，环境生物技术都是一个主要专题。

三、环境生物技术的研究内容

环境生物技术的范围极为广泛。到目前为止，环境生物技术涉及的学科包括分子生物学、生物化学、基因工程学、酶工程学、发酵工程学、化学工程学、环境生物学、环境毒理学、环境工程学、植物学、动物学、生态学、微电子学、计算机科学等等。从广义上说，环境生物技术无疑将在诸如以较低的环境成本生产食品，为化学加工工业提供较少毒性的化合物或产生较少污染的生产技术，从环境中消除毒性化合物以及控制人类传染性疾病等方面发挥重大作用。但最直接地看，现代环境生物技术中的生物减少和污染场地的生物恢复技术在宏观上运用到水污染控制方面显得尤为重要，因为以多种状态进入环境中的污染物，通过在自然界中的迁移，最终大都进入水体。

关于环境生物技术的研究内容，有学者从技术难度和理论深度的角度，提出可分为三个部分或三个层次。第一层次为现代环境生物技术，是指以基因工程为主导的近代防治污染生物技术，包括构建降解杀虫剂、除草剂、多环芳烃类化合物等污染物的高效基因工程菌，创造抗污染型转基因植物等。这一层次知识密集，为快速、有效地防治污染开辟了新途径，使解决日益出现的大量环境难题成为可能。第二和第三层次为传统的环境生物技术，其中第二层次是以废物的生物处理为主要内容，包括在新的理论和技术支撑下开发出的一系列废物强化处理工艺。这是目前广泛使用的治理污染的生物技术，仍在不断强化和改进，已为控制现时的环境质量起到了极其重要的作用。第三层次主要包括氧化塘、人工湿地和农业生态工程等，其特点是最大限度地发挥自然界的生物环境功能，投资运行费用少，易于操作管理。应该指出的是，环境生物技术中的三个层次没有重要与不重要之分。

在英国现代生物学公司出版的《生物技术现代观点》(Current Opinion in Biotechnology)杂志中，每年的第三期为环境生物技术专刊，其中的每篇文章均为环境生物技术某一专题的研究综述。统计1992年至1997年该专刊上的所有文章并将内容分为四部分，即降解污染物的工程菌和抗污染型转基因植物的相关研究，无害化或无污染生物产品生产工艺的相关研究，危险性化合物的降解和污染场地的生物修复研究，以及废水强化处理技术研究，结果如表1-1-1所示。此表可作为环境生物技术研究内容的一个说明。

表 1-1-1　《生物技术现代观点》杂志中环境生物技术内容的分类

内容所属范畴	文章数目占总数的百分比/%
降解污染物的工程菌和抗污染型转基因植物的相关研究	25.6
无害化或无污染生物产品生产工艺的相关研究	23.0
危险性化合物的降解和污染场地的生物修复研究	37.1
废水强化处理技术研究	14.3

从国内外的研究与应用现状可以发现，目前环境生物技术最有应用前景的领域是高效的废物生物处理技术、污染事故的现

场补救、污染场地的现场修复技术以及可降解材料的生物合成技术。为了更清楚地了解环境生物技术在这些领域的研究内容，这里以污染场地的生物恢复为例进行介绍。生物恢复是一种采用生物技术，对已被污染物污染或由于生态系统的管理不善而被破坏的区域进行恢复的救急方法。目前，生物恢复的优先研究内容包括五个方面:

(1) 探讨在环境变化和新的生存压力下微生物系统在结构和动力学方面的反应;

(2) 确定生化机理，包括参与污染物好氧，特别是厌氧降解的酶的作用途径;

(3) 深入了解微生物遗传学，以提高微生物降解污染物的能力;

(4) 对新的生物补救技术进行微观和宏观系统的实践研究，从成本和效率角度确定技术的实际可行性，并建立长期区域性研究的基地;

(5) 不断开发、试验和评价一些创新的生物技术，如用于现场监测生物补救的传感器，生物补救中的生物过程模型以及生物补救效能的可靠评价方法。

我国的环境生物技术处于刚刚起步阶段。目前，我国环境生物技术的主要内容在以下几个方面:

(1) 高效降解污染物的基因工程菌和抗污染型转基因植物的研究;

(2) 无害化或无污染生物生产工艺技术研究;

(3) 生物反应器和固定化技术高效处理废水的工业应用研究;

(4) 废物资源化工程研究;

(5) 引入DNA扩增和其他生物技术的环境监测方法研究。

第二节　环境生物技术的生物学基础

一、微生物学基础知识

微生物并非生物分类学上的名词，而是一群形体微小、结构简单的单细胞或多细胞生物，有的甚至没有细胞结构。绝大多数微生物的个体都需用显微镜甚至电子显微镜才能看到。微生物在环境中分布极广，种类繁多。

(一) 原核细胞型微生物

原核微生物在环境中占主要地位的是细菌(Bacteria)。确切地说，此处讨论的为真细菌，以便与其他的细菌类群如放线菌、鞘细菌等相区分。后者将另行讨论。

1. 细菌

(1) 细菌的形态和大小　细菌的基本形态有球状、杆状和螺旋状3种。

球菌单独存在时呈正球形，几个球菌联在一起时，其接触面常呈扁平状态。根据球菌分裂方向及排列方式不同，又可分为单球菌、双球菌、链球菌、四联球菌、八叠球菌和葡萄球菌。

杆菌也有不同形状，有的很长为长杆菌，有的较短称短杆菌，更短至近球形者为球杆菌。杆菌两端形状，一般为钝圆，但也有平截或略尖者。杆菌可以单生或排列成链，称单杆菌或链杆菌。

细胞呈弯曲杆状的细菌属于螺旋菌。根据其弯曲程度不同又分为弧菌与螺菌。弧菌菌体弯曲呈弧形或逗号形，螺菌菌体作多次弯曲。

细菌在初生时期或在适宜生活条件下呈典型形态。这些形态特征是鉴别菌种的重要依据之一。

细菌大小常以μm(微米)表示。在显微镜下可用目镜测微尺进行测量。

球菌大小以直径来表示，杆菌及螺旋菌的大小以长度和宽度来表示，螺旋菌的长度是菌体空间的长度而不是它的真正长度。大多数球菌直径为0.5～2 μm；杆菌一般长1～5 μm，宽0.5～1 μm，在鉴别菌种时宽度比长度更重要；螺旋菌宽度常在0.5～5 μm，长度则有很大差异，一般为5～15 μm。

(2) 细菌细胞的构造　细菌细胞主要由细胞壁、细胞质膜、细胞质、核及内含物等构成。有的细菌还可能有荚膜、芽孢或鞭毛等特殊结构。

(3) 细菌的繁殖与菌落特征　细菌一般进行无性繁殖，表现为细胞的横分裂，称为裂殖。裂殖形成的子细胞常大小相等，称为同形裂殖。在陈旧的培养中，偶尔也可出现异形裂殖，即产生大小不等的子细胞。

细菌的分裂繁殖包括核与细胞质分裂、横隔壁形成、子细胞分离等过程。有些细菌细胞在横隔壁形成后不久便分离，其结果形成许多单个的细胞。有些细菌细胞在横隔形成后，细胞暂不分离而形成链状。

细菌在固体培养基上生长发育，几天内即可由一个或几个细胞分裂繁殖成千万个细胞。大量细菌集聚起来，形成肉眼可见的群体，通常称之为菌落。

各种不同细菌在一定的培养条件下形成的菌落具有一定的特征，包括菌落的大小、形状、光泽、颜色、硬度、透明度等。菌落的特征对菌种鉴别具有一定意义。

细菌在液体培养基中生长，可表现为培养液由清至浊。因菌种特性不同，当菌体大量增殖时，有的种可生成菌膜悬浮于液面，有的种可能沉于培养液底部。

(4) 环境中常见的真细菌代表　细菌形态简单，但菌种非常繁多。单靠外形难以区别，还需依据其生理与生化特征，碱基组成百分数，即(G+C)%等。国内外多年来较广泛应用的为《Bergey氏细菌鉴定手册》中所列分类系统。环境中常见的真细菌主要包括球菌类、杆菌类和螺旋菌类。

球菌类主要有：微球菌属(*Micrococcus*)、葡萄球菌属(*Staphylococcus*)和链球菌属(*Streptococcus*)。

杆菌类主要有：假单胞菌属(*Pseudomonas*)、动胶菌属(*Zoogloea*)、埃希氏菌属(*Escherichia*)、产碱杆菌属(*Alcaligenes*)、不动杆菌属(*Acinetobacter*)、棒状杆菌属(*Corynebacterium*)、节杆菌属(*Arthrobacter*)、黄杆菌属(*Flavobacterium*)、色杆菌属(*Chromobacterium*)、气单胞菌属(*Aeromonas*)、变形杆菌属(*Proteus*)和芽孢杆菌属(*Bacillus*)。环境中种类与数量最多的为杆菌。

螺旋菌类主要有：螺菌属(*Spirillum*)和弧菌属(*Vibrio*)。

2. 放线菌

放线菌为细菌中的一个特殊类群。其细胞结构与真细菌十分相近，细胞核属于原核，没有核膜与核仁的分化；细胞微小，直径在0.5～1.5 μm；细胞壁化学成分与真细菌相仿；只有无性繁殖等。因此，将放线菌归于细菌类，是细菌类中进化较高级的类群。

放线菌广泛分布于人类生存的环境中，多数为腐生菌，可以分解许多有机物，包括吡啶、甾体、芳香化合物、纤维素、木素等复杂化合物。许多抗生素如链霉素、土霉素等均由放线菌产生。

(1) 放线菌的形态　放线菌为具有分枝的丝状菌，菌丝无隔膜。细胞壁中含有*N*-乙酰胞壁酸与二氨基庚二酸，而不含几丁质与纤维素。革兰氏染色阳性。放线菌的菌丝由于形态与功能不同，分为基内菌丝、气生菌丝与孢子丝。孢子丝至一定阶段断裂为孢子，或称分生孢子。放线菌孢子的形状、表面、颜色等均为放线菌菌种鉴定的依据。

(2) 放线菌的繁殖与菌落特征　放线菌通过无性孢子及菌丝片段等进行繁殖，其中以分生孢子为主。少数放线菌还能以子囊孢子进行繁殖。

放线菌菌落特征介于霉菌与细菌菌落之间。放线菌的气生菌丝较细，生长缓慢，菌丝分枝互相交错缠绕，因而形成的菌落质地致密，表面呈紧密的绒状或坚实、干燥、多皱，菌落较小而不致广泛延伸。放线菌基内菌丝长在培养基内，故菌落与培养基结合紧密，不易挑起，或者整个菌落被挑起而不致破碎。幼龄菌落因气生菌丝尚未分化成孢子丝，故菌落表面与细菌菌落相似而不易区分。当形成大量孢子布满菌落表面时，就形成外观为绒状、粉末状或颗粒状的典型放线菌菌落。此外，由于放线菌菌丝及孢子常具有色素，也使菌落的正面、背面呈现不同颜色。水溶性色素可扩散到培养基中，脂溶性色素则不能扩散。以放大镜仔细观察，可见菌落周围有放射状菌丝。

常见的放线菌的代表属主要有：链霉菌属(*Streptomyces*)、诺卡氏菌属(*Nocardia*)(又称原放线菌)和小单孢菌属(*Micromonospora*)。

3. 鞘细菌

鞘细菌(*Sheathed bacteria*)为单细胞连成的丝状体细菌。丝状体外包围一层由有机物或无机物组成的鞘套，故称鞘细菌。丝状体不分枝或假分枝。其繁殖靠游动孢子或不能游动的分生孢子。生存于淡水或海水中。常见的鞘细菌代表属有球衣菌属(*Sphaerotilus*)和铁细菌属(*Crenothrix*)。

4. 滑动细菌

滑动细菌为不借鞭毛而靠菌体的蠕动进行滑动的细菌。主要包括粘细菌、噬纤维细菌和贝氏硫细菌三大类。

5. 光合型原核生物

(1) 蓝细菌　蓝细菌(Blue bacteria或Cyanobacteria)过去归入藻类，称为蓝藻或蓝绿藻(Blue-green algae)。近年来根据其细胞结构为原核，归入细菌类。然而，考虑到生物学界多年的习惯，有时仍沿用“蓝藻”及其以藻命名的属名。

a. 蓝细菌的形态与构造：简单的蓝细菌为球状或杆状的单细胞生物，外形与较大的细菌相似。多数蓝细菌是不分枝的丝状体，由多个单细胞连成一串。菌体外常具有胶质外套，使多个菌体或丝状体集成一团。大多数蓝细菌能滑行运动。

蓝细菌是光合型微生物。其光合色素存在于类囊体或称类囊片(Thylacoid)上，类囊体具膜结构，因此，蓝细菌是原核生物中唯一的一类在其细胞质中具有膜结构的生物。蓝细菌的光合色素主要为叶绿素a及藻蓝素，有的尚含有藻黄素、藻红素等。由于藻蓝素占优势，常使其细胞呈现特殊的蓝或蓝绿色，但如其他色素含量大时，也可呈红、紫、褐等不同颜色，故颜色并非判断蓝细菌的主要标志。

b. 蓝细菌的生活特征：蓝细菌对生活要求简单，既能进行光合作用将CO_2同化转变成菌体物质，又不需维生素；有的种还能利用分子态氮进行固氮作用；由于菌体外具胶质外套保护，能耐干旱，有的蓝细菌干标本保存80余年后移至适宜环境中仍能存活。因此，只要供应少量无机盐类及水分，温度适宜即能大量繁殖。

蓝细菌广泛分布于自然界。多种蓝细菌生存于淡水中，是水生态系统食物链中的重要一环。当其恶性增殖时，可形成"水华"(Water bloom)，造成水质恶化与污染。有的蓝细菌生于海水甚至深海中，海洋中的"赤潮"(Red tide)有时系因某类蓝细菌大量繁殖而致。

蓝细菌的常见属有：微囊藻属(*Microcystis*)、颤藻属(*Oscillatoria*)、鱼腥藻属(*Anabaena*)和念珠藻属(*Nostoc*)。

(2) 光合细菌　光合细菌(Photosynthtic bacteria，简称PSB)，也称光能营养型细菌(Phototrophic bacteria)。它是又一类含有光合色素，能同化CO_2为菌体有机质的细菌。但这些细菌与上述蓝细菌不同，都不含叶绿素，只有菌绿素及类胡萝卜素。光合细菌的光合作用与蓝细菌和高等植物的光合作用显著地不同，表现在它们不能光解水，以水中的氢还原CO_2，而是从有机物或水以外的无机物中取得氢；它们的光合作用不产生氧；光合作用一般在厌氧条件下进行。

光合细菌的形态有球形、杆形、弧形及螺旋形，大多具有端生鞭毛，存在于土壤、污水、湖及海水、矿泉中。因有色素，菌体呈红、紫、褐、绿等不同颜色。

光合细菌包括紫色硫细菌(也称红色硫细菌)、紫色(红色)非硫细菌、绿色硫细菌、绿色非硫细菌等。

(二) 真核细胞型微生物

1. 真菌

真菌(Fungus)是微生物中的一个大类群。菌体为多细胞的分枝丝状体或为单细胞个体，比细菌个体大而且也复杂得多，属于真核生物，有具有核膜的完备的细胞核。真菌在细胞构造与繁殖方式上有许多地方与藻类相似，但真菌不含叶绿素，不能进行光合作用，靠腐生或寄生生活。真菌与原生动物主要区别在于，前者有比较坚硬的细胞壁而后者则无。

真菌在自然界分布极为广泛。它们存在于土壤、水、大气和生物体内外。现已记载的真菌约12万余种，分别归于霉菌、酵母菌及蕈菇中。蕈菇体大，多不列于微生物学中讨论。

(1) 霉菌　霉菌(Mold)是一些丝状真菌的通称，不是一个分类学中的名称。

a. 霉菌的形态与结构：霉菌菌体均由分枝或不分枝的菌丝构成，许多菌丝交织在一起则称为菌丝体。

霉菌菌丝细胞均由细胞壁、细胞质膜、细胞质、细胞核及各种内含物组成。幼龄时细胞质充满整个细胞，老龄细胞则出现大的液泡，其中有各种贮藏物质，如肝糖、脂肪滴及异染颗粒等。细胞壁厚100～250nm，除少数低等水生霉菌细胞壁中含有纤维素外，大部分霉菌细胞壁由几丁质组成。细胞核具核膜，核内有染色体结构和核仁。霉菌细胞中还存在着与高等细胞相似的线粒体与核糖体。

霉菌菌丝有一定程度的分化，部分菌丝长入培养基内称为营养菌丝，伸出培养基外的称为气生菌丝。气生菌丝上常产生孢子，故又称繁殖菌丝。有的菌丝产生色素，呈现不同颜色，有些色素可分泌到菌丝外。

b. 霉菌的繁殖方式：霉菌菌丝顶端可以延伸、分枝而生长，菌丝断裂的片段也可以长成新的菌丝体而进行繁殖。多核菌丝还表现出细胞核分裂而细胞不分裂的生长繁殖方式。但霉菌主要是借产生无性孢子及有性孢子而繁殖，其中尤以无性繁殖更为经常与普遍。

c. 霉菌菌落特征：霉菌和放线菌一样，菌落由分枝状菌丝组成。由于霉菌菌丝较粗而长，故形成的菌落较疏松，呈绒毛状、絮状或蜘蛛网状，一般比细菌菌落大几倍到几十倍。由于霉菌形成的孢子有不同形状、构造与颜色，所以菌落表面往往呈现出肉眼可见的不同结构与色泽特征。有的水溶性色素可分泌至培养基中，使菌落背面也呈现不同颜色。同一霉菌在不同成分培养基上形成的菌落特征可能有变化，但各种霉菌在一定培养基上形成的菌落形状、大小、颜色等相对稳定。菌落特征是鉴定霉菌的重要依据之一。

(2) 酵母菌　酵母菌(Yeast)是一类单细胞真菌，可看作是真菌中的特殊形态。

a. 酵母菌的形态与结构：酵母菌为卵圆、球状或圆柱状的生物。有时因母代与子代细胞连结一起不分开，故呈假菌丝状。

酵母菌结构具有真核生物的特征。除具有真核外，尚有其他具膜结构的细胞器，如线粒体、内质网膜等。老熟细胞中常含有较大的液泡，镜检时清晰可见，为一形态特征。有的酵母菌中含有大量蛋白质、脂肪、多糖或维生素类，又因其对生活条件要求不高、繁殖迅速，在环境保护工作中，常被广泛应用于综合利用中，将废物转化成有益产品，如单细胞蛋白质。

b. 酵母菌的繁殖：最主要而典型的繁殖方式为出芽生殖，简称芽殖。母细胞表面外突长出芽细胞，芽细胞脱离母体后即为新个体，有时芽细胞不脱离母体，又长出新芽，于是就会出现大小细胞相连的假菌丝状。少数酵母菌借横分裂繁殖，是为裂殖。此外，酵母菌尚可通过两性结合形成子囊孢子而繁殖。但假丝酵母等，尚未见其有性过程。

c. 酵母菌菌落特征：大多数酵母菌形成的菌落与细菌的相似，但较细菌菌落大而厚，菌落表面湿润、粘稠，易被挑起。有些种类培养时间长则菌落皱缩。酵母菌菌落多呈乳白色，只有少数为红色。菌落的颜色、光泽、质地、表面和边缘特征，均为酵母菌菌种鉴定的依据。

在液体培养基中，有的酵母菌生长产生沉淀，有的在液体中均匀生长，有的则形成菌醭或称菌膜。菌醭的形成与特征具有分类意义。

(3) 真菌的分类　真菌种类繁多，分类学上将真菌分属三纲一类。凡菌丝无隔膜，有性孢子为卵孢子或接合孢子的，为藻状菌纲；菌丝有隔膜，有性孢子内生，为子囊孢子者，属子囊菌纲；菌丝有隔膜，其有性孢子外生，为担孢子者，属担子菌纲；菌丝有隔，尚未发现其有性繁殖者，为半知菌类。

2. 藻类

藻类(Algae)是低等植物中的一个大类群。与高等植物不同的是，藻类细胞分化比较低级，无根、茎、叶、花的分化，生殖方式也低级。大多数藻类个体很小，肉眼看不见或看不清，故列入微生物学范畴。

藻类主要为水生生物，广泛存在于淡水及海水中。单细胞藻类，主要存在于水的上层，浮游于水体中，故也称浮游生物或浮游植物。在自然界水生生态系统中，藻类是重要的初级生产者，是水生食物链中的关键环节，它关系着水体生产力及物质转化与能量流，使水体保持自然生态平衡。但在某些特定条件下，藻体异常增殖可造成水体严重污染，给人类生产与生活带来危害。

(1) 藻类的形态与构造　藻类形态多种多样。有单个球状的，有球状排列成链或成堆团的，有丝状体的(有的有隔膜、有的具分枝)，以及其他形态等。有的为单细胞，有的是多细胞。

藻类具有真核，因此，有真核细胞的一般特征。多数有细胞壁，细胞壁由纤维素与果胶质组成。单胞藻类一般能运动，多胞藻类的生殖细胞(孢子)通常也能运动。藻类的运动主要靠鞭毛进行。

藻类细胞中大都有叶绿体。叶绿体有两层单位膜所包围，其中充满片层结构，与高等植物叶绿体基本相似。藻类叶绿体中都含有叶绿素a，有些藻类尚含有叶绿素b及c;各种类胡萝卜素，如α，β或γ-胡萝卜素、叶黄素等。此外，在红藻体内尚含有藻蓝素及藻红素(两者总称藻胆素)，与蓝细菌相似。藻类借这些光合色素进行光合作用。也由于所含光合色素不同而使藻类呈现不同的颜色。

(2) 藻类的生理特征　藻类所具有的光合色素与高等植物相同，也进行同类型的光合作用，称植物光合作用。这种光合作用的特点是以水作为供氢体并释放氧气。进行这种光合作用一定有叶绿素a的参与。藻类和高等植物以及蓝细菌(蓝藻)均属此类。

藻类一般是无机营养的，除利用CO_2外，尚需无机氮化合物供给氮素，以合成藻体蛋白质，此外还需磷、硫、镁等。

藻类是需氧性生物，呼吸作用需要氧。在白昼有光照条件下，其光合作用产氧量大，水中含氧量(溶解氧)往往很高。至夜间，仅有呼吸作用，水体中的含氧量可急骤下降。

(3) 藻类的常见代表　根据藻类形态及生理特征，可将它分为裸藻门、绿藻门、金藻门、甲藻门、褐藻门和红藻门6个门。

3. 原生动物

原生动物(Protozoa)是单细胞的低等动物，在环境中分布也广，海洋、湖水、河水、池水及土壤中均有存在。有的原生动物在高等动物与人体内寄生或共生，更多的为腐生。原生动物是水中重要的浮游生物。在活性污泥法处理废水中原生动物以吞食细菌为生，对净化污水起到一定的作用。

(1) 原生动物的形态与构造　原生动物形态多样，大小一般多在100～300μm，也有个别小至几μm者。虽为单细胞生物，但构造较为复杂。原生动物能和多细胞动物一样进行摄食、呼吸、排泄、生殖等。它们可以形成不同的“胞器”(Organelle),各起不同的作用。

(2) 原生动物的营养与繁殖　大部分原生动物为异养生活，以吞食细菌、真菌、藻类等有机体为食，或以死有机体、腐烂物、有机颗粒为食。少数含有光合色素，能像植物一样进行自养生活。原生动物有无性繁殖及有性繁殖。无性繁殖一般为二分裂繁殖，也有复分裂方式的。绝大部分原生动物可以形成休眠体(又称孢囊)，可抵抗不良环境，至环境条件适宜时，又复萌发，长出新细胞。

(3) 原生动物常见代表　目前已知原生动物近15 000余种，分属于肉足纲、鞭毛纲、孢子纲和纤毛纲4个纲中。主要包括：肉足虫(Sarcodina)、鞭毛虫(Mastigophora)和纤毛虫(Ciliata)等。

在活性污泥污水处理池中，常以原生动物的类群与比例作为污水净化的指标。一般条件下，普通钟虫与群体钟虫较多时，说明污泥曝气池运转正常。

(三) 非细胞型微生物

非细胞型微生物主要为病毒(Virus)。病毒不具细胞结构，大多数病毒只是核酸与蛋白质组成的大分子，而且只含有DNA或RNA一种类型核酸;它们体积极小，能通过细菌过滤器，须借助电子显微镜才能看见;它们专性寄生，没有独立的代谢活动，只是在其寄主体内才表现生命的特征。因此，病毒可以概括为超显微的、不具细胞结构的、专性活细胞寄生的微生物。

1. 病毒的形态与大小

病毒的体积大小差别很大，大多数病毒比细菌小得多。

病毒形状各不相同，有球状、卵圆形、砖形、杆状、丝状、多面体、蝌蚪状等。动物病毒多呈球形、卵圆形、砖形或多面体形。植物病毒多呈杆状或丝状。细菌病毒也称噬菌体，多为蝌蚪状，也有球形及丝状。

病毒感染细胞后常可使宿主细胞形成一种在光学显微镜下可见的小体，称为包涵体。包涵体在细胞中呈现的形状、数量、大小和位置不一。大多数病毒包涵体由病毒粒子组成，少数包涵体不含病毒粒子，主要是细胞对病毒反应的产物。

2. 病毒的化学组成与结构

大多数病毒由蛋白质与核酸组成，只有少数几种较大的病毒尚含有脂类、多糖等。

(1) 核酸　每一种病毒只含有DNA或RNA一种类型核酸。动物病毒有些含DNA，有些含RNA，如天花病毒为DNA型，流感病毒为RNA型。绝大多数植物病毒含RNA，少数含DNA。

病毒核酸是病毒繁殖、遗传变异与感染性的物质基础。某些核酸借物理化学方法分离出来后，仍具有感染性。

(2) 蛋白质　是病毒的主要组成，其主要作用是构成病毒粒子的外壳，保护病毒核酸；决定病毒感染的特异性；并具有抗原性。

完整的具有感染性的病毒颗粒称为病毒粒子，由核酸及蛋白质组成。核酸在中心部分，形成病毒的核髓，外面包围的蛋白质称为衣壳，核酸与衣壳组成核衣壳。最简单的病毒就是裸露的核衣壳。有的病毒在核衣壳外还有被膜包围着。这样的结构具有高度的稳定性，可保护病毒核酸不致在细胞外环境中受到破坏。

(3) 病毒的侵染与增殖　病毒是专性活细胞内寄生物，只能在活体内增殖，在活体外它们只是不表现生命特征的化学大分子。病毒感染寄主细胞进行繁殖的方式不是二分分裂，而是感染细胞后，“接管”宿主细胞的生物合成机构，使之按照病毒的遗传特性合成病毒的核酸与蛋白质，然后聚集成新的病毒粒子。这种繁殖方式，称为病毒的复制。病毒感染寄主细胞进行繁殖的过程可分为吸附、侵入、复制、聚集与释放等步骤。

二、酶学基础知识

(一) 酶的结构与功能

酶是生物催化剂，它具有作用专一性强、催化效率高和反应条件温和的显著特点。一切生物的生命活动都是由代谢的正常运转来维持，代谢中的各种化学反应在生物体内都可以在常温、常压、中性条件下极其迅速地进行。所以，酶是促进一切代谢反应的物质，没有酶，代谢就停止，生命活动也就停止。

一切酶分子都是由氨基酸分子组成的高分子蛋白质，相对分子质量在1～100万之间。天然酶分子有单纯酶和结合酶两类，前者的分子组成只含蛋白质，后者分子组成中除蛋白质外还含有非蛋白质成分，有的还含有金属离子。酶分子内非蛋白质成分称为辅基，辅基与酶蛋白的结合物称为全酶。对于结合酶，只有全酶才能行使催化功能。根据酶催化反应的性质，将酶分为6类：氧化还原酶类、转移酶类、水解酶类、裂合酶类、异构酶类与合成酶类。大量事实说明，酶蛋白结构(包括一级、二级、三级及四级结构)决定了酶的功能——酶的高效、专一催化化学反应能力，酶蛋白的一级结构决定了酶的空间构象，而酶所具有的特定空间构象又是酶功能表达的基础。酶分子正是通过其组成成分的精细安排与空间结构上的巧妙匹配，从而表现出其促进化学反应的高效、特异功能。

在生物体内酶所催化的形形色色的化学反应按生物功能可归纳为4大类。

(1) 直接参与某种具体的生理功能　这类酶根据生命活动需要执行一定的生理功能。例如神经传导是由神经末梢中的乙酰胆碱酯酶来传导神经冲动，肌纤-ATP酶与肌肉收缩有关，Na^{+}、K^{-}-ATP酶在细胞膜的主动运输中起“钠泵作用”。

(2) 担负保卫清除功能　在生物体内很多酶起这类作用。典型的是能降解外来DNA的限制性核酸内切酶；能直接移除自由基O·，防止毒性过氧化脂质生成的超氧化物歧化酶；还有凝血酶等。参加这一工作的可以是单一酶，也可通过酶系统而起作用，如凝血酶系、溶血纤酶系、免疫系统中的补体系统等，它们是通过酶的级联系统而发挥作用的。

(3) 协同激素起生物调节放大作用　腺苷酸环化酶就是起这种作用。当外界化学信号特异性地与细胞膜受体相应的调节部位结合，便可引起受体蛋白质构象的变化，使潜在的活性部位变为有活性的活性部位，这叫做受体被激活，同时连锁地使相邻的腺苷酸环化酶构象也发生变化。被激活的腺苷酸环化酶催化ATP生成环化ATP，环化ATP作为第二信使激活蛋白激酶，从而引起细胞内部功能的一系列变化。肝细胞内贮藏的糖原分解为葡萄糖的过程就是由腺苷酸环化酶协同肾上腺素起生物调节放大作用的一个典型例子。

(4) 催化和调节代谢反应　酶最主要、也是最基本的生物功能就是催化代谢反应，建成各种代谢途径、各种代谢体系，为生物机体的生存、发展，为形形色色的生命活动提供物质和能量的基础。代谢途径、代谢系统多种多样，所以代谢过程有一个调节、控制的问题。生物机体不断进行代谢过程的调控，本身也在这种运动中得到发展，适应内外环境变化，得以生存。

生物体代谢调节在三种水平上进行，即神经调节、激素调节和细胞内调节。细胞代谢调节主要是通过酶的控制而实现的。这种酶水平的调节机制，是最基本的调节方式，激素和神经调节也是通过酶水平的调节而发挥作用的。所以，所有的代谢调节实际上就是酶的调节。

利用酶或细胞器等所具有的某些特异催化功能，借助工艺学手段和生物反应装置来生产人类所需要的产品的科学技术称为酶学工程，简称酶工程。环境生物技术应用酶工程的目的，在于充分地发挥生物反应条件温和，专一性强，降解污染物效率高的特点。它集中突出了生物所具有的净化功能。

(二) 酶与细胞的固定化

固定化技术是酶工程的重要组成部分。单一的酶，可针对特定的有机污染物，进行有效的降解。细胞是多酶体系的综合体，微生物细胞能降解有机污染物，说到底也是依赖酶的催化作用。将单一的酶或生物细胞，经过物理、化学或其他方法的处理，固定在载体上，成为固定化酶或固定化细胞。在固定化酶或固定化细胞的反应器内，废水流经固定化酶或固定化细胞，得到有效处理。酶和细胞被固定化后，不会随处理废水的排放而流失，处理出水中，不会有游离菌体的出现，为安全有效地利用遗传工程菌和专一的酶来处理废水提供了保障。

固定化酶和固定化细胞在清除污染、保护环境方面也大有作为，其主要作用是进行环境监测和处理污染物。(1)环境监测。根据固定化酶用于化学分析方面的相同原理，固定化酶也可用于测定有毒物质的含量，进行环境监测，如用固定化多酚氧化酶检测水中的酚类物质；利用固定化酶还可以检测有机磷、有机氯农药和其他痕量污染物(如过氯酸盐、氰化物和尿素等)。(2)处理污染物。应用固定化酶或固定化细胞可以组成快速、高效、连续运行的污水处理系统。如用固定化分解氰化物的细菌去除废水中的氰化物；用固定化α-淀粉酶处理造纸厂的废水；用水解农药的细菌固定化制剂处理农药废水等。

酶的固定化方法主要有4种，包括吸附法、包埋法、共价键结合法和交联法。

固定化酶制法分类图如图1-2-1所示，固定化方法示意图

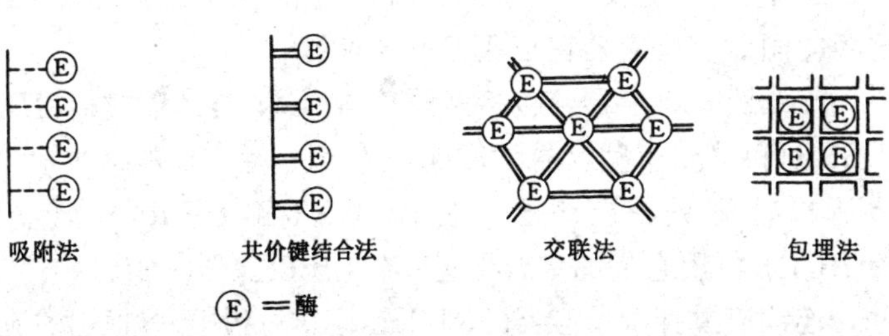

图 1-2-1　酶的固定化方法分类图

见图1-2-2。

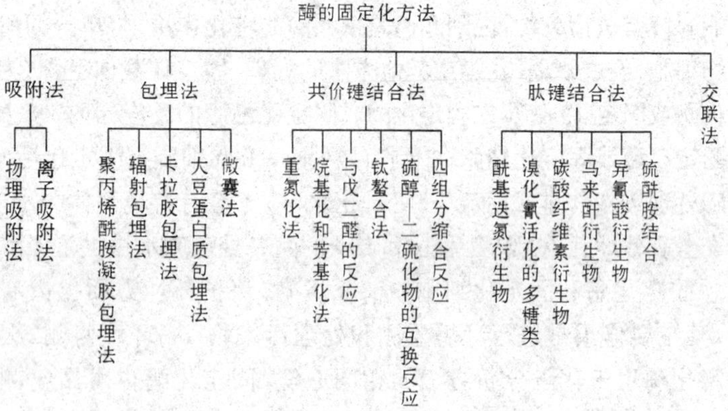

图 1-2-2　酶的固定化方法示意图

(三) 酶反应器

酶反应器根据进料和出料的方式，可概括为两种主要类型：间歇式反应器和连续流式反应器(图1-2-3)。

间歇式反应器(BSTR)结构简单，不需要特殊设备装置，适用于小规模试验。间歇式反应器可用于溶液酶反应，并将酶与底物一起加入反应器内，待达到规定的转化率后随即放料。在这种情况下，一般并不回收溶液酶。如果把固定化酶用于间歇反应器，则在下一操作中需把流出液中的固定化酶与产物分离，这可通过过滤或超滤实现。但酶经反复循环回收使用，会失去活性，故含固定化酶的间歇式反应器在工业上很少应用。

连续流式反应器又包括两种基本形式：连续流搅拌罐反应器(CSTR)和填充床反应器(PER)。另外也包括它们的衍生形式：连续流搅拌罐超滤器组合反应器(CSTR/UFR)和循环反应器(RCR)，以及它们的结合形式：流化床反应器(FBR)。

连续流搅拌罐反应器(CSTR)在运转过程中，以恒定的流速流入新的底物溶液。与此同时，反应液则以同样的流速流出反应器。

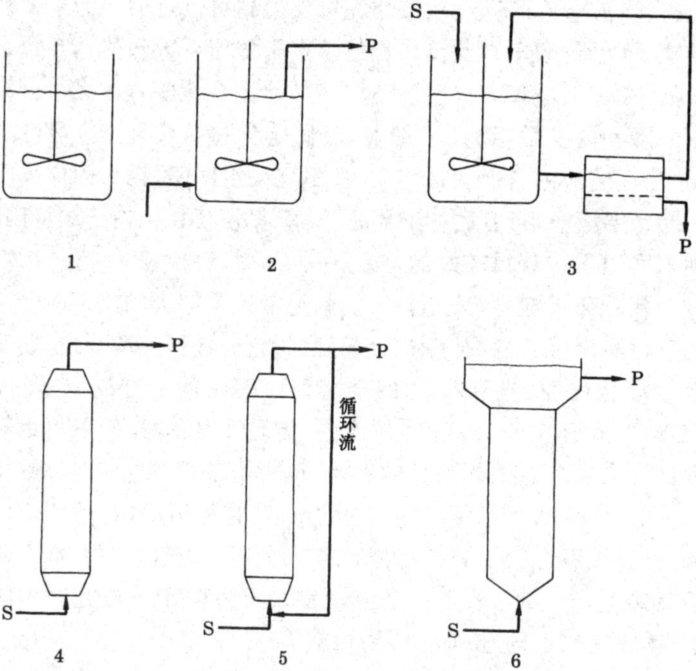

图 1-2-3　各种酶反应器形式

1—分批反应器(BSTR)　2—连续流搅拌罐反应器(CSTR)　3—CSTR/UF组合反应器
4—填充床反应器(PFR)　5—循环反应器(PCR)　6—流化床反应器(FBR)
S—底物　P—产物

在理想的CSTR中，反应液混合良好，各部位的成分相同，并与流出液的组成也一致。其缺点是，由搅拌桨产生的剪切力较大，常会引起固定化酶的破坏。近来有一种改良的CSTR，将载有酶的圆片聚合物固定在搅拌轴上或者放置在与搅拌轴一起转动的金属网筐内。这样，既能保证反应液搅拌均匀，同时又不致损坏固定化酶。CSTR适合于有底物抑制的场合。

填充床反应器(PFR)使用最普遍，固定化酶通常可以各种形状填充于床层内，其使用载体有多孔性玻璃珠、珠状离子交换树脂、球形微囊体等。填充床反应器内流体的流动形态接近于平推流(又称活塞流)流型，所以填充床反应器可以近似认为是一种平推流反应器(PER)。此反应器的缺点是传质系数和传热系数相对较低，如加上循环装置后，可适当改善。固定化酶颗粒大小会影响压力降和内扩散阻力。一般而言，固定化酶颗粒大小应尽可能均匀。当反应液内含有固体物质时，不宜采用PBR，因为固体物质会引起床层堵塞。当有底物抑制时，不宜采用PBR；当有产物抑制时，则采用PBR可获得较好的结果。

流化床反应器(FBR)中，底物溶液以足够大的流速向上通过固定化酶床层，使固体颗粒处于流化状态。这种流动方式，使反应液的混合程度介于CSTR的全混型和PBR的平推流型之间。在FBR中，由于混合程度高，故传热、传质情况良好。FBR可用于处理粘性强和含有固体颗粒的底物，也可用于需要供应气体或排放气体的反应。对于停留时间较短的反应，也可用FBR。但FBR中混合均匀，故不适合于有产物抑制的反应；为了减轻产物抑制引起的不良影响，一般可采用多个FBR串联或将FBR分成几个不同区域，反应液在不同进口处加入的结构。

连续流搅拌罐超滤器组合反应器(CSTR/UFR)是在CSTR出口处设置具有半透性的超滤膜。这种膜只允许产物和未曾反应的底物通过，大分子量的酶则被截留。此外，CSTR/UFR反应器还可实现把小分子量的产物和大分子量的底物分开的目的。

循环反应器(RCR)是将部分流出液再循环，并和新流入液混合再进入反应床，这种反应器可使用高速液流，也可用于转化不溶性底物。

(四) 酶反应器的选择

在选择酶反应器时，一般应考虑以下几个方面的因素。

(1) 酶的应用形式　一般而言，颗粒状或片状固定化酶对CSTR和PBR类型的反应器均可适用。但膜状和纤维状的固定化酶则不适于CSTR，而适于PBR，其中膜状固定化酶尚可用于螺旋卷绕膜式反应器。另一方面，如果固定化酶易变形、易粘结或颗粒细小时，在填充于PBR后，往往会引起高的压力降和堵塞床层，并且在大规模生产中无法实现高流速，此时用FBR可克服这一困难。

(2) 底物的物理性质　底物一般有三种情况：溶解性物质(包括乳浊液)、颗粒物质与胶体物质。溶解性或混液性的底物显然对任何类型的反应器都不会造成困难；但是颗粒状和胶体状底物往往会堵塞填充床、应用CSTR、FBR和RCR时由于高的搅拌速度、高的流速可减少底物颗粒的集结、沉积与堵塞，使底物保持悬浮状态。

(3) 酶反应动力学特性　一般来说，接近平推流特性的填充床反应器，在固定化酶反应器中占有主导地位，它适合于产物抑制的场合；但在底物抑制的系统中则CSTR的性质又优于填充床，流化床反应器因其流动特性接近CSTR，故也适宜于底物抑制的反应。

(4) 酶的稳定性　在反应器操作过程中，由于高速搅拌、高速液流冲击，常可能使酶受到切变力作用，或使酶受到切变扭曲而失效，或使酶从载体脱落，或使酶颗粒因摩擦而变细，最后从反应器流失。在各种反应器中，CSTR一般远比其他反应器更易引起这类切变损失。

(5) 操作要求及反应器费用　有些酶反应需要不断调整pH值，有的则需经常供应氧气，有的需间断地加入或补充反应物。此外，还有些情况需要更换或补充酶。所有这些操作，在CSTR中可无需中断运行而连续进行，但在其他反应器中则较困难。

比较反应器的价格，CSTR最便宜，它结构简单，操作性好，适应性强；而其他类型的反应器，则都需为特定的生产过程专门设计制造。同时，也应考虑固定化酶本身的费用，及在各种反应器中稳定性。

综上所述，酶反应器的选择必须根据具体情况进行全面分析后才能作出准确的选择。

第三节　环境生物技术的工程学基础

一、生化工程基础知识

(一) 分批培养动力学

细胞的分批培养是一种间歇培养方式。在培养时，培养系统除了需不断进行通气(好气培养)和加入酸碱溶液(为调节培养液一定的pH)以及排出废气外，与外界没有其他的物料交换。这种培养方式操作简单，是一种最为广泛使用的培养方式。在分批培养中，细胞浓度、基质浓度和产物浓度均不断发生变化。就细胞浓度(ρ_c)的变化而言，经历延迟期、指数生长期、减速期、静止期和衰亡期等阶段，见图1-3-1。

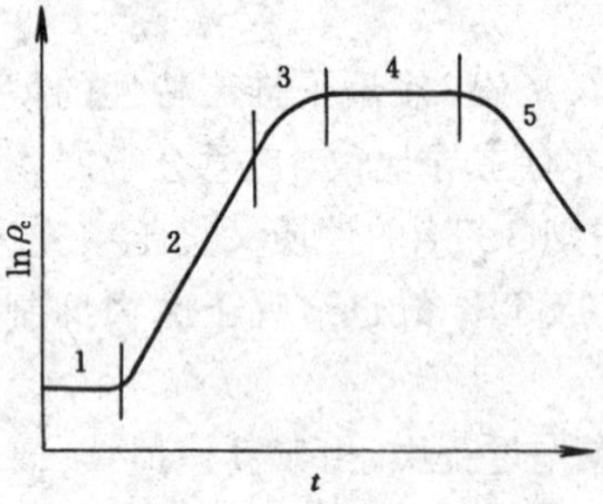

图 1-3-1　分批培养中细胞浓度的变化

1—延迟期　2—指数生长期　3—减速期　4—静止期　5—衰亡期

培养基在接种后，常在一段时间内细胞浓度的增加并不明显，这一阶段为延迟期。这一生长延滞现象的出现是因为微生物进入一个新的环境后需要进行一系列的生理调整，才能进入旺盛的对数生长阶段。如以孢子接种时，孢子萌发成营养细胞需一定的时间;即使接种生长旺盛的细胞，由于细胞周围促进细胞生长的某些物质被稀释，微生物必须花费一定时间，从新的环境中摄取积累这些物质并达到一定的浓度水平后才能进入旺盛的生长期。延迟期的长短与种子的种龄及接种量的大小有关。年轻的种子产生的延迟期较短，而种龄较老的种子需要较长的延迟期。对于同样种龄的种子，接种量愈大，则延迟期愈短，而培养基浓度则对延迟期影响不大。

延迟期过后，微生物进入指数生长期，此时单位细胞的生长速率达到并保持最大值。在这一阶段中，由于培养基中的营养物质比较充足，有害代谢物很少，所以细胞的生长不受限制，细胞浓度随培养时间指数增长，称为指数生长期，也称对数期。

随着培养时间的延长，在必需营养成分的缺乏、抑制生长物质生成、生长因子短缺、生存空间不足等因素的影响下，微生物生长速率减慢，进入减速期。

因营养物质耗尽或有害物质的大量积累，使细胞浓度不再增大，这一阶段为静止期。在静止期，细胞的浓度达到最大值。

由于环境恶化，细胞开始死亡，活细胞浓度不断下降，这一阶段为衰亡期。

由图1-3-1中的对数生长期动力学曲线可以看出，微生物的生长速率与细胞浓度成正比。因此可以从实验的现象中直接得出微生物的基本生长动力学方程：

$$\frac{d\rho_c}{dt}=\mu\rho_c \qquad (1\text{-}3\text{-}1)$$

式中 μ——比例系数(h^{-1})

ρ_c——菌体浓度(g/L)

t——培养时间(h)

因为微生物以细胞自我复制的方式增殖，所以微生物生长速率$d\rho_c/dt$与现存的细胞量菌体浓度ρ_c成正比，即以对数生长方式生长也是必然的。变换方程(1-3-1)可得：

$$\mu=\frac{1}{\rho_c}\cdot\frac{d\rho_c}{dt} \qquad (1\text{-}3\text{-}2)$$

可见，比例系数μ为单位菌体在单位时间内的增殖量，称μ为比生长速率。

虽然方程(1-3-2)由对数生长期得出，但因微生物以对数方式生长，故方程(1-3-2)对其他生长期同样适用。所不同的是，在对数生长期，μ为常数且取得最大值，在其他生长期，μ不是常数。

微生物生长速率与化学反应速率一样，受到环境因子如温度、pH等物理因素以及底物浓度、反应液成分等化学因素的影响，并且在一定的条件下，微生物的生长速率是底物浓度ρ_s的函数，即：

$$d\rho_c/dt=f(\rho_s) \tag{1-3-3}$$

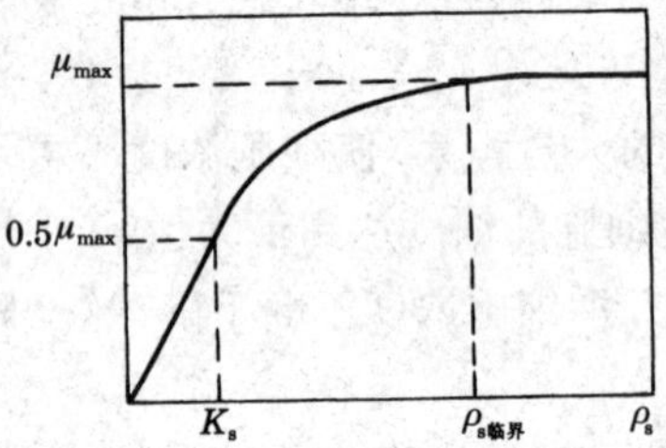

图 1-3-2　微生物生长的莫诺模式

1949年莫诺发现，细菌的比生长速率与单一限制性基质之间存在如图1-3-2所示的关系。其生长模式类似于单分子吸附等温曲线，借助于郎格谬尔方程，莫诺建立了在生物化学工程领域中著名的莫诺(Monod)方程：

$$\mu=\mu_{max}\cdot\frac{\rho_s}{K_s+\rho_s} \tag{1-3-4}$$

式中　μ——比生长速率(h^{-1})

μ_{max}——最大比生长速率(h^{-1})

K_s——微生物对底物的半饱和常数，与亲和力成反比(g/L)

ρ_s——单一限制性底物浓度(g/L)

所谓限制性底物，指在培养微生物的营养物质中，对微生物的生长起到限制作用的营养物。

莫诺方程中的常数μ_{max}和K_s可用倒数图解法或线性回归得出，对方程(1-3-4)取倒数，得：

$$\frac{1}{\mu}=\frac{1}{\mu_{max}}+\frac{K_s}{\mu_{max}}\cdot\frac{1}{\rho_s} \tag{1-3-5}$$

或

$$\frac{\rho_s}{\mu}=\frac{K_s}{\mu_{max}}+\frac{1}{\mu_{max}}\cdot\rho_s \tag{1-3-6}$$

应用方程(1-3-5)图解时，可得到相当精确的μ_{max}值，但在低ρ_s值时μ的偏差较大，影响K_s的精度。而方程(1-3-6)则在实际的ρ_s值范围内有较高的精度，并且数据处理也来得简练些。

(二) 连续培养动力学

现代发酵工业中，绝大多数的培养均采用纯种液体培养方法，液体培养的操作方法主要有间歇培养、连续培养和流加培养3种。其中，连续培养的方法是莫诺1949年建立的。在连续培养中，将新鲜的培养基连续地加入有均匀培养液的反应器中，同时排出发酵液，使培养环境如底物浓度、产物浓度、细胞浓度、比生长速率等可不随时间变化而变化，保持培养的稳定状态，并可以维持一个较长的时间。这就为研究微生物对环境的响应，寻找培养的最佳环境条件等提供了一种独特的研究方法，也成为连续生产细胞和其他产物的一种极好的培养方法。由于在连续培养中，任一种营养成分都可以用作限制性底物，这样，在其他营养成分均充分供给的情况下，所选定的单一限制底物就控制着培养过程的状况，所以可灵活地制造出多种培养环境来研究微生物生长、发酵的动力学特性。

为了描述连续培养的动力学稳定状态，对连续培养物系进行物料衡算如下。

对于菌体:

积累的细胞=(进入－流出)的细胞+(生长－死亡)的细胞

即:
$$V\frac{d\rho_c}{dt}=q_V(\rho_{c.0}-\rho_c)+V(\mu-\varepsilon) \tag{1-3-7}$$

若(1)流入反应器的菌体浓度($\rho_{c.0}$)为零;(2)比死亡速率(ε)比起比生长速率(μ)来小得多;(3)培养液体积(V)不变。则有:

$$\frac{d\rho_c}{dt}=(\mu-D)\rho_c \tag{1-3-8}$$

其中: $$D=q_V/V \tag{1-3-9}$$

式中 D——稀释率(h^{-1})

q_V——液体流入反应器流量(L/h)

ρ_c——反应器中菌体浓度(g/L)

对于限制性底物:

积累的底物=(进入－流出)的底物－(生长＋形成产物＋维持代谢)所消耗的底物

即: $$V\frac{d\rho_s}{dt}=q_V(\rho_{s.0}-\rho_s)-V\left(\frac{1}{Y_{xs}}\frac{d\rho_c}{dt}+\frac{1}{Y_{ps}}\frac{d\rho_p}{dt}+m_s\rho_c\right) \tag{1-3-10}$$

或 $$\frac{d\rho_s}{dt}=D(\rho_{s.0}-\rho_s)-\left(\frac{\mu}{Y_{xs}}+\frac{q_p}{Y_{ps}}+m_s\right)\rho_c \tag{1-3-11}$$

式中 $\rho_{s.0}$、ρ_s——进入、流出反应器的底物浓度(g/L)

Y_{xs}、Y_{ps}——底物对菌体、产物的产率系数(g菌体/g底物,g产物/g底物)

m_s——维持系数[g底物/(g菌体·h)]

q_p——比产物生成速率[g产物/(g菌体·h)]

对于产物的形成: 积累的产物=(生成－流出)的产物

即: $$V\frac{d\rho_p}{dt}=V\left(\frac{d\rho_p}{dt}\right)_{生成}-q_V\rho_p \tag{1-3-12}$$

做适当的变换,有: $$\frac{d\rho_p}{dt}=Y_{px}\mu\rho_c-D\rho_p \tag{1-3-13}$$

式中 Y_{px}——菌体对产物的产率系数(g产物/g菌体)

ρ_p——反应器中产物浓度(g/L)

当培养处于稳态时,反应器中的菌体、底物、产物的积累量

为零，即:

$$\frac{d\rho_c}{dt}=\frac{d\rho_s}{dt}=\frac{d\rho_p}{dt}=0 \tag{1-3-14}$$

由此得到单级恒化器在稳态条件下的物料衡算方程为:

菌体: $$D-\mu=0 \tag{1-3-15}$$

底物: $$D(\rho_{s.0}-\rho_s)-\rho_c\left(\frac{D}{Y_{x\ s}}+\frac{q_p}{Y_{p\ s}}+m_s\right)=0 \tag{1-3-16}$$

产物: $$Y_{p\ x}\rho_c-\rho_p=0或q_p\rho_c-D\rho_p=0 \tag{1-3-17}$$

在只培养微生物菌体的特定连续培养过程中，若设: (1)培养过程无产物形成，或形成得很少，可忽略不计。(2)维持代谢所消耗的底物很少，可以忽略不计。

则有: $$D=\mu \tag{1-3-18}$$

及 $$\rho_c=Y_{x\ s}(\rho_{s.0}-\rho_s) \tag{1-3-19}$$

根据莫诺方程，有:

$$\rho_s=\frac{K_s\mu}{\mu_{max}-\mu} \tag{1-3-20}$$

代入方程(1-3-19)，并及(1-3-18)整理得:

$$\rho_c=Y_{x\ s}\left(\rho_{s.0}-\frac{K_s D}{\mu_{max}-D}\right) \tag{1-3-21}$$

由方程(1-3-21)可知，在一定的培养条件下，因$Y_{x\ s}$、$\rho_{s.0}$、K_s、μ_{max}均为定数，连续培养稳态下的菌体浓度取决于操作的稀释率D。

考察方程(1-3-20)，因$\mu=D$，当$D\to\mu_{max}$时，$\rho_s\to\rho_{s.0}$；结合方程(1-3-19)可知，此时$\rho_c\to 0$，故定义临界稀释率D_{crit}为:

$$D_{crit}=\frac{\mu_m\rho_{s.0}}{K_s+\rho_{s.0}} \tag{1-3-22}$$

因通常情况下，$K_s\ll\rho_{s.0}$，故有:

$$D_{crit}=\mu_{max} \tag{1-3-23}$$

可见，用单级恒化器连续培养菌体的稳态操作必应有$D<D_{crit}$，

而当$D \geqslant D_{crit}$时，反应器中菌体终将全部被洗出。

连续培养菌体的生产强度p_t为稀释率D与菌体浓度ρ_c之积，即有：

$$p_t = D\rho_c = DY_{x/s}\left(\rho_{s.0} - \frac{K_s D}{\mu_{max} - D}\right) \quad (1\text{-}3\text{-}24)$$

令p_t对D的一阶导数为零，可获得最大生产强度下的稀释率D_{max}：

$$D_{max} = \mu_{max}\left[1 - \left(\frac{K_s}{K_s + \rho_{s.0}}\right)^{\frac{1}{2}}\right] \quad (1\text{-}3\text{-}25)$$

因$K_s \ll \rho_{s.0}$，可知D_{max}就在D_{crit}附近。

连续培养的方式除单级连续培养外，还有多级连续培养和部分细胞回流的单级连续培养等方式。当采用部分细胞回流的单级连续培养方式时，由于在进行细胞回流时，临界稀释率增大，反应器可在高于细胞比生长速率的稀释率下操作，提高了细胞的生产速率，同时也加快了基质的消耗速率。这种方法被广泛用于废水的生化处理中。

（三）流加培养动力学

所谓流加培养(Fed-batch culture)，有时又称半连续培养或半连续发酵，是指在培养过程中不断向反应器内加入培养基，但不同时取出培养液的培养方法。它是一种介于分批培养和连续培养之间的培养方法。

从物料流入速度和流出速度考虑，流加培养操作可分为5类(见图1-3-3)，其中1，2类目前应用最广，通常所指的流加培养一般都是针对这两类。

进行补料分批培养时，由于培养基的加入，培养液的体积不断变化，在整个反应器中细胞、限制性基质和产物总量的变化速率可用下式表示：

$$\frac{d(\rho_c V)}{dt} = \mu\rho_c V \quad (1\text{-}3\text{-}26)$$

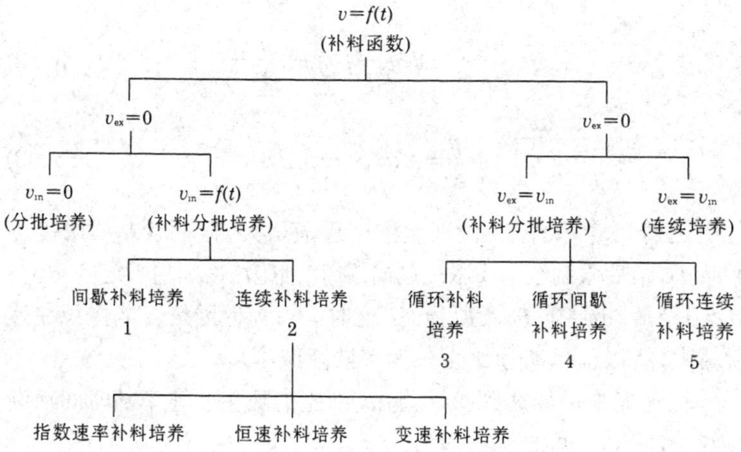

图 1-3-3 流加培养的分类图

v—流速 v_{in}—流入速度 v_{ex}——流出速度

$$\frac{d(\rho_s V)}{dt}=q_V\rho_{s.0}-\frac{1}{Y_{x\,s}}\frac{d(\rho_c V)}{dt} \tag{1-3-27}$$

$$\frac{d(\rho_p V)}{dt}=q_p\rho_c V \tag{1-3-28}$$

就细胞而言，培养过程中细胞浓度和培养液体积(V)均不断变化，细胞总量的变化率为：

$$\frac{d(\rho_c V)}{dt}=V\frac{d\rho_c}{dt}+\rho_c\frac{dV}{dt} \tag{1-3-29}$$

如果进行恒速流加，培养基流量为q_V，则：

$$\frac{dV}{dt}=q_V \tag{1-3-30}$$

合并式(1-3-26)，式(1-3-29)和式(1-3-30)，得：

$$\frac{d\rho_c}{dt}=(\mu-\frac{q_V}{V})\rho_c=(\mu-D)\rho_c \tag{1-3-31}$$

同样也可以推导出限制性基质和产物浓度的变化率分别为:

$$\frac{d\rho_s}{dt}=D(\rho_{s,0}-\rho_s)-\frac{\mu\rho_c}{Y_{x\,s}} \tag{1-3-32}$$

$$\frac{d\rho_p}{dt}=q_p\rho_c-\rho_p D \tag{1-3-33}$$

随着培养基的流加，细胞浓度逐渐增大，限制性基质浓度逐渐减小，最后限制性基质浓度趋向零，而细胞浓度则趋于定值，$d\rho_c/dt\approx 0$，$d\rho_s/dt=0$，进入拟稳态，这时$\mu\approx D$，但因培养液体积在逐渐增大，所以稀释率和比生长速率渐渐减小。

恒速流加培养达到拟稳态后，细胞的比生长速率随时间逐渐渐减小，它对时间的变化率为:

$$\frac{d\mu}{dt}=\frac{d}{dt}\left(\frac{q_V}{V}\right)=-\frac{q_V{}^2}{V^2}=-\frac{q_V{}^2}{(V_0+q_Vt)^2} \tag{1-3-34}$$

其中V_0是开始进行流加时的培养液体积。如果反应器的体积很大，而V_0相对很小，经过长时间的流加培养之后，有:

$$\frac{d\mu}{dt}=-\frac{1}{t^2} \tag{1-3-35}$$

如果要使培养液中限制性基质浓度保持一定，就不能采取恒速流加的方法，而必须进行变速流加，加料速率应随时间指数增长。这样操作的结果，细胞浓度将达到很高的程度，对于一些希望得到细胞的过程十分有利。

流加培养介于分批培养和连续培养之间，兼有两者的优点，而又克服了两者的缺点。和传统的分批培养相比，流加培养可以解除底物抑制、葡萄糖效应、代谢阻遏等;与连续培养相比，流加培养的染菌可能性小，也不易产生菌种老化变异等。表1-3-1从投资、操作、控制、环境等方面对分批、连续和流加三种操作方式进行了比较。

表 1-3-1　分批、连续和流加三种操作方式的比较

	优　点	缺　点
分批培养	(1)一般投资小 (2)易转产、生产灵活 (3)分批操作中某一阶段可获得高的转化率 (4)发酵周期短，菌种退化机率小	(1)因放罐、灭菌等原因，非生产时间长 (2)经常灭菌会降低仪器寿命 (3)前培养和种子的花费大 (4)需较多的操作人员或较多的自动控制系统 (5)操作人员接触一些病原菌和有毒产品的可能性大
连续培养	(1)可实现有规律的机械、自动化操作 (2)操作人员少 (3)反应器体积小、非生产时间少 (4)产品质量稳定 (5)操作人员接触毒害物质的可能性小 (6)测量仪器使用寿命长	(1)操作不灵活 (2)因操作条件不易改变，原料质量必须稳定 (3)若采用连续，加上控制系统和自动化设备，投资较大 (4)必须不断地排除一些非溶的固形物 (5)易染菌，菌种易退化
流加培养	(1)操作灵活 (2)染菌、退化的几率小 (3)可获得高的转化率 (4)对发酵过程可实现优化控制	(1)非生产时间长 (2)需较多的操作人员或计算机控制系统 (3)操作人员接触一些病原菌和有毒产品的可能性大 (4)因经常灭菌会降低仪器寿命

二、环境工程基础知识

环境工程是近几十年来形成的一门新兴的综合性学科。它涉及到构成人类生存的“五要”，而且研究自然资源的保护和合理利用，探讨废物资源化技术，改革生产工艺，发展无废或少废的闭路生产系统，以及对区域环境进行系统规划与科学管理，以获得最优的环境效益、社会效益和经济效益。环境工程主要包括水质净化与污染控制工程，大气环境污染控制工程，固体废弃物处理处置与管理工程，噪声、振动和其他公害防治技术，环境规划、管理和环境系统工程，环境监测与环境质量评价，清洁生产技术的推进与应用。本节主要介绍废水污染控制工程的基本知识。

(一) 废水水质指标与排放标准

废水包括生活污水和工业废水两大类。

生活污水是居民在日常生活中产生的废水，包括厨房洗涤、沐浴、衣物洗涤等的废水及冲洗厕所的污水等。

工业废水是在工业生产过程中所排出的废水，其成分主要取决于生产过程中应用的原料和化学品。不经处理即可排放的工业废水称为生产废水（相对干净废水，也称较净废水），而玷污较严重，需经处理后，方可排放的工业废水称为生产污水。

工业废水是生产污水和生产废水的总称。

1. 水质指标

水质是指水和其中所含的杂质共同表现出来的物理学、化学和生物学的综合特性。各项水质指标则表示水中杂质的种类、成分和数量，是判断水质的具体衡量标准。

表示废水水质污染情况的重要指标有：有毒物质、有机物质、固体物质、pH值、色度、温度等。

(1) 有毒和有用物质　某些水体中的污染物往往对人体和生物有毒害作用，但这些有毒物质往往又都是有用的工业原料，可以回收利用。因此，有毒和有用物质的含量是污水处理与利用工作中的重要水质指标，应通过水质分析加以确定。

(2) 有机物　有机物进入水体后，将在微生物作用下进行氧化分解，使水体中溶解氧逐渐减少。当水中溶解氧耗尽而得不到补充后，有机物开始腐化，发出臭气，影响环境卫生。有机物又是很多微生物（包括病原细菌）生长繁殖的良好食料。有毒有机物更将直接危害人体健康和动植物的生长。因此，废水中有机物的浓度也是一个重要的水质指标。

由于有机物的成分比较复杂，如果准确测定各种有机物的含量比较困难，通常采用生化需氧量和化学需氧量两个指标来表示有机物的含量。如果水中的有机物含有毒性，则需要分别测定这些有毒物质的数量。

生化需氧量：生化需氧量表示在有氧的情况下，由于微生物的活动，可降解有机物稳定化所需的氧量，常以BOD表示，BOD越大，表示水体中的有机物越多，污染越严重。

由于有机物全部分解稳定所需时间很长，可达100天以上，实际应用上采用20℃下5天的生化需氧量作为衡量污染水体中的有机物浓度，通常表示为BOD_5。

BOD_5不仅是一个重要的水质指标，而且在废水生物处理中也是一个极其重要的设计参数。

化学需氧量：化学需氧量是指在一定条件下水中有机物与强氧化剂(如重铬酸钾、高锰酸钾)作用所消耗的氧量。当重铬酸钾作为氧化剂时，水中有机物几乎可以全部(90%～95%)被氧化，其消耗氧的数量称为重铬酸钾耗氧量，或称化学耗氧量，以COD或COD_{cr}表示。水中的COD不仅代表水中有机物的含量，同时包括了水中还原性无机物被氧化的耗氧量。

当水体中存在有毒有机物时，一般不能准确测定废水中BOD的值，采用COD值可以较准确地测定水中有机物含量，但COD值不能区别可生物降解和不可生物降解的物质。由于COD测定方法比测定BOD快速，所以在水处理工程中被广泛应用。

总需氧量：总需氧量(TOD)是指水体中的还原性物质(主要是有机物)在燃烧中变成稳定的氧化物时所需要的氧量。TOD值能反映几乎全部有机物(C、H、O、N、P、S)经燃烧后变成CO_2、H_2O、NO_x、SO_2等时所需氧的量。

总有机碳：总有机碳(TOC)是近年来开发的用以间接表示水中有机物含量的一个综合性指标。将水样在高温下燃烧，有机碳即氧化成二氧化碳，测量所产生的二氧化碳的量，即可求出水样中的总有机碳，单位常以碳(C)的mg/L来表示。

(3) 固体物质　水中固体按其溶解性能可以分为溶解性固体(DS)和悬浮固体(SS)。各种水中溶解固体和悬浮固体的数量和性质差异很大，废水中或受污染水体中，不溶性悬浮固体数量和性质随着污染性质和程度而变化，对水样经过滤操作，则滤液在105～110℃温度下烘干后的蒸发残渣就是溶解性固体，而滤渣经烘干后的质量就是悬浮固体。

水中固体还可根据其挥发性能分为挥发性固体(VS)和固定性固体(FS)。挥发性固体是指在600℃温度下，将水样中经蒸发干燥后的固体灼烧而减少的质量，故也称灼烧减重，它可粗略代表固体中有机物的含量。灼烧后残余物质的质量，则称为固定性物质，它可代表固体中的无机物含量。

悬浮固体和挥发性悬浮固体是表示废水强度的重要指标，是废水处理工程设计的重要参数之一。

(4) pH值　pH值是废水重要污染指标之一。各种废水中的pH值变化极大，应充分掌握其变化规律。由于水体生物及细菌对pH值比较敏感，因而pH值的变化会影响污水的净化和水体自净。

(5) 颜色　色素虽然不一定有害，但带有颜色的水容易令人生厌，并且减弱水体的透光性，影响水体中生物的生长。因此颜色也是一个重要的污染指标。

(6) 温度　根据废水的温度，可以确定在回用或处理之前是否需要冷却或加热。

(7) 微生物　某些废水中含有大量的微生物，其中可能有对人体健康有害的病原微生物，通常是判断地面水和饮用水的重要指标之一。

以上是废水分析中的一些主要项目，其中以有毒和有用物质、生化需氧量或化学耗氧量、固体物质、pH值等尤为重要。在实际过程中究竟选择哪些指标，可根据具体情况来决定。

2. 废水排放标准

水是地球上一切生命赖以生存、人类生活和生产不可少的基本物质，是宝贵的自然资源。为了保障天然水体的水质，不能任意向水体中排放废水，而应当制定废水排入水体的水质标准，严格控制排入水体中的废水水质。1988年国家环保局颁布的《污水综合排放标准》(GB8978—88)就是其中之一，1996年又对该标准进行了修订。

该标准对向地面水体和城市下水道排放的污水，分别规定了执行的级别标准。它还将排放的污染物按其性质分为两类。一类污染物是指能在环境和动植物体内蓄积，对人体健康产生长远不良影响者，如汞、镉、铬、铅、砷、苯并(a)芘等；另一类是指长远影响小于前者的。各类污染物都分别列出了最高允许排放浓度。1996年的修订标准中还按年限规定了第一类污染物和第二类污染物最高允许排放浓度和部分行业最高允许排水量。此外，该标准中还规定了矿山、焦化等18个行业的最高允许排放定额和相关的污染物最高允许排放浓度。具体详情可查阅此标准正文。

(二) 废水处理的基本方法

废水处理的任务是采用各种技术措施将废水中所含有的各种形态的污染物分离出来或将其分解、转化为无害和稳定的物质，使废水得到净化。

现代废水处理技术按其作用原理和去除对象可分为物理法、化学法和生物法。

物理法就是利用物理作用，分离废水中呈悬浮状态的污染物质，在处理过程中不改变水的化学性质，如重力分离、气浮、反渗透、离心分离、蒸发等。

化学法是利用化学反应作用来分离、转化、破坏或回收废水中的污染物，并使其转化为无害物质，如混凝、中和、氧化还原、吸附、电渗析、汽提、萃取等处理工艺。

生物法是利用水中的微生物的新陈代谢功能，使废水中呈溶解和胶状的有机物被降解，并转化成为无害的物质，废水得以净化。属于生物法处理工艺的有活性污泥法、生物膜法、自然生物处理法和厌氧生物处理法等。

1. 废水的物理处理法

废水物理处理法的去除对象是水中不溶解的悬浮物质。使用的处理设备和构筑物有格栅、筛网、沉砂池、沉淀池、滤池、微滤机、气浮装置、离心机等。

(1) 格栅　格栅是由一组平行的金属栅条制成的框架，斜置成60°～70°于废水流经的渠道上，当废水流过时，呈块状的污染物即被栅条所截留，而从废水中去除。格栅是一种对后续处理构筑物或提升泵有保护作用的设备。

(2) 沉淀池与沉砂池　沉淀池与沉砂池的工作原理是由于废水在池内的流速降低，故而水中的固体物质在其本身重力的作用下下沉，使固体物质与水分离。这种工艺分离效果好，简单易行，应用广泛，是一种重要的处理单元。沉淀池主要用于去除废水中大量的呈颗粒状的悬浮固体，沉砂池主要去除废水中相对密度较大的固体颗粒。

(3) 气浮装置　对于一些相对密度接近于水的细微颗粒，仅靠自重难以下沉或上浮，可采用气浮装置，采取措施使空气以细小气泡的形式散布于水中，并与颗粒附聚在一起，形成浮选体，上浮到水面而与水分离。

2. 废水化学处理法

按废水中污染物的主要类型，向废水中投加某些化学物质，通过化学反应达到净化废水目的的方法称为化学处理法。

(1) 中和处理法　用化学方法消除废水中过量的酸或碱，使其pH值达到中性左右的过程称之为中和。处理含酸废水以碱为中和剂，处理碱性废水以酸为中和剂。酸碱均指无机酸或无机碱。中和处理应考虑"以废治废"的原则。中和处理可以连续进行，也可以间歇进行。

(2) 混凝处理法　混凝法是向水中投加一定量的药剂，经过脱稳、架桥等反应过程，使水中呈胶状的污染物质形成絮状体，再经过沉淀或气浮的过程，使污染物从废水中分离出来。通过混凝能够降低废水的浊度、色度，去除高分子物质、呈胶体的有机污染物、某些重金属毒物(汞、镉)和放射性物质，也可去除磷等可溶性有机物，应用十分广泛。混凝法可以作为单独处理单元，也可与其他方法配合，作为预处理、中间处理、甚至可以作为深度处理工艺。

(3) 化学沉淀法　化学沉淀法是向废水中投加某些化学物质，使它与水中某些溶解物质产生反应，生成难溶盐沉淀下来。它一般处理含重金属离子的工业废水。

(4) 氧化还原法　利用溶解于废水中的有毒、有害物质在氧化还原中能被氧化还原的性质，把它转化为无毒无害的新物质。在废水处理中使用的氧化剂有空气中的氧、纯氧、臭氧、氯气、次氯酸钠、三氯化铁等，使用的还原剂有铁、锌、锡、锰、亚硫酸钠、二氧化硫、焦亚硫酸钠、石灰等。

(5) 吸附法　吸附作用就是发生在不同相界面上的物质传递，废水处理主要是固体物质表面对废水中污染物质的吸附。吸附可分为物理吸附、化学吸附和生物吸附等。物理吸附是吸附剂和吸附物质之间在分子间力的作用下产生的，不发生化学变化。化学吸附则是吸附剂和吸附质在化学键力的作用下引起的吸附作用，因此化学吸附选择性较强。在生物作用下也可产生生物吸附。在废水处理中常用的吸附剂有活性炭、磺化煤、沸石、硅藻土、焦炭等。

(6) 离子交换法　离子交换法在废水处理中应用较广。使用的离子交换剂分为无机离子交换剂、有机离子交换树脂两大类。采用离子交换法处理废水时，必须考虑树脂的选择性。树脂对各种离子的交换能力是不同的，这取决于各种离子对该种树脂亲和力的大小，又称选择性的大小，另外还要考虑到树脂的再生方法等。

(7) 膜分离法　渗析、电渗析、超滤、反渗透等技术都是通过一种特殊的半透膜分离水中离子和分子的技术，统称为膜分离法。电渗析法、反渗透法主要用于水的脱盐和回收某些重金属离子等。反渗透与超滤均属于膜分离法，但其本质又有所不同。反渗透作用主要是膜表面化学本性所起的作用，它分离的溶质粒径小，除盐率高，所需工作压力大。超滤所用材质和反渗透可以相同，但超滤是筛滤作用，分离溶质粒径大，透水率高，除盐率低，工作压力小。

3. 废水生物处理法

废水的生物处理方法就是采取一定的人工措施，创造有利于微生物生长、繁殖的环境，使微生物大量增殖，从而提高微生物氧化、分解有机污染物的一种技术。生物处理法主要用于去除废水中呈溶解状态和胶状态的有机污染物。

(1) 活性污泥法　活性污泥法是当前应用最为广泛的一种生物处理技术。将空气连续鼓入大量溶解有机污染物的废水中，经过一段时间，水中即形成生物絮凝体——活性污泥，在活性污泥上栖息、生活着大量的好氧微生物，这种微生物以溶解性有机物为食料，获得能量，并不断增长，使废水得到净化处理。

(2) 生物膜法　废水连续流经固体填料(碎石、塑料填料等)，在填料上就会生成污泥状的生物膜。生物膜上繁殖着大量的微生物，起到与活性污泥同样的净化效果的作用。

生物膜法有多种结构和形式，其中有生物滤池、生物转盘、生物接触氧化和生物流化床等。

(3) 自然生物处理法　利用在自然条件下生长、繁殖的微生物处理废水的技术，称为自然生物处理法。其特征是工艺简单、建设与运行费用低，但净化受自然条件的制约。主要的处理技术是稳定塘和土地处理法。

稳定塘是利用塘水中自然繁育的微生物(好氧、兼氧及厌氧)，在其自身的代谢作用下，氧化分解废水中的有机物的一种较为简单的生产处理构筑物。稳定塘中的氧由塘中生长的藻类的光合作用及塘面与大气相接触的复氧作用提供，在稳定塘内废水停留时间长。稳定塘与废水的净化过程和天然水体净化过程相近。稳定塘可分为好氧塘、兼性塘、厌氧塘和曝气塘等。包括废水灌溉在内的土地处理也是一种生物处理法。废水向农作物提供水分和肥料，废水中非溶解性杂质为表层土壤过滤截留，并逐渐被微生物分解利用。

(4) 厌氧生物处理法　厌氧生物处理是利用兼性厌氧菌和专门厌氧菌在无氧条件下降解有机污染物的处理技术。有机污泥、某些高浓度有机物含量的工业废水，如酒精废水、柠檬酸废水等适宜于用厌氧生物处理法处理。目前也有用厌氧生物处理法进行某些低浓度有机废水和城市污水的处理。用于厌氧处理的构筑物最普通的是消化池，最近一二十年来在这个领域有很大的发展，开创了一系列新的、高效的厌氧处理反应器，如厌氧滤池、上流式厌氧污泥床、厌氧转盘、挡板式厌氧反应器和复合厌氧反应器等。

(5) 废水的脱磷除氮　为了防止水体的富营养化，废水必须经过进一步的处理，以去除废水的氮、磷污染物。当前广泛应用的是利用活性污泥法或生物膜法的生物脱氮除磷技术。近年来在这一领域有了长足的发展，一些新型、高效的生物脱氮除磷工艺不断涌现，如厌氧-好氧系统(A-O系统)、厌氧-缺氧-好氧系统(A-A-O系统)等。

4. 废水处理工艺流程

废水处理工艺流程是指在达到所要求的处理程度的前提下，废水处理各个单元的有机组成。确定废水处理工艺流程的主要依据是所要达到的处理程度，而处理程度又主要取决于处理后的废水出路。废水处理工艺流程的选择在技术上必须是合理的、先进的，在保证经处理后的废水达到规定的标准要求的同时，尽可能采用高效、节能的回收和处理设备，节约建设投资和降低运行管理费用。

(1) 城市废水处理工艺流程　城市废水处理工艺的主要任务是去除城市废水中的悬浮物和BOD。一般分为三级，如图1-3-4所示。

一级处理(物理处理)：一级处理主要去除水中呈悬浮状态的固体污染物质。经一级处理后的城市废水BOD仅能去除30%，仍不宜排放。

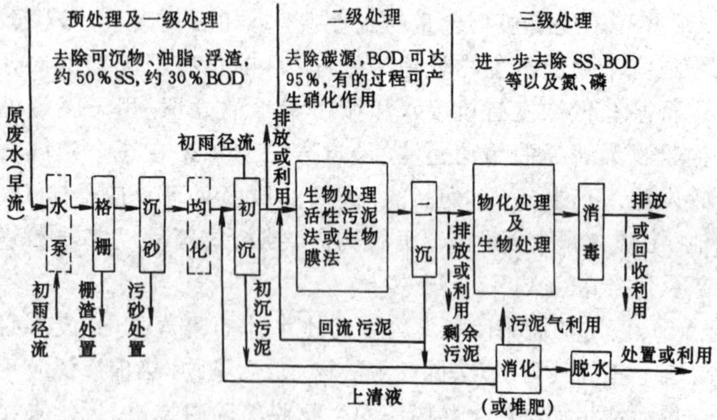

图 1-3-4 城市污水处理系统

注：(1) 泵有时不需要，也可能移至沉砂后，或与均化结合。
(2) 在小型污水厂中，可酌情使用均化。
(3) 初雨径流一般只处理到初沉为止。
(4) 在有条件的地方，可结合采用稳定塘及(或)土地处置法。

二级处理(生化处理)：一级处理往往作为二级处理的预处理。二级处理能大幅度去除水中呈胶体和溶解状态的有机污染物，BOD去除率可达90%以上，BOD浓度降到20～30mg/L，污水能达到国家规定的排放标准。

三级处理：三级处理即深度处理，其目的在于进一步去除二级处理未能去除的污染物，其中包括微生物未能降解的有机物和氮、磷等。

(2) 工业废水的处理流程 工业废水由于水质成分复杂，选定的流程也各不相同，可按表1-3-2所列举的技术资料，并根据废水的水质、水量、去除主要污染物等因素，在适当考虑当地的实际情况和调查研究的基础上，选择合适的处理单元和流程，必要时在确定流程前要进行试验研究。

表 1-3-2　工业废水处理与利用的基本方法

分　　类	处理、利用方法	处　理　对　象
物理处理法	调节、均和	使水质、水量均衡
	沉淀	可沉淀物质
	气浮	乳化油、相对密度近于1的悬浮物
	离心	乳化油、纤维、纸浆、晶体等
	格栅	粗大的悬浮物
	砂滤	细小的悬浮物、乳化油
	微滤机	极细小的悬浮物
化学处理法	混凝	胶体、乳化油
	中和	酸、碱
	化学沉淀	溶解性有害物质，如汞、镉、硫
	氧化还原	氰、铬等
	吹脱	溶解性气体，如H_2S、CO_2等
	萃取	溶解性物质，如酚等
	汽提	溶解性挥发性物质，如氨、单元酚等
	吸附	溶解性物质，如酚、汞等离子
	离子交换	可离解性物质，如盐类物质等
	反渗透	某些分子和离子
生物处理法	土地处置法	胶体和溶解性有机污染物
	稳定塘、氧化沟	
	生物膜法	
	活性污泥法	
	厌氧法	

第二章　废水好氧生物处理工程

第一节　活性污泥法

一、活性污泥反应过程的理论基础

（一）活性污泥法的基本流程

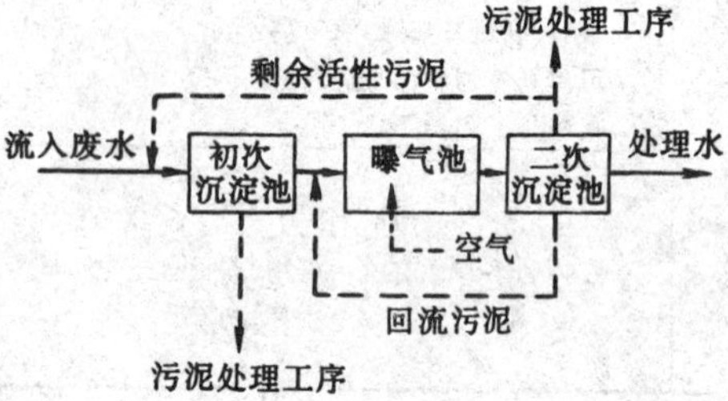

图 2-1-1　活性污泥法的基本流程

活性污泥法是一种应用最广的废水好氧生物处理技术，其基本流程如图2-1-1所示，是由曝气池、二次沉淀池、曝气系统（含空气或氧气的加压设备、管道系统和空气扩散装置）以及污泥回流系统等组成。曝气池与二次沉淀池是活性污泥系统的基本处理构筑物。由初次沉淀池流出的废水与从二次沉淀池底部回流的活性污泥同时进入曝气池，其混合体称为混合液。在曝气的作用下，混合液得到足够的溶解氧并使活性污泥和废水充分接触，废水中的可溶性有机污染物为活性污泥所吸附并为存活在活性污泥上的微生物群体所分解，使废水得到净化。在二次沉淀池内，活性污泥与已被净化的废水（称为处理水）分离，处理水排放，活性污泥在污泥区内进行浓缩，并以较高的浓度回流曝气池。由于活性污泥不断地增长，部分污泥作为剩余污泥从系统中排出，也可以送往初次沉淀池，提高初沉效果。

活性污泥处理系统有效运行的基本条件是：(1)废水中含有足够的可溶性易降解有机物，作为微生物生理活动所必需的营养物质；(2)混合液含有足够的溶解氧；(3)活性污泥在池内呈悬浮状态，能够充分地与废水相接触；(4)活性污泥连续回流、及时地排除剩余污泥，使混合液保持一定浓度的活性污泥；(5)没有对微生物有毒害作用的物质进入。

(二) 活性污泥中的微生物

废水中所含的可溶性有机物，不能作为微小动物的营养源，因此，废水中的净化机能虽然可看作是利用直接接种的细菌或真菌等腐生动物营养型微生物的作用，但实际上，如果没有原生动物、袋形动物等完全动物营养型微生物存在的话，则也达不到废水净化的目的。活性污泥为300～1 000μm的不定形细菌的凝集体，无数微小动物则附着在其中。将曝气池的混合液静置，通常5～10min内上清液就与污泥分离，约30min沉淀后，对良好的活性污泥，上清液会变透明。曝气池虽然也是一种完全的水环境，但由于通气和搅拌，对大型生物的生存极为不利。因此，活性污泥中所出现的微生物，最大为1mm左右，主要以细菌和原生动物为主。但是随污泥种类的不同，也有真菌类和微小动物出现。图2-1-2为活性污泥与生物膜中食物链的比较，该图显示活性污泥的食物链比起生物膜简单得多。

1. 细菌

废水中，直接摄取可溶性有机物者以细菌为主。构成活性污泥的细菌群中，有形成菌胶团的*Zoogloea ramigera*，形成丝状体的*Sphaerotilus natans*, *Zoogloea*因为是活性污泥菌胶团的主体而受到重视，其菌体以凝胶状物质包裹成手指状、树枝状、羽状形态而增殖。实际的活性污泥出现典型的*Zoogloea*絮凝体的为数不多。一般而言，大多是以多种类细菌构成的絮凝胶团。*Sphaerotilus*形成如剑鞘并列状的透明丝状体，其丝状体中假分支较多。如果污泥中的*Sphaerotilus*异常增殖的话，则会引起污泥膨胀

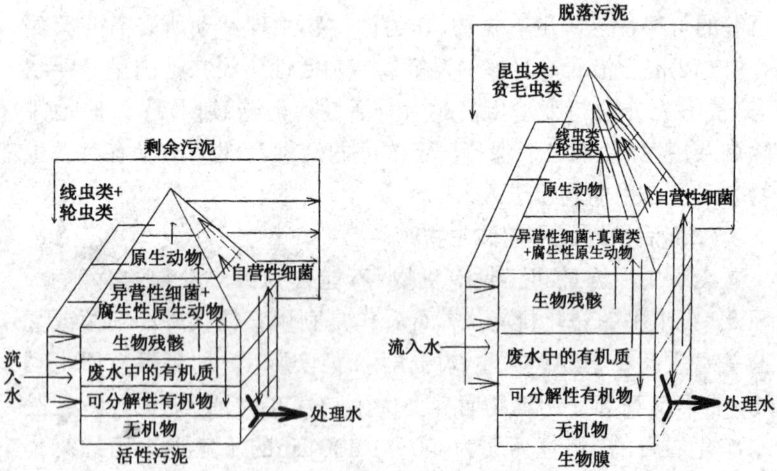

图 2-1-2　活性污泥与生物膜中食物链的比较

(bulking)现象，导致终沉池中固液相不能分离。此外，根据培养试验的结果，污泥中常见细菌种类以*Achromobacter, Alcaligenes, Bacillus, Flavobacterium*菌属为多。对于正常的城市污水的活性污泥，1mg的MLSS中一般含$(2.0\times10^7)\sim(1.6\times10^8)$活菌数(1ml的活性污泥混合液中有$10^7\sim10^8$活菌数)。

2. 原生动物

原生动物与细菌都是在废水中起净化作用的主要成员，并且是污水处理效率的重要指示生物。活性污泥中虽含有多种不同的原生动物，但以纤毛虫占多数，据报道约有80种之多。表2-1-1为处理水效果较好的活性污泥中的微小动物相(Microfauna)的例子。表中所示的生物个体数是1ml的活性污泥混合液中所含的个数，但也有以30min沉淀后1ml的活性污泥或1mg的MLSS中所含生物个体数表示的。表中可明显看出活性污泥中原生动物的优势种为*Vorticella, Epistylis, Opercularia, Aspidisca*等。活性污泥中原生动物的总数一般为1ml混合液含5 000～20 000个。活性污泥中出现的原生动物，随着废水的种类、性质、处理设施的操作条件等而异。

表 2-1-1　　良好活性污泥中的微小动物相

	废水种类	城市污水	社区污水	制药废水	小规模生活排水
	ρ(MLSS)/(mg/L)	1 940	1 420	2 800	3 900
	BOD负荷/[kg/(kgMLSS·d)]	0.30	0.11	0.33	0.03
	Vorticella convallaria				
	Vorticella microstoma	1 900	160		360
	Vorticella alba	100			
	Epistylis spp.		2 100		2 600
	Epistylis plicatilis	120			
	Carchesium polypinum	480			
原生	*Opercularia coarctata*			5 800	
动物	*Aspidisca costata*	400			
数	*Aspidisca lynceus*		11 000		
(个 L)	*Spirostomum* spp.		1 800		
	Trachelopyllum pusillum	240	820		
	Tetrahymena pyriformis	120			
	Amphileptus sp.		280	160	
	Arcella vulgaris	160			
	Vahlkampfia limax	440			
	Amoeba sp.	120			120
	Euglypha sp.				360
	Monas sp.			320	120
	Pleuromonas jaculans	140	720	200	
	Oikomonas termo	260			
后生	*Philodina* sp.	60			
动物	*Rotaria rotatoria*		20		120
数/	*Lecane* sp.				100
(个/L)	*Diplogaster* sp.	40			
	总个体数/(个/L)	4 580	16 900	6 480	3 780

3. 真菌类

有关活性污泥中真菌类的报道很少，通常出现在工业废水的活性污泥中，大多为藻菌类的*Leptomitas*,*Mucor*；半知菌类的*Geotrichum*, *Trichoderma*;酵母类的*Candida*, *Phodotorula*等。

4. 微小后生动物

通常，活性污泥中出现的微小后生动物有轮虫类(Rotaria)与线虫类(Nematoda)。常出现的轮虫类有*Rotaria, Philodina, Lecane, Notommata, Lepadella, Colurella*等，但为数不多。线虫类有*Dorylaimus, Rhabdolaimus, Rhabditis, Diplogaster*等。而且，这些后生动物常摄食污泥中细菌、原生动物残骸的碎片。

普通的活性污泥混合液1ml中的轮虫类个体数在100～200以上，不超过微小动物总数的5%。贫毛虫类以优势种出现一般仅限于长时间曝气法的情况，如果在1ml混合液中出现500个以上的话，活性污泥即呈赤褐色。线虫类的出现个数一般在100～200，很难形成优势增殖。其他的后生动物如腹毛虫类的*Chaetonotus*，甲壳虫类的*Moina*及*Macrobiotus*，则仅仅是偶尔出现。不管任何场合，这些微小动物在1ml混合液中的个体数皆在100以下。

5. 活性污泥的生物指标

活性污泥良好时出现的生物(活性污泥性生物): *Vorticella, Epistyls, Aspidisca, Opercularia, Zoothamnium, Carchesium*等像各种吸管虫类和轮虫类一样吸着或匍匐在污泥中。通常，这些生物在1ml污泥混合液中有1 000个以上，如果占全体生物总数的80％以上的话，就可以判断为具高净化效率的活性污泥。即使在丝状微生物大量存在时，活性污泥性生物也可能占优势，但是当丝状微生物显著增殖时，则吸着性原生动物会减少。

活性污泥处于恶劣状况时出现的微生物(非活性污泥性生物): *Bodo, Cercobodo, Pleuromonas, Oikomonas, Colpidium, Paramecium*等游动迅速的生物出现时，菌胶团通常很小(100μm)。恶化严重时，只见到*Bodo, Cercobodo, Oikomonas*。极端恶化时，不再有原生动物和后生动物出现。

活性污泥从恶劣状态回复时出现的生物(中间污泥性生物): *Litonotus, Loxophillum, Chilodonella, Oxytricha*等缓慢游动或匍匐于污泥中的生物。这类生物如果继续生存1个月，有可能成为优势物种。

活性污泥分散解体时出现的生物：*Vahlkampfia limax, Amoeba radiosa*等肉质类(Sarcodina)生物。这些物种的出现个数若达几万以上，则絮凝体变小，很容易造成出水混浊。当观察到这些生物急增时，必须减少回流污泥量和通气量，可以有限地抑制这种解体现象。

污泥膨胀(Bulking)时出现的生物：*Sphaerotilus natans, Thiothrix*等各种丝状微生物，是造成污泥膨胀的起因生物。SVI(污泥沉降指数)超过200时，丝状微生物以乱丝状态存在。如果一旦发现丝状微生物增殖的趋势，通常4～7天内SVI会急剧增加。

溶氧不足时出现的生物：*Beggiota alba, Metopus, Caenomorpha, Bodo, Cercodo*等嗜好低溶氧状态的生物。这类微生物出现时，有时会使活性污泥呈现黑色，产生腐败臭味。

曝气过剩时出现的生物：长时间连续地曝气，使絮凝体变小，一些阿米巴(*Amoeba*)及轮虫类将成为优势种。

废水浓度极端低时出现的生物：*Euplotes, Colurella, Lepadolla, Trichocerca, Lecane*等大量出现。

有毒物质流入时出现的生物：原生动物比细菌对外界环境变化更敏感，因此，观察它们的变化可以推断活性污泥所受的影响。活性污泥生物中最敏感的首推*Aspisisca*，当*Aspisisca*锐减时，即表明有毒物质或其他造成生物休克的物质流入活性污泥。当大多数生物都已灭绝时，可认为活性污泥已被破坏，这时，需要等其回复才能恢复处理功能。

6. 污泥膨胀

活性污泥处理中，丝状细菌及其他丝状微生物异常地大量增殖，造成最终沉淀池中污泥几乎不沉淀的异常现象称为丝状性膨胀。固液分离不良时，活性污泥会从终沉淀池流出，导致处理水质的显著恶化。因此，在操作上应特别注意如何防止污泥膨胀的发生，但是直到目前为止，似乎尚无任何决定性的有效对策。

造成丝状性膨胀的原因生物，可列举出*Sphaerotilus natans*, *Bacillus*, *Thiothrix*,*Escherichia*, *Beggiatoa*, *Geotrichum candidum*,丝状增殖酵母及其他丝状微生物等。通常，引起膨胀的场合，其中丝状微生物为*S. natans*的报道相当多。*Bacillus*在纯培养下为丝状增殖，*B.subtilis*,*B.mycoides*是原因生物的可能很大。含大量硫化物的废水，则有*Thiothrix*的增殖。从膨胀污泥分离得到的丝状菌中，以*Geotrichum candidum*为数最多。

在实际操作处理上，下列情况常可观察到膨胀现象：(1)BOD：N及BOD：P很高时，特别是N不足时；(2)低pH，特别是菌类在pH小于4时也能较好增殖；(3)BOD负荷较高，如当高于0.5kg/(kgMLSS·d)时较易发生，但有时低负荷时也会发生；(4)进水中低分子碳水化合物过多；(5)水温低；(6)重金属等有毒物质的流入；(7)进水中悬浮固体量低。

一般来说，许多膨胀的原因无法清楚地了解分析，而且许多原因生物无法明确鉴定，因此还没有适用于所有膨胀现象的控制方法。目前只能在出现膨胀先兆时，凭借经验采取措施以防止进一步的恶化。这些措施包括：

(1) 将沉淀污泥和消化污泥搅拌混合；

(2) 添加铁盐($FeCl_2$ 5～50mg/L)、铝盐(10～100mg/L)、氯(10～20mg/L)、H_2O_2(40～200mg/L)，前两者连续添加，后两者间歇添加；

(3) 降低溶解氧浓度(曝气池中约1mg/L)；

(4) 减少BOD负荷；

(5) 对曝气池进行活塞流等操作；

(6) 对回流污泥再曝气。

(三) 活性污泥的净化反应过程

活性污泥系统对有机底物的降解是通过几个阶段和一系列作用完成的。

1. 絮凝、吸附作用

在正常发育的活性污泥微生物体内，存在着由蛋白质、碳水化合物和核酸组成的生物聚合物，这些生物聚合物是带有电荷的电介质。因此，由这种微生物形成的生物絮凝体，都具有生理、物理、化学吸附作用和凝聚、沉淀作用，在其与废水中呈悬浮状和肢体状的有机污染物接触后，能够使后者失稳、凝聚，并被吸附在活性污泥表面。活性污泥的所谓"活性"即表现在这方面。

活性污泥具有很大的表面积，能够与混合液广泛接触，在较短的时间内(15～40min)，通过吸附作用，就能够去除废水中大量的呈悬浮和肢体状态的有机污染物，使废水的BOD值(或COD值)大幅度下降。

小分子有机物能够直接在透膜酶的催化作用下，透过细胞壁被摄入细菌体内，但大分子有机物则首先被吸附在细胞表面，在水解酶的作用下，水解成小分子再被摄入体内。一部分被吸附的有机物可能通过污泥排放被去除。

活性污泥吸附作用的大小与一系列因素有关。首先是废水的性质、特征。由于活性污泥对呈悬浮和胶体状态的有机污染物吸附能力较强，因而对含有这类污染物多的废水处理效果好。此外，活性污泥应当经过比较充分的再生曝气，使其吸附功能得到恢复和增强，一般应使活性污泥中的微生物进入内源代谢期。

2. 活性污泥中微生物的代谢及其增殖规律

活性污泥中的微生物将有机物摄入体内后，以其作为营养加以代谢。在好氧条件下，代谢按两个途径进行(图2-1-3)，一为合成代谢，部分有机物被微生物所利用，合成新的细胞物质；一为分解代谢，部分有机物被分解，形成CO_2和H_2O等稳定物质，并产生能量，用于合成代谢。同时，微生物细胞物质也进行自身的氧化分解，即内源代谢或内源呼吸。当废水中有机物充足时，合成反应占优势，内源代谢不明显；但当有机物浓度大为降低或已耗尽时，微生物的内源呼吸作用就成为向微生物提供能量，维持其生命活动的主要方式了。

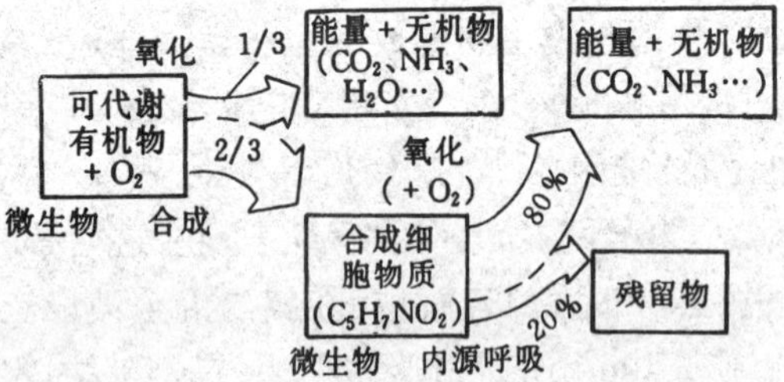

图 2-1-3　好氧处理过程中的微生物学机制

微生物增殖、有机物降解、微生物的内源代谢以及氧的消耗等过程，在曝气池内是同步进行的。活性污泥微生物是多种属细菌与多种原生动物的混合群体，但从整体来看，其增殖过程是遵循一定规律进行的，对此可用增殖曲线(参见图 2-1-4)表示。从图可见，活性污泥微生物的增殖分为对数增殖期、减衰增殖期与内源呼吸期。

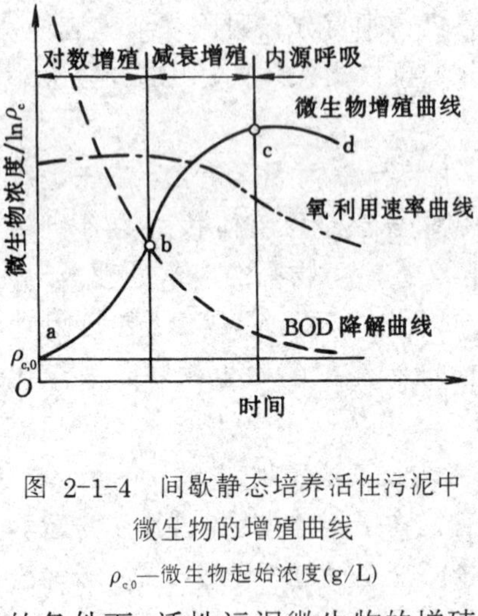

图 2-1-4　间歇静态培养活性污泥中微生物的增殖曲线

ρ_{c0}—微生物起始浓度(g/L)

在温度适宜、溶解氧充足，而且不存在抑制物质的条件下，活性污泥微生物的增殖速率主要取决于微生物与有机基质的相对数量，即有机基质(F)与微生物(M)的比值(F/M)。它也是影响有机物去除速率、氧利用速率的重要因素。在推流式曝气池内，有机物与活性污泥在数量上的变化规律与间歇培养相同，只是其变化是在从池始端到终端这一空间内进行的。

3. 活性污泥的凝聚、沉淀与浓缩

活性污泥系统净化废水的最后程序是泥水分离，这一过程是在二次沉淀池或沉淀区内进行的。良好的凝聚、沉降与浓缩性能是正常活性污泥所具有的特性。活性污泥在二次沉淀池的沉降，经历絮凝沉淀、成层沉淀与压缩等过程，最后在池的污泥区形成浓度较高的作为回流污泥的浓缩污泥层。

正常的活性污泥在静置状态下，于30min内即可基本完成絮凝沉淀和成层沉淀过程。浓缩过程比较缓慢，要达到完全浓缩，需时较长。影响活性污泥凝聚与沉淀性能的因素较多，其中以原废水性质为主。此外，水温、pH值、溶解氧浓度以及活性污泥的有机物负荷也是重要的影响因素。对活性污泥的凝聚、沉淀性能，可用SVI、SV和MLSS等三项指标共同评价。

4. 活性污泥性能及数量的评价指标

发育良好的活性污泥在外观上呈黄褐色的絮绒颗粒状，也称生物絮凝体，其粒径一般介于0.02～0.2mm之间，具有较大的表面积，大体上介于20～100cm^2/ml之间，含水率在99%以上，相对密度介于1.002～1.006之间，因含水率不同而异。

活性污泥的固体物质含量仅占1%以下。固体物质由4部分组成，即：①活细胞(Ma)，在活性污泥中具有活性的那一部分；②微生物内源代谢的残留物(Me)，这部分物质无活性，且难于生物降解；③由原废水夹入，难于生物降解的有机物(Mi)；④由原废水夹入，附着在活性污泥上的无机物质(Mii)。

前三类为有机物质，一般占固体成分的75%～85%。

活性污泥的数量和各项性能的评价可用下列指标表示。

(1) 混合液悬浮固体浓度(Mixed Liquor Suspended Solids，英文缩写为MLSS)　这项指标表示活性污泥在曝气池内的浓度。包括活性污泥组成的各种物质，即：

$$MLSS = Ma + Me + Mi + Mii \tag{2-1-1}$$

具有活性的微生物(Ma)只占其中的一部分，因此用MLSS表示活性污泥浓度误差较大。但考虑到在一定条件下，MLSS中活性微生物量所占比例较为固定，因此，仍普遍以MLSS值作为表示活性污泥微生物量的相对指标，其单位用mg/L或g/m^3表示。

(2) 混合液挥发性悬浮固体浓度(Mixed Liquor Volatile Suspended Solids，英文缩写为MLVSS) 这项指标表示有机悬浮固体的浓度(单位为mg/L或g/m^3)，即：

$$MLVSS = Ma + Me + Mi \tag{2-1-2}$$

这项指标能够比较准确地表示微生物的数量，但其中仍包括非活性微生物Me的和惰性物质的Mi。因此，仍是活性污泥微生物量的相对指标。

在条件一定时，MLVSS/MLSS比值较稳定，城市污水的活性污泥介于0.75～0.85之间。

(3) 污泥沉降比(SV) 污泥沉降比是指将曝气池流出来的混合液在量筒中静置30min，其沉淀污泥与原混合液的体积比，以%表示。正常的活性污泥经30min静沉，可以接近它的标准密度。

该指标能够相对地反映污泥浓度和污泥的凝聚、沉降性能，用以控制污泥的排放量和早期膨胀。本指标测定方法简单易行。处理城市污水活性污泥的沉降比介于20%～30%之间。

(4) 污泥容积指数(Sludge Volume Index，英文缩写为SVI) 污泥指数是指曝气池出口处混合液经30min静沉，1g干污泥所形成的污泥体积，单位为ml/g。

$$SVI = \frac{SV(ml/L)}{MLSS(g/L)} \tag{2-1-3}$$

或

$$SVI = \frac{SV(\%) \times 10(ml/L)}{MLSS(g/L)} \tag{2-1-4}$$

SVI值能够更好地评价污泥的凝聚性能和沉降性能。其值过低，说明泥粒细小，密实，无机成分多。过高又说明污泥沉降性能不好，将要或已经发生膨胀现象。城市污水处理活性污泥的SVI值介于50～150ml/g之间。应注意以下两种情况：一是工业废水处理活性污泥的SVI值有时偏高或偏低，也属正常；二是高浓度活性污泥法系统中的MLSS值较高，即使污泥沉降性能较差，SVI值也不会很高。

(四) 活性污泥净化反应的影响因素

1. 溶解氧(DO)

活性污泥法是好氧生物处理技术。在用活性污泥法处理废水过程中应保持一定浓度的溶解氧，如供氧不适，溶解氧浓度过低，就会使活性污泥微生物正常的代谢活动受到影响，净化功能下降，且易于滋生丝状菌，产生污泥膨胀现象。但混合液溶解氧浓度过高，氧的转移效率降低，会增高所需动力费用。根据经验，在曝气池出口处的混合液中的溶解氧浓度保持在2mg/L左右，就能够使活性污泥保持良好的净化功能。

2. 水温

活性污泥微生物的最适温度范围是15～30℃。一般水温低于10℃，即可对活性污泥的功能产生不利影响。但是如果水温的降低是缓慢的，微生物逐步适应了这种变化，即所谓受到了温度降低的驯化，这样，即使水温降低到6～7℃，通过采取一定的技术措施，如降低负荷、提高活性污泥和溶解氧的浓度，以及延长曝气时间等，仍能取得较好的处理效果。在我国北方地区，大中型的活性污泥处理系统可在露天建设，但小型活性污泥处理系统则可以考虑建在室内。水温过高的工业废水在进入生物处理系统前，应考虑降温措施。

3. 营养物质

活性污泥微生物为了进行各项生命活动，必须不断地从环境中摄取各种营养物质。

生活污水和城市废水含有足够的各种营养物质，但某些工业废水却不然，例如石油化工废水和制浆废水缺乏氮、磷等物质。用活性污泥法处理这一类废水，必须考虑投加适量的氮、磷等物质，以保持废水中的营养平衡。

微生物对氮和磷的需要量可按BOD：N：P＝100：5：1来考虑。但实际上微生物对氮与磷的需要量还与剩余污泥量有关，即与污泥龄和微生物比增殖速率有关，就此还可用下式计算：

$$氮的需要量=0.122\Delta x \tag{2-1-5}$$

$$磷的需要量=0.023\Delta x \tag{2-1-6}$$

式中　Δx——活性污泥增长量(以MLVSS计，kg/d)

0.122和0.023——生物体内氮和磷所占的比例

4. pH值

活性污泥微生物的最适pH值介于6.5～8.5之间。如pH值降至4.5以下，原生动物会全部消失，丝状菌将占优势，易于产生污泥膨胀现象；当pH值超过9.0时，微生物的代谢速率将受到影响。

微生物的代谢活动能够改变环境的pH值，如微生物对含氮化合物的利用，由于脱氨作用而产酸，可使环境的pH值下降；由于脱羧作用而产生碱性胺，可使pH值上升。因此，活性污泥混合液本身具有一定的缓冲作用。

经过长时间的驯化，活性污泥系统也能够处理具有一定酸性或碱性的废水。但是，如果废水的pH值突然急剧变化，对微生物将是一个严重冲击，甚至能够破坏整个系统的运行。在用活性污泥系统处理酸性、碱性或pH值变化幅度较大的工业废水时，应考虑事先进行中和处理或设均质池。

5. 有毒和有抑制物质

对微生物有毒害作用或抑制作用的物质较多，大致可分为重金属、氰化物、H_2S、卤族元素及其化合物等无机物质；酚、醇、醛、染料等有机化合物。实践证明，经过长期驯化的活性污泥能够承受较高浓度的上述化合物，有毒的有机化合物还能被微生物所氧化分解，甚至可能成为活性污泥微生物的营养物质而被摄取。此外，有毒物质的毒害作用还与处理过程pH值、水温、溶解氧、有无另外共存的有毒物质以及微生物的数量等因素有关。

6. 有机负荷率

活性污泥系统的有机负荷率，又称为BOD污泥负荷。它所表示的是曝气池内单位质量的活性污泥在单位时间内承受的有机基质量，即F/M值[kgBOD/(kgMLSS·d)]。有机负荷率不仅是影响微生物代谢的重要因素，对活性污泥系统的运行也产生相当的影响。

二、活性污泥反应动力学

活性污泥反应动力学是以酶工程的米凯利斯－门坦(Michaelis－Menton)方程和生化工程中的莫诺(Monod)方程为基础，在五六十年代发展起来的。它能够通过数学式定量地或半定量地揭示活性污泥系统内有机物降解、污泥增长、耗氧等作用与各项设计参数、运行参数以及环境因素之间的关系，对工程设计与优化运行管理有着一定的指导意义。但是，活性污泥反应是多种基质和多种混合微生物群体参与的一系列类型不同、产物不同的生化反应的综合，因此反应速率与过程均受到系统中多种环境因素的影响。在应用动力学方程时，应根据具体的条件，包括所处理的废水成分、温度等进行修正或实验确定动力学参数。

活性污泥反应动力学模式建立时所作的主要假设有：曝气池中呈完全混合状态；活性污泥系统运行条件绝对稳定；活性污泥在二次沉淀池内不产生微生物代谢活动，而且其量不变；处理系统中不含有有毒物质和抑制物质，等等。

目前废水生物处理技术界广为接受并得到应用的活性污泥反应动力学是劳伦斯－麦卡蒂(Lawrence & McCarty)建立的模式。

(一) 劳伦斯－麦卡蒂模式的基础概念

1. 劳伦斯－麦卡蒂建议的排泥方式

有两种剩余污泥排放方式：第一种是传统的排泥方式；第二种是劳伦斯－麦卡蒂推荐的排泥方式。第二种排泥方式的主要优点在于减轻二次沉淀池的负荷，有利于污泥浓缩，所得回流污泥

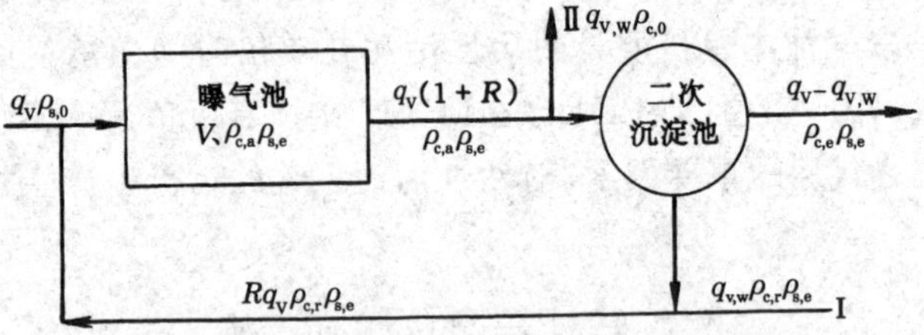

图 2－1－5　完全混合式活性污泥处理系统

的浓度较高。

2. 微生物比增殖速率和比基质降解率

微生物(活性污泥)的比增殖率以μ表示:

$$\mu=\frac{d\rho_c/dt}{\rho_c} \tag{2-1-7}$$

式中　$d\rho_c/dt$——微生物增殖率[g/(L·h)]

ρ_c——曝气池中微生物浓度(g/L)

微生物(活性污泥)的比基质降解率以q表示:

$$q=\frac{(d\rho_s/dt)_u}{\rho_c} \tag{2-1-8}$$

式中　$(d\rho_s/dt)_u$——基质降解率[g/(L·h)]

3. 污泥平均停留时间

在工程上习称污泥龄，指在反应系统内微生物从其生成开始到排出系统的平均停留时间，相当于反应系统内的微生物全部更新一次所需要的时间。在工程上，就是反应系统内污泥总量与每日排放的剩余污泥量的比值，以θ_c或t_s表示，单位为天(d)。

$$\theta_c=\frac{V\rho_c}{\Delta\rho_c} \tag{2-1-9}$$

式中　$\Delta\rho_c$——每日增殖的污泥(微生物)量(g)

根据图2-1-5，θ_c值可用下式计算:

$$\theta_c=\frac{V\rho_{c.a}}{q_{v.w}\rho_{c.r}+(q_v-q_{v.w})\rho_{c.e}} \tag{2-1-10}$$

式中符号见图2-1-5。

如果按劳伦斯-麦卡蒂建议的排泥方式，则式(2-1-10)可写为:

$$\theta_c=\frac{V\rho_{c.a}}{q_{v.w}\rho_{c.r}+(q_v-q_{v.w})\rho_{c.e}} \tag{2-1-11}$$

一般$\rho_{c.e}$很低，可忽略不计，于是式(2-1-10)与式(2-1-11)可写为:

$$\theta_c=\frac{V\rho_{c.a}}{q_{v.w}\rho_{c.r}} \tag{2-1-12}$$

$$\theta_c=\frac{V}{q_{v.w}} \tag{2-1-13}$$

因此，污泥比增殖速率(μ)与污泥平均停留时间(θ_c)互为倒数关系，即:

$$\mu=\frac{1}{\theta_c} \qquad \theta_c=\frac{1}{\mu} \tag{2-1-14}$$

(二) 劳伦斯-麦卡蒂模式的基本方程式

1. 第一基本方程式

在反应器内，微生物量因增殖而增加，同时又因内源代谢而减少，其综合变化可用下式表示:

$$\frac{d\rho_c}{dt}=Y\left(\frac{d\rho_s}{dt}\right)_u-K_d\,\rho_{c.a} \tag{2-1-15}$$

式中 Y——微生物产率(活性污泥产率)(mg污泥量/mg降解的有机基质)

K_d——微生物内源代谢作用的自身氧化率，又称衰减常数(d^{-1})

$d\rho_c/dt$——微生物净增殖速率[mg/(L·d)]

$\rho_{c.a}$——反应器内微生物浓度(mg/L)

$(d\rho_s/dt)_u$——基质利用速率(降解速率)[mg/(L·d)]

经整理可得:

$$\frac{1}{\theta_c}=Yq-K_d \qquad (2\text{-}1\text{-}16)$$

上式为劳伦斯-麦卡蒂第一基本方程式，表示的是污泥平均停留时间(θ_c)与产率(Y)、基质比利用速率(q)及衰减系数之间的关系。

2. 第二基本方程式

第二基本方程式表示的是基质降解速率与曝气池(反应器)内微生物浓度和基质浓度之间的关系。由于有机基质的降解速率(v)等于其被微生物的利用速率(q)，即：

$$v=q$$

于是，可得：

$$\left(\frac{d\rho_s}{dt}\right)_u=v_{max}\frac{\rho_{c.a}\rho_s}{K_s+\rho_s} \qquad (2\text{-}1\text{-}17)$$

用q_{max}值代替v_{max}，得：

$$\left(\frac{d\rho_s}{dt}\right)_u=q_{max}\frac{\rho_{c.a}\rho_s}{K_s+\rho_s} \qquad (2\text{-}1\text{-}18)$$

式中 ρ_s——反应器内基质浓度(g/L)

q_{max}——单位污泥的最大基质利用速率(在高底物浓度条件)[g/L·h)]

K_s——半速率系数，其值等于$q=1/2q_{max}$时的基质浓度

(三) 劳伦斯-麦卡蒂基本方程式的应用

1. 确立处理水基质浓度($\rho_{s.e}$)与污泥平均停留时间(θ_c)之间的关系

对整个系统就生物量作物料衡算，并对结果加以整理，则可得：

对完全混合式：

$$\rho_{s.e}=\frac{K_s\left(\frac{1}{\theta_c}+K_d\right)}{Yv_{max}-\left(\frac{1}{\theta_c}+K_d\right)} \qquad (2\text{-}1\text{-}19)$$

对推流式:

$$\frac{1}{\theta_c}=Y\frac{v_{max}(\rho_{s.0}-\rho_{s.e})}{(\rho_{s.0}-\rho_{s.e})+K_s\ln\dfrac{\rho_{s.0}}{\rho_{s.e}}}-K_d \tag{2-1-20}$$

从式(2-1-19)可见,K_s、K_d、Y、v_{max}都是系数,其值可通过实验确定,并对某一条件来说,其值为一常数;而$\rho_{s.e}$值仅为θ_c的函数,即$\rho_{s.e}=f(\theta_c)$。如欲提高处理效果,降低$\rho_{s.e}$值,就必须适当提高θ_c值,即延长污泥在曝气池中的停留时间。

2. 确立微生物浓度(ρ_c)与活性污泥平均停留时间(θ_c)之间的关系

对整个系统中的基质量作物料衡算,并对衡算结果加以整理,则可得:

对完全混合式:

$$\rho_c=\frac{\theta_c}{t}\ \frac{Y(\rho_{s.0}-\rho_{s.e})}{(1+K_d\theta_c)} \tag{2-1-21}$$

对推流式(反应器内微生物浓度采用其平均值$\rho_{c.p}$):

$$\rho_{c.p}=\frac{\theta_c}{t}\ \frac{Y(\rho_{s.0}-\rho_{s.e})}{(1+K_d\theta_c)} \tag{2-1-22}$$

从式(2-1-21)及(2-1-22)可知,反应器内微生物的浓度(ρ_c)是污泥平均停留时间(θ_c)的函数,即$\rho_c=f(\theta_c)$。

3. 确立活性污泥回流比(R)与活性污泥平均停留时间(θ_c)之间的关系

对系统中的生物量作物料衡算,对衡算结果加以整理,则可得:

$$\frac{1}{\theta_c}=\frac{q_V}{V}\left(1+R-R\frac{\rho_r}{\rho_{c.a}}\right) \tag{2-1-23}$$

式中 ρ_r——回流污泥的浓度,其最高浓度$(\rho_r)_{max}$可由下式估算:

$$(\rho_r)_{max}=\frac{10^6}{SVI} \tag{2-1-24}$$

式中　SVI——污泥指数

用上式计算所得的ρ_r值为近似值。此外，以SVI为基础计算所得的ρ_r值为MLSS，应换算为MLVSS。

4. 总产率系数(Y)与表观产率系数(Y_{obs})之间的关系

产率系数是单位时间内，微生物的增长量与基质降解量的比值，其表达式为：

$$Y=\frac{d\rho_c}{d\rho_s} \tag{2-1-25}$$

由于微生物的内源呼吸、自身氧化作用，实际上测定的产率系数要低于Y值，即所谓表观产率系数(Y_{obs})。

$$Y_{obs}=\frac{d\rho_c}{d\rho_s} \tag{2-1-26}$$

为了区别，前者称之为总产率系数(Y)。总产率系数与表观产率系数之间的关系用下式表示：

$$Y_{obs}=\frac{Y}{1+K_d\theta_c} \tag{2-1-27}$$

Y_{obs}是一项重要的参数，对设计与维护运行都有重要的意义。可以通过调整θ_c值，选定Y_{obs}值。

5. θ_c值与$\rho_{s.e}$及E的关系及θ_{min}的概念

图2-1-6所示为θ_c值与$\rho_{s.e}$及E的关系曲线。从图可见，θ_c值提高，处理水$\rho_{s.e}$值下降，而去除率E值上升。当θ_c值低于某一数值时，$\rho_{s.e}$将急剧升高直至等于$\rho_{s.0}$，E值则急剧下降，此θ_c即为θ_{min}。在任何实际工程中都存在一个θ_{min}值。

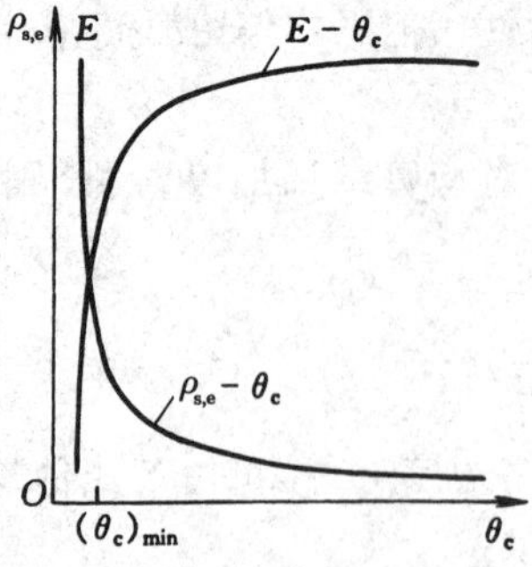

图 2-1-6　θ_e值与$\rho_{s.e}$及E的关系

根据$\rho_{s.e}=\rho_{s.0}$的关系式，θ_{min}可用下式计算：

$$\frac{1}{(\theta_c)_{min}}=Y\frac{v_{max}\rho_{s.0}}{K_s+\rho_{s.0}}-K_d \tag{2-1-28}$$

在一般情况下，$K_s \ll \rho_{s.0}$，K_s 可忽略不计，因此，上式可改写为：

$$\frac{1}{(\theta_c)_{min}}=Yv_{max}-K_d \tag{2-1-29}$$

Y、v_{max}及K_d 等动力学系数，可通过实验确定。

实际活性污泥处理系统工程所采用的θ_c 值，应大于$(\theta_c)_{min}$值，实际取值为：

$$\theta_c=(2-20)(\theta_c)_{min} \tag{2-1-30}$$

6. 曝气池容积(v)的确定方法

已知式：

$$q=v_{max}\frac{\rho_s}{K_s+\rho_s} \tag{2-1-31}$$

活性污泥处理系统一般进水有机物浓度较低(为低基质浓度)，在低基质浓度下，$K_s \gg \rho_s$，上式分母中的ρ_s 可忽略不计，故可得

$$q=v_{max}\frac{\rho_s}{K_s}=K\rho_s \tag{2-1-32}$$

v_{max}及K_s 均为常数，以K值代之。

此外，已知：

$$q=\frac{(\mathrm{d}\rho_s/\mathrm{d}t)_u}{\rho_{c.a}} \tag{2-1-33}$$

$$(\mathrm{d}\rho_s/\mathrm{d}t)_u=\frac{\rho_{s.0}-\rho_{s.e}}{t}=\frac{q_V(\rho_{s.0}-\rho_{s.e})}{V} \tag{2-1-34}$$

$$\frac{q_V(\rho_{s.0}-\rho_{s.e})}{V}=K\rho_s\,\rho_{c.a} \tag{2-1-35}$$

因此，可以得到：

$$q=\frac{q_V(\rho_{s.0}-\rho_{s.e})}{V} \tag{2-1-36}$$

式(2-1-36)用以求定曝气池的容积(V)。

(四) 动力学系数的测定

动力学系数K_s、$v_{max}(q_{max})$、Y、K_d是动力学模式的重要组成部分，一般对具体废水，通过模拟实际处理过程条件进行实验确定。

1. K_s、$v_{max}(q_{max})$值的测定

根据上述方程进行整理，可以得到：

$$\frac{1}{v}=\frac{K_s}{v_{max}}\frac{1}{\rho_{s.e}}+\frac{1}{v_{max}} \tag{2-1-37}$$

而

$$\frac{1}{v}=\frac{t\rho_c}{\rho_{s.0}-\rho_{s.e}} \tag{2-1-38}$$

取不同的t值，即可计算出$1/v$值，绘制$1/v$与$1/\rho_{s.e}$关系图，图中直线的斜率为K_s/v_{max}值，y轴上的截距即为$1/v_{max}$值，并由此能够解出K_s及$v_{max}(q_{max})$值。

2. Y、K_d值的测定

根据上述系列方程，可以得到：

$$\frac{1}{\theta_c}=Yq-K_d$$

而

$$q=\frac{\rho_{s.0}-\rho_{s.e}}{t\rho_c} \tag{2-1-39}$$

取不同的θ_c值，并由此可以得出不同的$\rho_{s.e}$值，代入上式，可得出一系列q值。绘制q与$1/\theta_c$的关系图。图中直线的斜率为Y值，y轴上的截距即为K_d值。

三、曝气的作用、影响因素和供气量的计算方法

(一) 曝气的作用及其原理

曝气是采取一定的技术措施，通过曝气装置所产生的作用，使混合液处于强烈搅动的状态，并使空气中的氧转移到混合液中去。

1. 曝气的作用

曝气的作用主要有：(1)充氧，向活性污泥微生物提供足够的溶解氧，以满足其在代谢过程中所需的氧量。混合液的溶解氧浓度(以出口处为准)应在2mg/L左右；(2)搅拌、混合，使活性污泥在曝气池内处于剧烈搅动的悬浮状态，能够与废水充分接触。

2. 曝气理论基础

空气中的氧向混合液中转移，是氧自气相向液相的传递(质)过程。对此过程的理论探讨与工程应用，一般都以刘易斯(Lewis)和惠特曼(Whitman)的双膜理论为基础。双膜理论的主要论点是：当气、液两相接触并作相对运动时，接触界面的两侧，存在着气体与液体的边界层，即气膜和液膜(参见图2-1-7)。气膜和液膜间相对运动的速度属于层流，而在其外的两相体系中均为紊流。氧的转移是通过气、液膜间进行的分子扩散和在膜外进行的对流扩散完成的。对难溶于水的氧来说，分子扩散的阻力大于对流扩散，传递的阻力主要集中在液膜上；由气膜中存在的氧分压梯度和液膜中存在的氧浓度梯度，形成了氧转移的推动力，其数学表达式为：

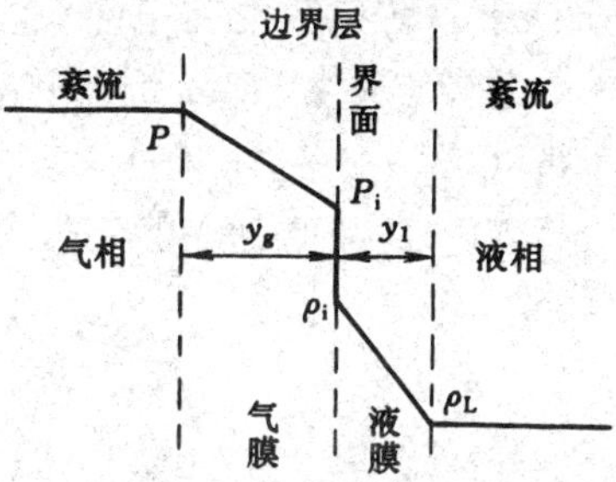

图 2-1-7　氧转移模式图

P—气相主体氧分压(Pa)　P_i—气液界面氧分压(Pa)　y_g—气膜厚度(mm)　y_l—液膜厚度(mm)　ρ_i—气液界面氧浓度(mg/L)　ρ_L—液相主体氧浓度(mg/L)

$$\frac{dm}{dt}=K_L A(\rho_s-\rho_L) \qquad (2\text{-}1\text{-}40)$$

式中　dm/dt——氧的转移速率(mg/h)

A——气、液界面面积(m^2)

K_L——液膜的氧转移系数(h^{-1})

ρ_s——液体内饱和溶解氧浓度(mg/L)

ρ_L——液体的实际溶解氧浓度(mg/L)

将上式各项除以液体的体积(V),得:

$$\frac{1}{V}\frac{\mathrm{d}m}{\mathrm{d}t}=\frac{\mathrm{d}\rho}{\mathrm{d}t}=K_{\mathrm{L}}\frac{A}{V}(\rho_{\mathrm{s}}-\rho_{\mathrm{L}}) \tag{2-1-41}$$

由于气液界面面积难于计量,以氧总转移系数($K_{\mathrm{L}}a$)来代替$K_{\mathrm{L}}(A/V)$,则上式改写为:

$$\frac{\mathrm{d}\rho}{\mathrm{d}t}=K_{\mathrm{L}}a(\rho_{\mathrm{s}}-\rho_{\mathrm{L}}) \tag{2-1-42}$$

式中　$\mathrm{d}\rho/\mathrm{d}t$——单位体积内氧的转移速率[mg/(L·h)]

$K_{\mathrm{L}}a$ ——氧的总转移系数(h^{-1})

3. 氧总转移系数($K_{\mathrm{L}}a$)的求定

氧总转移系数($K_{\mathrm{L}}a$)是计算氧转移速率的基本参数,通过试验求得:

将式(2-1-42)整理,得下式:

$$\frac{\mathrm{d}\rho}{\rho_{\mathrm{s}}-\rho_{\mathrm{L}}}=K_{\mathrm{L}}a\mathrm{d}t \tag{2-1-43}$$

积分后得:

$$\lg\left(\frac{\rho_{\mathrm{s}}-\rho_{0}}{\rho_{\mathrm{s}}-\rho_{\mathrm{L}}}\right)=\frac{K_{\mathrm{L}}a}{2.3}t \tag{2-1-44}$$

式中　ρ_0——当$t=0$时,液体的溶解氧浓度(mg/L)

由上式可见,$\lg[(\rho_{\mathrm{s}}-\rho_0)/(\rho_{\mathrm{s}}-\rho_{\mathrm{L}})]$与$t$之间存在着线性关系,直线的斜率为$K_{\mathrm{L}}a/2.3$。

测定$K_{\mathrm{L}}a$值的方法与步骤如下:

(1) 向受试清水中投加Na_2SO_3和$CoCl_2$,以脱除水中的氧。在理论上需7.9mg/LNa_2SO_3,但实际投药量要高出理论值10%~20%。$CoCl_2$的投量以保持Co^{2+}离子浓度不低于1.5mg/L。

(2) 水中溶解氧完全脱除后,开始曝气充氧,每隔10min取样一次,取6次,测定水中的溶解氧浓度。

(3) 计算$(\rho_{\mathrm{s}}-\rho_0)/(\rho_{\mathrm{s}}-\rho_{\mathrm{L}})$值,绘制$\lg[(\rho_{\mathrm{s}}-\rho_0)/(\rho_{\mathrm{s}}-\rho_{\mathrm{L}})]$与$t$之间的关系曲线,直线的斜率即为$K_{\mathrm{L}}a/2.3$。

(二) 氧转移速率的影响因素

1. 标准氧转移速率与实际氧转移速率

脱氧清水在20℃和标准大气压下测得的氧转移速率为标准氧转移速率，以R_0表示，单位为kg/h。以城市废水或工业废水为对象，按当地实际情况进行测定，所得到的为实际氧转移速率，以R表示，单位相同。设计曝气系统时，需将实际氧转移速率换算成为标准氧转移速率，为此，需引入某些修正系数。

2. 氧转移的影响因素

水质对氧总转移系数($K_L\alpha$)的影响为废水中的污染物将增加氧分子转移的阻力，使$K_L\alpha$值降低，为此引入系数α，对$K_L\alpha$值进行修正如下式。

$$K_{LaW}=\alpha K_L\alpha \tag{2-1-45}$$

式中　K_{LaW}——废水中氧总转移系数(h^{-1})

α——通过试验确定，一般 $\alpha=0.8\sim0.85$

水质对饱和溶解氧浓度(ρ_s)的影响为废水中含有的盐分将使其饱和溶解氧浓度降低，对此，以系数β加以修正。

$$\rho_{sw}=\beta\rho_s \tag{2-1-46}$$

式中　ρ_{sw}——废水的饱和溶解氧浓度(mg/L)

β——0.9～0.97

水温对氧总转移系数($K_L\alpha$)的影响为水温升高，液体的粘滞度降低，有利于氧分子的转移，$K_L\alpha$值将提高。水温降低则相反。温度对$K_L\alpha$值的影响以下式表示：

$$K_L\alpha_{(t)}=K_L\alpha_{(20)}\times1.024^{(t-20)} \tag{2-1-47}$$

式中　$K_L\alpha_{(t)}$和$K_L\alpha_{(20)}$——水温t℃和20℃时的氧总转移系数(h^{-1})

t——设计水温(℃)

1.024——温度系数

水温对水的饱和溶解氧浓度(ρ_s)的影响为水温升高，ρ_s值下降。

$$\rho_s=\frac{475-2.65t}{33.5+t} \tag{2-1-48}$$

式中　$\rho_s(760)$——标准大气压下的ρ_s值(mg/L)

t——设计水温(℃)

压力对水的饱和溶解氧浓度(ρ_s)的影响为压力增高，ρ_s值提高。对鼓风曝气池，曝气装置安装在水面以下，其ρ_s值以扩散装置出口和混合液表面两处饱和溶解氧浓度平均值(ρ_{sm})计算，公式为：

$$\rho_{sm}=\rho_s\left(\frac{O_t}{42}+\frac{p_b}{2.026\times10^5}\right) \tag{2-1-49}$$

式中　O_t——从曝气池逸出气体中含氧量的百分率(%)

$$O_t=\frac{21(1-E_A)}{79+21(1-E_A)} \tag{2-1-50}$$

式中　E_A——氧利用率(%)

p_b——安装曝气装置处的绝对压力：

$$p_b=p+9.8\times10^3h \tag{2-1-51}$$

式中　p——曝气池水面的大气压力($p=1.033\times10^5$Pa)

h——曝气装置距水面的距离(m)

(三) 氧转移速率与供气量的计算

1. 氧转移速率的计算

按下式计算标准氧转移速率(R_0)：

$$R_0=K_La_{(20)}(\rho_{sm(20)}-\rho_L)=K_La_{(20)}\rho_{sm(20)} \tag{2-1-52}$$

式中　ρ_L——水中含有的溶解氧浓度，脱氧清水$\rho_L=0$(mg/L)

对上式加以修正，引入各项修正系数，可得在温度为t条件下的实际的氧转移速率(R)：

$$R=\alpha K_La_{(20)}\cdot1.024^{t-20}(\beta\rho\rho_{sm(t)}-\rho_L) \tag{2-1-53}$$

R_0与R之比为：

$$\frac{R_0}{R}=\frac{\rho_{sm(20)}}{\alpha\times1.024^{t-20}(\beta\rho\rho_{sm(t)}-\rho_L)} \tag{2-1-54}$$

一般$R_0/R=1.33\sim1.61$，而

$$R_0=\frac{R\rho_{sm(20)}}{\alpha\times1.024^{t-20}(\beta\rho\rho_{sm(t)}-\rho_L)} \tag{2-1-55}$$

式中　ρ_L——混合液的溶解氧浓度(一般按2mg/L考虑)

2. 氧转移效率与供气量的计算

氧转移效率

$$E_A = \frac{R_0}{O_c} \times 100 \tag{2-1-56}$$

式中　E_A——氧转移效率(%)

O_c——供氧量(kg/h)

$$O_c = G_s \times 21\% \times 1.43 = 0.3G_s \tag{2-1-57}$$

式中　21%——氧在空气中所占百分比

1.43——氧的体积质量(kg/m^3)

G_s——供气量(kg/h)

供气量按下式计算:

$$G_s = \frac{R_0}{0.3E_A} \times 100 \tag{2-1-58}$$

对鼓风曝气系统，各种曝气装置的E_A值是制造厂家通过清水试验测出的，随产品向用户提供。对机械曝气系统，先求出R_0值，并据此值选配所需的机械曝气装置。

3. 需氧量

活性污泥系统供氧速率与耗氧速率应保持平衡，因此，曝气池混合液的需氧量应等于供氧量。具体计算可参考本节中“活性污泥系统的计算与设计”内容。

四、活性污泥系统的主要运行方式

活性污泥处理系统，历经几十年的发展和革新，至今已成为相当完整、充实的废水生物处理体系，表现在已有多种流态和池型的反应器——曝气池;多种各具特点的运行方式和系统;多种适应不同要求的曝气装置和充氧方式。

(一) 活性污泥反应器——曝气池的流态

根据混合液在曝气池内的流态，曝气池可分为推流式和完全混合式两种。

1. 推流式曝气池

曝气池表面呈长方形状，废水从池首端进入，在曝气和水力的推动下，混合液均衡地向前流动，并从池尾端流出。从池首端到尾端，混合液内影响活性污泥净化功能的各种因素，如F/M值、活性污泥微生物的组成和数量、基质的组成和数量等都在连续地变化，有机物降解速率、耗氧速率也连续地变化。

推流式曝气池的优点有：(1)在曝气池任何两个断面都存在有机基质的浓度梯度，因此存在着基质降解动力，BOD降解菌为优势菌，可避免产生污泥膨胀现象；(2)运行灵活可采用多种运行方式；(3)运行适当能够增加净化功能，如脱氮、除磷等。

推流式曝气池一段呈廊道形，为了避免短路，廊道长宽比一般不小于5：1。

2. 完全混合式曝气池

废水进入池后，即与池内原有混合液充分混合。池内混合液的组成、F/M值以及活性污泥微生物的数量等参数是完全均匀一致的，有机物降解速率、耗氧速率都是不变的，而且在池内各部位都是相同的。微生物在池内的增殖速率不变，在增殖曲线上的位置是一个点，而不是一个区段。

完全混合曝气池的特点有：(1)由于池内混合液对废水起到了稀释的作用，因此，本曝气池能够承受高浓度废水，对冲击负荷有一定的适应能力；(2)需氧全池要求相同，能够节省动力；(3)可使曝气池与沉淀池合建，不需单独设置污泥回流系统，易于运行管理。

(二) 活性污泥反应器——曝气池的构造

曝气池在构造上应满足曝气充氧、混合的要求，因此，曝气池的构造首先决定于曝气方式和所采用的曝气装置。

1. 采用鼓风曝气系统的曝气池的构造

该系统的曝气池多为廊道形的推流式(参见图2-1-8)。就此应考虑的因素有：

(1) 曝气池的数目、规模与廊道组合　曝气池的规模应根据废水流量而定，在结构上，曝气池可按单元设计，每个单元则由1～4个廊道组合而成。

(2) 廊道的长度与宽度　为了防止水流短路和结构上的要求，曝气池的廊道长度(L)以50～70cm为宜，长度与宽度(B)之比则为(5～10)：1。

(3) 廊道的横断面与深度　由图2-1-8可见为了使池内混合液充分混合，空气扩散装置多安装在曝气池的一侧，以便使混合液在池内以旋转方式向前推进。同时，为了便于形成旋流，在池墙顶部与脚部均向外凸出呈45°的斜面。为了共同使用一条空气管道，相邻廊道的空气扩散装置多沿共同隔墙布置。

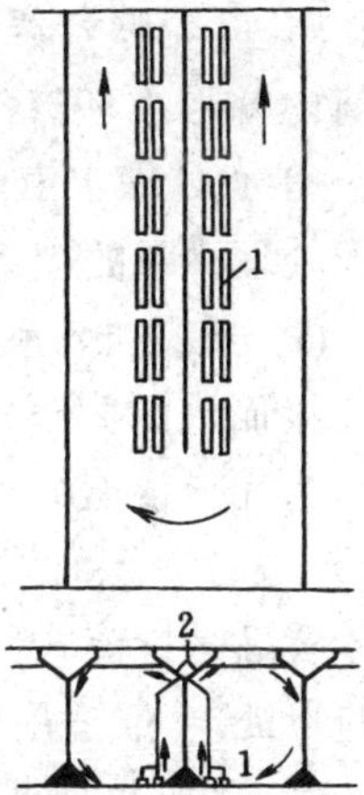

图 2-1-8　鼓风曝气装置曝气池平面图(上)及剖面图(下)
1—空气扩散装置
2—空气管

(4) 曝气池的深度　应根据氧的转移和鼓风机压强两项因素综合考虑。水深大，有利于氧的转移；但鼓风机的压强将提高，随之耗能也大；降低水深，则情况与此相反。实际上在我国多采取3～5m的水深；使鼓风机的压强在50Pa以内，配电设备为低压(360V)。水面上超高一般不应小于0.5m。

(5) 廊道的顶部　主要考虑用于安设空气管道和配水槽。空气管道和配水管道都安设在沟槽内(图2-1-8)，沟槽本身也可以充作配水槽之用，在槽上覆以盖板，供人通行。沟槽底部应按纵向设以坡度，以便排水。

(6) 廊道的底部和中部　在距池底1/2或1/3深处设放水管，以备培养活性污泥时使用，在池底也设胶水管，以备排空时使用。放空管的管径为80～100mm。池底应设2/1 000的坡度，坡向放空管。

(7) 进水与出水设备　进水设备应考虑设于水面以下，采用淹没孔口的形式，以免形成短流。出水设备则多采用溢流堰的形式。

2. 采用机械曝气装置的曝气池的构造

采用机械曝气装置的曝气池，有采用叶轮曝气器的，也有采用转刷曝气器的，这里仅介绍采用叶轮曝气器的曝气池构造。有下列几种型式的曝气池：

(1) 完全混合式曝气池　表面为圆形、方形的曝气池(参见图2-1-9)。叶轮曝气器设于池中央部平台，中央设导流筒，使混合液在筒内外形成环流，废水与回流污泥都从池底部进入池内，水深为3～4m，处理水由设于池四周的出水槽汇集排出。这种曝气池适用于处理少量的废水。

(2) 兼具推流和完全混合流态的曝气池　由一系列正方形单元连接而成的廊道式曝气池。每一单元设一台叶轮曝气器，每个单元为完全混合式，相邻二单元之间设互通隔墙，废水从一端流入，经过各单元的生化反应，从池的另一端流出。这样，从曝气池整体看又是推流式。这种曝气池兼具推流和完全混合两种流态形式的特征，一般适用于大型废水处理厂。

(3) 曝气沉淀池　这是将曝气(降解反应)和沉淀(泥、水分离)二项工艺过程结合在一个构筑物内完成的处理构筑物(参见图2-1-10)，属完全混合式。这种构筑物具有占地小、易于维护管理，并省却污泥回流设备等优点。曝气沉淀池表面呈圆形或正方形，由三部分组成：

曝气区：位于池中央，叶轮曝气器的驱动装置设于其中心的平台上，废水从池底进入，处理水则通过其四周的溢流孔口流入导流区，回流污泥从沉淀区污泥部分与曝气区之间的回流缝进入曝气区。

导流区：位于曝气区与沉淀区之间，宽约600mm，高1.5m左右，起缓冲水流的作用，并在此释放出混合液中夹带的气泡，混合液由底部进入沉淀区。

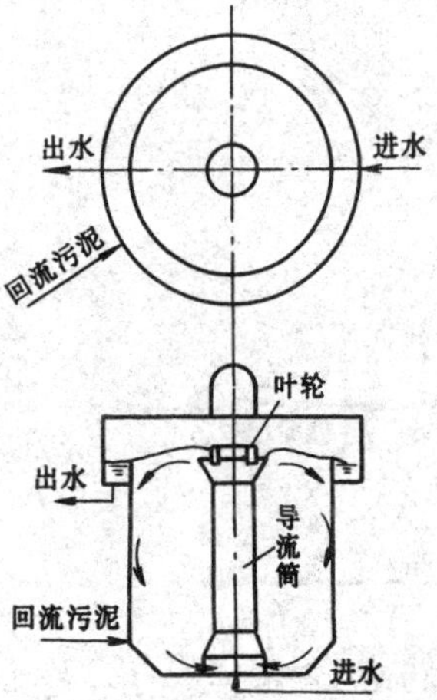

图 2-1-9 圆形完全混合曝气池

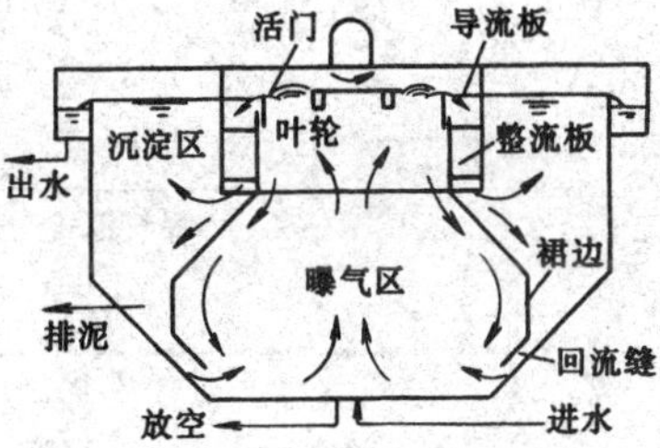

图 2-1-10 圆形曝气沉淀池

沉淀区：位于导流区的外侧，其作用是泥水分离，排出澄清的处理水并使污泥回流曝气区。澄清区水深不小于1.5m，污泥区容积取2h的污泥量，回流缝宽度取15～30cm，长取400～600mm。

(三) 活性污泥系统的主要运行方式

迄今为止，在活性污泥法工程领域，应用着多种各具特色的运行方式，主要有传统活性污泥法、完全混合活性污泥法、阶段曝气活性污泥法、吸附-再生活性污泥法、延时曝气活性污泥法、高负荷活性污泥法以及纯氧曝气活性污泥法等。本节将就此分别进行简要阐述。

1. 传统活性污泥法

传统活性污泥法又称普通活性污泥法，是早期采用的运行方式，沿用至今，其工艺流程示于图2-1-11。

曝气池为推流式，废水从一端进入池内，回流污泥也于此同步流入。混合液在二次沉淀池进行泥水分离，污泥由池底部排出，剩余污泥排出系统，回流污泥回流曝气池。

废水中的有机污染物在曝气池内与活性污泥充分接触，经历

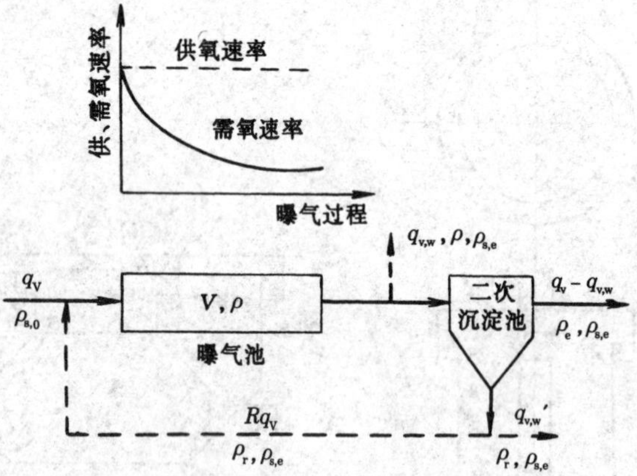

图 2-1-11　传统活性污泥法流程

了吸附和代谢两个阶段的完整降解过程，其浓度沿池长度逐渐降低。活性污泥在池内也经历了从对数增长到减衰增长以至于到内源代谢期，一个比较完整的生长周期。需氧速率沿池长逐渐降低，曝气池前段混合液中溶解氧含量较低，甚至可能是不足的，沿池长逐渐增高。

这种活性污泥法在工艺上的主要优点是：处理效果好，BOD_5去除率可达90％～95％，特别适用于处理净化程度和稳定程度要求较高的废水；对废水的处理程度比较灵活，根据要求可高可低。存在的主要问题是：为了避免曝气池首端形成厌氧状态，进水有机负荷率不宜过高，因此曝气池容积大，占用的面积多；在池末端可能出现供氧速率高于需氧速率的现象，增加动力费用；对冲击负荷适应性较弱。

2. 完全混合活性污泥法

混合液在曝气池内充分混合循环流动，在池内基本完成有机物降解反应，尚未进行泥水分离。通过对F/M值的调整，有可能将完全混合曝气池内的有机物降解反应控制在最佳状态。本工艺适于处理工业废水，特别是高浓度的有机废水。

3. 阶段曝气活性污泥法

阶段曝气活性污泥法又称分段进水活性污泥法或多段进水活性污泥法，其工艺流程如图2-1-12所示。

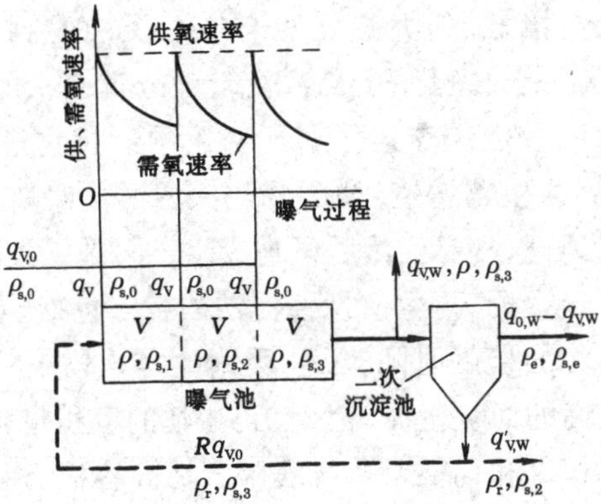

图 2-1-12 阶段曝气法工艺流程

阶段曝气法是针对传统活性污泥法存在的实际弊端而作了某些改革的运行方式。1939年在纽约首先使用，本法应用广泛，效果良好。

阶段曝气法具有如下各项特点：废水沿池长度分段注入曝气池，有机物负荷分布比较均衡，改善了供氧速率与需氧速率之间的矛盾，有利于降低能耗，又能够比较充分地发挥活性污泥生物的降解功能；混合液中污泥浓度沿池长度逐步降低，能够减轻二次沉淀池的负荷，有利于提高二次沉淀池固、液分离效果；废水分段注入，提高了曝气池对冲击负荷的适应能力。

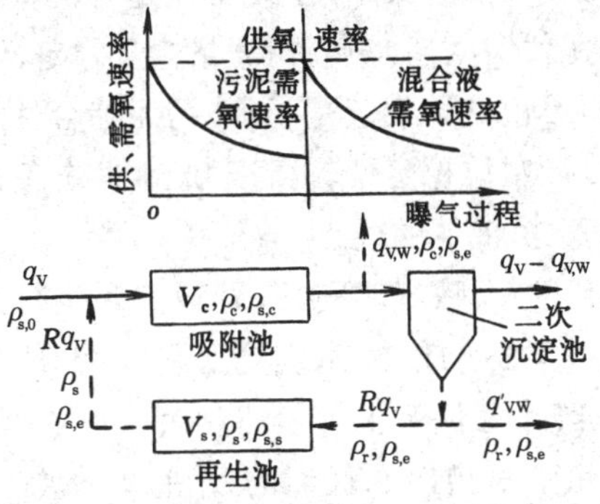

图 2-1-13 吸附-再生活性污泥法流程

4. 吸附-再生活性污泥法

吸附-再生活性污泥法又称生物吸附法或接触稳定法。40年代后期首先在美国使用，其工艺流程示之于图2-1-13。

这种运行方式的主要特点是将活性污泥对有机污染物降解的两个过程——吸附和

代谢，分别在各自的反应器内进行。废水和经过在再生池得到充分再生、具有很强活性的活性污泥同步进入吸附池，两者在这里充分接触，使大部分处于各种形态的有机物被活性污泥所吸附，废水得到净化。由二次沉淀池分离出来的污泥进入再生池，活性污泥微生物在这里对所吸附的有机物进行代谢活动，有机物降解，微生物增殖，微生物进入内源代谢期，污泥的活性、吸附功能得到充分恢复，然后再与废水一同进入吸附池。

吸附-再生活性污泥法的特点包括：(1)废水与活性污泥在吸附池的接触时间较短，吸附池容积较小，再生池接纳的仅是浓度较高的回流污泥，因此，再生池的容积也是小的。吸附池与再生池容积之和仍低于传统法曝气池的容积，建筑费用较低；(2)本方法具有一定的承受冲击负荷的能力，当吸附池的活性污泥遭到破坏时，可由再生池内的污泥予以补救。

本方法的主要缺点是对废水的处理效果低于传统法。此外，对溶解性有机物含量较多的废水处理效果更差一些。

5. 延时曝气活性污泥法

延时曝气活性污泥法又名完全氧化活性污泥法。是50年代初期在美国开始应用的。

本法采用的曝气池都是完全混合式。其主要特点是有机负荷率非常低，污泥持续处于内源代谢状态，剩余污泥量少且稳定，不需再进行消化处理。因此，可以说这种工艺是废水、污泥综合处理过程。此外，本工艺还具有处理水质稳定性较高、对废水冲击负荷有较强的适应性和不需设初次沉淀池的优点。

本工艺的主要缺点是池容大，曝气时间长，建设费和运行费用都较高，而且占用较大的土地等。此外，从理论上来说，延时曝气法是不产生污泥的，但在实际上仍产生少量的剩余污泥，污泥主要是由一些无机悬浮物和微生物内源代谢的残留物，如细胞壁、细胞膜等所形成的。

本工艺适用于处理对处理水质要求高，而且又不宜采用污泥处理装置的小型城镇污水和工业废水，水量一般在1 000m^3/d以下为宜。

6. 高负荷活性污泥法

高负荷活性污泥法又称短时曝气法或不完全活性污泥法。本工艺的主要特点是负荷率高，曝气时间短，对废水的处理效果低。在系统和曝气池构造方面，本工艺与传统法相同。

7. 纯氧曝气活性污泥法

与鼓风曝气相比，纯氧曝气活性污泥法主要具有如下特征：(1)纯氧氧分压比空气约高5倍，纯氧曝气可大大地提高氧的转移效率；(2)氧的转移率可提高到80%～90%，而鼓风曝气仅为10%左右；(3)纯氧曝气可使曝气池内活性污泥浓度达4 000～7 000mg/L；能够大大地提高曝气池的容积负荷；(4)纯氧曝气剩余污泥产量少，SVI值也低，一般无污泥膨胀之虑。

纯氧曝气活性污泥法曝气池，大多采用多级闭封式。1968年在美国纽约州巴塔维亚(Batavia)废水处理厂，建成了世界上第一座规模为10 000m^3/d的纯氧曝气装置。迄今为止，世界各国已有多座纯氧曝气装置在运行，其中规模较大的有日本吉祥院废水处理厂，规模为$(4.0\times10^4)m^3/d$；美国底特律废水处理厂，规模为$(22.8\times10^4)m^3/d$。

8. 浅层低压曝气、深水曝气、深井曝气活性污泥法

为了克服活性污泥法各种运行方式普遍存在的占地面积大、能耗高的缺点，在活性污泥法领域开发出了能够降低能耗和减少占地面积的工艺，其中有浅层低压曝气法、深水曝气法和深井曝气法，其中深井曝气法最为引人注目。

深井曝气活性污泥法又名超深水曝气法，70年代由英国帝国化学公司所开发，1974年于英国皮林翰姆(Billngham)市废水处理厂建造了第一座半生产性的深井曝气装置，效果良好。据确证，本法具有氧转移率高(为常规法的10倍以上)、动力效率高、占地少、易于维护运行、耐冲击负荷、产泥量低且可不建初次沉淀池等

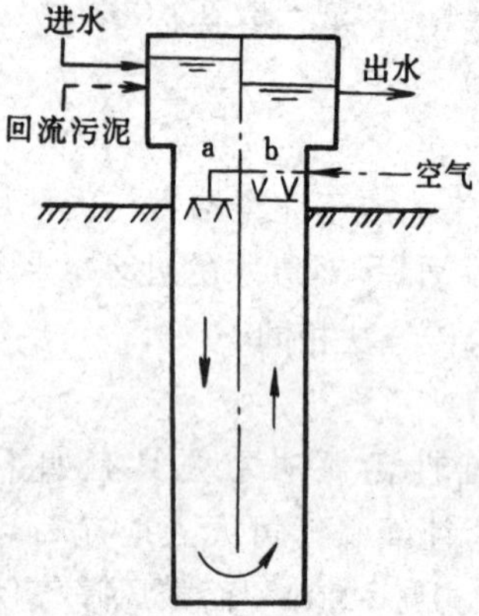

图 2-1-14　深井曝气装置

一系列优点，因此受到废水处理界人们的重视。德、美、法、日以及加拿大等国都修建了一批深井曝气装置，用于处理城市、化工、食品、造纸和制药等部门的废水。

深井曝气装置，一般平面呈圆形，直径介于1～6m，深达50～150m(参见图2-1-14)，井身内在空压机的作用下形成降流(如图中a所示)和升流的流动(如图中b所示)。

五、活性污泥系统的工艺计算与设计

(一) 设计应掌握的基础资料与工艺流程的选定

活性污泥系统由曝气池、二次沉淀池及污泥回流设备等组成。其工艺计算与设计主要包括五方面内容，即

(1) 工艺流程的选择；

(2) 曝气池的计算与设计；

(3) 曝气系统的计算与设计；

(4) 二次沉淀池的计算与设计；

(5) 污泥回流系统的计算与设计。

进行活性污泥处理系统的工艺计算和设计时，首先应比较充分地掌握与废水、污泥有关的原始资料并确定设计的基础数据。主要是下列各项：

(1) 废水的水量、水质及变化规律；

(2) 对处理后出水的水质要求；

(3) 对处理中所产生污泥的处理要求；

(4) 污泥负荷率与BOD_5去除率；

(5) 混合液浓度与污泥回流比。

对生活污水和城市废水以及性质与其相类似的工业废水，人们已经总结出一套较为成熟和完整的设计数据可直接应用。而对于一些性质与生活废水相差较大的工业废水或城市废水，则需要通过试验来确定有关的设计数据。在选定处理工艺流程时，还要综合考虑当地的地理位置、地区条件、气候条件以及施工水平等因素，综合分析本工艺在技术上的可行性和先进性及经济上的可能性和合理性等。特别是对工程量大、建设费用高的工程，需要进行多种工艺流程比较之后才能确定，以期使工程系统达到优化。

(二) 曝气池的计算与设计

曝气池的计算与设计主要包括：曝气池(区)容积的计算，需氧量和供气量的计算，池体设计等几项。

1. 曝气池(区)容积的计算

(1) 计算方法与计算公式　计算曝气区容积，常用的是有机负荷计算法，也称BOD_5负荷计算法。负荷有两种表示方法，即污泥负荷和容积负荷。曝气池(区)容积计算公式列于表2-1-2中。

表 2-1-2　　曝气池(区)容积计算公式

公式	符号说明
$E=\frac{\rho_{s0}-\rho_{se}}{\rho_{s0}}\times 100\%$ $=\frac{\rho_{sr}}{\rho_{s0}}\times 100\%$ $V=\frac{q_v\rho_{s.r}}{\rho' N_s}=\frac{q_v\rho_{s.r}}{N_v}$ $\rho'=f\rho$ $t_m=\frac{V}{q_v}\times 24$	E——BOD_5去除率(%) $\rho_{s.0}$——进水BOD_5浓度(kg/m^3) $\rho_{s.e}$——出水BOD_5浓度(kg/m^3) $\rho_{s.r}$——去除BOD_5浓度(kg/m^3) V——曝气池容积(m^3) q_v——进水设计流量(m^3/d) ρ'——混合液挥发性悬浮固体(MLVSS)浓度，(kg/m^3) N_s——污泥负荷[$kgBOD_5/(kgMLVSS\cdot d)$] N_v——容积负荷[$kgBOD_5/(m^3\cdot d)$] f——系数，一般取值0.7～0.8 ρ——混合液悬浮固体浓度(kg/m^3) t_m——曝气时间(h)

(2) 参数选择　在进行曝气池(区)容积计算时，应在一定的范围内合理地确定N_s和ρ'(或ρ)值，此外，还应同时考虑处理效率、污泥容积指数(SVI)和污泥龄等参数。

通常对于易生物降解的废水，N_s 值主要从污泥沉淀性能来考虑；而对于难生物降解的废水，则着重从出水水质来考虑。一般对于生活污水及性质与其相类似的废水，SVI值可能介于80～150之间，污泥沉淀性能良好，出水水质较好；当废水中含有较多数量的难降解物质时，或要求降低剩余污泥量以及在低温条件下运行时，N_s 的取值应低于0.2kgBOD$_5$/(kgMLVSS·d)。

混合液挥发性悬浮固体浓度(ρ')也可按下式进行计算：

$$\rho' = \frac{Rrf \times 10^3}{(1+R)\text{SVI}} \tag{2-1-59}$$

式中 R——污泥回流比(%)

r——二次沉淀池中污泥综合系数，一般为1.2左右

2. 需氧量和供气量的计算

(1) 需氧量　活性污泥法处理系统的日平均需氧量(Q_{O_2})和去除每kgBOD$_5$的需氧量(ΔQ_{O_2})可分别按动力学公式计算，也可根据经验数据选用。

$$Q_{O_2} = a'Q\rho_{s.r} + b'\rho' V \tag{2-1-60}$$

$$\Delta Q_{O_2} = a' + \frac{b'}{N_s} \tag{2-1-61}$$

表2-1-3所列是城市废水的a'、b'和ΔQ_{O_2}值，表2-1-4所

表 2-1-3　活性污泥法处理城市废水时的a'、b'和ΔQ_O值

运行方式	ΔQ_O	a'	b'	运行方式	ΔQ_O	a'	b'
完全混合法	0.7～1.1	0.42	0.11	传统曝气法	0.8～1.1		
生物吸附法	0.7～1.1			延时曝气法	1.4～1.8	0.53	0.188

表 2-1-4　部分工业废水的a'、b'值

污水种类	a'	b'	污水种类	a'	b'
石油化工废水	0.75	0.16	炼油废水	0.55	0.12
含酚废水	0.56	—	亚硫酸浆粕废水	0.40	0.185
漂染废水	0.5～0.6	0.065	制药废水	0.35	0.354
合成纤维废水	0.55	0.142	制浆造纸废水	0.38	0.092

列是部分工业废水的a'、b'值。

计算需氧量时，应该合理地选用a'和b'值，最好通过试验确定。

(2) 供气量　供气量应按照鼓风曝气型式或机械曝气型式两种情况分别求定。采用鼓风曝气装置时，曝气池的日平均供气量(G_s)按本节有关公式可求定。将最大时需氧量(Q_{O_2max})代入式中，可求出最大时转移到曝气池的氧量(R_{omax})，然后求得最大时供气量。最小时供气量可按平均供气量的1/2计算。

(三) 二次沉淀池的计算与设计

二次沉淀池的作用是泥水分离，使混合液澄清、浓缩和回流活性污泥，其工作性能对活性污泥处理系统的出水水质和回流污泥的浓度有直接关系。

初次沉淀池的设计原则一般也适用于二次沉淀池，但要考虑如下一些特点：

(1) 活性污泥混合液的浓度较高，有絮凝性能，其沉降属于成层沉淀；

(2) 活性污泥的质量较轻，易产生异重流，因此，设计二次沉淀池时，最大允许的水平流速(平流式，辐流式)或上升流速(竖流式)都应低于初次沉淀池；

(3) 由于二次沉淀池起着污泥浓缩作用，所以需要适当地增大污泥区容积。

二次沉淀池的计算与设计包括：池型的选择;沉淀池(澄清区)面积、有效水深的计算;污泥区容积的计算;污泥排放量计算等。

1. 二次沉淀池池型的选择

平流式、竖流式和辐流式三种类型沉淀池都可作为二次沉淀池。为了提高沉淀效率，近年来人们在平流式和竖流式沉淀池上加装斜板(管)，形成斜板沉淀池。

带有机械吸泥及排泥设施的辐流式沉淀池，比较适合大型废水处理厂;方形多斗辐流式沉淀池常用于中型废水处理厂。对小型废水处理厂，则多采用竖流式沉淀池或多斗式平流式沉淀池。曝气沉淀池一般多应用于小型废水处理厂。

2. 二次沉淀池面积和有效水深的计算

二次沉淀池澄清区的面积和有效水深的计算有表面负荷法和固体通量法等。在实际工程设计中常用的是表面负荷法。二次沉淀池的表面负荷为单位时间内单位面积所承受的水量。表2-1-5列举出采用表面负荷法求定二次沉淀池澄清区的面积(A)和有效水深(h)的计算公式。表中的u值大小与废水水质和混合液污泥浓度有关，该值一般介于0.2～0.5mm/s之间，相应的q值为0.72～1.8m³/(m²·h)。当废水中的无机物含量较高时，可采用较高的u值；而当废水中的溶解性有机物较多时，则u值宜低。混合液污泥浓度对u值的影响较大，当污泥浓度较高时，u值较小，反之u值较大。

表 2-1-5 表面负荷法计算二次沉淀池面积和有效水深的公式

计算公式	符号说明
$A=\frac{Q_{max}}{q}=\frac{Q_{max}}{3.6u}$ $h=\frac{Q_{max}\times t}{A}=q\cdot t$	A——二次沉淀池面积(m^2)；Q_{max}——废水最大时流量(m^3/h)；q——水力表面负荷[$m^3/(m^2\cdot h)$]；u——活性污泥成层沉淀时的沉速(mm/s)；h——澄清区水深(m)；t——二次沉淀池水力停留时间(h)

二次沉淀池面积以最大时流量作为设计流量，而不计回流污泥量。但中心管的计算则应包括回流污泥在内。澄清区水深，通常按水力停留时间来确定，一般取值为1.5～2.5h。

池边水深和出水堰负荷：为了保证二次沉淀池的水力效率和有效容积，池的水深和直径应保持一定的比例关系，一般对直径10～30m的池子，水深3～3.5m，大于30m池子，水深可达4m。二次沉淀池的出水堰负荷值，一般可以在1.5～2.9L/(m·s)之间选取。

3. 污泥斗容积的计算

污泥斗的作用是贮存和浓缩沉淀污泥。由于活性污泥易因缺氧而失去活性和腐败，因此污泥斗容积不能过大。对于分建式沉淀池，一般规定污泥斗的贮泥时间为2h，故可采用下式来计算污泥斗容积(V_s)。

$$V_s=\frac{4(1+R)Q\rho}{(\rho+\rho_r)24}=\frac{(1+R)Q\rho}{(\rho+\rho_r)6} \tag{2-1-62}$$

式中 Q——废水流量(m^3/h)

ρ——混合液污泥浓度(mg/L)

ρ_r——回流污泥浓度(mg/L)

R——回流比

V_s——污泥斗容积(m^3)

对于合建式的曝气沉淀池，沉淀区的面积和池深确定之后，其污泥区的容积也就随着池的构造而确定了，不需进行单独计算。

4. 污泥排放量的计算

二次沉淀池中的污泥部分作为剩余污泥排放，其污泥排放量应等于污泥增长量。

(四) 污泥回流系统的计算与设计

污泥回流系统的计算和设计内容包括污泥回流量的计算；污泥回流设备的选择与设计。

1. 污泥回流量的计算

污泥回流量是关系到处理效果的重要设计参数，应根据不同的水质、水量和运行方式，确定适宜的回流比。污泥回流比也可按(2-1-47)式计算，该值的大小取决于混合液污泥浓度和回流污泥浓度，而回流污泥浓度又与SVI值有关。

在实际曝气池运行中，由于SVI值在一定的幅度内变化，并且需要根据进水负荷的变化，调整混合液污泥浓度，因此，在进行污泥回流设备设计时，应按最大回流比设计，并使其具有在较小回流比时工作的可能性，以便使回流污泥可以在一定幅度内变化。

2. 污泥回流设备的选择与设计

合建式的曝气沉淀池，活性污泥可从沉淀区通过回流缝自行回流入曝气区。而对分建式曝气池，活性污泥则要通过污泥回流设备回流。污泥回流设备包括提升设备和输泥管渠。

常用的污泥提升设备是污泥泵和空气提升器。污泥泵的型式主要有螺旋泵和轴流泵，其运行效率较高，可用于各种规模的废水处理工程。空气提升器的效率低，但结构简单，管理方便，且可在提升过程中对活性污泥进行充氧，因此，常用于中小型鼓风曝气系统。

选择污泥泵时，首先应考虑的因素是不破坏污泥的特性，运行稳定和可靠等。为保证活性污泥回流系统的连续运行，必须用泵。空气提升器是利用升液管内外液体的密度差而使污泥提升的，设在二次沉淀池的排泥井或在曝气池进口处专设的污泥井中。

(五) 曝气沉淀池的构造设计

曝气沉淀池多呈圆形并用表面机械曝气装置。在构造设计方面有下列基本要求。

1. 曝气沉淀池的池体

曝气沉淀池的直径一般不宜>20m；水深不宜>5m；沉淀区水深(h_1)宜在1～2m之间；曝气筒直壁的高度(h_2)应>h_1，一般为$(h_2-h_1)>0.414B$(B为导流区宽度)。

曝气沉淀池池底斜壁与水平成45°，曝气筒保护高度为0.8～1.2m。

2. 回流窗孔

回流窗孔流速应为100～200mm/s，其回流窗孔的总长度为曝气筒周长的30%左右，回流窗调节高度为50～150mm。

3. 回流缝

回流缝的流速为20～40mm/s，回流缝的宽度(b)一般为150～300mm，回流缝处的顺流圈长度(l)为0.4～0.6m，而顺流圈直径(d_4)则应略大于曝气沉淀池池底直径(d_3)。

4. 导流区下降流速

导流区下降流速为15mm/s左右。

5. 容积系数

曝气筒、导流室等墙厚所增加的体积分数(容积系数)为3%～5%。

第二节 生物膜法

生物膜法是和活性污泥法并列的一类废水好氧生物处理技术，又称固定膜法。它是土壤自净过程的人工化和强化，主要用于去除废水中溶解的和胶体的有机污染物。采用这种方法的构筑物有生物滤池、生物转盘、生物接触氧化池和生物流化床等。

一、生物滤池

生物滤池可分为普通生物滤池(又称滴滤池或低负荷生物滤池)、高负荷生物滤池、塔式生物滤池及活性生物滤池(ABF)等几种形式。实际上塔式生物滤池和活性生物滤池都属于高负荷生物滤池的范畴。

(一) 生物滤池的基本原理与特点

1. 生物滤池的基本原理

在滤池内设置固定的滤料，当废水自上而下滤过时，由于废水不断与滤料相接触，因此微生物就在滤料表面繁殖，逐渐形成生物膜。生物膜是由多种微生物组成的一个生态系统，从废水中吸取有机污染物作为营养源，在代谢过程中获得能量，并形成新的微生物机体。生物膜构造剖面图见图2-2-1。

当生物膜形成并达到一定厚度时，氧就无法透入生物膜内层，造成内层的厌氧状态，使生物膜的附着力减弱。此时，在水流的冲刷下，生物膜开始脱落。随后在滤料上又会生长新的生物膜，如此循环往复。废水流经生物膜后，得以净化。

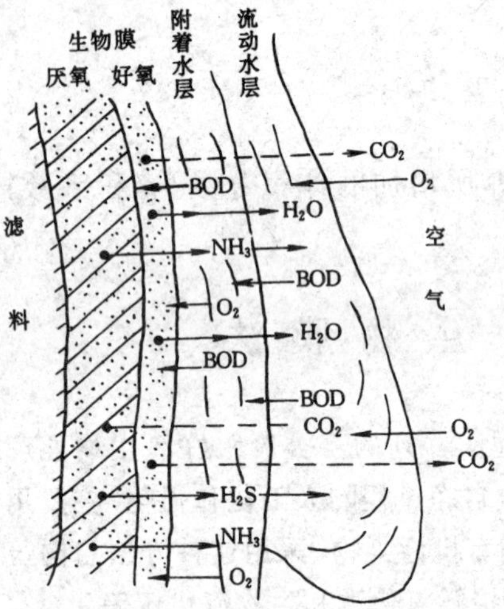

图 2-2-1 生物膜构造剖面示意

生物滤池系统的基本流程如图2-2-2所示。废水先进入初次沉淀池，在去除可沉性悬浮固体后，再进入生物滤池。经生物滤池净化的废水连同滤池上脱落的生物膜流入二次沉淀池，再经过固液分离，排出净化后的废水。

普通生物滤池不需回流，而高负荷滤池与塔式滤池通常都需要回流。在增大有机负荷的同时增大水力负荷，促进膜的更新，从而提高处理效率。

图 2-2-2 生物滤池的基本流程

2. 生物滤池的主要特征

生物滤池内的滤料是固定的，废水自上而下流过滤料层。由于与不同层面生物膜接触的废水水质不同，因而微生物组成比不同。上层以细菌为主，中下层细菌量逐渐减少，原生动物和微型后生动物逐渐增多。每个层面都生长着适应于流到该层废水水质的微生物群。因而，生物链较长，污泥量少，当负荷低时，出水水质可高度硝化，运行简易，且依靠自然通风供氧，运行费用低。表2-2-1所列举的是生物滤池与活性污泥法在各项问题上的比较。

表 2-2-1　　生物滤池与活性污泥法的比较

项　目	生物过滤法		活性污泥法	
	优点	缺点	优点	缺点
基建费	低	—	较低	—
运行费	低	—	—	高
气候的影响(合流制排水系统)	在夏天工作	在冬天易于积水和结冰	在雨季和冬季工作正常	在干旱的夏天运行困难
技术控制	较易控制	—	—	需要大量工作
灰蝇和臭味	—	蝇多、味大(高速滤池无)	无蝇、无味	—
最后出水	负荷低时，可高度硝化	悬浮物多	悬浮物少	通常出水不像有些池那样达到高度硝化
二次污泥	小	—	—	大
合成洗涤剂的影响	泡沫很少	—	—	泡沫多，特别是在采用鼓风曝气时

不同类型的生物滤池，其负荷、高度、填料及处理效果也各不相同，不同生物滤池的特点列举于表2-2-2中。

表 2-2-2　普通生物滤池、高负荷生物滤池和塔式生物滤池的比较

项　目	普通生物滤池	高负荷生物滤池	塔式滤池(超速滤池)
表面负荷/[$m^3/(m^2 \cdot d)$]	0.9～3.7	9～36(包括回流)	16～97(不包括回流)
BOD负荷/[$g/(m^3 \cdot d)$]	110～370	370～1 840	高达4 800
深度/m	1.8～3.0	0.9～2.4	>12
回流比	无	1～4(一般)	一般有回流
滤料	采用碎石、焦炭矿渣，其体积较负荷生物滤池多5～10倍	多用塑料滤池	用塑料滤池
比表面/(m^2/m^3)	43～65	43～65	82～115
空隙率/%	45～60	45～60	93～95

续表

项　目	普通生物滤池	高负荷生物滤池	塔式滤池(超速滤池)
动力消耗/(W/m^3)	无	2～10	
蝇	多	很少，幼虫被冲走	很少
生物膜剥落情况	间隙	连续	连续
运行要求	简单	需要采用一些技术	
投料时间的间隙	不超过5min，一般系间隙投配，也可连续投配	不超过15s，必须连续投配	
二次污泥	黑色，高度氧化，轻的，细颗粒	棕色，未充分氧化，细颗粒，易腐化	
处理水	高度硝化，进入硝化盐阶段，BOD≤20mg/L	未充分硝化，一般只到亚硝酸盐阶段，BOD≥30mg/L	有限度的硝化，BOD≥30mg/L
BOD去除率/%	85～95	75～85	65～85

(二) 生物滤池的构造

生物滤池由滤床(池体与滤料)、布水装置和排水系统三部分组成。

1. 池体

普通生物滤池三四十年代前常是方形、矩形，但自创造了旋转布水器后，新设计的普通生物滤池大多采用圆形，高负荷生物滤池通常都为圆形。池壁可筑成带有孔洞或不带孔洞的两种。有孔洞的池壁有利于滤料内部通风，但在冬季易受低气温的影响。为防止风力对池表面均匀布水的影响，池壁高度一般应高出滤料至少0.5m。池体必要时应考虑采暖、防冻和防蝇措施，如加盖等。图2-2-3所示是高负荷生物滤池的构造示意图。

普通生物滤池的滤床高度通常为1.5～2.0m，自然通风。高负荷生物滤池的滤床，以碎石为填料时，高度为0.9～2.0m，以塑料滤料为填料时，高度为2～4m。塔式生物滤池，高度通常为8～12m，也有的高达30m，直径一般介于0.5～30m。

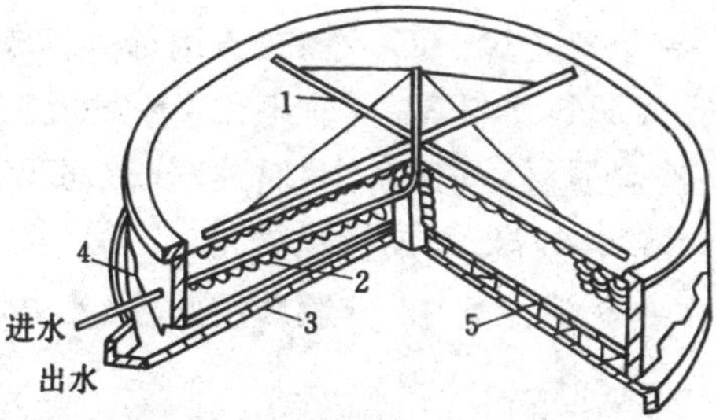

图 2-2-3 高负荷生物滤池构造示意图

1—旋转布水器 2—滤料 3—集水沟 4—总排水沟 5—渗水装置

塔式滤池应分段设置支撑滤料的格栅，分段承担滤料的重量。每段应设置观察孔、测温孔、取样孔及人孔，并建筑相应的平台。平台上下用扶梯连接，便于操作人员上下观察和取样分析。

2. 滤料

滤料是生物膜赖以生长的载体。理想的滤料应具备的特性包括：(1)能为微生物的栖息提供大量的表面积；(2)能使废水以液膜状均匀分布于其表面；(3)有足够大的孔隙率，使生物膜能随水通过孔隙流到池底，并保证滤池通风良好；(4)适合于生物膜的形成及粘附，且既不被微生物分解，又不抑制微生物的生长；(5)有较好的机械强度，不易变形与破碎。

在普通生物滤池中，一般采用实心拳状滤料，如碎石、卵石、炉渣等。工作层滤料的粒径为25～40mm，承托层滤料的粒径为70～100mm。同一层滤料的粒径要尽量均匀一致，以提供较高的孔隙率。当滤料的孔隙率在45％左右时，滤料的比表面积一般为65～100m^2/m^3。滤料的粒径愈小，比表面积就愈大，处理能力可以提高。但粒径过小，孔隙率降低，滤层易被生物膜所堵塞。

在高负荷生物滤池滤料中，滤料粒径较大，一般为40～100mm，孔隙率较高，能够防止堵塞和提高通风能力。其中工作层滤料的粒径为40～70mm，承托层为70～100mm。滤料采用卵石、石英石、花岗石等，但以表面光滑的卵石为好。近年来。已开始应用塑料滤料，有聚氯乙烯、聚苯乙烯、聚丙烯等制成的波纹板式、斜管式和蜂窝式塑料滤料等。目前还在不断发展、开发出新的塑料滤料。这些滤料质轻，强度高，耐腐蚀，比表面积和孔隙率都较大，主要缺点是价格较高，初期投资较大。

在塔式生物滤池滤料中，一般采用质轻、比表面积大和孔隙率高的人工合成滤料。

3. 布水装置

布水装置的目的是将废水均匀地喷洒在滤料上。普通生物滤池常采用固定式布水装置。该装置包括投配池、配水管网和喷嘴三个部分。高负荷滤池和塔式滤池则常用旋转布水器，它由进水竖管和可转动的布水横管组成，见图2-2-4。当废水由孔口喷出时，水流的反作用推动横管向相反方向旋转。

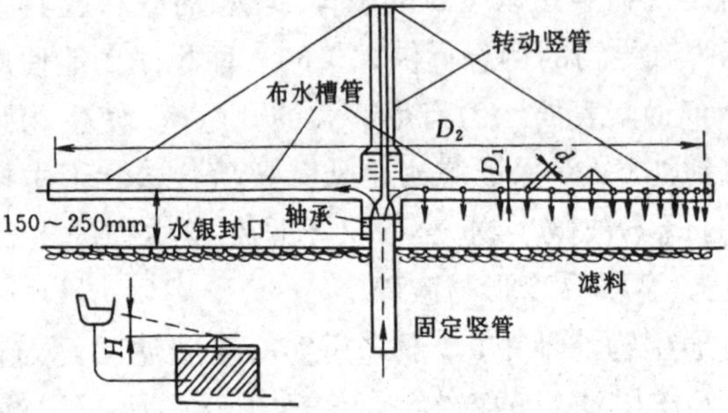

图 2-2-4 旋转布水器示意图

D_1—横管内径 D_2—布水器直径 d—孔口直径 H—布水器水头损失

4. 排水系统

排水系统处于滤床的底部，其作用是收集、排出处理后的废水以及保证滤床通风。它由渗水顶板、集水沟和排水渠所组成。排水系统的形状与池体相对应。

渗水顶板安放在集水沟的上部、滤床的底部，用于支撑滤料。渗水顶板上排水孔的总面积应不小于滤池表面积的20%。常用的渗水顶板示之于图2-2-5。

净化过的废水通过顶板后，即由集水沟收集排入总渠。集水沟宽0.15m，间距2.5～4.0m，底坡0.005～0.02。排水总渠的底坡为0.005以上，其过水断面积应不小于其全部断面积的50%；沟内水流流速应大于0.7m/s。渗水顶板下底与池底之间的净空高度一般应在0.6m以上，以利通风。出水区四周池壁均匀布置进风孔。

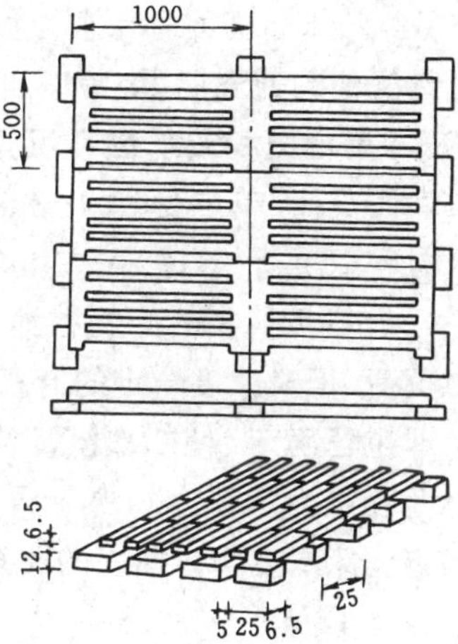

图 2-2-5　常用渗水装置示意图(单位: mm)

(三) 影响生物滤池功能的主要因素

1. 滤床的比表面积和孔隙率

生物膜是生物膜法处理的主体。滤料的表面积愈大，生物膜的表面积也愈大，生物量就愈多，净化功能就愈强。滤床的孔隙率大，则滤床不易堵塞，通风效果良好，可以为生物膜的好氧代谢提供足够的氧。滤床的比表面积和孔隙率大，扩大了传质的界面，促进了水流的紊动，有利于提高净化效率。

2. 滤床的高度

滤床的上层和下层，其生物膜量、微生物种类、去除有机物的速度等都不同。在滤床的上层，废水中的有机物浓度高，微生物的营养好，繁殖速度快，生物膜最多且以细菌为主，有机污染物去除速度高。随着滤床深度的增加，废水中的有机物量减少，生物膜量也减少，微生物从低级趋向高级，有机物去除速度降低。因此，生物滤池中有机物的去除效果随滤床深度的增加而提高，但去除速率却随深度的增加而降低，在达到一定深度后，处理效率的提高已微不足道。

3. 负荷

生物滤池的负荷是反映生物滤池工作性能以及设计的关键参数，它分有机负荷与水力负荷两种。有机负荷从本质上反映了生物滤池的处理能力，常以BOD_5计量，单位为kg/(m³·d)。水力负荷，即单位面积或单位容积滤床每日处理的废水量，前者又称水力表面负荷，单位为m³/(m²·d)或m/d，故又称为滤率；后者又称为水力容积负荷，单位为m³/(m³·d)。

有机负荷高的生物滤池，生物膜的增长快，就需要较高的水力负荷。但对浓度一定的有机废水，当有机负荷确定以后，水力负荷即也已确定。使二次沉淀池出水即处理水回流，可以调节有机负荷和水力负荷之间的矛盾关系。对所设计的滤池，也可以通过调整滤床高度与表面积的关系，解决这一矛盾。

4. 回流

对高负荷生物滤池与塔式生物滤池，常采用处理水回流这一措施。回流有下述优点：

(1) 不论原废水的流量如何波动，滤池都可得到连续投配的废水，因而其工作较稳定；

(2) 可以使进水保持新鲜而减少臭味；

(3) 用细菌连续接种滤池；

(4) 除去失去活性的生物膜，因而降低膜的厚度并抑制滤池蝇的孳生；

(5) 均衡滤池负荷，提高滤池效率。

当原废水缺少营养元素或含有有毒物质时，回流可补充营养物质，稀释和降低有毒有害物质的浓度，缓解其有害程度。

5. 供氧

生物滤池中微生物所需的氧通常是依靠自然通风提供。影响滤池通风的主要因素有：池内温度与气温之差、滤池高度、滤料孔隙率及风力等。当水温高于气温的差值愈大、滤池愈高、滤床孔隙率愈大、风力愈大时，自然通风的条件就愈好。

滤床堵塞会影响通风。当废水的COD浓度大于400～

500mg/L时，可能导致产生缺氧现象。这时可采用回流的措施稀释进水浓度，降低原废水的COD值。

(四) 生物滤池的设计计算

生物滤池的设计内容包括滤床容积、布水系统、排水系统三部分。布水系统和排水系统的设计参见本节后面内容，这里仅以高负荷生物滤池为例介绍设计计算方法。

1. 设计数据

当以碎石为滤料时，工作层滤料的粒径宜为40～70mm，厚度不大于1.8m。承托层滤料的粒径为70～100mm，厚度0.2m，常用卵石，石英石、花岗石等充之。用塑料滤料时，滤床高度可达4m。

正常气温下，处理城市废水时，表面水力负荷宜为10～30$m^3/(m^2 \cdot d)$，BOD_5容积负荷不大于1.2$kg/(m^3 \cdot d)$。单级滤池的BOD_5去除率为75%～85%，两级滤池串联时，BOD_5去除率达90%～95%。

工业废水的设计参数应通过实验确定。

2. 计算公式

具体计算公式列于表2-2-3中。

表 2-2-3　　高负荷生物滤池的计算参数与计算公式

设计内容	计算公式	参数意义及取值
滤料总体积(V)	$V=\frac{Q\rho_s}{N_v}\times10^{-3}$	以碎石为填料时，滤池高度h=0.9～2.0m；以塑料为填料时，h=2～4m
滤池面积(A)与直径(d)	$A=\frac{V}{h}$ $d=\sqrt{\frac{4A}{\pi n}}$	V——滤料总体积(m^3)；Q——废水量(m^3/d)； ρ_s——未经回流稀释时的BOD_5浓度(mg/L)； N_v——容积负荷，一般不大于1.2$kg/(m^3 \cdot d)$； n——滤池座数；A——滤池面积(m^2)；d——滤池直径(m)；
回流比(R)	$R=\frac{qA}{Q}-1$	R——回流比；q——表面水力负荷[10～30$m^3/(m^2 \cdot d)$]

3. 高负荷滤池的流程选择

高负荷滤池的典型流程示于图2-2-6。图中a应用较广；b有助于滤池的接种，但回流的生物膜易堵塞滤料，通常用在滤池的

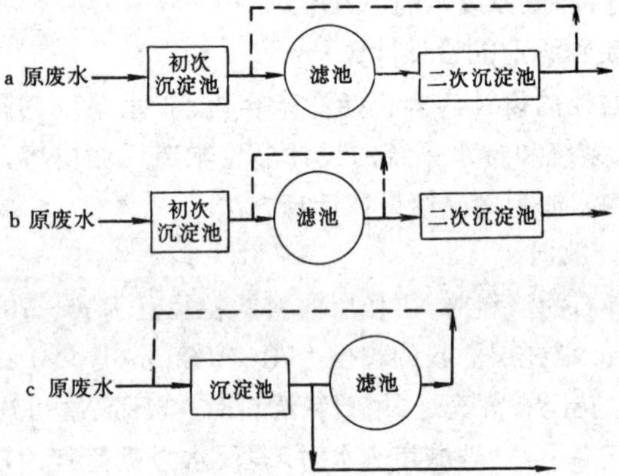

图 2-2-6 高负荷滤池的典型流程

启动阶段；c不设二次沉淀池，适合于处理含悬浮固体量较高而溶解性有机物浓度较低的废水。

当废水浓度高且对处理水水质要求高时，可采用两座滤池相串联的运行方式，第一段为高负荷，第二段为低负荷。二段生物滤池的有机物去除率达90％以上。

在二段生物滤池系统中，由于第一段负荷高，微生物生长快，因此可能发生堵塞现象。相反，由于第二段负荷低，没有充分发挥净化功能。通过采用交替式两段生物滤池串联系统可改变这种不均衡状态。

(五) 布水系统的设计

生物滤池使用的布水系统有两种：一种是固定式布水系统，另一种是旋转布水器。其中固定式布水系统主要用于普通生物滤池，自三四十年代旋转布水器问世后，固定式布水系统就不为人们所采用了，本书只介绍旋转布水器系统的设计。

采用旋转布水器，生物滤池的表面必须呈圆形或多边形。旋转布水器构造简单，布水均匀，且能连续不断地布水，所需水头也较小，当前已被广泛采用。

1. 一般规定

旋转布水器按最大设计废水量计算;

布水横管一般为2～4根;

布水器直径比池内径小100～200mm;

布水小孔直径(d)取10～15mm;

布水横管高出滤料层0.15～0.25m;

布水器水头损失在0.2～1.0m。

2. 计算公式

具体旋转布水器的设计计算公式如表2-2-4所列。

表 2-2-4　　旋转布水器的设计计算公式

设计内容	计算公式	参数意义及取值
横管直径(D_1)	$D_1=2000\sqrt{\frac{q}{\pi v}}$ $q=\frac{Q_{max}}{n}$ $Q_{max}=(1+R)Q$	D_1——横管内径(mm); q——每根横管最大流量(m^3/s); v——横管进水端流速(m/s),取1; R——回流比; Q_{max}——每架布水器最大流量(m^3/s); Q——每个滤池处理的原水量(m^3/s); n——横管数,2或4
布水管孔口数(m)	$m=\frac{1}{1-(1-\frac{4d}{D_2})^2}$	m——每根横管上的孔口数; d——孔口直径(10～15mm); D_2——布水器直径(mm,比滤池小100～200mm)
布水管与布水器中心的距离(r_i)	$r_i=\frac{D_2}{2}\sqrt{\frac{i}{m}}$	r_i——第i个孔口距布水器中心的距离(mm); i——孔口序号
布水器水头损失(h)	$h=q^2\left(\frac{256\times10^6}{m^2d^4}-\frac{81\times10^6}{D_1^4}+\frac{294D_2}{K^2\times10^3}\right)$	h——布水器水头损失(m); K——流量模数(L/s,与管径有关)
布水器转速(n')	$n'=\frac{34.78\times10^6}{md^2D_2}Q_{max}$	n'——转速(r/min)

(六) 塔式生物滤池应用实例

从70年代初起,我国针对化纤、丙烯腈、煤气终冷、合成氨造气、毛纺、炼油等工业废水的处理,比较广泛地开展了塔式生物滤池的试验研究工作,并在此基础上建造了一批生产性装置,积累了一些经验,归纳如下:

(1) 塔滤适用于处理含有较高浓度有毒污染物的工业废水,

如含氰含酚废水、丙烯腈废水等。这些废水若用活性污泥法处理，则会产生污泥膨胀等运行上的困难。

(2) 塔滤适应于温度较高废水的处理。如炼油废水的夏季温度一般可达40～50°C，这样高的水温超过了活性污泥法的适宜温度。而塔滤的结构类似冷却塔，废水在塔体内的温度自上而下逐步降低，不同的高度生长着适应不同温度的微生物。即使在接触高温的顶部滤料上，细菌活动仍相当活跃。

(3) 由于在生产工艺中，可能会由于管道腐蚀或管理不善等原因引起原料泄漏，导致废水的水质出现突然的变化，这会影响生物处理构筑物的正常运行。但在水质正常后，塔滤能够较快地恢复。

(4) 塔滤能够适用于含盐量高的有机废水的处理。

(5) 塔式滤池的基建投资高于活性污泥法，但电耗省，处理费用低，操作简单，运行稳定，占地小。

(七) 活性生物滤池处理系统

1. 活性生物滤池的概念和流程

活性生物滤池，英文缩写为ABF(Activated Biofilter)，是由生物滤塔和曝气池串联组成的新的二段生物处理工艺。其流程见图2-2-7。从图可见，存在二个回流系统：一是滤塔出水的回流系统；二是曝气池后的二次沉淀池污泥回流到滤塔的回流系统。因而ABF系统不完全是通常的生物滤塔和曝气池的二段串联系统，而是一种混合系统。对生物滤塔来讲，进水的废水不仅与生物膜

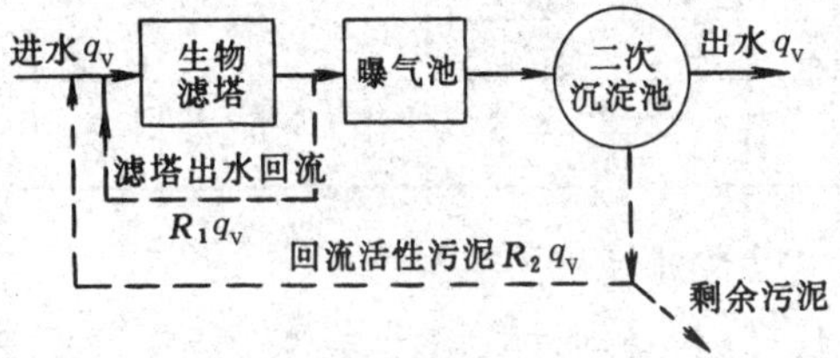

图 2-2-7 ABF系统流程

接触反应，同时还与活性污泥接触反应，类似生物接触法。对曝气池来讲，生物滤塔的作用与接触稳定活性污泥法中的稳定池相似，污泥在进入曝气池之前先在生物滤塔内进行氧化稳定。

2. 活性生物滤池的构造与性能特征

(1) 构造特征　从流程可以看出，生物滤塔由于活性污泥的回流，使入流于生物滤塔的悬浮固体浓度很高，为了防止堵塞滤塔，滤料采用水平木板条，其断面尺寸为(20×15)mm～(20×20)mm，板条间净距为2cm。在滤床中，这些平木板条逐层交错排列，也可用塑料蜂窝滤料，但孔径不小于25mm。

ABF中的生物滤塔高度降低，一般为5m左右。曝气池的构造和通常曝气池相同。

(2) 性能特征

a. 工作稳定：由于废水先经生物滤池预处理，进入曝气池的负荷大为减轻，改善了曝气池运行条件，克服了污泥膨胀现象，整个系统的工作十分稳定，对负荷的变化具有较大的适应能力。因而国外ABF主要应用处理易引起曝气池污泥膨胀的蔬菜、水果加工废水。

b. 生物滤塔采用自然通风，曝气池污泥的部分稳定是通过生物滤塔来实现的，因而运行费用较低，占地面积小。

c. 生物滤塔部分的容积负荷为3～5kgBOD_5/(m^3·d)，相应水力负荷为120～200m^3/(m^2·d)。去除率可达65％～70％。曝气池部分的有机负荷为0.5～0.6kg BOD_5/(kgMLVSS·d)，相应曝气时间为1.5h。整个活性生物滤池系统的有机负荷可达1.0kg BOD_5/(m^3·d)以上，与塔式生物滤池相仿，但处理效率高于90％。

二、生物转盘法

生物转盘法是生物膜法的一种，它是在生物滤池的基础上发展起来的，自60年代问世以来，因其具有节能和高效的特征，在国内外广泛应用于生活污水及有机工业废水的中小型水量和中低浓度的处理。

1. 生物转盘法的净化原理与构成

(1) 生物转盘法的净化原理　生物转盘法也是合理利用自然界中微生物群新陈代谢的生理功能对有机废水净化的生物处理法，其原理与生物滤池相类似，生物转盘法是废水处于半静止状态，微生物生长在转盘的盘面上，转盘在废水中不断缓慢地转动，使其互相接触，其净化原理如图2-2-8所示。在中心轴上固定着一系列轻质高强的薄圆板，其40％的面积浸在废水中，由驱动装置低速转动，盘体与废水和空气交替接触，微生物从空气中摄取必要的氧，并对废水中污染物质进行生物氧化分解。生物膜的厚度与处理原水的浓度和基质性质有关，一般为0.1～0.5mm，在盘面的外侧附着液膜、好氧性生物膜与厌氧性生物膜，活性衰退的生物膜在转盘转动剪切力的作用下而脱落。

生物转盘法与其他好氧生物处理法相同，具有对有机物的氧化分解(BOD去除)、硝化和脱氮功能。

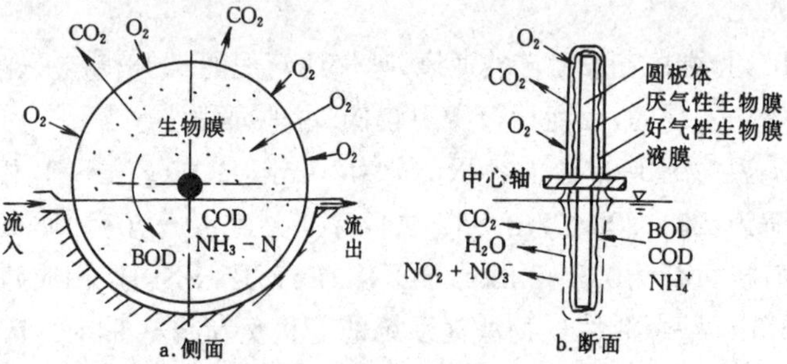

图 2-2-8　生物转盘净化原理

(2) 生物转盘的构造与系统组成　生物转盘法的基本构成如图2-2-9所示。在转盘中心轴上固定着一排等间距的质量轻、强度高、厚度薄、防腐蚀的圆形盘片，也可以是蜂窝体。约40％转盘面积浸渍于半圆筒形的接触反应槽中，驱动装置以周速18m/min左右的低速转动。系统组成有1轴1段，1轴多段和多轴多段等形式。1轴多段和多轴多段具有推流效果，不仅适用于BOD去除，而且适用于硝化、脱氮等高度处理。关于段数，常因原水水质与处理水质的要求而定。

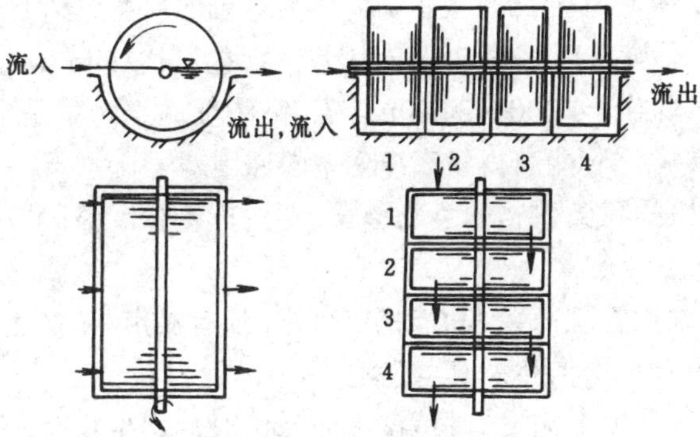

图 2-2-9　多段式生物转盘

增加段数可以提高处理水水质，以BOD去除为目标的城市废水的二级处理，一般采用4段式，设计上要注意的是第1段污染负荷最大，供氧能力不足时会发生恶臭，其对策是增大初段的转盘面积，一般可在初段槽内设2组轴或增加轴的长度，以增加盘片面积，也可采用多段进水，以减轻初段负荷。以硝化或脱氮为目标的转盘一般也多采用4段式。

废水的流动方式，有轴直角流与轴平行流，多段式常用于后者，布置时要防止进出水的短流。此外，好氧性氧化多段式转盘的后段BOD已降得很低，原水浓度经中段BOD_5降至30mg/L，特别是20mg/L以下时，可能产生硝化作用。

(3) 生物转盘法的特征　生物转盘法具有以下各项主要特征：

a. 节能。因附着在生物膜外侧的水膜，可将空气中的氧带入水中，故接触槽中不需曝气。转盘缓慢转动搅拌槽中的水流，使悬浮物不产生沉淀，也不需要回流污泥，故运行的动力费用为活性污泥法的1/2～1/3。当入流废水的BOD_5为2 000mg/L时，去除1kgBOD_5耗电0.7kW·h。

b. 生物量多，净化率高，适应性强。生物转盘法的净化功能是以转盘上所附着生长的微生物群作为基础的。对于多段式生物转盘，在处理城市废水的初段转盘上生物量可达194g/m^2，换算成MLVSS相当于4 000～6 000mg/L，高浓度的生物量是生物转盘短时间接触反应能获得较高净化率的原因。

c. 生物膜微生物的食物链长，污泥产量少，为活性污泥法的1/2。

d. 维护管理简单，功能稳定可靠，没有噪声，不产生滤池蝇，正确的设计不会产生恶臭与发泡。

e. 转盘顶上需要有覆盖，以防暴雨时冲刷生物膜，寒冷地区宜建在室内。一般所需的场地面积比活性污泥法大。建设投资也高于活性污泥法。

f. 生物转盘还可与初次沉淀池、曝气池和二次沉淀池合建，使一池多用，提高处理水水质。

2. 生物转盘组成单元的技术条件

生物转盘的组成单元有盘片、接触反应槽、转轴与驱动装置三个部分。

(1) 盘片

a. 盘片的形状：有平板、凹凸板、波形板、蜂窝、网状板、平板和波形板的组合等，组成的转盘外缘形状有圆形、多角形和圆筒形。

b. 盘片的厚度与材质：盘片要求薄而质轻高强，并耐腐蚀，易于加工，价廉，一般厚度为0.5～2.0mm，常用的材料有聚丙烯、聚乙烯、聚氯乙烯、聚苯乙烯和不饱和树脂玻璃钢等，盘片的重量关系到运行动力费用。

c. 转盘的直径：常用直径有2.0、2.5、3.0、3.5m4种，以3.0m用得最多。直径越大，单位面积的造价越低。日本现用的最大直径为5m。大直径转盘，一般都是在现场装配。

d. 盘片的间隔：为防止盘片间因生物膜的生长而造成堵塞，保证转盘中心部位的通气效果，盘片间必须具有一定的间隔。入流废水的BOD浓度高，则生物膜厚，需采取较大的间隔。一般标准用30mm，高密度型用10～15mm，盘片间隔小虽可增加盘片面积，但通气效果差，易发生臭气，有时甚至会产生堵塞。当用蜂窝体代替盘片时，蜂窝孔径宜酌量放大，以利窝孔内壁长满生物膜后还留有通气的孔道。多段生物转盘通常前段采用25～35mm，后段采用10～20mm。

e. 盘片的面积：盘片的面积需按实际有效工作面积计算。

圆形平板盘片面积A：

$$A=2n\left[\frac{\pi}{4}(D-d)^2\right] \tag{2-2-1}$$

式中 D——盘片外径(m)

d——盘片中心被割除部分的直径(m)

n——盘片数

蜂窝体面积A：

$$A\approx VA'\approx V\frac{4000}{d} \tag{2-2-2}$$

式中 V——蜂窝体有效体积(m^3)

A'——单位蜂窝体的理论表面积(m^2/m^3)

d——六角蜂窝体的内径(mm)

(2) 接触反应槽　接触反应槽可用钢板(内壁防腐)或钢筋混凝土制成，横断面呈半圆形或梯形，一般槽内水位达转盘直径的40%，水面至槽顶为20～30cm，转盘外缘与槽壁之间隔随转盘直径而异，一般为20～40cm(转盘直径的10%)。

接触反应槽的容积，决定着接触反应时间，是一项重要参数，特别是它与液量面积比(G)有密切关系。液量面积比(G)是转盘接触反应槽有效容积(V)与转盘全部面积(A)的比值($G=V/A$),它是反应槽容积的重要设计参数,与BOD去除率有关。一般设计时液量面积比按5～9考虑。对于废水中含有难降解物质时,可采用高G值,即应采取较长的接触时间。

(3) 转轴与驱动装置

转轴: 转轴常用无缝钢管制成,外壁防腐,轴长一般介于1.5～7.0m,轴的强度要求由转盘自重和所附着的生物膜重量所决定,轴两端设有实心轴头并与轴承相连结,轴承及其轴承座则固定在接触反应槽的两侧顶部。

驱动装置: 常用的机械驱动装置由电动机、减速箱、V型皮带和皮带挡板等组成,应由工厂组装装配。也可选用摆线针轮减速机,通过弹性联轴器与转盘的转轴联接。在技术上驱动装置应能满足转盘局边转速15～20m/min的标准,要求机械驱动能耗为0.5～0.8W/m^2。

3. 生物转盘的工艺流程与组合

(1) 生物转盘法为主体的工艺流程

a. BOD的去除: 它与一般活性污泥法处理流程相同,但不需要污泥回流与曝气。

废水→沉砂池→沉淀池→生物转盘→二次沉淀池→出水

b. 深度处理(去除BOD,硝化,除磷,脱氮):

凝聚剂(除磷)↓ 甲醇↓

废水→初次沉淀池→生物转盘(BOD去除)→生物转盘(硝化)→二次沉淀池→生物转盘(厌气脱氮)→生物转盘(再曝气)→三次沉淀池→出水

(2) 生物转盘与其他方法的组合流程

废水——→生物转盘初次沉淀池——→出水

┌─活性污泥回流─┐

废水→初次沉淀池——→生物转盘曝气池——→二次沉淀池→出水

活性污泥回流

废水→初次沉淀池→曝气池→生物转盘→二次沉淀池→出水

活性污泥回流

废水→初次沉淀池→曝气池→生物转盘→二次沉淀池→出水

生物转盘与沉淀池或曝气池合建是提高已建沉淀池或曝气池出水水质的有效措施，对沉淀池或曝气池进行局部改造，不需增设构筑物，也不增加占地面积，技术上简易可行，投资也较省。

4. 生物转盘的工艺设计与计算

生物转盘的工艺设计，首先应根据转盘的入流水量、水质、处理水要求以及水温等条件，确定所需的转盘面积，然后根据处理场地的具体条件确定转盘的工艺布置，转盘的直径，段数，轴的长度，盘片的材料与组合，接触槽的尺寸与驱动设备等，其组成各单元的技术要求参见前述。设计时可以参考有关定型产品的品种与规格直接选用。

生物转盘的面积计算，按处理的功能要求，有BOD去除、硝化和脱氮三项内容；在计算方法上分为负荷计算法与经验公式计算法，现只介绍负荷计算法。

BOD去除的负荷计算法有BOD面积负荷法与水力负荷法。城市废水因水质比较稳定，广泛采用水力负荷法；水质多变的工业废水，则常用BOD面积负荷法；有条件时两者可同时计算，互为检验。

水力负荷计算法：图2-2-10所示是城市废水的溶解性BOD及与其相应的水量负荷与处理水BOD，该图应用比较广泛。一般城市废水经初次沉淀去除SS后，溶解性BOD量为全COD的1/2。微生物去除的溶解性BOD与水量负荷具有较好的相关性。

BOD面积负荷计算法：图2-2-11所示为德国常用的BOD面积负荷与BOD去除量的计算关系。该图表示与入流废水BOD浓度为80、150、300、600mg/L时相应的BOD面积负荷与去除率。一般情况下，入流BOD浓度越高，所用面积负荷也越高。

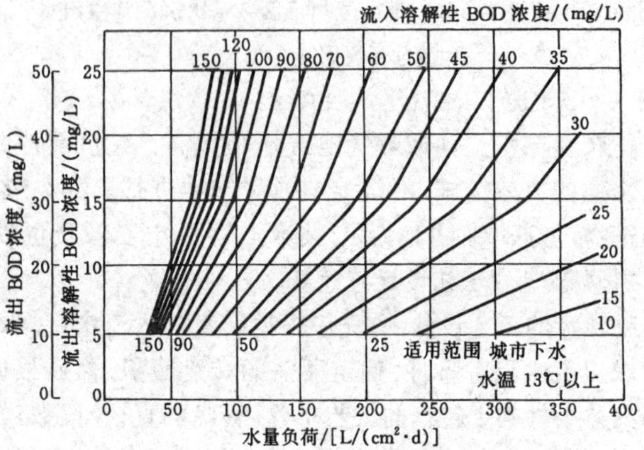

图 2-2-10 水量负荷与BOD去除率

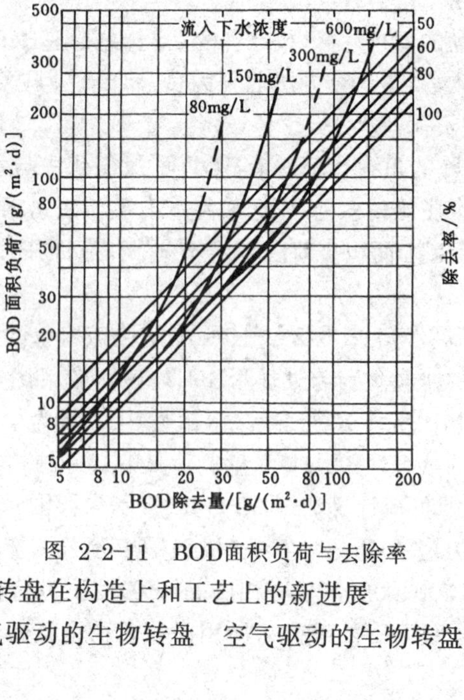

图 2-2-11 BOD面积负荷与去除率

5. 生物转盘在构造上和工艺上的新进展

(1) 空气驱动的生物转盘 空气驱动的生物转盘是在转盘外

缘周围附设接气装置，由转盘体下部水下输入空气，空气进入接气装置后依靠空气的上升力推动转盘转动，它比机械驱动方式节省动力，同时可增加接触曝气槽内的溶解氧，防止转盘盘面上的生物膜过厚并能促进生物膜的活化。这种形式的生物转盘已广泛地用于欧美和日本的城市废水二级处理与硝化处理上，我国近年在工业废水处理上也开始应用。

接气装置是由抽屉状的长条盒所组成，设于转盘外缘周围，盒高12～15cm，宽40～50cm，盒长由转盘直径的n等分确定，盒外框要求不漏气，盒内设斜板加强外框强度，盒体材料要求轻而坚固，常用玻璃钢制成。

空气驱动的生物转盘的能耗为0.4～0.6W/m^2。当转盘数量不多时，可用小型低压气泵附设在转盘的接触槽上分散供气；当转盘数很多时，可设风机房集中供气。

(2) 与沉淀池共建的生物转盘　这种生物转盘是把传统的平流沉淀池做成两层，上层设置生物转盘，下层用作沉淀处理，把生物处理与物理处理组合在同一构筑物中，使一池多用，可节约占地面积和工程投资，提高处理效率，在新建和改建工程中都可应用。这种型式用于初次沉淀池中可起相当于二级处理的作用；用于二次沉淀池中有进一步提高处理水水质的作用。

(3) 与曝气池相组合的生物转盘　与曝气池相组合的生物转盘成功地始用于美国，是在旧有曝气池中增设生物转盘，在不增加处理设施占地面积的条件下可提高处理能力，是旧有曝气池挖潜的好办法，它把生物膜法与活性污泥法相结合，同时具有两者的净化功能。

在曝气池中增设生物转盘，可利用池内曝气活性污泥的空气和水的旋流以及辅助空气，以取得转盘所需要的转速，也可采用机械驱动方式。美国的诺齐斯脱(Northeast)废水处理厂原采用的是改良曝气法，设计水量$(47.3\times10^4)m^3/d$，BOD与SS去除率70%，后因水量急增至$(72\times10^4)m^3/d$，并要求出水水质进一步提高，经多种方案对比，决定在原曝气池中增设生物转盘，结果取得成功，在满足处理水量的同时，BOD去除率达92%，出水BOD为15mg/L。

三、生物接触氧化法

(一) 生物接触氧化法的基本原理和特点

生物接触氧化法是一种介于活性污泥法与生物滤池之间的生物膜法工艺。接触氧化池内设有填料，部分微生物以生物膜的形式附着生长于填料表面，部分则是絮状悬浮生长于水中。因此它兼有活性污泥法与生物滤池两者的特点。由于其中滤料及其上生物膜均淹没于水中，故又被称为淹没式生物滤池。

生物接触法中微生物所需的氧常通过人工曝气供给。生物膜生长至一定厚度后，近填料壁的微生物将出于缺氧而进行厌氧代谢，产生的气体及曝气形成的冲刷作用会造成生物膜的脱落，并促进新生膜的生长，形成生物膜的新陈代谢。脱落的生物膜将随出水流出池外。生物接触氧化法的基本流程见图2-2-12。

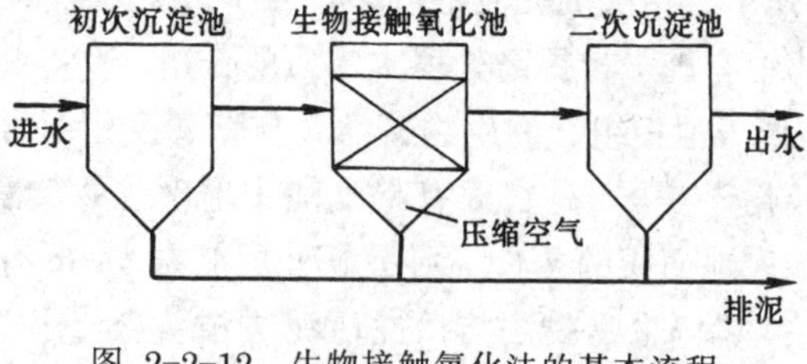

图 2-2-12　生物接触氧化法的基本流程

由图2-2-12可见，一般生物接触氧化池前要设初次沉淀池，以去除悬浮物，减轻生物接触氧化池的负荷；生物接触氧化池后则设二次沉淀池，以去除出水中夹带的生物膜，保证系统出水水质。

生物接触氧化法的主要特点包括：

(1) 由于填料的比表面积大，池内的充氧条件良好，生物接触氧化池内单位容积的生物固体量都高于活性污泥法曝气池及生物滤池，因此，生物接触氧化池具有较高的容积负荷；

(2) 由于相当一部分微生物附着生长在填料表面，生物接触氧化法不需要设污泥回流系统，也不存在污泥膨胀问题，运行管理简便；

(3) 由于生物接触氧化池内生物固体量多，水流属完全混合型，因此生物接触氧化池对水质水量的骤变有较强的适应能力；

(4) 由于生物接触氧化池内生物固体量多，当有机容积负荷较高时，其F/M比可以保持在一定水平，因此污泥产量可相当于或低于活性污泥法。

生物接触氧化法与生物滤池、活性污泥法主要运行参数的比较列举于表2-2-5。

表 2-2-5　3种处理工艺主要运行参数的比较

处理工艺	生物量/(g/L)	容积负荷/[kg BOD_5/(m^3·d)]	水力停留时间/h	BOD_5去除率/%	废水种类
生物接触氧化法	10～20	3.0～6.0	0.5～1.5	80～90	城市废水
生物接触氧化法	10～20	1.5～3.0	1.5～3.0	80～90	印染废水
高负荷生物滤池	0.7～7.0	<1.2	—	75～90	城市废水
塔式生物滤池	0.7～7.0	1.0～3.0	—	60～85	城市废水
普通活性污泥法	1.5～3.0	0.4～0.9	4～12	85～95	城市废水

(二) 生物接触氧化池的构造

生物接触氧化池由池体、填料、布水装置和曝气系统4部分组成。

一般生物接触氧化池中填料高度为3.0m左右，决定于采用的鼓风机风压。填料层上水层高度约0.5m，填料层下布水区高度与池形有关，在0.5～1.5m之间。

根据曝气装置与填料的相对位置，生物接触氧化池可分为两大类：

(1) 曝气装置与填料设在不同隔间内的。这种类型的生物接触氧化池可分成曝气区和接触氧化区两部分。废水先经曝气充氧，再进入填料层与生物膜相接触。显然，在填料层内水流比较平静，这有利于生物膜的生长，但缺点是冲刷力小，生物膜不易脱落，较易发生堵塞现象。一般适用于废水三级处理。此类生物接触氧化池的曝气装置，可采用表面曝气机械或鼓风曝气系统，曝气区设在中心或一侧。

(2) 曝气装置直接设在填料底部的，其曝气装置多为鼓风曝气系统。与前一类生物接触氧化池相比，这种构造可增加有效容积，填料层间紊流激烈，生物膜更新快，活性高，不易堵塞；但曝气装置设在填料底部，检修不便。

(三) 填料

生物接触氧化池中的填料是微生物的载体，其特性对接触氧化池中生物固体量、氧的利用率、水流条件和废水与生物膜的接触情况等起着重要的作用，因此是影响生物接触氧化池处理效果的重要因素。

常用的填料可分为硬性填料、软性填料和半软性填料。硬性填料系指由玻璃钢或塑料制成波状板片，在现场再粘合成蜂窝状的，常称为蜂窝填料。软性填料由尼龙、维纶、腈纶、涤纶等化学纤维编织而成，又称纤维填料。为防止生物膜生长后纤维结成球状，减小填料的比表面积，又有以硬性塑料为支架，上面敷以软性纤维的，称为半软性填料或复合纤维填料。

选择填料时应考虑废水性质、有机负荷及填料的特性。蜂窝填料寿命较长，但易堵塞，因此应根据有机负荷选择合适的孔径。软性纤维填料不易堵塞，较轻，价格也低，但生物膜易结成团块，使用寿命也较短。

(四) 生物接触氧化池的计算与设计

1. 一般原则

生物接触氧化池一般不应少于2座。

设计时采用的有机负荷最好通过试验确定，也可审慎地采用经验数据。一般处理城市废水可用1.0～1.8kgBOD_5/(m^3·d)，处理

$BOD_5 \leqslant 300mg/L$的印染废水时，可用$1.0 \sim 3.0kgBOD_5/(m^3 \cdot d)$。

废水在池中停留时间不应小于1.0h(按有效容积计)。

进水BOD_5浓度过高时，应考虑设出水回流系统。

填料层高度一般采用3.0m，当采用蜂窝填料时，应分层装填，每层高度为1m，蜂窝孔径宜不小于25mm。

每单元接触氧化池面积不宜大于$23m^2$，以保证布水布气均匀。

2. 设计计算方法

生物接触氧化池有效容积(即填料体积)V:

$$V=\frac{Q(\rho_{s,0}-\rho_{s,e})}{N_v} \tag{2-2-3}$$

式中 Q——平均日废水量(m^3/d)

$\rho_{s,0}$——进水BOD_5浓度(mg/L)

$\rho_{s,e}$——出水BOD_5浓度(mg/L)

N_v——有机容积负荷[$kgBOD_5/(m^3 \cdot d)$]

生物接触氧化池总面积(A)及座数(n):

$$A=\frac{V}{H} \quad n=\frac{A}{f} \tag{2-2-4}$$

式中 H——填料层高度，一般采用3.0m

f——每座池的面积(m^2)

一般$n>2$。

有效接触时间t:

$$t=\frac{V}{Q} \tag{2-2-5}$$

池深H_0:

$$H_0=H+h_1+h_2+(m-1)h_3+h_4m \tag{2-2-6}$$

式中 h_1——超高，一般取0.5～0.6m

h_2——填料层上水深，一般为0.4～0.5m

h_3——上下填料层间距，一般采用0.2～0.3m

m——填料层数

h_4——填料至池底高度，在0.5～1.5m之间

第三节　好氧生物处理技术进展

一、活性污泥系统的进展

(一) 氧化沟

氧化沟也称氧化渠，又称循环曝气池，是50年代荷兰卫生工程研究所开发的。第1座氧化沟是在1954年由巴斯维尔(Pasveer)博士设计，并投入运行的。一般主要用于日处理水量在5 000m^3以下的城市废水和有机废水。

1. 氧化沟的工作原理与特征

氧化沟是活性污泥法的一种变形。图2-3-1为以氧化沟为生物处理单元的废水处理流程，图2-3-2所示则为氧化沟的平面图。与传统的曝气池相比，氧化沟具有如下特征:

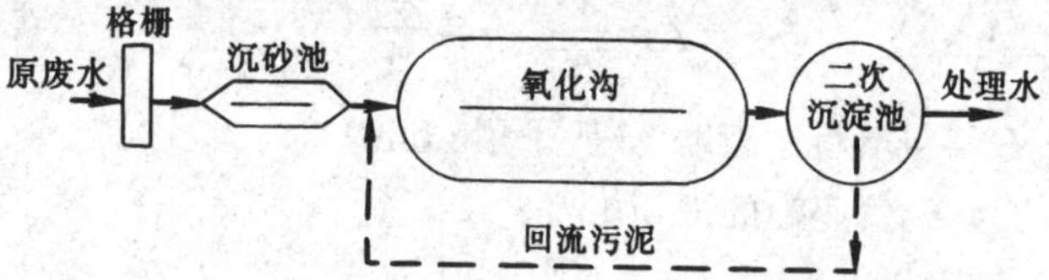

图 2-3-1　以氧化沟为单元的废水处理流程

(1) 在构造上的特征　池体狭长，可达数十米，甚至达百米以上;池深度较浅，一般在2m左右。

曝气装置多采用表面曝气器，纵轴、横轴曝气器都可用。

进水装置和出水装置构造简单，如进水装置只有一根进水管。

(2) 在工艺上的特征

a. 在流态上，对氧化沟可按完全混合-推流式考虑，从水流

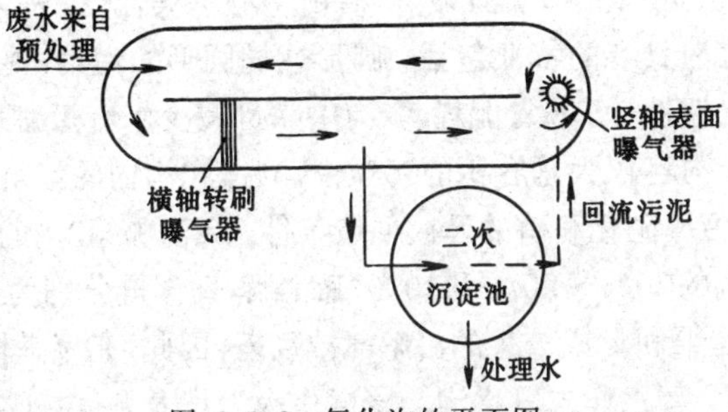

图 2-3-2 氧化沟的平面图

动来看是推流式，但是由于流速快，可达0.4～0.5m/s，进入沟内的原废水很快就和沟内混合液相混合，这样，氧化沟又是完全混合式。

b. BOD负荷低，类似活性污泥法的延时曝气法，处理水质良好。

c. 对水温、水质和水量的变动有较强的适应性。

d. 污泥产率低，排泥量少。

e. 污泥龄(生物细胞平均停留时间)长，达15～30日，为传统活性污泥系统的3～6倍。在反应器内能够存活增殖世代时间长的如硝化菌一类的细菌，在沟内可能产生硝化反应和反硝化反应，氧化沟具有脱氮的功能。

2. 氧化沟几种典型的构造型式

(1) 卡罗塞(Carrousel)式氧化沟　该氧化沟又称平行多渠形氧化沟，60年代末期由荷兰DHV公司开创，是使用比较广泛的一种氧化沟。这种型式氧化沟应用广泛，其规模小至每日处理废水数百立方米，大到650 000m^3/d。BOD去除率可达95％以上，脱氮率可达90％，除磷效率约为50％。卡罗塞型氧化沟在我国也得到了较广泛的应用，如昆明兰花沟废水处理厂、上海龙华肉联厂废水处理站以及桂林市东区废水处理厂等。

(2) 奥贝尔(Orbal)型氧化沟　该氧化沟又称同心沟型氧化

沟。常用的奥贝尔型氧化沟多为三沟型，原废水首先进入最外的沟渠，依次进入下一个沟渠，最后由中心沟渠流出，进入沉淀池。这种氧化沟具有的特征包括：圆形或椭圆形的沟渠，能够更好地利用水流惯性，可节省能耗；多沟串联可减少水流短路现象；最外层的第一沟容积为总容积的60％～70％，在沟内的溶解氧浓度接近于零，为反硝化和磷的释放创造条件；第2沟和第3沟的容积分别为总容积的20％～30％和10％，而溶解氧含量分别为1mg/L及2mg/L；沟渠间形成较大的溶解氧浓度差，因此，充氧率较高。

(3) 交替工作式氧化沟　该氧化沟为丹麦克鲁格(Kruger)公司所开发，有二沟和三沟两种交替工作的氧化沟。这样的运行方式，提高了转刷曝气器的利用率，达58％，还为生物脱氮创造条件，能够取得良好的BOD去除效果和脱氮效果。该运行方式也不需污泥回流装置，但是必须有自动控制系统，各操作过程进行自动控制。河北省邯郸市利用丹麦政府赠款建成了一座规模为$(10\times10^4)m^3/d$的三沟式氧化沟的城市废水处理厂。

(4) 曝气-沉淀一体化氧化沟　这是在80年代由美国开发的一种新型的氧化沟。其发展迅速，目前已出现多种不同构造形式的一体化氧化沟，其中具有代表性的有：侧沟型、BMTS型和船型。测沟型一体化氧化沟，是在氧化沟的一侧设2座作为二次沉淀池的侧沟，侧沟交替运行。BMTS型氧化沟是在沟内截出一个区段作为沉淀区，两侧设隔板，沉淀区底部设一排呈三角形的导流板，混合液的一部分从导流板间隙上升，进入沉淀区，沉淀的污泥也通过间隙回流氧化沟。澄清水通过设于水面的集水管排出。船型一体化氧化渠是在氧化沟的一侧设置船型沉淀槽，其宽度小于氧化沟的宽度，氧化沟内的混合液从其底部和两侧流过，进水口在“船”的下游，出水则由“船”的尾部溢流堰收集排出。因此，在“船”内的水流方向与氧化沟内的水流方向相反。沉淀污泥由底部回流氧化渠。

(二) AB法废水处理工艺

AB法废水处理工艺，系吸附-生物降解(Adsorption-Biodegradation)工艺的简称，是德国亚琛大学宾克(Bohnke)教授于70年代中期开创的。由于它具有一些独特的特征，受到废水处理技术领域的重视，80年代开始为生产实际所采用。

1. AB法工艺流程及其特征

AB法的工艺流程示于图2-3-3。

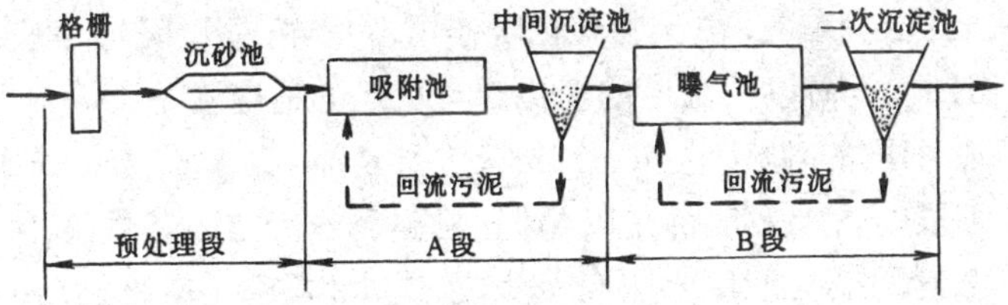

图 2-3-3 AB法废水处理工艺流程

由图2-3-3所见，与传统活性污泥法相比，AB法主要具有下列各项特征：

(1) 未设初次沉淀池，由吸附池和中间沉淀池组成的A段为一级处理系统。

(2) B段由曝气池和二次沉淀池组成。

(3) A、B两段各自拥有独立的污泥回流系统，两段完全分开，各自有独特的微生物群体，有利于功能稳定。

2. A段的效应

A段连续不断地从排水管网系统接种在管网系统中已存活的大量细菌，对此，可以把排水系统看作是一个巨大的中间反应器，其中存活大量的细菌，而且还不断地进行增殖、适应、淘汰、优选等过程，从而能够培育出适应性和活性都很强的微生物群体。本工艺不设初沉池，使原废水中的微生物全部进入系统，使A段成为一个开放性的生物动力学系统。

A段负荷较高，有利于增殖速度快的微生物生长繁殖，而且在这里成活的只能是抗冲击负荷能力强的原核细菌，其他微生物都不能存活。

废水经A段处理后，BOD去除40%～70%;可生化性也有所提高，有利于B段的工作。

A段污泥产率较高，吸附能力强，重金属、难降解物质以及氮、磷等植物性营养物质等，都可能通过污泥的吸附作用而得到去除。

A段对有机物的去除，主要靠污泥絮体的吸附作用，生物降解作用只占1/3左右。由于物理化学作用占主导作用，因此，A段对毒物、pH值、负荷以及温度的变化都有一定的适应性。

3. B段的效应

B段的各项效应都是以A段正常运行作为首要条件的。

B段所接受的废水来自A段，水质、水量都比较稳定，冲击负荷不再影响本段，净化功能得以充分发挥。

B段承受的负荷率为总负荷的30%～60%，曝气池的容积较传统法减少40%左右。

B段的污泥龄较长，氮在A段得到了部分去除，BOD/N比值有所降低，这样，B段具有进行硝化反应的工艺条件。

4. AB法处理工艺的脱氮除磷

AB工艺脱氮效果为30%～40%，除磷效果可达50%～70%，优于常规的活性污泥法。当还不足以满足防止水体富营养化的要求时，则应采取将AB工艺与生物脱氮或生物除磷工艺相结合的技术措施。

AB法废水处理工艺的应用实例有青岛海泊河废水处理厂、泰安废水处理厂和德国克雷菲尔德废水处理厂等。

(三) 间歇式活性污泥法

间歇式活性污泥法又称序列活性污泥法，英文简称为SBR法。这是一种近10年来发展起来的活性污泥法运行方式。由于它具有一系列优于传统活性污泥法的特征，因而受到废水生物处理技术领域的重视，有了较大的发展和较广泛的应用。

1. 间歇式活性污泥法的工艺流程及其特征

图2-3-4所示为间歇式活性污泥法的工艺流程。

图 2-3-4 间歇式活性污泥法的工艺流程

由图可见，与连续式活性污泥法相比，本工艺系统组成简单，在工艺上的特征主要有:

(1) 不设二次沉淀池，曝气池兼具二次沉淀池的功能。

(2) 不设污泥回流设备。

(3) 在多数情况下(含工业废水处理)无设置调节池的必要。

(4) 曝气池容积小于连续式，建设费用和运行费用都较低。

(5) SVI值较低，污泥易于沉淀，在一般情况下，不产生污泥膨胀现象。

(6) 易于维护管理，如果运行管理得当，处理水水质将优于连续式。

(7) 通过对运行方式的适当调节，在单一的曝气池内能够取得脱氮和除磷反应的效果。

本工艺的各操作阶段以及各项运行指标都能够通过计算机加以控制，易于实现系统优化运行的自动控制。

2. 间歇式活性污泥法系统的工作原理和操作

传统活性污泥法曝气池，在流态上属空间的推流，在有机物降解上也是空间的推流，有机物是沿着空间而降解的。间歇式活性污泥法曝气池，在流态上属完全混合型，而在有机物降解方面，却是时间上的推流，有机基质含量是随着时间的进展而降解的。

间歇式活性污泥法的主要反应器——曝气池的运行操作是由流入、反应、沉淀、排放和待机(闲置)等5道工序所组成。这5道工序都是在曝气池内进行、实施的(参见图2-3-5)。

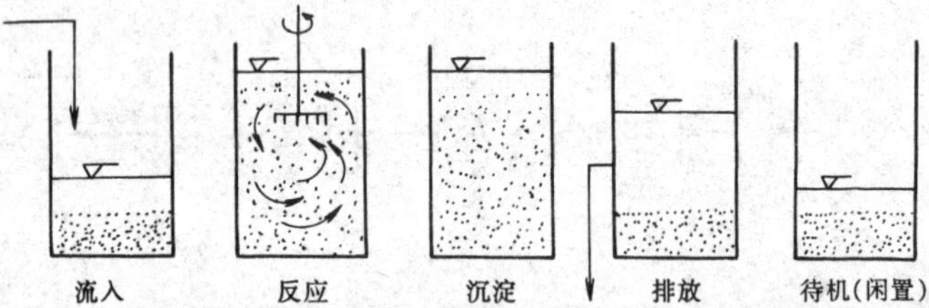

图 2-3-5 间歇式活性污泥法曝气池运行操作5道工序的示意图

(1) 流入工序　在本道工序实施之前，反应器处于5道工序中最后的闲置工序(或待机工序)，处理后的废水已经排放，在曝气池内残存着高浓度的活性污泥混合液。

废水注入，注满后再进行反应，这样曝气池起到了调节池的作用，因此，间歇式曝气池对水质、水量变动有一定的适应性。

废水注入，注满需要一段时间，所用时间，则根据实际排水情况和设备条件而定，从工艺效果要求，注入时间以短促为宜，瞬间最好。

注水期间，可以根据其他工艺上的要求，如同时进行曝气可以取得预曝气的效果，又可起到使污泥再生，恢复其活性的作用。如脱氮、释放磷，则保持缺氧状态，只进行缓速搅拌等。

(2) 反应工序　反应工序是本工艺最主要的一道工序。废水注入达到预定的容积后，即开始反应操作，根据废水处理的目的，如去除BOD、硝化、磷的吸收以及反硝化等，采取相应的进行反应的技术措施。如前三项为曝气，后一项则为缓速搅拌。根据反应需要达到的程度，决定反应的延长时间。如进行反硝化脱氮反应，还应作为电子受体，向反应器投加甲醇或注入有机废水。

在本工序的后期，进入下一沉淀工序之前，要进行暂短的微量曝气，以吹脱污泥上粘附的气泡或氮，保证沉淀进程。排泥也在本工序后期实施。

(3) 沉淀工序　本工序相当于连续系统的二次沉淀池，停止曝气和搅拌，使混合液处于静止状态，活性污泥与水分离，由于是静止沉淀，效果良好。

本工序采取的时间，基本上同二次沉淀池，一般为1.5～2.0h。

(4) 排放工序　经过沉淀后产生的上清液，作为处理水排放，一直到最低水位。沉下的污泥作为种泥残留在曝气池内，这一工序起到回流污泥的作用。

(5) 待机工序　待机工序是本工艺操作最后的一道工序，也称闲置工序。处理水排放后，反应器处于停滞状态，等待下一个运行操作周期的开始。此工序时间，根据现场情况而定，如时间过长，为了避免污泥的腐化，应进行轻微的曝气或间断地进行曝气。

在新的操作周期开始之前，也可以考虑对残留在反应器内的污泥进行一定时间的曝气，使污泥再生，恢复、提高其活性，这就是再增加一项“再生”工序。这样做对待机工序时间较长的情况更为有利。

二、生物膜法的进展——生物流化床

生物流化床是70年代开发出的一种新型生物膜法废水处理构筑物。其特点是采用相对密度大于1的细小惰性颗粒，如砂、焦炭、陶粒、活性炭等为载体，微生物生长于载体表面形成生物膜，废水(先经充氧或在床内充氧)自下向上流动，使载体处于流化状态，其上附着的生物膜可与废水充分接触。由于流化床内生物固体浓度很高，氧和有机物的传质效率也高，故生物流化床是一种高效的生物处理构筑物。

(一) 生物流化床中载体颗粒流态化原理

生物流化床中载体颗粒的流态化，是由于上升的水流(或水流与气流)所造成的。图2-3-6是流化床的构造示意。由图可见，流化床底部设有布水设备，顶部设有出水口。废水自下而上流动，使床体内载体颗粒呈悬浮或流化状态。水流经过颗粒层会产生一定的压力降。

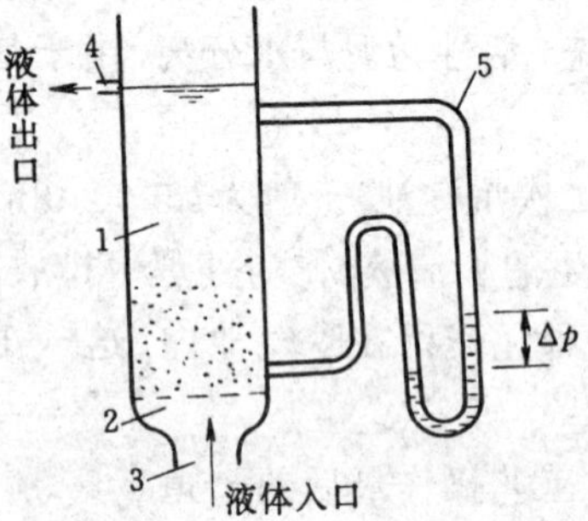

图 2-3-6 生物流化床示意

1—液体 2—载体颗粒 3—布水设备 4—出水口 5—压力管

载体颗粒在流化床内的状态，主要决定于废水的上升流速，一般以空床流速表示。图2-3-7所示是废水上升流速(u)与压力降(Δp)以及颗粒层高度(h)之间的关系。

1. 固定状态

当废水流量很小，在床内上升流速小于u_{mf}时，床内颗粒仍保持原来位置，因此颗粒层高度(h)没有变化，压力降(Δp)随上升流速(u)呈对数增加，见图2-3-7中ab段。此时称为颗粒的固定状态，在这种状态下工作的反应器被称为固定床。

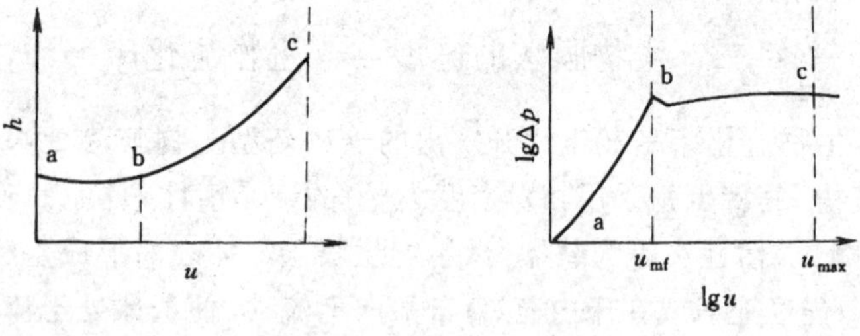

图 2-3-7 h、Δp与u的关系

2. 流化状态

当废水流量增大并使其在床内的上升流速(u)增加至u_{mf}时，载体颗粒被上升水流托起而呈悬浮状态，并在床内不停地紊动，如图2-3-7中的bc段所示。这种状态即被称为载体颗粒的流化状态，在流化状态下工作的载体颗粒床即为流化床。处于流化状态时，床层压力降(Δp)基本上不随上升流速(u)而变化，但颗粒层高度(h)则随(u)的增加而增加。相应于b点的上升流速(u_{mf})是使载

体颗粒实现流化状态的最小流速，称为临界流速。临界流速的大小与颗粒密度、大小及流化床内液体的性质有关。

由于废水生物流化床中颗粒表面有一层生物膜，其流化特性与其他颗粒流化床略有区别。一般，常用膨胀率(K)或膨胀比(R)来表示其流化特征。

$$K=\left(\frac{V_e}{V}-1\right)\times 100 \qquad R=\frac{h_e}{h}$$

式中　V, V_e——载体颗粒在固定状态和流化状态下所占的体积(m^3)

h, h_e——载体颗粒在固定状态和流化状态下的高度(m)

在相同的上升流速下，生物流化床的膨胀率(或膨胀比)是随生物膜厚度的增加而增大的，这是因为生物膜的增加会使载体颗粒的密度减小。

3. 流失状态

由图2-3-7可见，当流化床内废水上升流速(u)达到u_{max}时，载体颗粒层的高度将达到流化床顶部而使载体颗粒随出水流失。此时为保证流化床内足够的载体颗粒及生物固体量，必须采取措施避免载体颗粒的流失，因此一般应使流化床内废水上升流速保持在u_{mf}和u_{max}之间。

(二) 生物流化床的工艺类型

根据供氧方法、脱膜方式及床体结构等因素，好氧生物流化床可分为以下两种主要的工艺类型。

1. 两相生物流化床工艺

两相生物流化床工艺流程见图2-3-8。其基本特点是在生物流化床外设充氧设备和脱膜设备，在流化床内只有液、固二相。

原废水先经充氧设备，可利用空气或纯氧为氧源，使废水中溶解氧达饱和状态。一般，以空气为氧源时，废水中溶解氧可达8～9mg/L。当采用纯氧为氧源时，废水中溶解氧可达30～40mg/L。有时可采用出水回流以补充溶解氧，节约能耗。

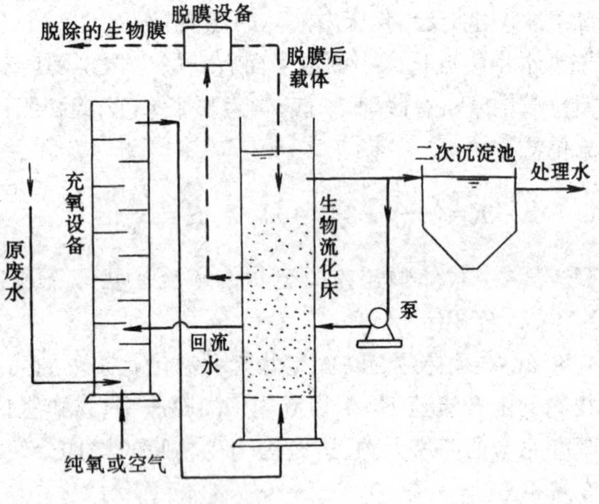

图 2-3-8　两相生物流化床工艺

2. 三相生物流化床工艺

三相生物流化床为反应器内有气、液、固三相共存的生物流化床，即向流化床直接充氧而不设体外充氧装置。由于气体激烈搅动造成的紊流，生物颗粒之间摩擦较剧，可使表层的生物膜自行脱落，因此一般可不设体外脱膜装置。

图2-3-9为带有内循环的三相生物流化床工艺流程示意图。由图可见，该流化床由内部升流区和外部降流区组成。空气送入升流区底部，使其中废水夹带着载体颗粒上升，至升流区顶部后部分气体由水面逸出，气、液、固三相混合液的密度减小，由降流区下降。如此循环不已，使三相接触十分充分，氧的传递效率和有机物向生物膜的传递效率都很高。该流化床顶部有一澄清区，可使载体大多截流在流化床内。随水逸出的脱落的生物膜则利用二次沉淀池去除。当有载体随出水流失时，可采取回流或补充的办法防止流化床内载体的浓度降低过多。

(三) 生物流化床的构造

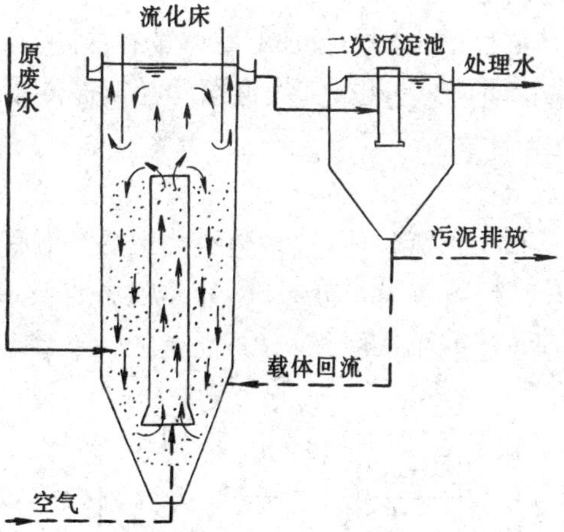

图 2-3-9 三相生物流化床工艺

生物流化床工艺主要包括流化床反应器、载体、布水设备、充氧装置和脱膜装置等5部分。

1. 生物流化床反应器

一般呈圆形，但平面形状也可用方形。

反应器高度与直径之比可在较大范围中采用，但一般认为采用(3～4)：1为宜。

当采用内循环式三相生物流化床时，升流区截面积与降流区截面积之比宜接近1。流化床顶部的澄清区按照截流被气体夹带的颗粒的要求进行设计。

2. 载体

生物流化床采用的载体应具有的性能包括：相对密度略大于1，表面比较粗糙，对微生物无毒性，不与废水中物质起反应，价廉易得，等等。

常用的载体有砂粒、无烟煤、焦炭、活性炭(柱状或粉末状)、陶粒及聚苯乙烯颗粒。研究表明，生物膜的生长状况与载体的性质有关，为获得生物流化床内较高的生物固体浓度，应采用粒径小、表面较粗糙的载体。

生物固体浓度的大小与投加的载体量有直接关系。投加的载体量越多，生物固体总量也越多，但同时必须提供较大的动力才能使载体流化。

3. 布水设备

当采用二相生物流化床时，载体流化主要是由底部进入的废水造成的，因此均匀布水十分关键，布水设备也应慎重设计。图2-3-10是几种常用的布水设备。

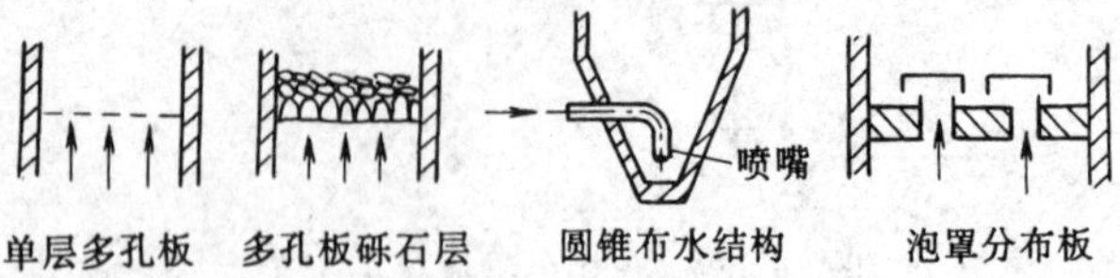

图 2-3-10 常用布水设备

当采用三相生物流化床时，由底部供给的空气可以使载体实现流化，因此布水设备就不十分重要了，一般只要将废水引入流化床反应器即可，不必刻意地设计均匀布水的设备。

4. 充氧装置

如前所述，生物流化床有两种充氧方式: 体内充氧和体外充氧。

体内充氧一般可采用射流曝气或扩散曝气装置。

常见的体外充氧的装置有跌水式和曝气锥体式两种，如图2-3-11所示。采用体外充氧装置时，氧源可以是空气，更常用的是纯氧，以提高废水中溶解氧浓度。图2-3-11a所示的跌水式充氧装置构造简单、管理方便，其充氧效果与充氧装置内压力及跌水高度成正比。曝气锥体式充氧装置中，进水与纯氧在锥体的顶部相混合，由于此处断面小，流速大，可使较多的氧溶入水中。

5. 脱膜装置

一般三相生物流化床不需设置专门的脱膜装置。在二相生物流化床系统中常设的脱膜装置有振动筛、叶轮脱膜装置和刷式脱

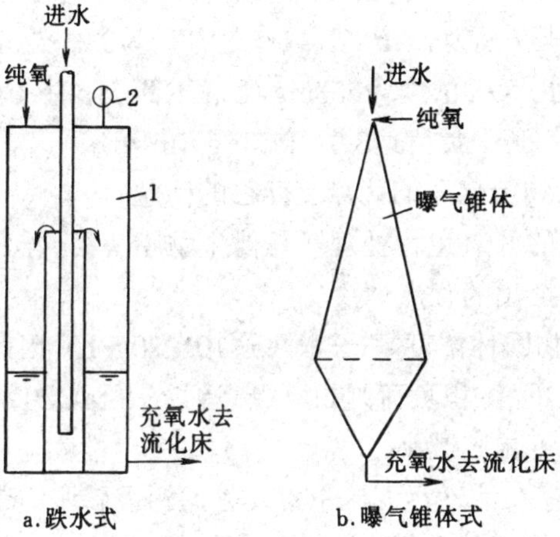

图 2-3-11 生物流化床体外充氧装置

1—气室 2—压力表

膜装置等。

(四) 生物流化床的研究及应用

生物流化床问世以来，世界各国对其进行了大量研究，并已有了若干应用于生产的实例，以下是其中的一部分。

1. 处理高浓度工业废水

荷兰休能(J. J. Heijnen)等人利用厌氧生物流化床和好氧生物流化床相串联的流程，处理酵母生产过程中排放的高浓度有机废水。采用的好氧生物流化床为有内循环的三相流化床，容积300m^3。当进水COD浓度为1 960mg/L，HRT为2.0h时，COD去除率为35%，COD负荷达8.2kg/(m^3·d)。

2. 处理城市废水

北京市政院曾进行了以生物流化床处理城市废水的中试，设备规模为60～70m^3/d，采用的是二相流化床，载体是直径为0.5～0.6mm的细砂。试验结果表明，生物流化床中生物固体浓度可达20～40g/L，其有机负荷为6kgBOD$_5$/(m^3·d)。

清华大学钱易等曾在荷兰采用有内循环的三相生物流化床进行试验，其规模为$4.3m^3/d$，载体是直径为0.2～0.5mm的玄武岩颗粒。当进水COD浓度为553mg/L，HRT为1h时，COD去除率为65%～85%，COD负荷达8.6～11.3kg/(m^3·d)。

(五) 生物流化床的优点及存在的问题

与传统的好氧生物处理及其他生物膜法相比，好氧生物流化床具有以下突出的优点：

(1) 生物固体浓度高(一般可达10～20g/L)，因此水力停留时间可大大缩短，容积负荷则相应提高到7～8kgCOD/(m^3·d)以上，基建费用也可相应减小。

(2) 不存在活性污泥法中常发生的污泥膨胀问题和其他生物膜法中存在的污泥堵塞现象。

(3) 能适应不同浓度范围的废水，能适应较大的冲击负荷。

(4) 由于容积负荷和床体高度大，占地面积可大大缩小。

曾经困惑着人们、影响着生物流化床推广应用的脱膜问题及体外充氧装置等，已由于内循环或三相生物流化床的开发而得到克服。目前存在的主要问题是好氧生物流化床的生产实践经验尚少。由于流化床、特别是三相流化床的流动特征尚无合适的模型加以描述，因此在进行放大设计时尚有一定的不确定性，需要在今后展开更深入的研究和广泛的实践。

第三章　废水厌氧生物处理工程

第一节　厌氧生物处理的基本原理

一、厌氧生物处理过程及其特征

厌氧生物处理过程又称厌氧消化，是在厌氧条件下由多种微生物的共同作用，使有机物分解并生成CH_4和CO_2的过程。这种过程广泛地存在于自然界，直至1881年法国报道了罗伊斯·莫拉斯(Louis Mouras)发明的“自动净化器”(Automatic Scavenger)，人类才开始了利用厌氧消化处理废水的历史，至今已有100多年。

1979年布利安特(Bryant)等人提出了厌氧消化的三阶段理论，如图3-1-1所示。三阶段理论认为，厌氧消化过程是按以下步骤进行的。

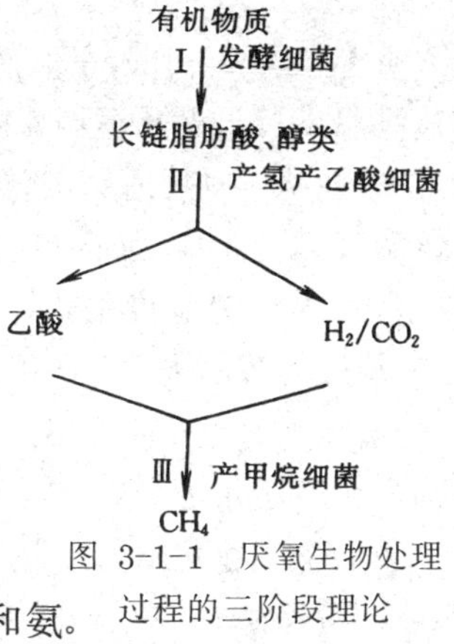

图 3-1-1　厌氧生物处理过程的三阶段理论

第一阶段，可称为水解、发酵阶段，复杂有机物在微生物作用下进行水解和发酵。例如，多糖先水解为单糖，再通过酵解途径进一步发酵成乙醇和脂肪酸，如丙酸、丁酸、乳酸等；蛋白质则先水解为氨基酸，再经脱氨基作用产生脂肪酸和氨。

第二阶段，称为产氢、产乙酸阶段，是由一类专门的细菌，称为产氢产乙酸细菌，将丙酸、丁酸等脂肪酸和乙醇等转化为乙酸、H_2和CO_2。

第三阶段，称为产甲烷阶段，由产甲烷细菌利用乙酸和H_2、CO_2，产生CH_4。研究表明，厌氧生物处理过程中约有70％CH_4产自乙酸的分解，其余少量则产自H_2和CO_2的合成。

至今，三阶段理论已被公认为对厌氧生物处理过程较全面和较准确的描述。

与好氧生物处理相比较，厌氧生物处理的主要特征是:

(1) 能量需求大大降低，还可产生能量。这是因为厌氧生物处理不要求供给氧气，相反却能生产出含有50％～70％甲烷(CH_4)的沼气，含有较高的热值(21 000～25 000KJ/m^3)，可以用作能源。为去除1kgCOD，好氧生物处理一般需消耗0.5～1.0kW·h电能，而厌氧生物处理每去除1kgCOD约能产生3.5kW·h电能。

(2) 污泥产量极低。这是因为厌氧微生物的增殖速率比好氧微生物低得多。一般，厌氧消化中产酸细菌的产率Y为0.15～0.34，产甲烷细菌为0.03左右，混合菌群的产率约0.17。而好氧微生物的产率为0.25～0.6(Y的单位为kgVSS/kgCOD)。因此，好氧生物处理的污泥产量为250～600gVSS/kgCOD(去除)，而厌氧生物处理的污泥产量仅为200～180gVSS/kgCOD(去除)。

(3) 对温度、pH等环境因素更为敏感。厌氧细菌可分为高温菌和中温菌两大类，其适宜的温度范围分别为55℃左右和35℃左右。如温度降至10℃以下，厌氧微生物的活动能力将非常低下。而好氧微生物对温度的适应能力较强，在5℃以上的温度条件下均能较好地发挥作用，产甲烷菌的最适pH范围也较好氧菌为小。

(4) 处理后废水有机物浓度高于好氧处理。

(5) 厌氧微生物可对好氧微生物所不能降解的一些有机物进行降解(或部分降解)。

(6) 处理过程的反应较复杂。如前所述，厌氧消化是由多种不同性质、不同功能的微生物协同工作的一个连续的微生物学过程，远比好氧生物处理中的微生物过程复杂。

二、厌氧消化微生物

(一) 发酵细菌(产酸细菌)

主要包括梭菌属(*Clostridium*)、拟杆菌属(*Bacteroides*)、丁酸弧菌属(*Butyrivibrio*)、真细菌属(*Eubacterium*)和双歧杆菌属(*Bifidobacterium*)等。

这类细菌的主要功能是先通过胞外酶的作用将不溶性有机物水解成可溶性有机物，再将可溶性的大分子有机物转化成脂肪酸、醇类等。研究表明，该类细菌对有机物的水解过程相当缓慢，pH和细胞平均停留时间等因素对水解速率的影响很大。不同有机物的水解速率也不同，如类脂的水解就很困难。因此，当处理的废水中含有大量类脂时，水解就会成为厌氧消化过程的限速步骤。但产酸的反应速率较快，并远高于产甲烷反应。

发酵细菌大多数为专性厌氧菌，但也有大量兼性厌氧菌。按照其代谢功能，发酵细菌可分为纤维素分解菌、半纤维素分解菌、淀粉分解菌、蛋白质分解菌和脂肪分解菌等。

除发酵细菌外，在厌氧消化的发酵阶段，也可发现真菌和为数不多的原生动物。

(二) 产氢产乙酸细菌

近10年来的研究所发现的产氢产乙酸细菌包括互营单胞菌属(*Syntrophomonas*)、互营杆菌属(*Syntrophobacter*)、梭菌属(*Clostridium*)和暗杆菌属(*Pelobacter*)等。

这类细菌能把各种挥发性脂肪酸降解为乙酸和H_2。其反应如下:

对乙醇: $CH_3CH_2OH+H_2O \longrightarrow CH_3COOH+2H_2$

对丙酸: $CH_3CH_2COOH+2H_2O \longrightarrow CH_3COOH+3H_2+CO_2$

对丁酸: $CH_3CH_2CH_2COOH+2H_2O \longrightarrow 2CH_3COOH+2H_2$

上述反应只有在乙酸浓度低、液体中氢分压也很低时才能完成。

产氢产乙酸细菌可能是绝对厌氧菌或是兼性厌氧菌。

(三) 产甲烷细菌

对绝对厌氧的产甲烷菌的分离和研究，是由于60年代末Hungate开创了绝对厌氧微生物培养技术而得到迅速发展的。产甲烷菌大致可分为两类：一类主要利用乙酸产生甲烷，另一类数量较少，利用氢和CO_2的合成生成甲烷。也有极少量细菌，既能利用乙酸，也能利用氢。

以下是两个典型的产甲烷反应：

利用乙酸：$CH_3COOH \longrightarrow CH_4 + CO_2$

利用H_2和CO_2：$4H_2 + CO_2 \longrightarrow CH_4 + 2H_2O$

按照产甲烷细菌的形态和生理生态特征，可将产甲烷菌分类，见图3-1-2。

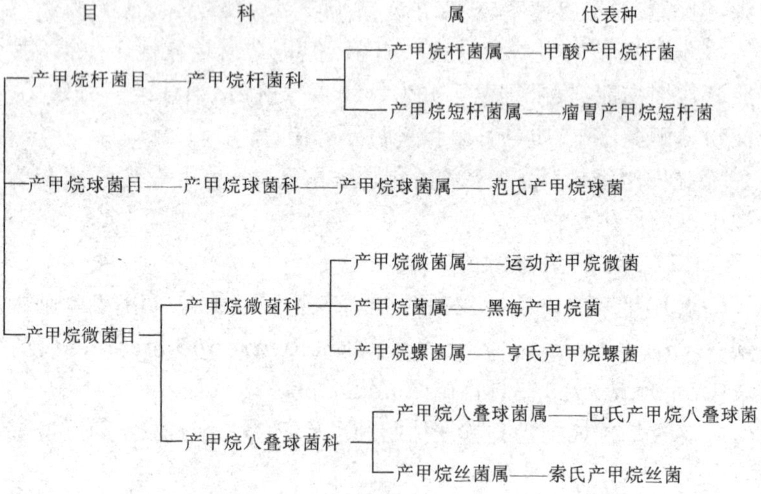

图 3-1-2 产甲烷菌的分类

由图可见，产甲烷菌有各种不同的形态。最常见的是产甲烷杆菌、产甲烷球菌、产甲烷八叠球菌、产甲烷螺菌和产甲烷丝菌等。产甲烷菌的大小虽与一般细菌相似，但其细胞壁结构不同，在生物学分类上属于古细菌，或称原始细菌(*Acrchebacteria*)。

产甲烷菌都是绝对厌氧细菌，要求生活环境的氢化还原电位在－150～－400mV范围内。氧和氧化剂对产甲烷菌有很强的毒害作用。

产甲烷的增殖速率慢，繁殖世代期长，甚至达4～6天，因此在一般情况下产甲烷反应是厌氧消化的控制阶段。

(四) 厌氧微生物群体间的关系

在厌氧生物处理反应器中，不产甲烷菌和产甲烷菌相互依赖，互为对方创造与维持生命活动所需要的良好环境和条件，但又相互制约。厌氧微生物群体间的相互关系表现在以下几个方面：

1. 不产甲烷细菌为产甲烷细菌提供生长和产甲烷所需要的基质

不产甲烷细菌把各种复杂的有机物质，如碳水化合物、脂肪、蛋白质等进行厌氧降解，生成游离氢、二氧化碳、氨、乙酸、甲酸、丙酸、丁酸、甲醇、乙醇等产物，其中丙酸、丁酸、乙醇等又可被产氢产乙酸细菌转化为氢、二氧化碳、乙酸等。这样，不产甲烷细菌通过其生命活动，为产甲烷细菌提供了合成细胞物质和产甲烷所需的碳前体和电子供体、氢供体和氮源。产甲烷细菌充当厌氧环境有机物分解中微生物食物链的最后一个生物体。

2. 不产甲烷细菌为产甲烷细菌创造适宜的氧化还原条件

厌氧发酵初期，由于加料使空气进入发酵池，原料、水本身也携带有空气，这显然对于产甲烷细菌是有害的。它的去除需要依赖不产甲烷细菌类群中那些需氧和兼性厌氧微生物的活动。各种厌氧微生物对氧化还原电位的适应也不相同，通过它们有顺序地交替生长和代谢活动，使发酵液氧化还原电位不断下降，逐步为产甲烷细菌生长和产甲烷创造适宜的氧化还原条件。

3. 不产甲烷细菌为产甲烷细菌清除有毒物质

在以工业废水或废弃物为发酵原料时，其中可能含有酚类、苯甲酸、氰化物、长链脂肪酸、重金属等对于产甲烷细菌有毒害作用的物质。不产甲烷细菌中有许多种类能裂解苯环、降解氰化物等，从中获得能源和碳源。这些作用不仅解除了对产甲烷细菌的毒害，而且给产甲烷细菌提供了养分。此外，不产甲烷细菌的产物硫化氢，可以与重金属离子作用生成不溶性的金属硫化物沉淀，从而解除一些重金属的毒害作用。

4. 产甲烷细菌为不产甲烷细菌的生化反应解除反馈抑制

不产甲烷细菌的发酵产物可以抑制其本身的不断形成。氢的积累可以抑制产氢细菌的继续产氢，酸的积累可以抑制产酸细菌继续产酸。在正常的厌氧发酵中，产甲烷细菌连续利用由不产甲烷细菌产生的氢、乙酸、二氧化碳等，使厌氧系统中不致有氢和酸的积累，就不会产生反馈抑制，不产甲烷细菌也就得以继续正常的生长和代谢。

5. 不产甲烷细菌和产甲烷细菌共同维持环境中适宜的pH值

在厌氧发酵初期，不产甲烷细菌首先降解原料中的糖类、淀粉等物，产生大量的有机酸，产生的二氧化碳也部分溶于水，使发酵液的pH明显下降。而此时，一方面不产甲烷细菌类群中的氨化细菌迅速进行氨化作用，产生的氨中和部分酸；另一方面，产甲烷细菌利用乙酸、甲酸、氢和二氧化碳形成甲烷，消耗酸和二氧化碳。两个类群的共同作用使pH稳定在一个适宜范围。

三、厌氧生物处理的影响因素

由于产甲烷菌对环境因素的影响较非产甲烷菌(包括发酵细菌和产氢产乙酸细菌)敏感得多，产甲烷反应常是厌氧消化的控制阶段。因此，以下主要讨论对产甲烷菌有影响的各种环境因素。

(一) 温度

温度是影响微生物生命活动的最重要因素之一，其对厌氧微生物及厌氧消化的影响尤为显著。

图3-1-3所示为温度对厌氧消化期的影响，由图可见，厌氧消化速率随温度的变化比较复杂，在厌氧消化过程中存在着两个不同的最佳温度范围，一为55℃左右，一为35℃左右。根据不同的

最佳温度范围，厌氧微生物分为嗜热菌(高温细菌)和嗜温菌(中温细菌)两大类，相应的厌氧消化则被称为高温消化(55℃左右)和中温消化(35℃左右)。高温消化的反应速率为中温消化的1.5～1.9倍，产气率也高，但气体中甲烷所占百分率却较中温消化为低。当处理含有病原菌和寄生虫卵的废水或污泥时，采用高温消化可取得较理想的卫生效果，消化后污泥的脱水性能也较好。在工程实践中，当然还应考虑经济因素，采用高温消化需要消耗较多的能量，当处理废水量很大时，往往不宜采用。

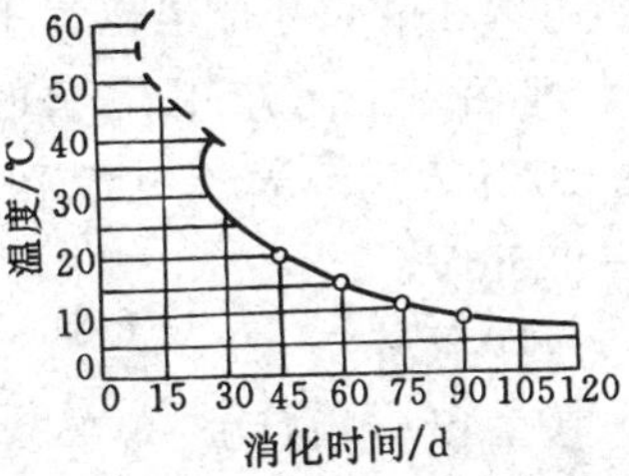

图 3-1-3　温度对厌氧消化的影响

随着各种新型厌氧反应器的开发，温度对厌氧消化的影响由于生物量的增加而变得不再显著，因此处理废水的厌氧消化反应常在常温条件(20～25℃)下进行，以节省能量的消耗和运行费用。

(二) pH值

产甲烷菌对pH值变化的适应性很差，其最适pH值范围为6.8～7.2。在pH6.5以下或8.2以上的环境中，厌氧消化会受到严重的抑制，这主要是对产甲烷菌的抑制。水解细菌和产酸菌也不能承受低pH值的环境。

厌氧发酵体系中的pH值除受进水pH的影响外，还取决于代谢过程中自然建立的缓冲平衡。影响酸碱平衡的主要参数为挥发性脂肪酸、碱度和CO_2含量。系统中脂肪酸浓度的提高，将消耗HCO_3^-并增加CO_2浓度，使pH值下降。但产甲烷细菌的作用会产生HCO_3^-，使系统的pH值回升。系统中没有足够的HCO_3^-将使挥发酸积累，导致系统缓冲作用的破坏，即所谓的“酸化”。受破坏的厌氧消化体系需要很长的时间才能恢复。

(三) 氧化还原电位

绝对的厌氧环境是产甲烷菌进行正常活动的基本条件，可以用氧化还原电位表示厌氧反应器中含氧浓度。研究表明，不产甲烷菌可以在氧化还原电位为+100～-100mV的环境下进行正常的生理活动，而产甲烷菌的最适氧化还原电位为-150～-400mV，培养产甲烷菌的初期，氧化还原电位不能高于-320mV。

(四) 营养

厌氧微生物对碳、氮等营养物质的要求略低于好氧微生物，但大多数厌氧菌不具有合成某些必要的维生素或氨基酸的功能。为了保证细菌的增殖和活动，还需要补充某些专门的营养，如钾、钠、钙等金属盐类是形成细胞或非细胞的金属络合物所必需的，而镍、铝、钴、钼等微量金属，则可提高若干酶系统的活力，使产气量增加。

(五) 食料微生物比

与好氧生物处理相似，厌氧生物处理过程中的食料微生物比对其进程影响很大，在实用中常以有机负荷表示，即kgCOD/(kgVSS·d)。

在有机负荷、处理程度和产气量三者之间，存在着密切的联系和平衡关系。一般，较高的有机负荷可获得较大的产气量，但处理程度会降低。由于厌氧消化过程中产酸阶段的反应速率比产甲烷阶段的反应速率高得多，必须十分谨慎地选择有机负荷，使挥发酸的生成及消耗不致失调，形成挥发酸的积累。为保持系统的平衡，有机负荷的绝对值不宜太高。随着反应器中生物量(厌氧污泥)浓度的增加，有可能在保持相对较低污泥负荷的条件下得到较高的容积负荷，这样，能够在满足一定处理程度的同时，缩短消化时间，减少反应器容积。总的说来，厌氧生物处理可采用较好氧生物处理高得多的有机负荷，一般可达5～10kgCOD/(m^3·d)，也有的甚至可高达50kgCOD/(m^3·d)。

(六) 有毒物质

有毒物质会对厌氧微生物产生不同程度的抑制，使厌氧消化过程受到影响甚至遭到破坏。

最常见的抑制性物质为硫化物、氨氮、重金属、氰化物以及某些人工合成的有机物。

硫酸盐和其他硫的氧化物容易在厌氧消化过程中被还原为硫化物。可溶性的硫化物和H_2S气体在达到一定浓度时，都会对厌氧消化过程，主要是对产甲烷过程产生抑制。投加某些金属如铁，去除S^{2-}离子，而使硫化物的抑制作用有所缓解，通过从系统中吹脱H_2S的措施也可减轻硫化物的抑制作用。

氨是厌氧消化的缓冲剂，但高浓度的氨对厌氧消化有害，表现为挥发性脂肪酸的积累，系统的缓冲能力不能补偿pH值的降低，最终甚至使反应器失效。有人认为NH_3-N浓度50～200mg/L即能产生控制，但通过对产甲烷细菌的驯化，厌氧过程对氨的适应能力能够得到加强。

重金属常能使厌氧消化过程失效，表现为产气量降低和挥发酸的积累。其原因是细菌的代谢酶受到破坏而失活，是一种非竞争性抑制。不同重金属离子及其不同的存在形态，会产生不同的抑制作用，如有人报道277mg/L的硫酸镍不会引起消化过程的变化，而30mg/L的硝酸镍却能使产气量减少80%。重金属的浓度也会显著影响其抑制作用，当氯化镍的浓度为500mg/L时，其对沼气产量的影响可以忽略不计，而1 000mg/L的氯化镍会使产气量大大减少。

氰化物对厌氧消化的抑制作用决定于其浓度和接触时间，如浓度小于10mg/L，接触时间为1h，抑制作用不明显;浓度如增高到100mg/L，气体产量会明显降低。

研究表明，厌氧微生物对很多在好氧条件下难以降解的合成有机物，如蒽醌类染料、偶氮染料、含氯的有机杀虫剂等，都具有降解的能力，但仍有相当一部分合成有机物对厌氧微生物有毒害作用，如3-氧-1，2-丙二醇、2-氯丙酸、1-氯丙烷、2-氯丙烯、丙烯醛和甲醛等,其作用大小与浓度相关。

在厌氧条件下混合细菌种群对有毒性的合成有机物进行降解的速率要比单一菌种的速率快。对厌氧微生物的驯化也可提高其适应和降解合成有机物的能力。

四、厌氧生物处理沼气产量的估算

糖类、脂类和蛋白质等有机物,经过厌氧消化能转化为甲烷和二氧化碳等气体,统称为沼气。产生沼气的数量和成分决定于被消化的有机物的化学组成,可用下式进行估算:

$$C_nH_aO_b+\left(n-\frac{a}{4}-\frac{b}{2}\right)H_2O\longrightarrow$$

$$\left(\frac{n}{2}-\frac{a}{8}+\frac{b}{4}\right)CO_2+\left(\frac{n}{2}+\frac{a}{8}-\frac{b}{4}\right)CH_4 \qquad (3\text{-}1\text{-}1)$$

上式计算结果代表的是有机物完全消化可得的沼气产量。一般1g COD在厌氧条件下完全降解可以生成0.25g CH_4,相当于在标准状态下沼气体积0.35L。由于一部分产生的沼气将溶于水中,一部分有机物要用于微生物的合成,实际沼气产量要比理论值小。一般说来,糖类物质厌氧消化的沼气产量较少,沼气中甲烷含量也较低。脂类物质沼气产量较高,甲烷含量也较多。

五、厌氧生物处理工艺的发展及其应用

厌氧消化技术已具有百年以上的悠久历史,其发展过程可参见表3-1-1。

表 3-1-1 厌氧消化技术的早期发展过程

年 代	发 展 情 况
1881年	L.Mouras首先将厌氧处理应用于去除生活污水中的悬浮固体
1890年	W.D.Scott – Moncrief建造了一个工作原理与厌氧滤池相近的装置,大量去除废水中的悬浮固体
1895年	D.Cameron在英国Exeter改进Mouras发明的Automatic scavenger,建成一座称为化粪池的装置

续表

年 代	发 展 情 况
1895年	在Exeter，全部废水都用化粪池进行处理，并首先进行气体收集和用于处理运行的加热和照明
1904年	W.O.Travis改进化粪池，将废水中悬浮固体分离进入水解室，使其与废水有不同的停留时间，称为Travis tank
1914年	K.Imhoff改进Travis tank成双层沉淀池，使悬浮固体停留几星期至几个月，极大地减少了处置费用，因而在美国受到欢迎
1927年	在改进双层沉淀池，将沉淀室与消化室分离的同时，消化室开始采用加热措施，处理效率迅速提高，在全世界得到广泛应用
1930年	由于对厌氧处理系统的接种和pH控制等问题的研究，城市污水污泥的处理已在有加热装置的消化池中全面进行
1950年	为了消除浮渣和保证菌体与废水的充分接触，各种搅拌设备和措施被引进消化池。同时，Stander开始认识到在产甲烷反应器中维持高生物量浓度的价值

由于厌氧消化的运行条件如温度等均未得到良好控制，这些初级的厌氧处理设备均需很长的停留时间，出水水质也较差。但化粪池和双层沉淀池曾在美、德、法等国得到较大的推广，并沿用至今。在我国的很多大小城市中，目前也仍有不少化粪池在运行。

1955年，Schroepter参考活性污泥法流程开发了厌氧接触法。它采用了二次沉淀池和污泥回流系统，使厌氧消化池中生物量浓度得以提高，污泥龄得以延长，因此停留时间大大缩短，处理能力大大提高。它最先被应用于食品包装废水的处理，取得了很好的效果。至今，人们公认厌氧接触法的诞生，标志着厌氧消化工艺的发展进入了一个更新的阶段。

70年代以来，随着能源问题的突出，发展高效节能的废水处理工艺的要求愈加近切。运用50年代得到的一些厌氧处理经验和厌氧处理所涉及到的微生物学、生物化学和生化工程的最新研究成果，许多国家大力开展了废水厌氧处理技术的研究，在国际上出现了一批称为“第二代废水厌氧处理反应器”，其中典型的代表有：厌氧滤池(AF，Young和McCarty，1972)、上流式厌氧污泥床反应器(UASB,Lettinga,1979)、厌氧附着膜膨胀床(AAFEB,Jewell,1980)和下行式固定膜反应器(DSFF)、厌氧流化床(AFB)等。这些高效厌氧消化反应器的共同特点是保持有很高浓度的生物量，通过不同的方式，使生物量在反应器中停留时间很长。如在厌氧滤池、厌氧膨胀床、厌氧流化床中，微生物附着生长在载体的表面：在升流式厌氧污泥床反应器中，微生物互相粘结缠绕，形成紧密的颗粒，这种颗粒污泥产甲烷活性高，沉淀性能好。

由于第二代厌氧反应器解决了厌氧微生物生长缓慢(厌氧过程本身特点)和生物量易被液体洗出(传统消化池的弱点)等不利于反应器高效运行的关键问题，因此，它们具有一些突出的优点：

(1) 具有相当高的有机负荷和水力负荷，因而反应器的容积比传统装置减少90%以上。

(2) 在不利条件(低温、冲击负荷、存在抑制物等)下仍具有很高的稳定性。

(3) 反应器建造简单，结构紧凑，从而投资小，占地面积少，并适合于各种规模和可作为运行单元被结合在整体的处理技术中。

(4) 处理低浓废水的高效率已具备与好氧处理竞争的能力。

(5) 通常几乎不需要操作和管理费用，是能源净生产过程。

近年来，厌氧消化工艺经过不断的研究、实践，取得了很大的发展和进步，其应用范围越来越广阔，主要包括：

用于城市废水处理厂污泥的稳定化处理；

用于高浓度有机工业废水的处理；

与好氧过程串联配合使用，用于城市废水的处理，包括去除有机物、除磷、脱氮；

用于含难降解有机物的工业废水的处理。

第二节　厌氧消化池

一、消化池类型与构造

厌氧消化池主要用于处理城市废水厂的污泥，也可用于处理固体含量很高的有机废水。污泥经厌氧消化后，一部分有机固体转化为沼气，一部分有机物形成稳定性良好的腐殖质，从而降低了污泥中的固体量，提高了污泥的脱水性能，污泥体积可减少1/2以上。污泥中的致病微生物也得到了不同程度的灭活，有利于污泥的进一步处理和利用。

(一) 消化池的分类

我国常用的厌氧消化池的形状是圆柱形。按消化池顶结构不同又可分为固定盖消化池和浮动盖消化池。根据消化池运行方式的不同，消化池又可分为传统消化池和高速消化池。

1. 传统消化池

传统消化池又称低速消化池，一般在消化池内不设加热和搅拌装置。因不加搅拌，池内污泥产生分层现象。只有一部分池的容积起到分解有机物作用，液面形成浮渣层，池底部容积主要用于熟污泥的贮存和浓缩。这种消化池中微生物与有机物不能充分接触，所以消化速率很低，消化时间长。根据温度不同，一般污泥在池内的停留时间需要30～90天，只有在规模小的废水处理厂才采用。

2. 高速消化池

这是一种设有加热和搅拌装置的消化池。此类消化池，由于加热和搅拌，使厌氧微生物与有机物得到充分均匀地接触，大大提高了厌氧微生物降解有机物的能力，缩短了有机物稳定所需的时间，提高了沼气产量。在中温(30～35℃)条件下，一般消化期为15天左右，运行也较稳定，目前被废水处理厂广泛采用。

搅拌使高速消化池内污泥不能得到浓缩，消化液不能分离。为了进行固液分离，高速消化池往往再串联一个消化池，形成两级消化。两级消化的第一级装设搅拌和加热设备，主要起分解有机物作用，第二级不设搅拌和加热设备，主要起沉淀浓缩和贮存消化污泥作用。

(二) 消化池的构造

消化池由池顶、池底和池体三部分组成，常用钢筋混凝土筑造。池顶构造有固定盖和浮动盖两种，国内常用固定盖池顶。固定盖为一弧形弯顶，或截头圆锥形，池顶中央装集气罩。图3-2-1为浮盖式消化池。

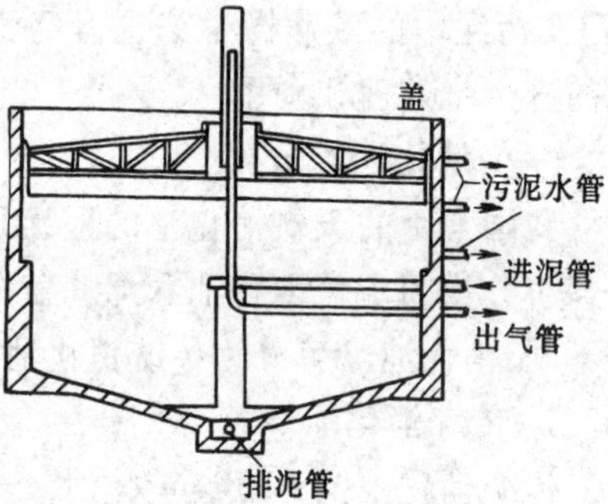

图 3-2-1 浮盖式消化池

消化池中消化液的均匀混合对正常运行影响很大，因此搅拌设备也是消化池的重要组成部分。搅拌方法一般可分为机械搅拌和沼气搅拌两大类。搅拌设备一般置于池中心，当池子直径很大时，可设若干个均布于池中。机械搅拌方法有泵搅拌、螺旋桨式搅拌和喷射泵搅拌。沼气搅拌方法是用消化池自身产生的一部分沼气，经压缩机加压后通过竖管或池底的扩散器再送入消化池，以达到搅拌混合的目的。有资料报道，采用沼气搅拌可提高产气率。沼气搅拌方法有气提式搅拌、竖管式搅拌、气体扩散式搅拌等。

为了保证消化池维持一定的消化温度，高速消化池都装有加热设备，加热方法有池内蒸汽直接加热和池外加热两种。向池内直接送入蒸汽加热，设备比较简单，但局部污泥易过热，影响厌氧微生物的正常活动，并会增加污泥的含水率，从而增加消化池容积。池外加热，是把污泥预热后投配到消化池中，其优点是预热的污泥量较少，易于控制，预热达到较高的温度，有利于杀死寄生虫卵，也不会对厌氧微生物产生不利影响。缺点是加热设备较复杂。

二、消化池的设计

消化池的设计内容包括消化池池体设计、搅拌设备设计以及加热保温系统设计。

(一) 消化池池体设计

消化池池体设计包括池体选型、确定池的数目和单池容积，确定池体各部尺寸和布置消化池的各种管道。

目前国内一般按污泥投配率确定消化池有效容积，可按每天处理污泥量及污泥投配率进行计算。

$$V=\frac{V'}{p}\times 100 \tag{3-2-1}$$

式中 V ——消化池有效容积(m^3)

V'——每天要处理的新鲜污泥体积(m^3/d)

p ——污泥投配率(%)，高速消化池处理生活污水污泥，当消化温度为30～35℃时，p可取6%～18%

考虑到事故或检修，消化池座数不得少于2座，每座消化池的容积，可根据运行的灵活性、结构和地基基础情况考虑决定。小型消化池的容积为2 500m^3以下；中型消化池为5 000m^3左右；大型消化池可达10 000m^3以上。消化池的座数(n)为：

$$n=\frac{V}{V_0} \tag{3-2-2}$$

式中 V_0——单池有效容积(m^3)

确定消化池单池有效容积后，就可计算消化池的构造尺寸。圆柱形池体的直径一般为6～35m，柱体高与直径之比为1∶2，池总高与直径之比一般为1∶(0.8～1.0)。池底坡度一般为0.08。池顶部集气罩高度与直径相同，常采用2.0m。池顶至少应设2个直径为0.7m的人孔。

消化池必须附设各种工艺管道，以确保其正常运行。这些工艺管道包括污泥管(进泥管、出泥管和循环搅拌管)、上清液排放管、溢流管、沼气管和取样管等。

(二) 消化池搅拌设备设计

1. 机械搅拌

(1) 泵搅拌设计　内容包括污泥循环管路的布置和确定管道

直径以及选择水泵。为了防止堵塞，最小管径应不小于150mm。确定管径之后即可计算循环搅拌的阻力损失，根据阻力损失和循环流量选用搅拌泵，常采用污泥泵，泵数应不小于2台，其中1台备用。

(2) 螺旋桨搅拌设备设计　内容包括确定竖向导流管尺寸，螺旋桨直径和转速以及配套电动机的功率和选型。其设计计算程序如下。

确定螺旋桨搅拌的污泥流量q_V:

$$q_V=\frac{mV_0}{3600t}(m^3/s) \tag{3-2-3}$$

式中　V_0——每座消化池的有效容积(m^3)

m——设备安全系数(采用2～3)

t——搅拌一次所需时间(常取2～5h)

污泥流过螺旋桨的速度(v_0)可用下式计算:

$$v_0=\frac{q_V}{A_0}(m/s) \tag{3-2-4}$$

式中　A_0——螺旋桨有效断面(m^2)

$$A_0=A(1-\xi^2) \tag{3-2-5}$$

式中　A——导流管截面积(m^2)

ξ——螺旋桨叶片所占截面积系数(一般为0.25)

$$A=\frac{\pi d^2}{4} \tag{3-2-6}$$

式中　d——螺旋桨直径(m，通常d比导流管直径小0.1m)

螺旋桨所需轴功率(P)为:

$$P=\frac{q_V H}{102\eta} \tag{3-2-7}$$

式中　P——轴功率(kW)

H——螺旋桨克服惯性力与水力阻抗所需的水头(m，可采用1m)

η——搅拌机效率(取0.8)

如果当螺旋桨直径(d)计算值超过1m时，可考虑设若干个螺旋桨。此法的电耗为0.1～0.2kW·h/(m^3新污泥·d)。

(3) 水射器搅拌设备的设计　内容包括水射器构造尺寸的计算和配套水泵的选择及污泥循环管路的布置。具体可参见化工设计资料。要注意的是，水射器的配套水泵一般采用污水泵，其扬程要求15～20m，引射流量与抽吸流量之比一般为(1∶3)～(1∶5)。水射器的工作半径在5m左右，当消化池直径超过10m时，应考虑设若干个水射器。此方法的缺点是电耗较大，一般为1.0～1.5kW·h/(m^3新污泥·d)

2. 沼气搅拌

采用沼气循环搅拌方法的设计内容包括确定搅拌所需的循环沼气量、沼气管道系统的布置及其管径的确定和气体压缩机的选择。

气提式沼气搅拌装置按空气提升泵方法设计，沼气出口的浸没深度根据计算决定，一般应大于提升高度。所需的沼气量一般为导流筒内被提升污泥量的2～3倍。

竖管式搅拌装置所需的循环沼气量一般按5～7m^3沼气/(1 000m^3池容·min)设计，竖管内气体流速按7～15m/s计算。竖管出气口距池底1～2m。

气体扩散搅拌装置设在池底。根据消化池大小布置气体扩散器，使搅拌均匀，其供气量一般按10～20m^3沼气/(m圆周长·h)计算，或按0.8m^3沼气/(m^2池面积·h)计算。

确定所需沼气量和沼气管道系统后，就可计算沼气压缩机所需的压力(H_0)，可用下式表示：

$$H_0=H+\Sigma h_1+\Sigma h_2(mH_2O) \tag{3-2-8}$$

式中　H——水深(m)

Σh_1——沼气管道沿程阻力损失总和(mH_2O)

Σh_2——沼气管道局部阻力损失总和(mH_2O)

压缩机的功率可按下式确定:

$$P=\frac{q_V H_0 \gamma}{102\eta}(\text{kW}) \tag{3-2-9}$$

式中 q_V——沼气循环流量(m^3/s)

H_0——压缩机的压力(mH_2O)

γ——沼气容重(kN/m^3)

η——压缩机效率(一般为0.75)

为了满足搅拌均匀的要求,一般认为单位池容所需的功率为5～8W/m^3(池容)。

(三) 加热设备设计

消化池加热设备的设计内容主要包括加热方法的确定,加热管道系统的布置和管径的选择,消化池热耗计算以及确定加热的热源所需锅炉或其他生产设备的余热等。

1. 耗热量计算

提供给消化池的热量应包括使新投入的污泥加热到要求达到的温度所耗的热量,补给消化池和管路的热损耗以及热源输送过程的热耗等。

提高新投入污泥温度的耗热量:

$$Q_1=\frac{V}{24}(t_D-t_s)\times c\times 10^3 \tag{3-2-10}$$

式中 Q_1——使新鲜污泥加热到消化温度所需的热量(kJ/h)

V——每日投入消化池的新鲜污泥量(m^3/d)

t_D——消化温度(℃)

t_s——新鲜污泥原有温度(℃)

c——新鲜污泥比热容[4.1868kJ/(L·℃)]

池体的热损失量(Q_2):

$$Q_2=\Sigma AK(t_D-t_A)\times 1.2 \tag{3-2-11}$$

式中 Q_2——池体热损失量(kJ/h)

A——池盖、池壁和池底的散热面积(m^2)

t_A——池外介质温度(空气或土壤,℃)

K——池盖、池壁及池底的传热系数[kJ/(m²·h·℃)]。其值为:

$$K=\frac{1}{\frac{1}{\alpha_1}+\Sigma\frac{\delta}{\lambda}+\frac{1}{\alpha_2}} \tag{3-2-12}$$

式中 α_1——内表面传热系数,污泥与钢筋混凝土地壁间的传热系数为(4.1868×300)kJ/(m²·h·℃);气体与钢筋混凝土池壁间的传热系数为(4.1868×7.5)kJ/(m²·h·℃)

α_2——外表面传热系数,即池壁至介质的热传导系数,介质为空气时,α_2为[4.1868×(3~8)]kJ/(m²·h·℃),介质为土壤时,α_2为[4.1868×(0.5~1.5)]kJ/(m²·h·℃)

δ——池体各部分结构层和保温层厚(m)

λ——池体各部分结构层和保温层的导热系数。混凝土或钢筋混凝土池壁的λ值为(4.1868×1.33)kJ/(m²·h·℃)

加热管、蒸汽管、热交换器等损失的热量(Q_3):

$$Q_3=\Sigma(K'A')(t_m-t_A)\times1.2 \tag{3-2-13}$$

式中 A'——加热管、蒸汽管、热交换器等表面积(m²)

K'——加热管、蒸汽管、热交换器等的传热系数[kJ/(m²·h·℃)]

t_m——锅炉出入口的热水平均温度,或锅炉出口和池入口蒸汽温度的平均值(℃)

其他符号同前。

消化池所需的加热量(Q):

$$Q=Q_1+Q_2+Q_3 \tag{3-2-14}$$

2. 污泥加热方法

现在常用的污泥加热方法有池外加热法和注入蒸汽加热法。

(1) 池外加热法 池外加热常采用热交换器进行热量补充。一般认为,套管式泥水热交换器较为合适。污泥在内管流动,流速为1.5～2.0m/s。热水在套管内反向流动，流速1.0～1.5m/s。由于污泥和热水均采用强制循环流动，热交换效果较好。套管的长度(L)可按下式求得：

$$L=\frac{Q_{max}}{\pi dK\Delta t_m}\times 1.2 \qquad (3\text{-}2\text{-}15)$$

式中　L——套管的长度(m)

Q_{max}——污泥消化池最大耗热量(kJ/h)

d——内管的外径(m)

K——传热系数[约为2 500kJ/(m²·h·℃)]

Δt_m——平均温差

$$\Delta t_m=\frac{\Delta t_1-\Delta t_2}{\ln\frac{\Delta t_1}{\Delta t_2}} \qquad (3\text{-}2\text{-}16)$$

式中　Δt_1——热交换器入口的污泥温度(t_s)和出口的热水温度(t_w')之差(℃)

Δt_2——热交换器出口的污泥温度(t_s')和入口热水温度(t_w)之差(℃)

(2) 蒸汽直接加热法　直接向消化池污泥中注入蒸汽加热，操作方法简便、设备投资省、热效较高。由于增加了冷凝水，消化池的容积一般要增加5%～7%。蒸汽锅炉的用水需及时补充。蒸汽的注入量(q_m)可按下式计算：

$$q_m=\frac{Q_{max}}{I-I_D} \qquad (3\text{-}2\text{-}17)$$

式中　q_m——蒸汽注入量(kg/h)

I——饱和蒸汽的含热量(kJ/kg)

I_D——消化池中污泥的含热量(kJ/kg)

采用蒸汽加热法，蒸汽管道在伸入污泥前应设逆止阀，防止污泥倒流。

3. 锅炉供热设备的选择

当采用热水锅炉时，其加热面积(A)可按下式计算：

$$A=(1.1\sim1.2)\frac{Q_{max}}{E} \tag{3-2-18}$$

式中 Q_{max}——最大耗热量，包括新鲜污泥加热需热量、池体散热量、加热管和热交换器等散热量(kJ/h)

E——锅炉加热面的发热强度[kJ/(m²·h)]

1.1～1.2 ——热水供应系统的热损失系数

当采用蒸汽锅炉时，锅炉容量($q_{m,1}$)即蒸发量可按下式计算：

$$q_{m,1}=\frac{q_m(I-I_1)}{l} \tag{3-2-19}$$

$$q_m=\frac{Q_{max}}{I_2}\times(1.2-1.3) \tag{3-2-20}$$

式中 q_m——实际蒸发量(kg/h)

I_2——常压时锅炉产生蒸汽的含热量(kJ/kg)

I——饱和蒸汽的含热量(kJ/kg)

I_1——锅炉给水的含热量(kJ/kg)

l——常压时100℃的水汽化热(2 255.8kJ/kg)

根据锅炉的加热面积或锅炉的容量，就可选择所需要的锅炉。锅炉宜采用2台以上，以免发生事故或定期检查时完全停止供热。

4. 保温措施

为了减少消化池、热交换器及热力管道外表面的热量散发，必须采取保温措施。保温材料常用的有泡沫混凝土、膨胀珍珠岩等，近来已大量采用聚苯乙烯泡沫塑料和聚氨酯泡沫塑料等保温材料。

热交换器及热力管道的保温方法，国内已有通用的标准图。

三、沼气的收集与利用

污泥和高浓度有机废水的厌氧消化均会产生大量沼气。沼气的热值很高，是一种可利用的生物能源，有一定的经济价值。在设计消化池时必须同时考虑相应的沼气收集、贮存和利用等配套设施。

(一) 污泥消化沼气产量的估算

污泥消化产生的沼气的成分，一般认为，甲烷占50％～70％，二氧化碳占20％～30％，其余是氢、氮和硫化氢等气体。

沼气产量工程上称产气量，以处理每单位体积的生污泥所产生沼气量表示，单位为m^3沼气/m^3生污泥。产气量大小与污泥含水率、污泥投配率、发酵温度有关，当生污泥含水率为96％左右时，中温消化，污泥投配率为6％～8％/d，产气量为10～12m^3沼气/m^3生污泥；高温消化，污泥投配率为6％～8％/d，产气量为22～26m^3沼气/m^3生污泥；污泥投配率为13％～15％/d，产气量为13～15m^3沼气/m^3生污泥。

沼气是一种很好的气态燃料，其发热量一般为21 000～25 000kJ/m^3沼气。表3-2-1为不同能源等量热单位的比较。

表 3-2-1　不同能源等量热单位的比较

能源种类	1m^3沼气相当于*	能源种类	1m^3沼气相当于*
天然气	6m^3	汽油	5～0.75L
城市煤气	375m^3	焦炭	76kg
重油	55L	电力	6.4kW·h

*含65％CH_4的沼气。

(二) 沼气的收集

消化池顶部的集气罩应有足够的空间，对大型消化池，集气罩的直径应大于4m，集气罩高应大于2m，气体的出气口应高于3m。在集气罩顶部应设排气管和测压管。沼气出气管径应按日平均产气量选定，并用高峰产气量进行校核，最小直径不小于100mm。在固定盖式消化池中，出气管直接与贮气柜连通，中间绝对不容许连接燃烧用支管。当采用沼气搅拌时，压缩机的吸气管可单独与集气罩连接，如与出气管共用，则在确定出气管管径时，必须同时考虑沼气搅拌循环流量。确定沼气管道直径时，管内的气流速度最大为8m/s，平均为5m/s左右，管道坡度为0.5%，且坡向气流方向。在最低点应设置凝结水罐，及时排走凝结水，防止堵塞管道。为了减少凝结水量，沼气管应加保温。沼气管应采用镀锌钢管或铸铁管。气柜的进出气管道必须设水封罐(阻火器)，以确保安全。水封罐兼有保安和调整气柜压力的作用。

消化池的气室及沼气管道均应在正压下工作，不容许出现负压，通常压力为2～3kPa。

(三) 沼气贮存

沼气的产量和用气量都不是恒定的，贮气柜的作用即是对产气量与用气量之间的不平衡进行人工调节。贮气柜的容积一般按日平均产气量的25%～40%，相当于6～10h的平均产气量确定。大型污泥消化系统取低限，小型污泥消化系统取高限。

沼气柜常用低压浮盖式贮气柜，具体结构和设计方法可参考有关设计手册。

贮气柜中的压力决定了消化池气室和输气管道的压力，此压力一般为2～3kPa(相当于200～300mmH_2O)，不宜太高。由于沼气中含有少量H_2S，对设备有腐蚀作用，必须采取相应的防腐措施。城市煤气中H_2S的最高容许含量为20mg/m^3。如果沼气中含硫量太高，必须进行沼气脱硫处理。脱硫方法可参考有关资料。

第三节　厌氧接触法

一、厌氧接触法的工艺流程和特点

厌氧接触法是契罗拨特(Schroepter)在50年代开创的，是对普通厌氧生物处理法的改进，其工艺流程示于图3-3-1。

由消化池排出的混合液经真空脱气器脱去其中的沼气后，进入沉淀池进行固液分离，废水由沉淀池上部流出，而沉淀下来的污泥大部分回流至消化池，少部分作为剩余污泥排出，再进行处理或处置。回流污泥的目的在于提高消化池内混合液的污泥浓度，而沉淀的目的在于进行固液分离，减少出水悬浮物浓度，改善出水水质和提高回流污泥的浓度。通过上述措施后，可使消化池的水力停留时间降低，其原因说明如下。

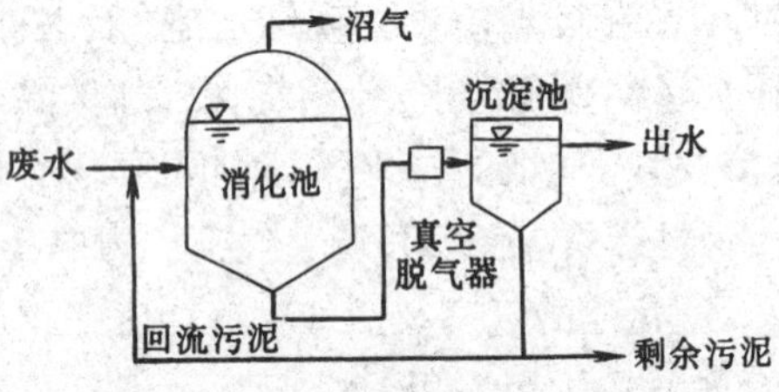

图 3-3-1 厌氧接触法工艺流程

根据生物量平均停留时间的定义，可写出：

$$\theta_c = \frac{V\rho}{q_v\rho_e + q_{v,w}\rho_w} \tag{3-3-1}$$

式中 θ_c——生物量平均停留时间(d)

ρ——反应器中悬浮固体浓度(g/m^3)

V——反应器容积(m^3)

ρ_e——沉淀池出水悬浮固体浓度(g/m^3)

q_v——处理废水流量(m^3/d)

ρ_w——剩余污泥浓度(g/m^3)

$q_{v,w}$——剩余污泥排放量(m^3/d)

假设系统的剩余污泥很少，甚至可做到不从系统排放剩余污泥，则$q_{v,w}=0$，上式可改写为：

$$\theta_c = \frac{V\rho}{q_v\rho_e} = \frac{t\rho}{\rho_e} \tag{3-3-2}$$

式中 $t=V/q_v$——水力停留时间(d)

对无污泥回流的完全混合式普通厌氧生物处理法，出水污泥浓度(ρ_e)等于消化池中混合液污泥浓度(ρ)。因此，其水力停留时间(t)等于生物量停留时间(θ_c)。在中温条件下，为了满足甲烷菌生长繁殖条件，生物量停留时间一般需要20～30天，因此普通厌氧消化池的水力停留时间要求20～30天。

如采用污泥回流的完全混合式厌氧接触法，因消化池内混合液的污泥浓度(ρ)远大于沉淀池出水的污泥浓度(ρ_e)，假设$q_{v,w}=0$，从上式可知水力停留时间(t)将远小于生物量停留时间(θ_c)。消化池中混合液污泥浓度越大，出水中污泥浓度越小，则水力停留时间越短。因此，为了缩短水力停留时间，该工艺的关键是设法提高混合液的污泥浓度和减少出水的污泥浓度。

与普通厌氧消化法相比较，厌氧接触法具有以下特点：

(1) 消化池污泥浓度高。一般为5～10gVSS/L，耐冲击能力强。

(2) 消化池有机容积负荷较高。中温消化时，COD容积负荷一般为1～6kgCOD/(m^3·d)，COD去除率为70%～80%；BOD_5容积负荷为0.5～2.5kgBOD_5/(m^3·d)，BOD_5去除率为80%～90%。

(3) 出水水质较好。出水COD、BOD_5和悬浮物浓度都较低。

(4) 增设沉淀池、污泥回流系统和真空脱气设备；流程较复杂。

(5) 适合于处理悬浮物浓度和有机物浓度均高的废水，废水COD浓度一般不低于3 000mg/L，悬浮物浓度可达到50 000 mg/L。

厌氧接触法的主要问题是，从消化池排出的混合液难于在沉淀池中进行固液分离，其原因一方面是由于混合液中污泥上附着了大量的气泡，在沉淀过程中易上浮到水面并随出水带出池外；另一方面是由于从消化池排出的污泥仍具有产甲烷活性，在沉淀过程中仍能继续产气，使已下沉的污泥随产生的气体上浮，结果都使出水BOD、COD和悬浮物浓度增大。为了提高沉淀池中混合液的固液分离的效果，目前采用以下几种方法：

(1) 在消化池和沉淀池之间设真空脱气器，脱除混合液中的沼气。脱气器的真空度约为5kPa(500mmH_2O)，但此法不能抑制厌氧微生物在沉淀池中继续产气。

(2) 在沉淀池之前设热交换器，对混合液进行急剧冷却处置，使其温度从35℃下降到15℃，这样能够抑制污泥在沉淀过程中继续产气，有利于混合液的固液分离。

(3) 向混合液投加混凝剂，如先投加氢氧化钠，再投氯化铁。

(4) 用过滤器代替沉淀池，以提高固液分离效果。

二、厌氧接触法的工艺设计

厌氧接触法的工艺设计包括消化池、沉淀池、真空脱气器、热交换器等的设计。本节只讨论消化池容积的计算。消化池的容积可按动力学公式、有机容积负荷或水力停留时间等几种方法进行计算。

(一) 按动力学公式计算消化池的容积

主要动力学公式如表3-3-1所示。

表 3-3-1 厌氧接触法工艺设计采用的主要动力学公式

公式	符号意义
$(\frac{d\rho_s}{dt})_u=\frac{K\rho_c\rho_{s,e}}{K_s+\rho_{s,e}}$ $\frac{1}{\theta_c}=Y_T\frac{K\rho_{s,e}}{K_s+\rho_{s,e}}-K_d$ $\rho_{s,e}=\frac{(1+K_d\theta_c)K_s}{\theta_c(Y_TK-K_d)-1}$ $\frac{1}{\theta_c}=\frac{q_V}{V}(1+R-R\frac{\rho_{c,r}}{\rho_c})$ $\frac{1}{\theta_{c,m}}=Y_T\frac{K\rho_{s,0}}{K_s+\rho_{s,0}}-K_d$	$(d\rho_s/dt)_u$——基质降解速率[mg/(L·d)]；K——最大比有机物去除速率常数(d^{-1})；K_s——饱和常数(mg/L)；θ_c——生物量停留时间(d)；ρ_c——混合液微生物浓度(mg/L)；Y_T——微生物产率(mg/mg)；K_d——内源呼吸速率常数(d^{-1})；$\theta_{c,m}$——最小生物量停留时间(d)；$\rho_{c,r}$——回流污泥微生物浓度(mg/L)；R——回流比；q_V——废水设计流量(m^3/d)；V——消化池容积(m^3)；t——水力停留时间(d)；$\rho_{s,0}$——进水有机物浓度(mg/L)；$\rho_{s,e}$——出水有机物浓度(mg/L)

(二) 按有机容积负荷或水力停留时间计算

1. 按有机容积负荷计算

$$V=\frac{q_V\rho_{s,0}}{N_V} \tag{3-3-3}$$

式中 N_V——有机容积负荷[$kgCOD/(m^3·d)$]

2. 按水力停留时间计算

$$V=q_Vt \tag{3-3-4}$$

三、厌氧接触法的几种形式

（一）充填载体的厌氧接触法

该法与普通厌氧接触法不同之处在于向消化池中投加惰性载体。载体直径一般采用5～25 μm细小的石英砂、无烟煤等固体颗粒。该法载体投量比厌氧流化床少，一般为消化池容积的3％左右。投加载体的目的在于增加消化池的污泥浓度，一般可达5～15 $kgSS/m^3$。同时提高污泥的相对密度，以提高沉淀池的固液分离效果。采用细小的载体颗粒和载体投量低的原因是保证在普通消化池的搅拌条件下，池中污泥能保持悬浮状态。为避免沉淀池内污水流失，最好在沉淀前进行脱气和冷却。

试验表明，该法适于处理易水解的有机废水。例如处理制糖废水时，COD容积负荷可高达24.3kgCOD/(m^3·d)，水力停留的时间为4.6h，COD去除率可达89％。产气量随有机负荷的增加而提高。该法还适于处理含有不可降解的悬浮物的废水。

（二）投磁粉的厌氧接触法

该法是向消化池投加直径为1～10 μm的磁粉，也是一种有载体的厌氧接触法，即利用载体提高消化池内微生物浓度和改善沉淀池的固液分离效果。不同的是从消化池排出的混合液在进入沉淀池之前经过磁体，在磁场的作用下，使混合液中污泥集聚形成为较大颗粒，以提高沉淀效果。沉淀后的污泥可直接回流至消化池或先经再生池，投加NaOH，提高污泥的pH值，使吸附在磁粉上的污泥解吸后，再经滚筒分离器，使磁粉与污泥分离。分离后的磁粉回用，污泥排出。工艺流程如图3-3-2所示。该工艺增加了磁粉再生系统，流程复杂，建设和运行费用较大。考虑到厌氧消化法剩余污泥量少，基本上可不排出，故可不设磁粉再生系统，将沉淀后的污泥全部回流到消化池。

磁粉为天然的磁铁矿石(Fe_3O_4)经研磨而成。本工艺铁粉用量一般为20g/L。微生物细胞表面带负电荷，而pH值介于6.3～9.0范围内，磁铁也带负电荷。若将废水的pH值调节达到磁粉的等电点(pH值为5.6～6.0之间)，即对废水中微生物和有机物产生吸附作用。

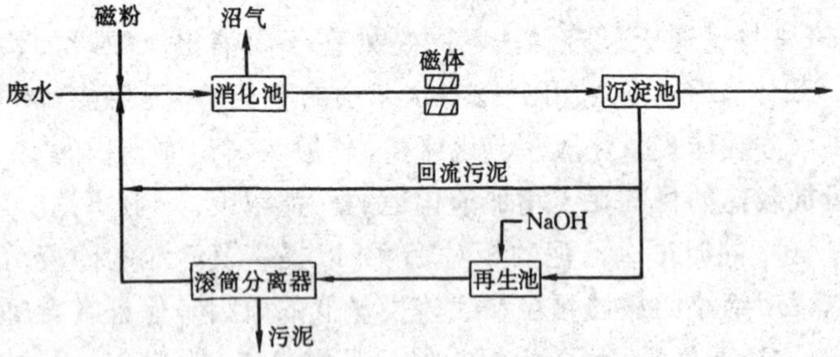

图 3-3-2 投磁粉厌氧接触工艺流程

磁粉厌氧接触法也适用于两相厌氧处理法的产酸相。在该相，pH值一般为5～6，挥发酸可达5 000mg/L以上，在此相中投加磁粉时，不需调节进水的pH值。

四、厌氧接触法的应用实例

厌氧接触法适用于高浓度有机废水处理。目前世界上已有不少的生产装置正在运行之中。例如瑞典糖业公司已为瑞典和其他国家设计了20多座采用此种工艺的大型废水厂。表3-3-2列举了某些工业废水利用厌氧接触法处理的实际数据。

表 3-3-2 厌氧接触法处理工业废水的应用实例

废水来源	COD/(mg/L)	SS/(mg/L)	处理温度/℃	有机负荷/[kg COD/(m³·d)]	停留时间/d	COD去除率/%	SS去除率/%
蔬菜罐头	8 000	—	中温	3.0	3.6	80.5	—
柠檬酸	4 700	—	中温	2.5	18.8	78.5	—
小麦淀粉	6 000	—	中温	2.5	3.6	81.2	—
甜菜制糖	8 000	—	中温	3.0	2.7	52.5	—
乳酪加工	4 900	680	中温	2.52	1.93	83	40
威士忌酒	33 630	7 880	中温	1.03	32.7	84	64
制浆造纸	15 000	—	中温	5.0	3.0	48.7	—

第四节　升流式厌氧污泥层反应器

一、升流式厌氧污泥层反应器的特征及构造

(一) 特征

升流式厌氧污泥层(Upflow Anaerobic Sludge Blanket，简称UASB)反应器是荷兰学者莱廷格(Lettinga)等人在70年代初开发的。图3-4-1为UASB反应器工作原理示意，图3-4-2为UASB反应器的工作状态模型。

UASB反应器由反应区和沉降区两部分组成。反应区又可根据污泥的情况分为污泥悬浮层区和污泥床区。污泥床主要由沉降性能良好的厌氧污泥组成，浓度可达50～100gSS/L或更高。污泥悬浮层主要靠反应过程中产生的气体的上升搅拌作用形成，污泥浓度较低，一般在5～40gSS/L范围内。在反应器上部设有气(沼气)、固(污泥)、液(废水)三相分离器，分离器首先使生成的沼气气泡上升过程受偏折，然后穿过水层进入气室，由导管排出反应器。脱气后的混合液在沉降区进一步进行固、液分离，沉降下的污泥返回反应区，使反应区内积累大量的微生物。待处理的废水由底部布水系统进入，澄清的处理水从沉淀区溢流排出。由于在UASB反应器中能够培养得到一种具有良好沉降性能和高比产甲烷活性的颗粒厌氧污泥(Granular anaerobic sludge)，因而相对于其他同类装置，颗粒污泥UASB反应器具有一定的优势。

(1) 有机负荷居第二代反应器之首，水力负荷能满足要求。

(2) 污泥颗粒化后使反应器对不利条件的抗性增强。

(3) 由于将污泥或流出液的人工回流和机械搅拌一般维持在最低限度，甚至完全取消，尤其是颗粒污泥UASB反应器，由于颗粒污泥的相对密度比人工载体小，在一定的水力负荷下，可以靠反应器内产生的气体来混合，使污泥与基质充分接触。因此，UASB

可省去搅拌和回流污泥所需的设备和能耗。

(4) 在反应器上部设置的气–固–液三相分离器，对沉降良好的污泥或颗粒污泥避免了附设沉淀分离装置、辅助脱气装置和回流污泥设备，简化了工艺，节约了投资和运行费用。

(5) 在反应器内不需投加填料和载体，提高了容积利用率，避免了堵塞问题。

正因如此，UASB反应器已成为第二代厌氧废水处理反应器中发展最为迅速、应用最为广泛的装置。目前UASB反应器不仅用于处理高、中等浓度的有机废水，也开始用于处理如城市废水这样的低浓度有机废水。

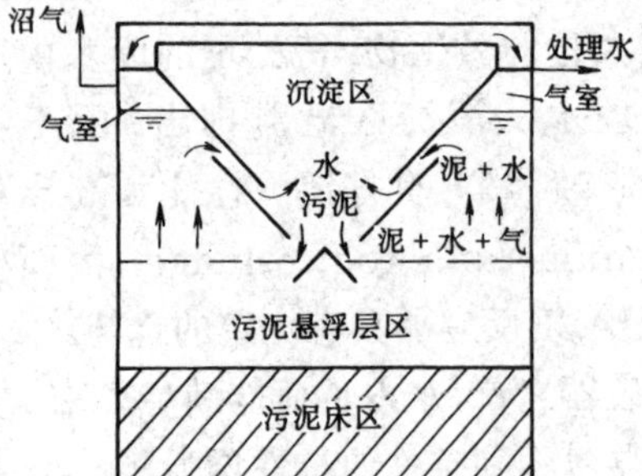

图 3-4-1 UASB反应器工作原理示意

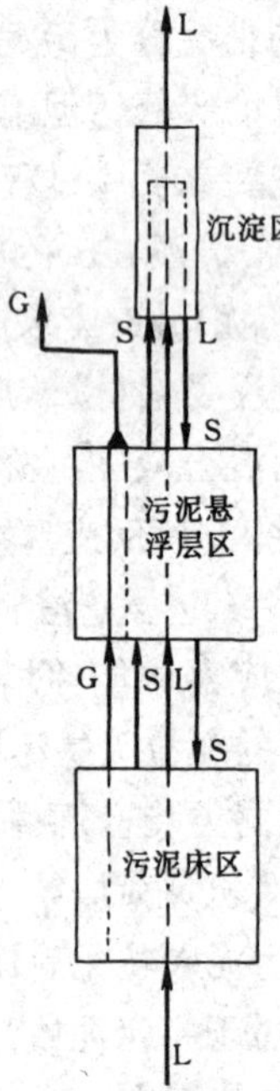

图 3-4-2 UASB反应器的工作状态模型

G—气体 S—固体(污泥)
L—液体(废水)

(二) 构造

图3-4-3为UASB反应器构造剖面图。UASB反应器主要由下列几部分组成:

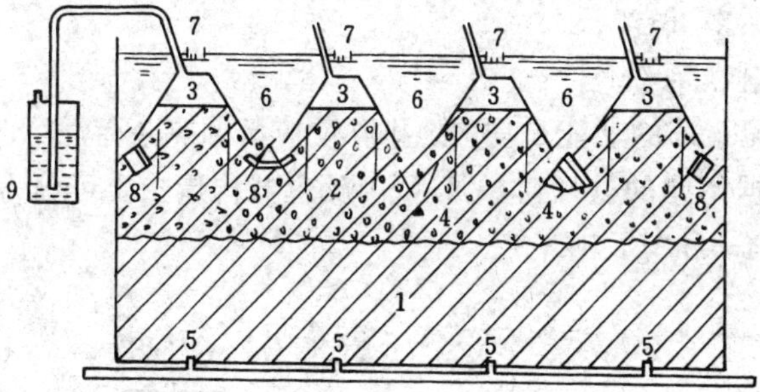

图 3-4-3 UASB反应器构造剖面图

1—污泥床 2—悬浮污泥层 3—气室 4—气体挡板
5—配水系统 6—沉降区 7—出水槽 8—集气罩 9—水封

1. 进水配水系统

进水配水系统的功能主要是将废水均匀地分配到整个反应器,并具有进行水力搅拌的功能。这是反应器高效运行的关键之一。

2. 反应区

其中包括污泥床区和污泥悬浮层区,有机物主要在这里被厌氧菌所分解,是反应器的主要部位。

3. 三相分离器

三相分离器由沉淀区、回流缝和气封组成,其功能是把沼气、污泥和液体分开。污泥经沉淀区沉淀后由回流缝回流到反应区,沼气分离后进入气室。三相分离器的分离效果将直接影响反应器的处理效果。

4. 出水系统

其作用是把沉淀区水面处理过的水均匀地加以收集,排出反应器。

5. 气室

气室也称集气罩，其作用是收集沼气。

6. 浮渣清除系统

浮渣清除系统的功能是清除沉淀区液面和气室液面的浮渣。如浮渣不多可省略。

7. 排泥系统

排泥系统的功能是均匀地排除反应区的剩余污泥。

根据不同的处理对象，UASB反应器构造主要可分为以下两种(图3-4-4和3-4-5)。

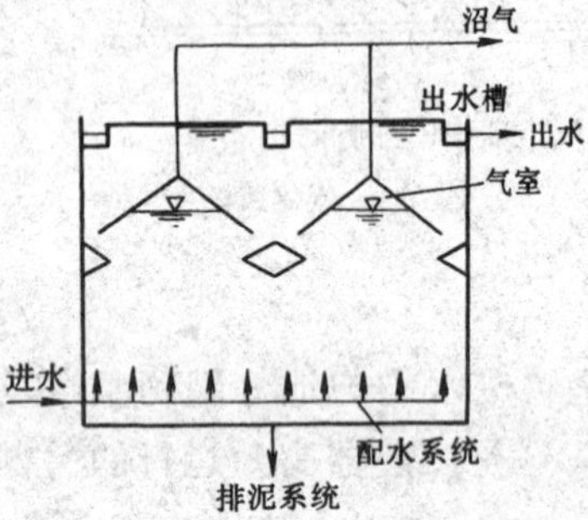

图 3-4-4　开敞式UASB反应器

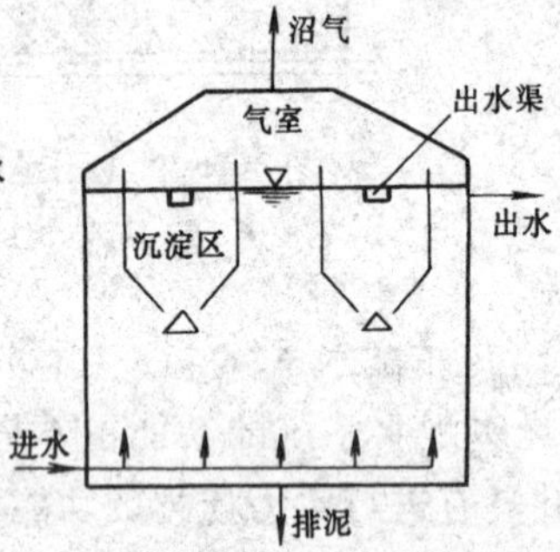

图 3-4-5　封闭式UASB反应器

图3-4-4为开敞式UASB反应器，其特点是反应器的顶部不加密封，出水水面是开放的，或加一层不密封的盖板。这种UASB反应器主要适用于处理中低浓度的有机废水。中低浓度废水经UASB反应器处理后，出水中的有机物浓度已较低，所以在沉淀区产生的沼气数量很少，一般不再收集。这种型式的反应器构造比较简单，易于施工安装和维修。

图3-4-5为封闭式UASB反应器，其特点是反应器的顶部加盖密封。在液面与池顶之间形成一个气室，可以同时收集反应区和沉淀区产生的沼气。这种型式的反应器适用于处理高浓度有机废水或含硫酸盐较高的有机废水。此种型式反应器的池盖也可为浮

盖式。

UASB反应器的断面形状一般为圆形或矩形。反应器常为钢结构或钢筋混凝土结构。当采用钢结构时，常采用圆形断面;当采用钢筋混凝土结构时，则常用矩形断面。根据三相分离器构造的要求，采用矩形断面便于设计和施工。

UASB反应器处理废水一般不加热，利用废水本身的水温。如果需要加热提高反应的温度，则采用与消化池加热相同的方法。但反应器一般都采用保温措施，方法同消化池。反应器必须采取防腐蚀措施。

二、升流式厌氧污泥层反应器的设计

UASB反应器应用于生产的历史尚较短，对生产实践经验的总结不多，还不能提出完整的工程设计方法，尚待进一步总结和提高。本节将根据现有的有关资料提出有关UASB反应器的设计方法。

UASB反应器设计的主要内容有下列几项：首先根据处理废水的性质选定适宜的池形和确定有效容积及其主要部位的尺寸，如高、直径、长宽比等;其次，设计进水配水系统、出水系统和三相分离器。此外，还要考虑排泥和刮渣系统。

(一) UASB反应器容积及主要构造尺寸的确定

目前，UASB反应器有效容积(包括沉淀区和反应区)均采用进水容积负荷法进行确定，即:

$$V=\frac{q_v\ \rho_{s,0}}{N_v} \tag{3-4-1}$$

式中　V——反应器有效容积(m^3)

q_v——废水流量(m^3/d)

$\rho_{s,0}$——进水有机物浓度(gCOD/L或gBOD$_5$/L)

N_v——容积负荷[kgCOD或BOD$_5$/($m^3 \cdot d$)]

容积负荷值与反应器的温度、废水的性质和浓度有关，同时与反应器内是否形成颗粒污泥也有很大关系。对某种废水，反应器的容积负荷一般应通过试验确定，如有同类型的废水处理资料，可以作为参考选用。

食品工业废水或与其性质相似的其他工业废水，采用UASB反应器处理，在反应器内往往能够形成厌氧颗粒污泥。不同反应温度下的进水容积负荷可参考表3-4-1所列数据确定，COD去除率一般可达80%～90%。但如果反应器内不能形成厌氧颗粒污泥，而主要为絮状污泥，则反应器的容积负荷不可能很高，因为负荷高絮状污泥将会大量流失，所以进水容积负荷一般不超过5kg COD/(m^3·d)。

表 3-4-1　　不同温度下的设计容积负荷

温度/℃	设计容积负荷/[kgCOD/(m^3·d)]
高温(50～55)	20～30
中温(30～35)	10～20
常温(20～25)	5～10
低温(10～15)	2～5

反应器的有效高度通常应通过试验确定。现行生产性装置的有效高度常采用4～6m。当低浓度废水和水力停留时间较短时，常要用较小的高度;当浓度较高的废水和水力停留时间长时，则常采用较大的反应器高度。

确定反应器有效高度后，就可以求定反应器的总水平面积，进而确定直径和长宽比。为了运行的灵活性，同时考虑维修的可能，一般设2座或2座以上反应器。

由于反应器的水平面积一般与三相分离器的沉淀面积相同，所以确定的水平面积必须用沉淀区的表面负荷来校核，如不适合，则必须改变反应器的高度或加大三相分离器沉淀区的面积。

(二) 进水配水系统的设计

进水配水系统兼有配水和水力搅拌的功能，所以必须满足以下各项要求:

(1) 进水必须在反应器底部均匀分配，确保各单位面积的进水量基本相同，以防止短路或表面负荷不均匀等现象发生。

(2) 应满足污泥床水力搅拌的需要，要同时考虑水力搅拌与产生的沼气搅拌，使污泥区达到完全混合的效果，确保进水有机物与污泥迅速混合，防止局部产生酸化现象。

UASB反应器进水配水系统有多种形式，但多属专利，具体设计数据未公开。配水系统的形式有以下几种：

(1) 树枝管式配水系统　如图3-4-6所示，为了配水均匀，一般采用对称布置，各支管出水口向下距池底约20cm，位于所服务面积的中心。管口对准的池底所设的反射锥体，使射流向四周散开，均布于池底，一般出水口直径采用15～20mm，每个出水口服务面积为2～4m²。这种形式的配水系统的特点是比较简单，只要施工安装正确，配水能够基本达到均匀分布的要求。

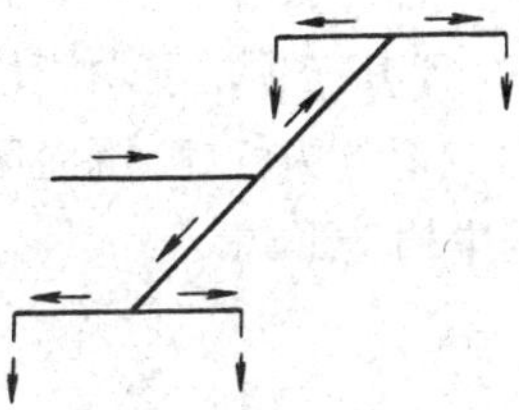

图 3-4-6　树枝管式配水系统

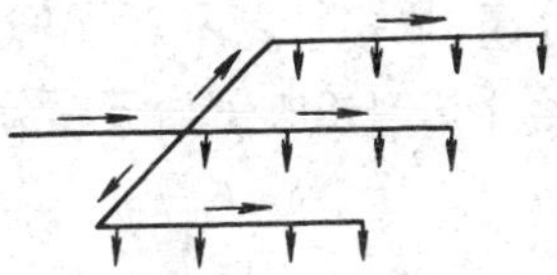

图 3-4-7　穿孔管配水系统

(2) 穿孔管配水系统　如图3-4-7所示。为了配水均匀，配水管中心距可采用1.0～2.0m，出水孔也可采用1.0～2.0m，孔径一般为10～20mm，常采用15mm，孔口向下或与垂线呈45°方向，每个出水孔服务面积一般为2～4m²。配水管的直径最好不小于100mm，配水管中心距池底一般为20～25cm。为了使穿孔管各孔出水均匀，要求出口流速不小于2m/s，使出水孔阻力损失大于穿孔管的沿程阻力损失。为了增大出水孔的流速，可采用脉冲间歇进水。

(3) 多点多管配水系统　如图3-4-8所示。此种配水系统的特点是一根配水管只服务一个配水点，配水管根数与配水点数相同。只要保证每根配水管流量相等，则即可达到每个配水点流量相等的要求。一般多采用配水渠道通过三角堰把废水均匀流入配水管的方式。也有在反应器不同高度设置配水管和配水点。国外有些专利采用脉冲配水器，每根管是间歇进水的，但整个反应器是连续进水的。

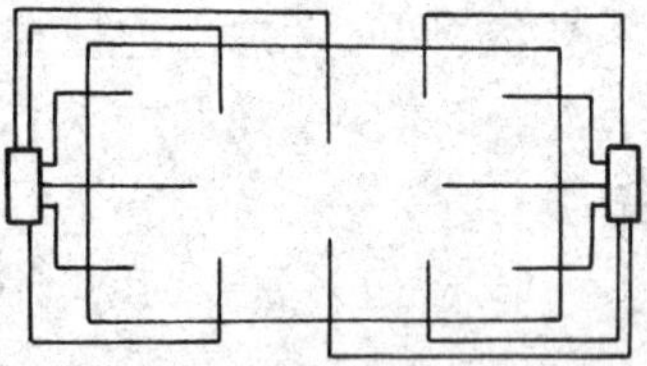

图 3-4-8　多点多管配水系统

配水系统的形式确定后，就可进行管道布置、计算管径和水头损失。根据水头损失和反应器(或配水渠)水面和调节池(或集水池)水面高程差，计算进水水泵所需的扬程，可以选择合适的水泵。

(三) 三相分离器设计

1. 三相分离器的基本构造

三相分离器的型式是多种多样的，但其三项主要功能均为气液分离、固液分离和污泥回流；主要组成部分为气封、沉淀区和回流缝。图3-4-9所示为三相分离器的基本构造形式。

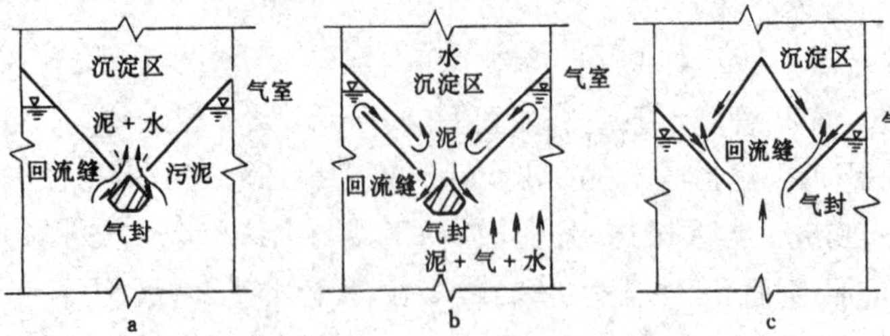

图 3-4-9　三相分离器的基本构造

图3-4-9中的a式构造简单，但泥水分离的情况不佳，在回流缝同时存在上升和下降两股流体，相互干扰，污泥回流不通畅。c式也存在类似情况。b式的构造较为复杂，但污泥回流和水流上升互不干扰，污泥回流通畅，泥水分离效果较好，气体分离效果也

较好。

2. 三相分离器的布置形式

三相分离器有多种多样的布置形式，下面将列出常用的几种形式。对于容积较大的UASB反应器，往往有若干个连续安装的三相分离器系统，如图3-4-10所示。

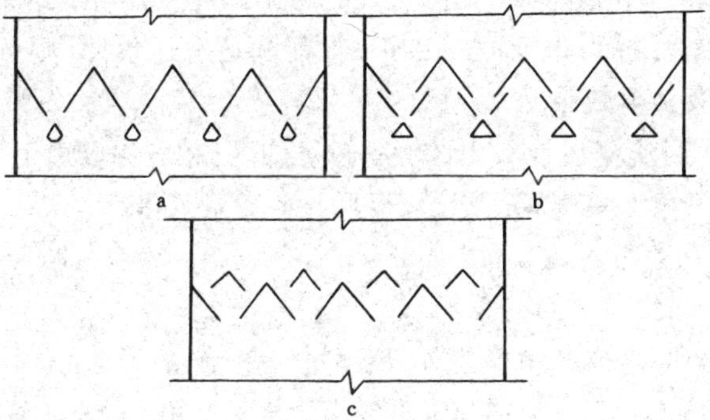

图 3-4-10 三相分离器的布置形式

3. 三相分离器的设计方法

三相分离器的设计可分为3个内容：沉淀区设计、回流缝设计和气液分离设计。本节将以图3-4-9c例来说明设计计算方法。图3-4-11为三相分离器设计计算断面的几何关系图。

(1) 沉淀区设计　三相分离器沉淀区的设计方法与普通二次沉淀池的设计相似，主要考虑两项因素，即沉淀面积和水深。沉淀区的面积根据废水量和沉淀区的表面负荷确定，由于在沉淀区的厌氧污泥与水中残余的有机物尚能产生生化反应，故有少量的沼气产生，对固液分离有一定的干扰。这

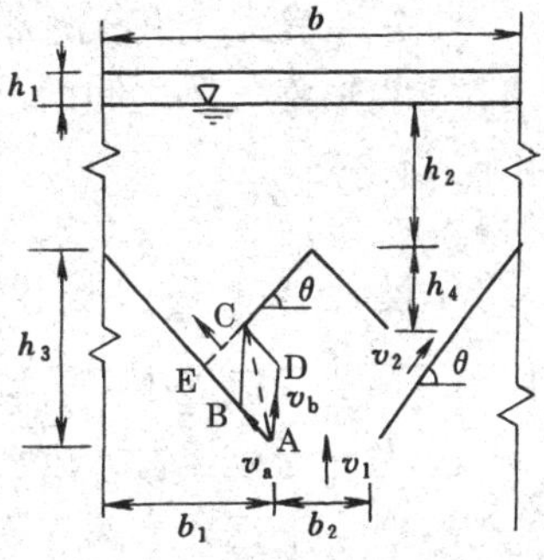

图 3-4-11 三相分离器断面几何关系

种情况在处理高浓度有机废水时可能更为明显，所以建议表面负荷一般应<1.0m³/(m²·h)。三相分离器上部液面距反应器顶部(h_1)应>0.2m。图3-4-10c形式的三相分离器集气罩(气室)顶以上的覆盖水深(h_2)可采用0.5～1.0m，集气罩斜面的坡度应采用55°～60°，沉淀区斜面(或斗)的高度(h_4)建议采用0.5～1.0m。不论何种形式三相分离器，其沉淀区的总水深应≥1.5m，并保证在沉淀区的停留时间介于1.5～2.0h。如能满足上述条件，则可取得良好的固液分离效果。

(2) 回流缝设计　由图3-4-11可知，三相分离器由上、下两组重叠的三角形集气罩所组成，根据几何关系可得：

$$b_1=\frac{h_3}{\mathrm{tg}\theta} \tag{3-4-2}$$

式中　b_1——下三角形集气罩底的1/2宽度(m)

θ——下三角形集气罩斜面的水平夹角，一般可采用55°～60°

h_3——下三角形集气罩的垂直高(m)

$$b_2=b-2b_1 \tag{3-4-3}$$

式中　b_2——相邻二个下三角形集气罩之间的水平距离，即污泥的回流缝之一(m)

b——单元三相分离器的宽度(m)

下三角形集气罩之间的污泥回流缝中混合液的上升流速(v_1)可用下式计算：

$$v_1=\frac{q_v}{S_1} \tag{3-4-4}$$

式中　v_1——回流缝中混合液上升流速(m/h)

q_v——反应器设计废水流量(m³/h)

S_1——下三角形集气罩回流缝的总面积(m²)，其值可用下式表示

$$S_1=b_2\times l\times n \tag{3-4-5}$$

式中　l——反应器的宽度，即三相分离器的长度(m)

n——反应器的三相分离器单元数

为了使回流缝的水流稳定，污泥能顺利地回流，建议流速$v_1<$ 2m/h。

上三角形集气罩与下三角形集气罩斜面之间回流缝的流速(v_2)可用下式计算：

$$v_2=\frac{q_v}{S_2} \tag{3-4-6}$$

式中　S_2——上三角形集气罩回流缝的总面积(m^2)，可用下式表示：

$$S_2=c\times l\times 2n \tag{3-4-7}$$

式中　c——上三角形集气罩回流缝的宽度(m)，即为图3-4-11中的CE，建议$CE>0.2$m

为了使回流缝和沉淀区的水流稳定，确保良好的固液分离效果和污泥的顺利回流，要求满足下列条件：

$$v_2<v_1<2.0\text{m/h}$$

气液分离设计：由图3-4-11可知，欲达到气液分离目的，上下二组三角形集气罩的斜边必须重叠，重叠的水平距离(AB的水平投影)越大，气体分离效果越好，去除气泡的直径越小，对沉淀区固液分离效果的影响越小。所以，重叠量的大小是决定气液分离效果好坏的关键。

由图3-4-11可知，由反应区上升的水流从下三角形集气罩回流缝过渡到上三角形集气罩回流缝再进入沉淀区，其水流状态比较复杂。当混合液上升到A点后将沿着AB方向斜面流动，并设流速为v_a，同时假定A点的气泡以速度v_b垂直上升，所以气泡的运动轨迹将沿着v_a和v_b合成速度的方向运动，根据速度合成的平行四边形法则，则有：

$$\frac{v_b}{v_a}=\frac{AD}{AB}=\frac{BC}{AB} \tag{3-4-8}$$

要使气泡分离后进入沉淀区的必要条件是:

$$\frac{v_b}{v_a} > \frac{AD}{AB}\left(=\frac{BC}{AB}\right) \tag{3-4-9}$$

气泡上升速度(v_b)与其直径、水温、液体和气体的密度、废水的粘滞系数等因素有关。当气泡的直径很小($d<0.1$mm)时，在气泡周围的水流呈层流状态，$Re<1$，这时气泡的上升速度可用斯托克斯(Stokes)公式计算。

(四) 出水系统的设计

出水的均匀排除也是保证反应器均匀稳定运行的关键，尤其对固液分离的影响较大。UASB反应器的出水槽布置与三相分离器沉淀区设计有关，通常每个单元三相分离器设一个出水槽，常用的两种布置形式，如图3-4-12所示。图中a出水槽的宽度常采用20cm，深度由计算确定。b所示出水槽的特点是出水槽与三相分离器集气罩成一整体，有助于实现装配化，简化加工和安装过程。

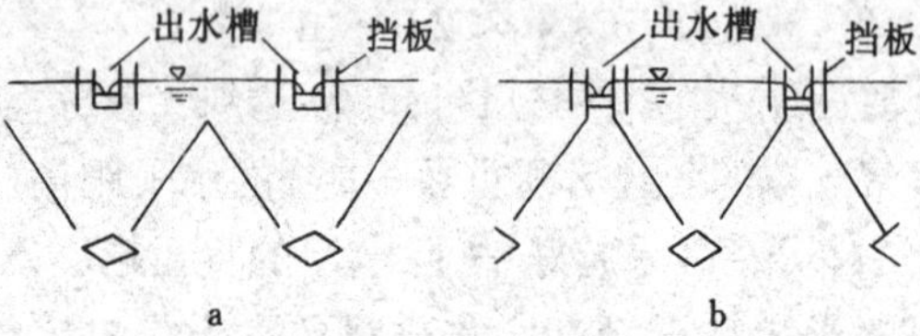

图 3-4-12 出水槽的形式

当UASB反应器为封闭式时，总出水管必须通过一个水封，以防漏气和确保厌氧条件。

当处理的废水中含有蛋白质和脂肪或含有大量悬浮固体时，出水一般也夹带有大量悬浮固体或漂浮污泥。为了减少出水悬浮固体量，在出水槽前设置挡板，这样可减少出水中悬浮固体数量，有利于提高出水水质。

(五) 浮渣清除系统设计

在处理含蛋白质或脂肪较高的工业废水时，这些化合物的存在会促进泡沫的产生和污泥的漂浮，在集气室和反应器的液面可能形成一层很厚的浮渣层，对正常运行会带来一些问题，如阻碍沼气的顺利释放，或堵塞出气管，导致部分沼气从沉淀区逸出，干扰了沉淀区的沉淀效果。为了清除浮渣层，必须设置专门的清除设备或采取预防措施。

在沉淀区液面产生的浮渣层，可用刮渣机清除，它们的构造与沉淀池和气浮池的刮渣机相同。

在气室形成的浮渣，难以清除，可用定期进行循环水或沼气反冲等方法减少或去除。这时必须设置冲洗管和循环水泵(或气泵)。

(六) 排泥系统设计

UASB反应器污泥床区均匀排泥也是使反应器正常工作的重要因素，因为大型反应器一般都不设污泥斗，池底面积又较大，所以不宜集中在一点排泥，否则污泥床区的污泥分布不均匀，在排泥口附近的污泥浓度会大大降低，从而影响该处废水的处理效果，因此必须进行均匀的多点排泥。排泥点设多少合适，尚有待于在实践中总结，建议每10m^2设一个排泥口。当采用穿孔管配水系统时，同时把穿孔管兼作排泥管是较为适宜的。专设排泥管管径一般不小于200mm，以防堵塞。为了运行方便，可在反应器高1/2处或三相分离器下0.5m处再设一个排泥口。沿反应器高度均匀地设5～6个污泥取样管。

(七) 其他设计应考虑的问题

UASB反应器加热和保温的设计与计算方法可参阅本章消化池设计的有关部分。

UASB反应器沼气的收集、贮存和利用的设计计算也可参阅有关文献。

UASB反应器的各部分应采取相应的防腐措施，以延长反应器的使用寿命。

三、升流式厌氧污泥层反应器应用实例

1973年至1977年，在瓦根宁根(Wageningen)农业大学和德勒夫(Delft)大学的帮助下，荷兰CSM甜菜糖业公司先后进行了容积为$6m^3$、$30m^3$和$200m^3$的半生产性和生产性装置的试验。在中温(35℃左右)条件下，$6m^3$装置的容积负荷达到了36kgCOD/(m^3·d)，生产性装置达到了15kgCOD/(m^3·d)，COD去除率为70%～90%。其后，原联邦德国、比利时和美国等国的学者用UASB装置进行了处理土豆淀粉加工废水、屠宰废水、罐头加工废水、甲醇废水、糖蜜废水、酒精废水等各种规模的试验，均取得了较好的处理效果。到1990年9月，国外已有205座UASB的生产性装置投入运行。最近有些国家已把UASB反应器成功地应用于处理城市废水。表3-4-2列举出国外部分UASB反应器的应用情况。

国内对UASB反应器的研究起步于1981年。许多单位先后进行了用UASB反应器处理多种有机废水的试验研究，目前已建成并已投产运行了一批半生产性和生产性UASB反应器。表3-4-3所列举的即为国内UASB反应器的数据。

表 3-4-2　国外部分UASB反应器的应用情况

废水类型	国家	装置数	设计负荷/[kgCOD/(m^3·d)]	反应器体积/m^3	温度/℃
甜菜制糖	荷兰	7	12.5～17	200～1 700	30～35
	德国	2	9, 12	2 300, 1 500	30～35
	奥地利	1	8	3 040	30～35
土豆加工	荷兰	8	5～11	240～1 500	30～35
	美国	1	6	2 200	30～35
	瑞士	1	8.5	600	30～35
土豆淀粉	荷兰	2	10.3, 10.9	1 700, 5 500	30～35
	美国	1	11.1	1 800	30～35
玉米淀粉	荷兰	1	10～12	900	30～35
小麦淀粉	荷兰	1	6.5	500	30～35
	爱尔兰	1	9	2 200	30～35
大麦淀粉	澳大利亚	11	9.3	4 200	30～35
酒精	芬兰	1	8	420	30～35
	荷兰	1	16	700	30～35
	德国	2	9	2 300	30～35

续表

废水类型	国家	装置数	设计负荷/[kgCOD/(m^3·d)]	反应器体积/m^3	温度/℃
酵母	美国	1	7.0	2 100	30～35
	美国	1	10.8，10.3	5 000，1 800	30～35
	沙特阿拉伯	1	10.5	950	30～35
啤酒	荷兰	1	5～10	1 400	23
	美国	1	14	4 600	30～35
屠宰	美国	1	5.7	1 500	20
牛奶	荷兰	1	3～5	600	24
	加拿大	2	6～8	450	24
造纸	荷兰	1	8～10	1 000，740	24
	荷兰	1	4	740	20
蔬菜罐头	荷兰	1	5～6	2 200	25
	荷兰	1	10	375	30～35
蒸馏酒	美国	1	11	500	30～35
城市废水	泰国	1	15	3 000	30～35
	印度	1	2.3	1 200	常温
	哥伦比亚		2	6 600	常温

表 3-4-3 国内UASB反应器的数据

废水	温度/℃	反应器体积/m^3	COD容积负荷/[kg/(m^3·d)]	COD去除率/%	研究或应用单位
丙丁废醪	35	200	6～8	90	华北制药厂
柠檬酸等	38	4×200	11.75	91.2	无锡第二制药厂
啤酒	常温	8×240	5～7	85	北京啤酒厂、清华大学
酒精	55	1 000	8～10	90	无锡轻大、文王酒厂
柠檬酸	35	400	6～8	>90	河北科大、保柠集团
维生素C	35	500	6～8	90	河北科大、石家庄第一制药厂
茶多酚	55	75	8～10	90	无锡轻大、太湖水集团
酒精	55	300	6～8	90	无锡轻大、金坛酒厂

第五节 厌氧生物滤池

一、厌氧生物滤池的工艺特征

厌氧生物滤池是装填有滤料的厌氧生物反应器，在滤料表面有以生物膜形态生长的微生物群体，在滤料的孔隙中则截留了大量悬浮生长的微生物，废水通过滤料层时，有机物被截留、吸附及代谢分解，最后达到稳定化。

厌氧生物滤池创建于20世纪60年代末期，是公认的早期高效厌氧生物反应器。1972年以来，一批生产性的厌氧生物滤池投入了运行，处理废水的COD浓度在300～85 000mg/L的范围内，处理效果良好，运行管理方便。

(一) 滤料

滤料是厌氧生物滤池的主体，其主要作用是提供微生物附着生长的表面及悬浮生长的空间，理想的滤料应具备下列条件:

(1) 比表面积大，以利于增加厌氧生物滤池中生物量的总量;

(2) 孔隙率高，以截留并保持大量的悬浮生长的微生物，并防止厌氧生物滤池被堵塞;

(3) 利于生物膜附着生长，如表面粗糙的滤料就比表面光滑的滤料为佳;

(4) 具有足够的机械强度，不易破损或流失;

(5) 化学和生物学稳定性好，不易受废水中化学物质的侵蚀和微生物的分解破坏，也无有害物质溶出，使用寿命较长;

(6) 质轻，使厌氧生物滤池的结构荷载较小;

(7) 价廉易得，以利于降低厌氧生物滤池的基建投资。

在生产及试验研究中最常用的滤料见表3-5-1及图3-5-1。

表 3-5-1　在生产及试验研究中最常用的滤料

滤料种类	特　点
实心块状滤料	如直径为30～45mm的碎石、砾石等，此类滤料价格低、货源足，其缺点是体重大，比表面积和孔隙率均较低。因此，采用实心块状滤料的厌氧生物滤池，其生物量浓度低，使其有机负荷受到限制，仅为3～6kgCOD/(m^3·d)，而且此类滤池在运行中易发生局部滤层被堵塞，以及随之而生的短流现象，使运行效果受到不利影响
空心块状滤料	此类滤料多用塑料制成，呈圆柱形或球形，内部则有不同形状、不同大小的孔隙。显然，其比表面积和孔隙率都比实心块状滤料大大增加，因此可以提高厌氧生物滤池的生物量浓度和相应的处理能力，也可减少滤料层的堵塞现象。较常用的空心块状滤料有波尔环等

续表

滤料种类	特　点
管流型滤料	如塑料波纹和蜂窝填料等。此类填料因形成了管道水流而得名，其比表面积可达100～200m^2/m^3，为实心块状滤料的2～5倍，其孔隙率可达80%～90%，为实心块状滤料的1.5倍左右，因此采用此类滤料可以获得较高的生物量浓度，使厌氧生物滤池的有机负荷达5～15kgCOD/(m^3·d)。此类滤料质轻、稳定，滤池运行时不易被堵塞。但目前我国塑料制品价格尚较昂贵
交叉流型滤料	是由不同倾斜方向的波纹板或蜂窝管所组成的填料，当水流经过此类滤料所构成的滤层时，水流方向呈交叉形(或称折流形)。填料板(或管)的倾斜角一般为60°，此类滤料的比表面积和孔隙率与管流形滤料相类似，但COD去除率高、工作特性较佳。因此，交叉流型滤料正得到越来越广泛的应用
纤维滤料	包括软性尼龙纤维滤料、半软性聚乙烯、聚丙烯滤料、弹性聚苯乙烯滤料等。此类滤料比表面积和孔隙率均大。当废水流空滤池时，纤维随水浮动或飘起，使其上的生物膜与废水接触情况良好，可提高有机物的传质效率。由于水流的剪切作用，还可使滤料表面的生物膜不致过厚，保持较高的生物活性和良好的传质条件。只是采用软性纤维填料时，易产生生物膜结团的现象。一般不易堵塞。在我国应用较普遍

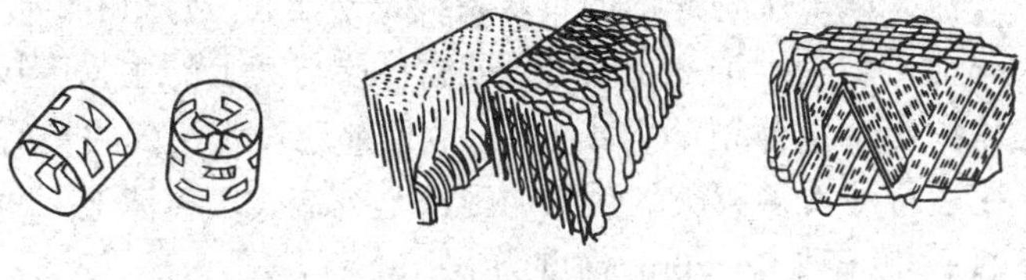

(1) 空心块状滤料（波尔环）　(2) 管流型滤料（塑料波纹板）　(3) 交叉流型滤料

图 3-5-1　厌氧生物滤池的几种滤料

(二) 构造特征

厌氧生物滤池可按其中水流的方向，分为升流式和降流式两大类，近年来又出现了一种升流式混合型厌氧反应器，实际上是厌氧生物滤池的一种变型。这三种不同类型的厌氧生物滤池如图3-5-2所示。

由图可见，厌氧生物滤池中除滤料外，还应设布水系统和沼

气收集系统。布水系统的作用是将进水均匀地分布于全池，同时

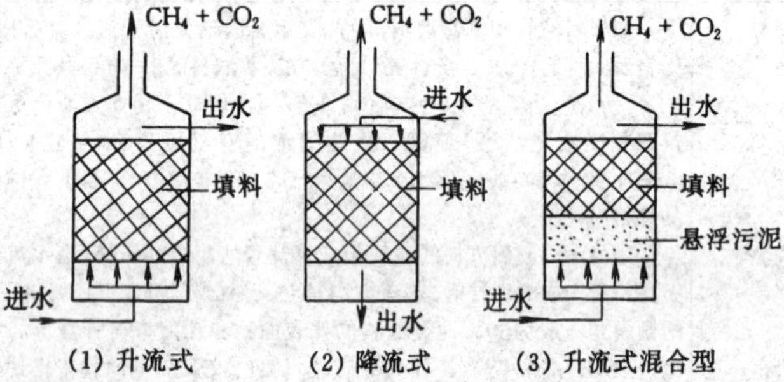

图 3-5-2　几种厌氧生物滤池

也应考虑到布水系统的孔口大小及流速是否足以防止其被堵塞。为了保证良好的厌氧环境并尽可能多地收集沼气，厌氧生物滤池多为封闭形，其中废水水位高于滤料层，使滤料处于淹没状态。沼气收集系统上应设水封、气体流量计及安全火炬，沼气应尽可能地利用作为能源。

升流式厌氧生物滤池的布水系统设于池底，废水由布水系统引入滤池后均匀地向上流动，通过滤料层与其上的生物膜接触，净化后的出水从池顶部引出池外，池顶部还设有沼气收集管。目前正在运行的大多数厌氧生物滤池都是升流式厌氧滤池，平面形状呈圆形，直径为6～26m，高度为3～13m。

升流式混合型厌氧反应器的特点是减小了滤料层的厚度，在池底布水系统与滤料层之间留出了一定的空间，以便悬浮状态的颗粒污泥能在其中生长、累积。当进水依次通过悬浮的颗粒污泥层及滤料层时，其中的有机物将与颗粒污泥及生物膜上的微生物接触并得到降解。试验及运行结果均表明，这种结合了升流式厌氧污泥床及升流式厌氧生物滤池特点的厌氧反应器具有以下优点：

(1) 与升流式厌氧生物滤池相比，减小了滤料层的高度，与升

流式厌氧污泥床相比，可不设三相分离器，因此可节省基建费用；

(2) 可增加反应器中总的生物量，并减少滤池被堵塞的可能性。

升流式混合型厌氧反应器中滤料层高度与滤池总高度之比，以采用2/3为宜。

(三) 运行特征

厌氧生物滤池中生物膜的厚度为1～4mm，生物量浓度沿滤料层高度而变化。升流式厌氧生物滤池底部的生物量浓度可达其顶部的几十倍，因此底部滤料层易发生堵塞现象。

厌氧生物滤池适用于不同类型、不同浓度的有机废水，其有机负荷一般为0.2～16kgCOD/(m^3·d)，决定于被处理废水的性质及浓度。经验表明，在相同的水质条件及水力停留时间下，升流式厌氧生物滤池的COD去除率较降流式生物滤池为高。升流式混合型厌氧反应器则具有更多运行上的优点。

当被处理废水的COD浓度高于8 000～12 000mg/L时，可以采用出水回流的方式，其作用为：

(1) 减少对碱度的需求量，降低运行费用；

(2) 降低进水的COD浓度；

(3) 增大进水流量，改善进水的分布情况。

大多数厌氧生物滤池均在中温条件(35℃左右)下运行。为节约加温所需能量，也可在常温下运行。降低温度将使处理效率下降。经验表明，温度的突然下降会造成较大的影响；长时期稳定在较低温度下运行，则会因为厌氧生物滤池中很长的固体停留时间而使温度的影响减弱。

近年来出现了一种新的厌氧生物滤池的运行方式——二级周期运行方式，即两个厌氧生物滤池串联，并周期性地交替作为第一级和第二级。这种运行方式使第一级滤池出水的COD显著降低，并在第二级滤池中得到进一步净化。由于进入第二级的有机物减少，造成了滤池内生物量生长速率下降，因此使剩余污泥量减少。这种运行方式可以使厌氧生物滤池的潜力得到充分发挥，使废水处理效果改善。

当被处理废水中悬浮固体浓度大于10%的COD浓度时，如采用升流式厌氧生物滤池，应采用适当的预处理降低进水悬浮物浓度，以防滤层堵塞。采用降流式厌氧生物滤池，则往往不必采用预处理，处理悬浮固体浓度为3 000～8 000mg/L的废水也不发生堵塞。

(四) 优缺点

与传统的厌氧生物处理构筑物及其他新型厌氧生物反应器相比，厌氧生物滤池的突出优点是：

(1) 生物量浓度高，因此可获得较高的有机负荷；

(2) 微生物菌体停留时间长，因此可缩短水力停留时间，耐冲击负荷能力也较强；

(3) 启动时间短，停止运行后再启动也较容易；

(4) 不需回流污泥，运行管理方便；

(5) 在处理水量和负荷有较大变化的情况下，其运行能保持较大的稳定性。

厌氧生物滤池的主要缺点是有被堵塞的可能，但通过改变滤料和改变运行方式，这个缺点不难克服。

二、厌氧生物滤池的设计计算

厌氧生物滤池的设计包括滤料的选择、滤料体积的计算、布水系统和沼气收集系统的设计等，至今尚无定型的设计计算程序。以下主要介绍滤料体积的计算方法和一些常用的设计参数。

(一) 滤料体积的计算方法

常用的计算滤料体积的方法有有机负荷法、动力学计算法等，这里仅介绍两种。

1. 有机负荷法

$$V=\frac{q_v(\rho_{s,0}-\rho_{s,e})}{N_v\times 1000} \tag{3-5-1}$$

式中　V——滤料体积(m^3)

q_v——废水流量(m^3/d)

$\rho_{s,0}$——进水有机物浓度(mg/L)

$\rho_{s,e}$——出水有机物浓度(mg/L)

N_v——有机负荷[kgCOD或$BOD_5/(m^3 \cdot d)$]

在进行具体工程的设计计算时，q_V和$\rho_{s,0}$是已知的，$\rho_{s,e}$决定于对处理后出水的水质要求，或可根据厌氧生物滤池一般可达到的有机物去除率确定。因此，重要的是正确选定有机负荷N_v。影响有机负荷N_v的因素有:

废水水质: 包括有机物的种类和浓度，一般废水浓度较高时可采用较高的有机负荷;

滤料性质: 当采用比表面积和空隙率都较大的滤料时，可采用较高的有机负荷;

温度: 如水温低于中温条件又不采取加温措施，则应采用较低的有机负荷;

其他: 如pH值、营养物、有害物浓度等，均对有机负荷产生影响。

当废水性质较特殊，无可靠的资料可供借鉴时，最好通过试验确定有机负荷，试验条件如温度、水质、滤料深度等应尽可能与实际生产条件符合，并尽量设法减小试验装置边壁的影响。一般，设计采用的有机负荷值应比试验所求得的值小，以保证安全运行。

计算得滤料体积后，可进一步决定滤料的高度并计算滤池的面积。

2. 动力学计算法

当厌氧生物滤池不采用回流时，可假定其中水流状态接近于推流式，采用以下公式计算出水力停留时间，进而计算其滤料体积。

$$t=\frac{1}{K}\ln\frac{\rho_{s,0}}{\rho_{s,e}} \tag{3-5-2}$$

$$V = q_v \times t \tag{3-5-3}$$

式中　t——按滤料所占空池体积计算的水力停留时间(d)

K——生物反应动力学常数(d^{-1})

其他符号同前。

(二) 常用的设计参数

有机负荷——0.5～12kgCOD/(m^3·d)

有机物去除率——60%～95%(COD)

滤料层高度——2～5m(当采用升流式混合型厌氧反应器时，滤料层高度宜占滤池高度2/3)

相邻进水孔口距离——1～2m(不得大于2m)

污泥排放口间距——≤3m

三、厌氧生物滤池的应用实例

表3-5-2为国内外应用厌氧生物滤池处理废水的若干实例。

厌氧生物滤池在美、加等国已被广泛应用于各种不同类型的废水处理，包括生活污水及COD浓度自3 000～24 000mg/L不等的工业废水处理，处理厂规模也不同，最大的厌氧生物滤池容积达12 500m^3，COD去除率在61%～94%的范围内，有机负荷为0.1～15kgCOD/(m^3·d)不等。在美、加两国内，应用最广的是升流式厌氧生物滤池，近年来有采用二级滤池及交叉流型滤料的趋势。

我国河北科技大学在石家庄第一制药厂成功地应用了升流式混合型厌氧生物反应器处理维生素C废水。哈尔滨建筑大学采用同样的反应器处理乳品废水也取得良好的效果。

表 3-5-2　国内外应用厌氧生物滤池处理废水的若干实例

废水	滤池	COD去除率/%	COD负荷/[kg/(m^3·d)]	HRT/h	地点
小麦淀粉	升流式	75～80	4.4	44	美国
酶制剂	升流式	70～75	6～8	20	美国
制药	二级降流式	85,65	4～8	91，53	美国
软饮料	二级	90	4～6	42～60	加拿大
维生素C	混合型	80	6	32	石家庄

第六节　其他厌氧生物处理法

一、厌氧附着膜膨胀床和厌氧流化床

厌氧附着膜膨胀床(简称AEB)和厌氧流化床(简称AFB)同属附着生长型固定膜膨胀床反应器，其工艺流程如图3-6-1所示。床内填充细小的固体颗粒作载体，常用的载体有石英砂、无烟煤、活性炭、陶粒和沸石等，粒径一般为0.2～1mm。废水从床底部流入，向上流动。为使填料层膨胀或流化，常用循环泵将部分出水回流，以提高床内水流的上升速度。

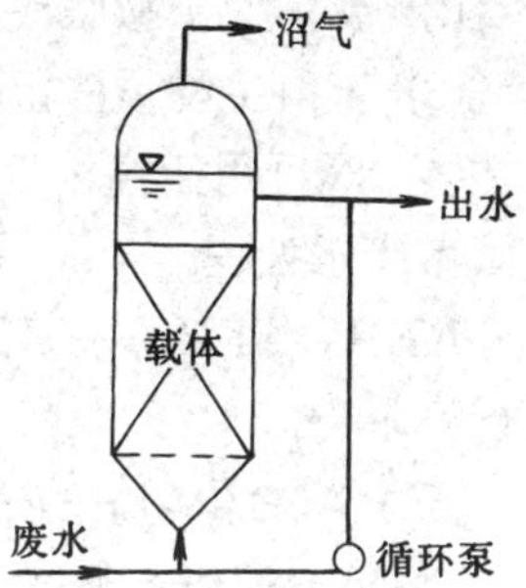

图 3-6-1　AEB和AFB工艺流程

(一) AEB和AFB工艺的基本原理

在污水处理的生物膜技术的研究中，曾经注意到附着生长型系统中的生物量可以达到35gVSS/L(AEB、AFB甚至可达到100gVSS/L)，其处理污水的效率可高于通常的悬浮生长型系统。然而在固定床附着膜(即静止固定膜)装置中，生物膜的不断增厚会使生物量过量积累，造成堵塞，并且传质阻力增大，膜中微生物难以获得充分的养分。为了减轻或避免这些问题，可采用增加单位容积中微生物的附着面积，减少膜厚度，增强基质扩散，并且将介质流化，避免堵塞。由此开发了AEB和AFB反应器。

流化床这类反应器原为在其他领域中应用的一种装置，1972年Jewell等将其发展成为用于废水处理领域。AFB反应器载体床膨胀的体积及所需相应的进水流速均大于AEB反应器，但两者有很多共同特点，区分界限不清楚。一般认为，AFB中载体床膨胀率为30％～50％，甚至超过100％，而AEB中载体床膨胀率为

10%～20%。

(二) AEB和AFB工艺的特点

与其他厌氧生物反应器相比较，AEB和AFB的优点有：

(1) 细颗粒的载体为微生物附着生长提供较大的表面积，使床内具有很高的微生物浓度(一般为30gVSS/L左右)，因此有机物容积负荷较大[10～40kgCOD/(m^3·d)]，水力停留时间短，具有较好的耐冲击负荷能力，运行稳定；

(2) 载体处于膨胀或流化状态，可防止堵塞；

(3) 床内生物量停留时间较长，运行稳定，剩余污泥量少；

(4) 既可用于高浓度有机废水的厌氧处理，又可用于低浓度的城市废水处理。

AEB和AFB的主要缺点为载体流化耗能较大和系统的设计运行要求高。

(三) AEB和AFB的研究应用概况

1. AEB的研究概况

大量的研究发现，AEB既可用于不同温度、浓度的有机废水处理，也可兼作脱氮和补充处理工艺。Jewell等在用AEB处理合成废水研究中发现，在55℃，进水COD3 000mg/L，HRT4h时，COD去除率达88%；进水升高至8 800mg/L，HRT4.5h时，COD去除率仍可达73%；在处理城市污水时，进水COD 307mg/L，20℃，HRT8h，COD去除率可达93%。Cooper在AEB反应器正常运行的状况下，处理含氧化氮7.1～15.5mg/L的污水，经3.2～5.5min的停留，氮去除率可达到34%～95%。

在我国，浙江农业大学对AEB的研究表明：AEB在28℃下处理300～30 000mg/L的模拟有机废水和3 808～13 770mgCOD/L的啤酒糖化废水，均有相当高的效果。依其浓度不同，HRT的范围为2～18h，有机负荷为1～58kgCOD/(m^3·d)，COD去除率为64%～95%，产气率为1～21L/(L·d)。处理300～900mgCOD/L的废水，HRT仅需2h，出水水质低于100mg/L。无锡轻工大学的研究发现，在35℃，进水COD18 950mg/L的情况下，反应器的有机负荷可达70kgCOD/(m^3·d)，COD去除率90%，并且当温度在25～41℃、HRT0.5～7h范围内变化时，系统运行正常。

2. AFB的应用概况

AFB已有多个应用于处理工业废水的实例。表3-6-1为其中几个典型代表。

表 3-6-1　　AFB处理工业废水的实例

废水	AFB容积/m^3	HRT/h	COD去除负荷/[kgCOD/(m^3·d)]	COD去除率/%	地点
饮料	120	6	9.6	77	美国
大豆加工	360	16	12	76	美国
酵母发酵	380	2.4	22	70	荷兰
酵母发酵	125	3.2	20	75	法国

二、厌氧生物转盘

(一) 厌氧生物转盘的构造及其特点

厌氧生物转盘的构造与好氧生物转盘相似，不同之处在于上部加盖密封，为收集沼气和防止液面上的空间有氧存在。厌氧生物转盘由盘片、密封的反应槽、转轴及驱动装置等组成。盘片分为固定盘片(挡板)和转动盘片两种，相间排列，以防盘片间生物膜粘连堵塞，固定盘一般设在起端。转动盘片串联，中心穿以转轴，轴安装在反应器两端的支架上。其构造如图3-6-2所示。对废水的净化靠盘片表面生物膜和悬浮在反应槽中的厌氧菌完成。由于盘片的转动，作用在生物膜上的剪力可将老化的生物膜剥落，在水中呈悬浮状态，随水流出槽外，沼气从反应槽顶排出。

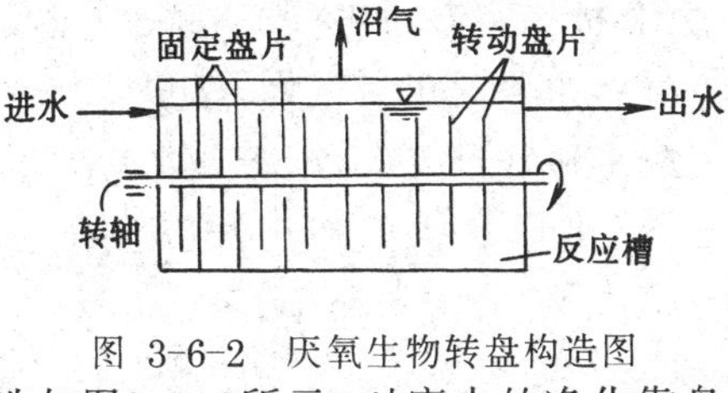

图 3-6-2　厌氧生物转盘构造图

厌氧生物转盘的特点主要有:

(1) 厌氧生物转盘内微生物浓度高，因此有机物容积负荷高，水力停留时间短；

(2) 废水在池内沿水平方向流动，反应槽高度小，比厌氧滤池和升流式厌氧污泥床进水提升高度低，所以节能；

(3) 厌氧生物转盘一般不需回流，所以比厌氧膨胀床和流化床节能，且操作简单；

(4) 不会发生像厌氧滤池等那样的堵塞问题，可处理含较高悬浮固体浓度的有机废水；

(5) 由于转盘和转动混合作用，使盘片上的生物膜保持较高的活性，并使废水与生物膜充分接触，提高耐冲击的能力和处理的稳定性；

(6) 厌氧生物转盘多采用多级串联，厌氧微生物也分级，各级微生物处于较好的生态环境；

(7) 运行管理方便；

(8) 盘片造价高。

(二) 厌氧生物转盘的试验研究概况

厌氧生物转盘目前在国内外尚处于试验阶段。国外曾有人进行了采用实验室厌氧生物转盘处理牛奶废水、奶牛粪、生活污水的试验，进水TOC为110～6 000mg/L，TOC去除率可达60％～80％，有机负荷为20gTOC/(m^3·d)左右。

我国也曾对厌氧生物转盘进行了初步研究，处理对象为玉米淀粉废水和酵母废水。试验中发现在厌氧生物转盘中有大量悬浮污泥，并起了很大的作用，其废水COD去除率达70％～90％，COD负荷则为30～70gCOD/(m^3·d)。

三、厌氧挡板反应器

(一) 厌氧挡板反应器的工艺流程及其特点

厌氧挡板反应器是美国麦卡蒂(McCarty)于1982年开发的一种新型厌氧活性污泥法。厌氧挡板反应器和废水处理工艺流程如

图3-6-3所示。在反应器内垂直于水流方向设多块挡板，以维持反应器内较高的污泥浓度。挡板把反应器分为若干上向流室和下向流室。上向流室比较宽，便于污泥的聚集，下向流室比较窄，通往上向流室的挡板下部边缘处加50°导流板，便于将水送至上向流室的中心，使泥水充分混合。当废水COD浓度很高时，为避免出现挥发性有机酸浓度过高，减少缓冲剂的投加量和减少反应器前端形成的细菌胶质的生长，可将处理后的水进行回流，使进水BOD_5稀释至5～10g/L。当废水COD浓度较低时，不需进行回流。

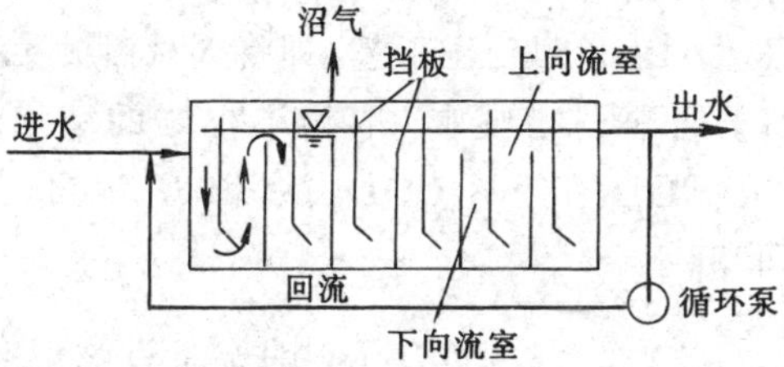

图 3-6-3 厌氧挡板反应器工艺流程

厌氧挡板反应器的特点有：

(1) 与厌氧生物转盘比，可省去转动装置；与升流式厌氧污泥床相比，可不设三相分离器而截留大量污泥，其污泥流失量比升流式厌氧污泥床少；

(2) 反应器启动时间短，运行也较稳定；

(3) 不需设置混合搅拌装置；

(4) 不存在污泥堵塞问题。

(二) 厌氧挡板反应器的试验研究情况

厌氧挡板反应器是80年代才出现的新工艺，国内外尚处于试验研究阶段。

美国麦卡蒂对人工废水所作的试验表明，在进水COD浓度7 300～8 300mg/L，水力负荷0.5～1.3$m^3/(m^3 \cdot d)$的条件下，反应器有机负荷可达到3.5～10.6$kgCOD/(m^3 \cdot d)$，COD去除率在78%～91%之间。无锡轻工大学首先采用软性填料厌氧挡板反应器，作为酒精废水的预处理装置。结果发现，在进水COD31 000 mg/L，停留时间7h，有机负荷119.2kgCOD/(m^3·d)的条件下，SS去除率可达到94.5%，COD去除率达到32.3%。在此基础上，他们开发了ABR－UASB工艺，即将厌氧挡板反应器与UASB反应器串联，处理酒糟废水，取得了很好的结果：COD有机负荷达31.6kgCOD/(m^3·d)，COD去除率93.7%，SS去除率99.2%，总停留时间23h。

四、两相厌氧消化工艺

（一）两相厌氧消化工艺的特点

两相厌氧消化工艺又称两步或两段厌氧消化，是70年代随着厌氧微生物学的研究不断深入应运而生的。与前述其他新型厌氧反应器不同的是，它并不着重于反应器构造的改造，而是着重于工艺流程的变革。

如前所述，厌氧消化过程可简单地分为两个阶段：产酸阶段和产甲烷阶段。两个阶段中起作用的微生物菌群在组成和生理生化特性方面存在很大的差异。第一阶段中占优势的微生物是水解、发酵细菌，其作用是将复杂的大分子有机物分解为简单的小分子甲醛、氨基酸、脂肪酸和甘油，然后再进一步发酵为各种有机酸。这类细菌种类多，代谢能力强，繁殖速度快，倍增时间最短的仅几分钟，对环境条件的变化也较不敏感。第二阶段主要由产甲烷细菌起作用，将有机酸进一步转化为甲烷，这类细菌种类较少，可利用的基质有限，繁殖速度很慢，倍增时间从10h～6d，又对环境因素如pH值、温度、有毒物质的影响十分敏感。因此，人们发现在一个反应器内维持这两类微生物的协调和平衡十分不易。这种平衡实质上是脂肪酸产生与被利用之间的平衡。它一旦被破坏，就会出现脂肪酸累积，反应器将酸化，产甲烷菌受到抑制，厌氧消化过程不能正常进行，结果反应器的处理能力降低，甚至导致完全失败。

两相厌氧消化工艺就是为克服单相厌氧消化工艺的上述缺

点而提出的，其主要特点是采用两个独立的反应器串联运行，第一个反应器称为产酸反应器，或产酸相，第二个反应器称为产甲烷反应器，或产甲烷相。两个反应器中分别培养发酵细菌和产甲烷细菌，并控制不同的运行参数，使其分别满足两类不同细菌的最适生长条件。

两相厌氧消化工艺流程见图3-6-4。

图 3-6-4 两相厌氧消化工艺流程

由图可见，产酸相接受待处理的原废水或经过一定预处理的废水，其出水则送至第二个反应器——产甲烷相。两相厌氧消化工艺中的反应器可以采用前述任一种厌氧反应器，如完全混合反应器、升流式厌氧污泥床、厌氧滤池或其他反应器。产酸相和产甲烷相所采用的反应器型式可以相同，也可以不相同。

两相厌氧消化工艺最本质的特征是相的分离，即在产酸相中保持产酸细菌的优势，在产甲烷相中保持产甲烷菌的优势。实现相分离的方法有:

(1) 化学法，即投加选择性的抑制剂或调整氧化还原单位，抑制产甲烷菌在产酸相中生长，以实现两类菌群的分离;

(2) 物理法，即采用选择性的半渗透膜，使进入两个反应器的基质有显著的差异，以实现相的分离;

(3) 动力学控制法，即利用产酸细菌和产甲烷细菌在生长速率上的差异，控制两个反应器的水力停留时间，使生长速率慢、世代时期长的产甲烷菌不可能在停留时间短的产酸相中存活。

上述3种方法中，动力学控制法最为简便，因此被普遍采用。必须指出的是，两相的彻底分离是很难实现的，在产酸相或产甲烷相中，总还会有另一类细菌存在，只是不占优势而已。

研究表明，与单相厌氧消化工艺相比较，两相厌氧消化工艺具有以下优点:

(1) 由于产酸相可以在相当高的负荷下运行，两相厌氧工艺全系统的有机负荷可以比单相厌氧消化工艺明显提高。

(2) 由于产甲烷相创造了符合产甲烷菌生长需要的良好环境,产甲烷菌的活性可以提高,因而使产气量增加。

(3) 两相厌氧消化工艺运行较稳定,承受冲击负荷的能力较强。

(4) 当废水中含有SO_4^{2-}等抑制性物质时,其对产甲烷菌的影响将由于相的分离而减弱。

(5) 对于复杂的碳水化合物(如纤维素等),其水解反应往往是厌氧消化过程的限速步骤,采用两相厌氧消化有利于提高其水解反应速率,因此提高厌氧消化效果。

两相厌氧消化工艺中产酸相的产物组成,随被处理的有机基质、温度、水力停留时间和废水中的碱度等因素而变化。如当温度为20～30℃时,处理可溶性碳水化合物(如葡萄糖)的产酸相产物以丁酸为主;当温度提高至35℃时,各种产物的顺序则为:乙酸＞丙酸＞丁酸;处理含蛋白质较多的豆制品废水时,温度维持在30～40℃的范围内,产酸相产物中乙酸占脂肪酸总量的33.9%,其次是丁酸、丙酸和戊酸;处理啤酒废水时产酸相产物中乙酸达到了57.1%。另有研究发现,当废水中碱度和水力停留时间增加时,丁酸浓度增大,乙酸、丙酸稍微降低,而乳酸有较大降低。

(二) 两相厌氧消化工艺的研究和应用概况

(1) 比利时肯特(Ghent)大学根据两相厌氧消化的原理,提出了一种名为Anodex的处理工艺,其特点是采用完全混合器作为产酸相,并有污泥回流系统形成厌氧接触法,产甲烷相则采用升流式厌氧污泥床。这种工艺在西欧应用较多,已分别用于处理酒精废水、甜菜制糖废水、柠檬酸废水等,COD去除率在67%～90%,UASB有机负荷达到9～21kgCOD/(m^3·d)。

(2) 荷兰德克里姆(De Krim)AVEBE马铃薯淀粉厂废水,主要含可溶性碳水化合物、蛋白质、氨基酸和柠檬酸,经加热凝结和超滤回收,可以去除80%以上的有价值的蛋白质,剩余的有机物采用两相厌氧消化工艺处理。两相厌氧消化工艺的产酸相(1 700 m^3)和产甲烷相(5 000m^3)均为升流式厌氧污泥床反应器，在两个反应器之间设汽提塔去除硫化物，必要时还投加稀释水。结果COD去除率达到84%，总无机硫去除率达62%。该系统中产酸相所产气体含48%CO_2，CH_4仅占6.3%；产甲烷相所产气体含$CH_4$72%，CO_2仅占27.1%，说明相的分离是比较成功的。

(3) 我国首都师范大学进行了应用两相厌氧消化工艺处理豆制品废水的中试研究，该废水pH值为5.5，COD浓度为8 000～12 000mg/L，挥发酸浓度为665mg/L。试验结果发现，产酸相和产甲烷相HRT分别为1.8和13.8h，有机负荷分别达84.4和12kgCOD/(m^3·d)，产气率分别为0和5.9m^3/(m^3·d)，pH分别为4.7～5.5和7～7.2。运行结果表明，此系统成功地实现了相分离，而且取得了良好的处理效果。此外，在用作产甲烷相的UASB反应器中，还成功地培养出了颗粒污泥。

(4) 无锡轻工大学对两相厌氧消化工艺进行了较为全面的研究，内容包括产酸相和产甲烷相的相分离技术，产酸和产甲烷颗粒污泥的培育和性能，两相UASB反应器中微生物学机制，最大酸化率和最佳酸化产物分布的工艺条件，以及两相UASB结合离子交换工艺。研究结果表明，在得到良好的相分离和培育出产酸、产甲烷颗粒污泥的条件下，系统总有机负荷达到54kgCOD/(m^3·d)，COD去除率85%，气体中甲烷含量90%。采用两相UASB结合离子交换工艺处理酒精废水，系统总有机负荷可高达41.5kgCOD/(m^3·d)，COD去除率85%。

在此基础上，该校还开发了软性填料反应器和颗粒污泥UASB反应器结合的硫酸盐还原－产甲烷两相厌氧工艺，用以处理含高浓度硫酸盐的有机废水；开发了UAFF－UASB两相工艺，用以处理含对苯二甲酸的高浓度有机废水，均取得了很好的结果。

第四章　废水生物脱氮除磷技术

第一节　水体中的氮及其危害性

氮以有机氮和无机氮两种形态存在于水体中。前者有蛋白质、多肽、氨基酸和尿素等，它们来源于生活污水、农业废弃物(植物秸秆、牲畜粪便等)和某些工业废水(如羊毛加工、制革、印染、食品加工等)。这些有机氮经微生物分解后将转化为无机氮。水中的无机氮指氨氮、亚硝态氮和硝态氮(这三种无机氮统称为氮化合物)。它们一部分是由有机氮经微生物分解转化后形成的，还有一部分是来自施用氮肥的农田排水和地表径流，以及某些工业废水(如冶金工业的炼焦车间、化肥厂)。

氨氮在水中是以NH_3或NH_4^+两种形式存在，即：

$$NH_4^+ \longleftrightarrow NH_3 + H^+ \tag{4-1-1}$$

动态平衡时

$$K_a = \frac{[NH_3][H^+]}{[NH_4^+]} \tag{4-1-2}$$

式中　K_a——离解常数

$[NH_3]$——氨的浓度(mol/L)

$[NH_4^+]$——氨离子浓度(mol/L)

$[H^+]$——氢离子浓度(mol/L)

水中总的氨氮物料平衡式可写为：

总的氨氮浓度$=[NH_3]+[NH_4^+]$

根据上平衡式可以知道，NH_4^+在总的氨氮中所占的比例可用

下式表示:

$$w_{[NH_4^+]}(\%)=\frac{[NH_4^+]}{[NH_4^+]+[NH_3]}\times 100 =\frac{100}{1+[NH_3]/[NH_4^+]} \tag{4-1-3}$$

将式(4-1-3)代入式(4-1-2)可得

$$w_{[NH_4^+]}(\%)=\frac{100}{1+(K_a/[H^+])} \tag{4-1-4}$$

由式(4-1-4)可以看到,水中的氨氮主要以哪种形式存在是与污水的pH值有关。例如,氨在25℃时的离解常数$K_a=5.6\times10^{-10}$,当水的pH=8时,用式(4-1-4)计算可以知道,此时NH_4^+所占的比例为94.6%。若水的pH=7,NH_4^+所占的比例为99.4%。可见,在大部分污水生物处理设备中,氨氮主要是以NH_4^+的形式存在。

通常以总氮(TKN——Total Kjelddly Nitrogen)来表示污水中各种氮的总量。对于城市污水,经过二级处理后,除部分被微生物合成细胞的氮源以外,大部分转化为氨氮,如表4-1-1所示。

过多的氮化合物进入天然水体将恶化水体质量,影响渔业发展和危害人体健康。因此,水体氮污染问题正日益受到人们关注。氮污染的主要危害为:

(1) 氨氮要消耗水体的溶解氧。氨氮随污水排入水体后,可在硝化细菌作用下被氧化为硝酸盐,氧化每毫克的NH_4^+-N为NO_3^--N,要消化水体的溶解氧4.57mg。因此,污水处理厂如果仅处理到氨化的程度有时是不够的。

(2) 氨氮会与氯作用生成氯胺,并被氧化为氮。当以含有较高浓度氨氮的水体作水源,或对含氨氮量较高的污水厂出水进行消毒时,要增加氯消耗量。

(3) 氮化合物对人和生物有毒害作用。氨氮会影响鱼鳃的氧传递,浓度较高时甚至使鱼类死亡。硝酸盐和亚硝酸盐有可能转化为亚硝胺，而亚硝胺是致癌、致变和致畸物质，对人体有潜在的威胁。

(4) 加速水体的“富营养化”过程。水体富营养化后，藻类的迅速繁殖将降低水的质量，主要表现为进行水处理时，由于滤池易被堵塞，缩短了冲洗周期，增加水处理费用;影响水上运动;由于藻类的代谢，使水具有色和气味，影响感观;蓝绿藻产生的毒物危害鱼和家畜;由于藻类的腐烂引起溶解氧的大量消化。

表 4-1-1　城市污水含氮量和传统处理方法的除氮效率

项　目	未处理污水	一级处理出水		二级处理出水	
	含氮量/(mg/L)	含氮量/(mg/L)	去除率/%	含氮量/(mg/L)	去除率/%
有机氮	10～25	7～20	10～40	3～6	50～80
①溶解的	4～15	4～15	0	1～3	50～80
②悬浮的	4～15	2～9	40～70	1～5	50～80
NH_4^+—N	10～30	10～30	0	10～30	小于10
NO_2^-—N	0～0.1	0～0.1	0	0～0.1	很低
NO_3^-—N	0～0.5	0～0.5	0	0～0.5	很低
TKN	15～50	15～40	5～25	10～40	25～55

第二节　废水生物脱氮技术

一、生物脱氮原理

生物脱氮是污水中的含氮有机物，在生物处理过程中被异养型微生物氧化分解，转化为氨氮，然后由自养型硝化细菌将其转化为NO_3^-，最后再由反硝化细菌将NO_3^-还原转化为N_2，从而达到脱氮的目的。

以活性活泥法和生物膜法为代表的废水生物处理技术，其传统功能是去除废水中呈溶解状态的有机污染物。至于氮、磷等植物性营养物质，只能去除由于细菌细胞生理需要而摄取的数量，氮的去除率介于20%～40%，而磷的去除率仅达5%～20%。

在自然界存在着氮循环的自然现象，采用适当的运行方式，是完全能够在废水生物处理系统中运用这一作用，而取得从废水中脱氮的效果的。生物脱氮过程如图4-2-1所示。

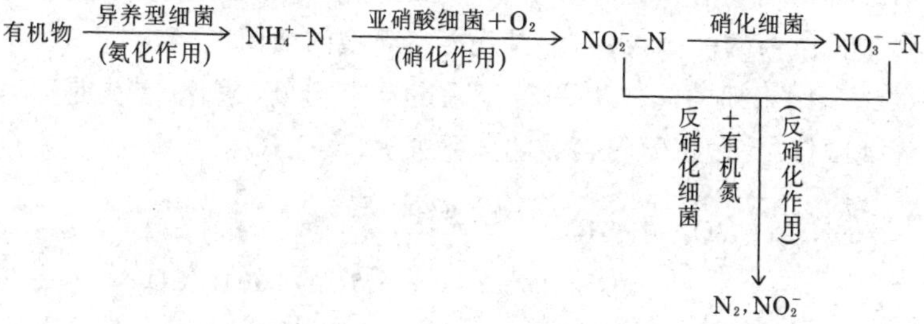

图 4-2-1 生物脱氮过程示意图

(一) 氨化反应

在未经处理的新鲜废水中，含氮化合物主要是以有机氮，如蛋白质、尿素、胺类化合物、硝基化合物以及氨基酸等形式存在的，此外也含有少数的氨态氮，如NH_3及NH_4等。

在氨化菌的作用下，有机氮化合物分解、转化为氨态氮，以氨基酸为例，其反应式为：

$$RCHNH_2COOH + O_2 \longrightarrow RCOOH + CO_2 + NH_3 \qquad (4\text{-}2\text{-}1)$$

由于氨化反应速度很快，在一般的生物处理设备中均能完成，故一般不作特殊考虑。

(二) 生物硝化反应

生物硝化应用于污水生物处理中只需要脱氨，而不需去除全部的氮(即允许氮以硝态氮、亚硝态氮形式存在)的情况。此外，生物硝化还用作为生物硝化-反硝化脱氮系统的第一步，或生物反硝化-硝化脱氮系统的第二步。此时，硝化作用的好坏将直接影响脱氮效率。

1. 生物硝化过程

生物硝化是由两组自养型硝化细菌——亚硝酸盐细菌(Nitrosomonas)和硝酸细菌(Nitrobacter)，将氨氮转化为硝态氮的生化反应过程。硝化细菌几乎存在于所有污水处理过程中，它们都是革蓝氏染色呈阴性，不生芽孢的短杆菌和球菌。硝化细菌有强烈的好氧性，不能在酸性条件下生长。由于这两组细菌生活时都不需要有机物作为养料，且是通过氧化无机的氮化合物得到生长所需的能量，故它们是化能自养型的细菌。

在硝化细菌的作用下，氨态氮进一步分解、氧化。首先是亚硝酸细菌作用下，将氨氮转化为亚硝酸氮，反应式为：

$$55NH_4^+ + 76O_2 + 109HCO_3^- \xrightarrow{\text{亚硝酸细菌}} C_5H_7O_2N + 54NO_2^- + 57H_2O + 104H_2CO_3 \quad (4\text{-}2\text{-}2)$$

随后，亚硝酸氮(NO_2—N)在硝酸细菌的作用下，进一步转化为硝酸氮，其反应式为：

$$400NO_2^- + NH_4^+ + 4H_2CO_3 + HCO_3 + 195O_2 \xrightarrow{\text{硝酸细菌}} C_5H_7O_2N + 400NO_3^- + 3H_2O \quad (4\text{-}2\text{-}3)$$

将式(4-2-2)与式(4-2-3)合并，得到硝化的总反应式为：

$$NH_4^+ + 1.86O_2 + 1.98HCO_3^- \xrightarrow{\text{硝化细菌}} 0.0206C_5H_7O_2N + 0.98NO_3^- + 1.04H_2O + 1.88H_2CO_3 \quad (4\text{-}2\text{-}4)$$

式中的$C_5H_7O_2N$为亚硝酸细菌和硝酸细菌的细胞。

根据式(4-2-2)和式(4-2-3)计算，亚硝酸细菌和硝酸细菌的产率分别为0.146g/gNH_4^+-N和0.02g/gNH_4^+-N。

根据式(4-2-4)计算，每氧化1mgNH_4^+-N为NO_3^--N，需要消耗碱7.07mg(以$CaCO_3$计)。因此，如果污水没有足够的碱度，硝化反应将导致pH下降，使反应速率减缓。另外，由式(4-2-2)和式(4-2-3)还可以知道，氧化1mgNH_4^+-N为NO_2^--N，需要氧3.16mg，氧化1mgNO_2^--N为NO_3^--N，需要氧1.11mg。即硝化反应转化1mgNH_4^+-N为NO_3^--N，共需氧4.27mg。如果不考虑硝化过程中硝化细菌的增殖，以式(4-2-5)表示硝化过程时，转化1mgNH_4^+-N为NO_3^--N，需要氧4.57mg。

$$NH_4^+ + 2O_2 \xrightarrow{\text{硝化细菌}} NO_3^- + 2H^+ + H_2O \tag{4-2-5}$$

2. 硝化反应动力学

自养型硝化细菌增殖与去除底物的动力学，也可以用与异养型细菌的动力学模型相似的数学模型来表示。例如，亚硝酸细菌和硝酸细菌与NH_4^+-N和NO_2^--N的关系，可以用Monod公式表示，如式(4-2-6)所示：

$$\mu = \frac{\mu_{max}\rho_s}{K_s + \rho_s} \tag{4-2-6}$$

式中 μ——硝化细菌的比增长速度(d^{-1})

μ_{max}——硝化细菌的最大比增长速度(d^{-1})

K_s——饱和常数，其值为$\mu = \frac{\mu_{max}}{2}$时的底物浓度(mg/L)

ρ_s——底物(NH_4^+-N或NO_2^--N)浓度(mg/L)

硝化细菌增殖的动力学参数μ_{max}和K_s与异养型细菌的μ_{max}与K_s相比，均小一个数量级以上(见表4-2-1和表4-2-2)，可见硝化细菌的比增长速度是非常小的。式(4-2-6)表明，当K_s与ρ_s相比非常小时，可以认为比增长速度μ与底物浓度ρ_s无关，即比增长速度与底物浓度之间关系呈零级反应。此时，不可能达到很高的硝化程度。但是，当底物浓度比较低(例如在负荷较低的完全混合曝气池内)，可以达到很高的硝化程度。

表 4-2-1　20℃条件下硝化细菌的Monod参数

底　物	μ_{max}/h^{-1}	K_s/(mg/L)	发表人
NH_4^+-N	0.022	3.6	McCarty等
NH_4^+-N	0.014	1.0	Downing等
NH_4^+-N	0.027	0.6	Knowles等
NO_2^--N	0.017	1.1	McCarty等
NO_2^--N	0.006	2.1	Downing等
NO_2^--N	0.035	1.9	Knowles等

表 4-2-2 异养型细菌的Monod参数

底 物	μ_{max}/h^{-1}	K_s /(mg/L)	分析指标	发 表 人
葡萄糖	0.31～0.77	11～181	COD	Guady等
葡萄糖	0.69	26	COD	Chiu等
葡萄糖	0.36	103	COD	Gardy Jr等
葡萄糖	0.38～0.49	11～29	质量	Gardy Jr等
葡萄糖	0.35	8	质量	Marlar等
乳 糖	0.20～0.53	33～35	质量	Gardy Jr等
脱脂乳	0.1	100	BOD_5	Gram
脱脂乳	0.12	110	COD	Milbury
蔗 糖	0.28～0.55	6～17	质量	Gardy Jr等
谷氨酸	0.59～0.78	47～95	质量	Gardy Jr等
丝氨酸	0.43～0.54	30～50	质量	Gardy Jr等
胨	0.26	109	BOD_5	Sawyer等
醋 酸	0.29～0.36	41～47	质量	Gardy Jr等
丙 酸	0.37～0.38	6～17	质量	Gardy Jr等
家禽废水	3.0	500	BOD_5	Jorden等
豆类加工废水	0.5	355	BOD_5	Jorden等
纺织废水	0.29	86	BOD_5	Jorden等

一些研究表明，在稳定状态条件下，硝化过程中NO_2^--N转化为NO_3^--N的速度很快，NO_2^-很少积累，说明影响NH_4^+-N氧化为NO_3^-的主要反应，是亚硝酸细菌转化NH_4^+-N为NO_2^--N的这一步。因此，式(4-2-6)可改写成：

$$\mu_{NS}=(\mu_{max})_{NS}\frac{[NH_4^+\text{-}N]}{K_{NS}+[NH_4^+\text{-}N]} \tag{4-2-7}$$

式中 μ_{NS}——亚硝酸细菌的比增长速度(d^{-1})

$(\mu_{max})_{NS}$——亚硝酸细菌的最大比增长速度(d^{-1})

$[NH_4^+\text{-}N]$——氨氮的浓度(mg/L)

K_{NS}——饱和常数(mg/L)

硝化细菌的增殖速度除与氨氮浓度有关外，还受pH值、溶解氧浓度、运行时的温度、有毒物质、BOD_5/TKN以及泥龄(活性污泥系统)等环境因素影响。

3. 硝化反应的环境条件

硝化菌为化能自养菌，广泛存活在土壤中，其生理活动不需要有机性营养物，从CO_2获取C源，从无机物的氧化中获取能量。

硝化菌对环境的变化很敏感，它所需要的环境条件是:

(1) 好氧条件，并保持一定的碱度。氧是硝化反应的电子受体，反应器内溶解氧含量的高低，必将影响硝化反应的进程，实验结果证实，在硝化反应的曝气池内，溶解氧含量不得低于1mg/L。

在硝化反应过程中，释放H^+离子，使pH值下降。硝化菌对pH值的变化十分敏感，为了保持适宜的pH值，应当在废水中保持足够的碱度，以调节pH值的变化。1g氨态氮(以N计)完全硝化，需碱度(以$CaCO_3$计)7.1g。对硝化菌的适宜的pH值为8.0～8.4。

(2) 混合液中有机物含量不应过高，BOD_5值应在15～20mg/L以下。硝化菌是自养型菌，有机基质浓度并不是它的增殖限制因素，若BOD值过高，将使增殖速度较高的异养型细菌迅速增殖，从而使硝化菌不能成为优占种属。

(3) 硝化反应的适宜温度是20～30℃，15℃以下时，硝化反应速度下降，5℃时完全停止。

(4) 硝化菌在反应器内的停留时间，即生物固体平均停留时间(污泥龄)$(\theta_C)_N$，必须大于其最小的世代时间$(\theta_C)_{N,min}$，否则将使硝化菌从系统中流失殆尽。

一般对$(\theta_C)_N$的取值应为硝化菌最小世代时间的2倍以上，即安全系数应大于2。硝化菌的最小世代时间在适宜温度条件下为3天，因此$(\theta_C)_N$值为6天。

$(\theta_C)_N$值与温度密切相关，温度低，$(\theta_C)_N$取值应相应提高。

(5) 除重金属外，对硝化反应产生抑制作用的物质还有：高浓度的NH_4^+-N、高浓度的NO_x^--N、高浓度的有机基质及络合阳离子等。

(三) 生物反硝化反应

生物反硝化应用于需要从污水中去除硝态氮和亚硝态氮的

场合。此外，还可用于污水中含有机氮和氨氮，需要用生物硝化-反硝化脱氮工艺时的第二步，或用于生物反硝化-硝化脱氮工艺的第一步。

1. 生物反硝化过程

生物反硝化是指污水中的硝态氮(NO_3^--N)和亚硝态氮(NO_2^--N)，在无氧或低氧条件下，被微生物还原转化为氮气N_2的过程。参与这一生化反应的微生物是反硝化细菌。反硝化细菌包括大量存在于污水处理系统的异养型兼性细菌，如变形补菌(*Proteus*)、假单胞菌(*Pseudomonas*)、小球菌(*Micrococcus*)、芽孢杆菌(*Bacillus*)、无色杆菌属(*Achromobacter*)、嗜气杆菌属(*Aerobacter*)、产碱杆菌属(*Alcaligenes*)等，土壤微生物中约有50％是这一类具有还原硝酸能力的细菌。在有氧存在的条件下，反硝化细菌利用氧进行呼吸，氧化分解有机物。在无分子氧的条件下，同时存在硝酸和亚硝酸离子时，它们能利用这些离子中的氧进行呼吸。反硝化反应又叫做脱氮反应或硝酸呼吸。这个过程可以用式(4-2-8)和式(4-2-9)表示：

$$NO_2^- + 3H(\text{电子供给体-有机物}) \longrightarrow \frac{1}{2}N_2 + H_2O + OH^- \qquad (4\text{-}2\text{-}8)$$

$$NO_3^- + 5H(\text{电子供给体-有机物}) \longrightarrow \frac{1}{2}N_2 + 2H_2O + OH^- \qquad (4\text{-}2\text{-}9)$$

反硝化过程中NO_2^-和NO_3^-的转化，是通过反硝化细菌的同化作用(合成代谢)和异化作用(分解代谢)来完成。同化作用是NO_2^--N和NO_3^--N被还原转化为NH_3-N，用以微生物细胞合成，氮成为细菌细胞的组成部分。异化作用是NO_3^--N和NO_2^--N被还原转化为N_2，这是反硝化反应的主要过程，异化作用是以NO_3^-在能量代谢中提供氮，作为电子接受体，以有机物作为电子供给体，使NO_2^--N和NO_3^--N转化为N_2，见式(4-2-8)和式(4-2-9)。异化作用去除的氮一般占总去除量的70％～75％。

电子供给体有机物［TOD或COD_{Cr}，O(mg)］与H(mg)的比值为16/2，故由式(4-2-8)和式(4-2-9)可以算出，转化1mg的NO_2^--N或NO_3^--N为N_2，分别需要有机物(TOD或COD_{Cr})1.71mg和2.86mg，与此同时还产生3.57mg的碱(以$CaCO_3$计)。

如果污水中含有溶解氧时，为使反硝化进行完全，还需加入一些有机物。此时，反硝化反应需要的有机物总量可以按式(4-2-10)计算：

$$\rho_m = 2.86[NO_3^- \text{-}N] + 1.71[NO_2^- \text{-}N] + DO \qquad (4\text{-}2\text{-}10)$$

式中 ρ_m——需要的有机物量(mg/L)

$[NO_3^- \text{-}N]$——污水中硝态氮的浓度(mg/L)

$[NO_2^- \text{-}N]$——污水中亚硝态氮的浓度(mg/L)

DO——污水中溶解氧浓度(mg/L)

如果污水中的有机物可以用于反硝化反应，则不需另加有机物。如果不具备这种条件需要另外投加有机物，一般投加甲醇。此时反硝化反应可写为：

$$NO_3^- + \frac{5}{6}CH_3OH \longrightarrow \frac{1}{2}N_2 + \frac{5}{6}CO_2 + \frac{7}{6}H_2O + OH^- \qquad (4\text{-}2\text{-}11)$$

$$NO_2^- + \frac{1}{2}CH_3OH \longrightarrow \frac{1}{2}N_2 + \frac{1}{2}CO_2 + \frac{1}{2}H_2O + OH^- \qquad (4\text{-}2\text{-}12)$$

$$O_2 + \frac{2}{3}CH_3OH \longrightarrow \frac{2}{3}CO_2 + \frac{4}{3}H_2O \qquad (4\text{-}2\text{-}13)$$

此时有机物的需要量为：

$$\rho_m = 2.47[NO_3^- \text{-}N] + 1.53[NO_2^- \text{-}N] + 0.87DO \qquad (4\text{-}2\text{-}14)$$

按式(4-2-14)计算得到的有机物量，比理论需要量大30%。

2. 反硝化反应动力学

影响反硝化细菌进行同化作用和异化作用的底物有两种：NO_3^-和有机物。辛克莱(Sinclair)、苏德(Shoda)等人的研究表明，反硝化细菌的增殖与NO_3^-和有机物的关系可以用式(4-2-15)表示：

$$\mu=\frac{\mu_{max}\rho_S\,\rho_N}{[(K_S+\rho_S)(K_N+\rho_N)]} \tag{4-2-15}$$

式中　μ——反化细菌的比增长速率(h^{-1})

μ_{max}——反硝化细菌的最大比增长速率(h^{-1})

ρ_S——污水中有机物的浓度(mg/L)

ρ_N——污水中NO_3^--N的浓度(mg/L)

K_S、K_N——分别为相应于有机物和NO_3^--N的饱和常数(mg/L)

式中参数μ_{max}和K_S，与有机物的性质有关，当以甲醇作为外碳源时，$\mu=0.33(h^{-1})$、$K_S=4.13$mg/L，而$K_N=0.1\sim0.2$mg/L。

巴纳德(Barnard)提出，反硝化反应速度与NO_3^--N、有机物之间的关系是呈零级反应，而与反硝化细菌的浓度是呈一级反应，如式(4-2-16)所示：

$$\left(\frac{d[NO_3^-]}{dt}\right)_N=K\rho \tag{4-2-16}$$

式中　$\left(\frac{d[NO_3^-]}{dt}\right)_N$——反硝化速度[mg/(L·h)]

ρ——反硝化细菌浓度(mg/L)

K——反硝化反应速度系数(h^{-1})

图4-2-2是一个反硝化呈零级反应的典型示例。

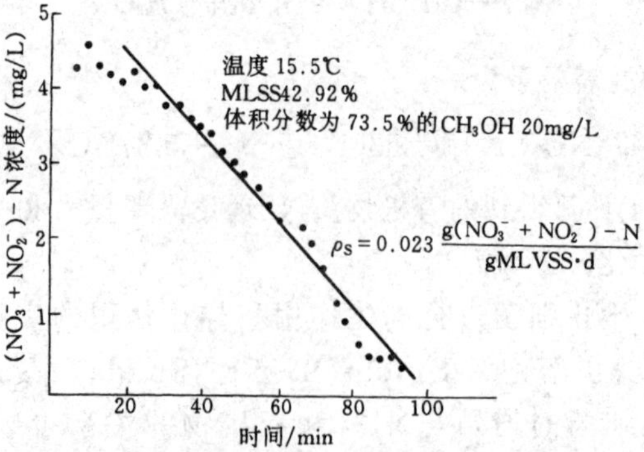

图 4-2-2　NO_3^--N与时间关系

3. 反硝化反应的影响因素

(1) 碳源　能为反硝化菌所利用的碳源较多，从废水生物脱氮考虑，可有下列两类：一是原废水中所含碳源。当原废水$\frac{BOD_5}{TN}>3\sim5$时即可认为碳源充足；二是外加碳源，多采用甲醇(CH_3OH)，因为甲醇被分解后的产物为CO_2、H_2O，不留任何难降解的中间产物。

(2) pH　对反硝化反应最适宜的pH值是6.5～7.5。pH值高于8或低于6，反硝化速率将大为下降。

(3) 溶解氧　反硝化菌属异养兼性厌氧菌，在无分子氧并同时存在硝酸和亚硝酸离子的条件下，它们能够利用这些离子中的氧进行呼吸，使硝酸盐还原。另一方面，反硝化菌体内的某些酶系统组分，只有在有氧条件下，才能够合成。这样，反硝化反应宜于在厌氧、好氧条件交替的条件下进行，溶解氧应控制在0.5mg/L以下。

(4) 温度　反硝化反应的最适宜温度是20～40℃，低于15℃时反硝化反应速率降低。为了保持一定的反硝化速率，在冬季低温季节，可采用如下措施：提高生物固体平均停留时间；降低负荷率；提高废水的水力停留时间。

表4-2-3所列举的是在生物脱氮工艺中各种生化反应特性。

二、生物脱氮工艺

(一) 活性污泥法脱氮传统工艺

活性污泥法脱氮传统工艺是由巴茨(Barth)开创的所谓3级活性污泥法流程，它是以氨化、硝化、反硝化3项反应过程为基础建立的，其工艺流程见图4-2-3。

对图4-2-3流程说明如下：有机污水进入系统后，首先在第1级曝气池中进行好氧分解，其主要功能是氨化，使有机氮转化为NH_3、NH_4，去除BOD、COD。BOD_5的值可降至15～20mg/L。经

表 4-2-3 生物脱氮反应过程中各项生化反应特征

生化反应类型	去除有机物(好氧分解)	硝化		反硝化
		亚硝化	硝化	
微生物种类	好氧菌及兼性菌(异养型细菌)	自养型细菌(Nitrosomonas)	自养型细菌(Nitrobacter)	兼性菌(异养型细菌)
能源	有机物	化学能	化学能	有机物
氧源(受氢体)	O_2	O_2	O_2	NO_2^-，NO_3^-
溶解氧	1～2mg/L	2mg/L以上	2mg/L以上	0～0.5mg/L
碱度	无变化	氧化1mgNH_4^+-N需要7.14mg碱度	无变化	还原1mgNO_3^--N，NO_2^--N生成3.57mg碱度
耗氧	分解1mg有机物(BOD_5)需氧2mg	氧化1mgNH_4^+-N需氧3.43mg	氧化1mg NO_2^--N需氧1.14mg	分解1mg有机物(COD)需NO_2^--N 0.58mg，NO_3^--N 0.35mg所提供的化合态氧
最适pH值	6～8	7～8.5	6～7.5	6～8
最适水温	15～25℃ θ_c=1.0～1.04d	30℃ θ_c=1.1d	30℃ θ_c=1.1d	34～37℃ θ_c=1.06～1.15d
增殖速度/d^{-1}	1.2～3.5	0.21～1.08	0.28～1.44	好氧分解的$\frac{1}{2}$～$\frac{1}{2.5}$
分解速度	70～870mgBOD/(gMLSS·h)	7mgNH_4^+-N/(gMLSS·h)		2～8mgNO_3^--N/(gMLSS·h)
产率	16%CH_3OH_8/$C_5H_7O_2N$	0.04～0.13mgVSS/mgNH_4^+-N能量转换率5%～35%	0.02～0.07mg/mg NO_2^--N能量转换率10%～30%	

注：θ_c为生物固体平均停留时间或污泥龄。

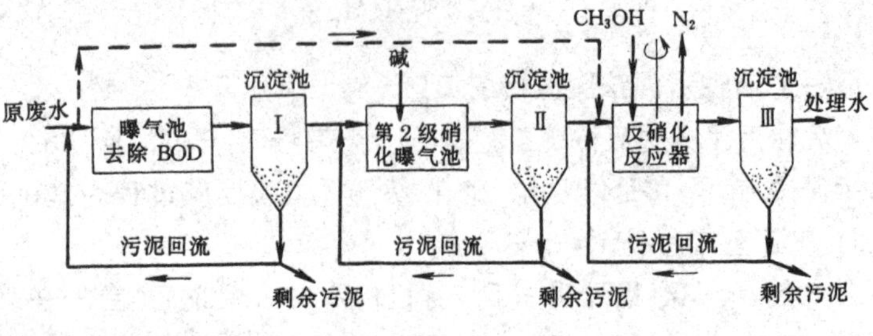

图 4-2-3 活性污泥法传统脱氮工艺(3级活性污泥法流程)

注：虚线为可能实施的另一方案，原废水部分注入反硝化器以代替外加碳源甲醇。

过沉淀后，进入第2级硝化曝气池，使NH_4^+-N氧化为NO_3^--N(硝化)，此级的硝化过程要消耗碱度，会使pH值下降，影响硝化反应速度，因此要投碱以防止pH值下降。第3级为反硝化反应器，采取厌氧-缺氧交替运行方式。由于第3级中的反硝化菌是异养型兼性菌，需有机物作为碳源，而经过第1、第2级处理后，污水中有机物已很少，故在此要投加有机物，可投加CH_3OH(甲醇)，也可以引入原废水。

当以甲醇作为外加碳源时，其投入量按下式计算：

$$\rho_m = 2.47[NO_3^- - N] + 1.53[NO_2^- - N] + 0.87DO \tag{4-2-17}$$

式中　ρ_m——需要的有机物量(mg/L)

$[NO_3^- - N]$——污水中硝态氮的浓度(mg/L)

$[NO_2^- - N]$——污水中亚硝态氮的浓度(mg/L)

DO——污水中溶解氧浓度(mg/L)

这种系统的优点是氨化、硝化、反硝化反应分别在各自的反应器内进行，反应进行速度快且较彻底;不同性质的污泥是分别在不同的沉淀池沉淀分离和回流，故运行管理较为方便，易于掌握，灵活性和适应性都较大，运行效果较好。其缺点是处理设备多，造价高，管理工作量也较大;为了去除由于投加甲醇而带来的BOD值，需在系统后设后曝气池和沉淀池。

在实践中还采用2级生物脱氮系统(参见图4-2-4)。这种处理系统是在第1级中，同时完成去除BOD、氨化和硝化等过程，经过沉淀后在第2级中进行反硝化脱氮。该系统具有3级生物脱氮系统类似的优点，但减少了一个中间沉淀池。

单级生物脱氮处理系统的特点是没有中间沉淀池(参见图4-2-5)，仅有一个终沉淀池，故工艺流程简单，处理构筑物和设备少，克服了上述多级生物脱氮系统的缺点。虽然单级生物脱氮系统在运行稳定性和效果方面，可能比多级系统有不足之处，但由于该系统可以达到脱氮处理的要求，且比较经济实用，管理运行

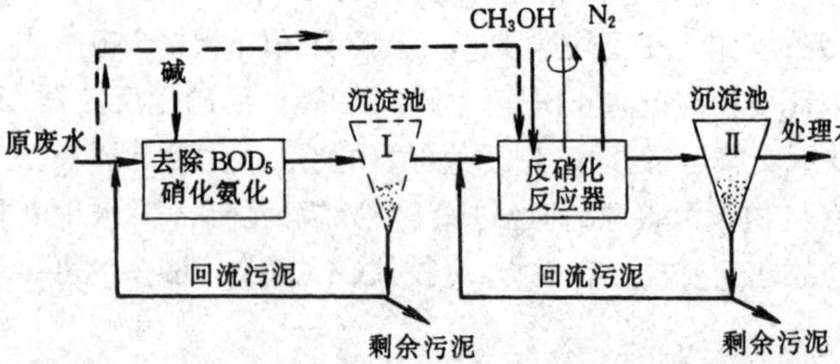

图 4-2-4 2级活性污泥脱氮系统

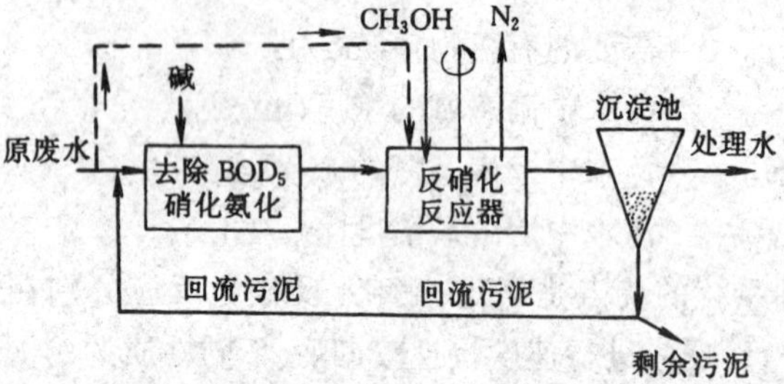

图 4-2-5 单级活性污泥脱氮系统

也方便，故目前在实际工程应用中，单级生物脱氮系统采用较多。

(二) 缺氧-好氧活性污泥法脱氮系统

1. 工艺流程

A/O法脱氮是于80年代初期开创的工艺流程，其主要特点是将反硝化反应器置放在系统之首，故又称为“前置式反硝化生物脱氮系统”。这是目前采用的较为广泛的一种脱氮工艺(参见图4-2-6)。

本系统的特征有：

(1) 反硝化反应器在前，BOD去除、硝化两项反应的综合反应器在后；

(2) 反硝化反应以原废水中的有机物为碳源；

(3) 硝化反应器内的含有大量硝酸盐的硝化液回流反硝化反

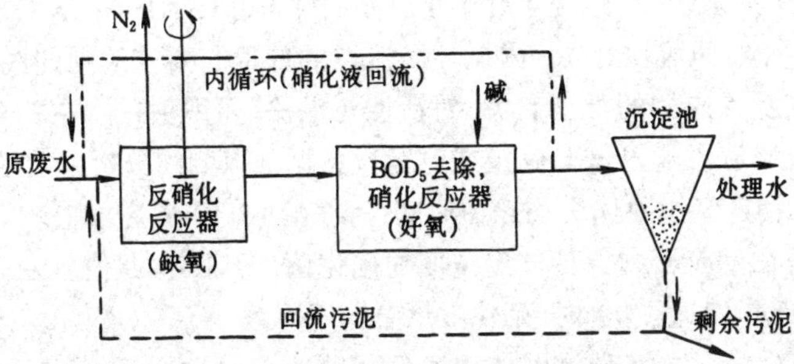

图 4-2-6 缺氧-好氧活性污泥法脱氮系统

应器,进行反硝化脱氮反应。

(4) 在反硝化反应过程中,产生的碱度可补偿硝化反应消耗的碱度的一半左右。对含氮浓度不高的废水(如生活污水、城市废水)可不必另行投加碱。

(5) 硝化曝气池在后,使反硝化残留的有机污染物得以进一步去除,不需增建后曝气池。本系统流程简单,不需外加碳源,因此,建设费用与运行费用均较低。

本系统主要不足之处有:

(1) 处理水来自硝化反应器,在处理水中含有一定浓度的硝酸氮,如沉淀池运行不当,不及时排泥,在池内能够产生反硝化反应,污泥上浮,处理水水质恶化。

(2) 如欲提高脱氮率,必须加大内循环回流比(R),这样做可能导致一是运行费用增高,二是内循环液带入大量的溶解氧,使反硝化反应器内难以保持理想的缺氧状态,影响反硝化进程。

(3) 本系统的脱氮率一般在85%以下。

2. 影响因素与主要参数

(1) 水力停留时间(t) t是影响处理效果和反应器规模、尺寸的重要参数。经验证明,脱氮效果与反应时间呈线性关系,在硝化与反硝化两项反应中,硝化反应需时长。对城市废水脱氮系统,硝化与反硝化之比大体为2∶1，具体时间则为4.8h∶2.4h。总的来说，在本系统中，硝化与反硝化时间之比介于(2∶1)～(5∶1)之间。

(2) 回流比(R) 内循环回流比的取值与要求达到的脱氮效果以及反应器的类型有关。对活性污泥法，可取值1∶8左右。最佳回流比应当通过试验确定或对运行数据加以归纳分析后确定。

(3) 生物固体平均停留时间(污泥龄)(θ_c) θ_c应取值较大，以保证在反应器内保持一定浓度的硝化菌。经证实，此值应在3天以上，当降到1天以下时，硝化效果急剧下降。

(4) 混合液悬浮固体浓度(MLSS) MLSS一般应高于3000 mg/L，当MLSS值低于3000mg/L时，反应速度将迅速下降。

试验结果证实，当MLSS值高于3000mg/L时，温度对反应速度的影响很大，MLSS值低时，其影响较小。

(5) 负荷率 氮负荷率也是影响本工艺脱氮效果的重要参数。负荷高，会使其转化率不完全，影响脱氮效果。

实验结果证明，在硝化反应中，当NH_3-N负荷率在350g/(m^3·d)以下时，NH_3-N去除率可在90％以上；达到350g/(m^3·d)时，去除率开始下降；而当达到430g/(m^3·d)以上时，去除率(即硝化率)将急剧下降。

(三) 氧化沟硝化脱氮工艺

在活性污泥法中，新开发的氧化构系统，如经过周密考虑与设计并运行得当是具有脱氮功能的。氧化沟的生物细胞平均停留时间长达15～30天，为传统活性污泥系统的3～6倍，并在其中能够存活增殖世代时间长的硝化菌。在氧化沟内划分成好氧区、缺氧区，若按其进行适当的运行，能够取得硝化与反硝化的效果(参见图4-2-7)。

原废水中的有机污染物可作为反硝化反应的碳源，而在好氧区内，有机污染物为好氧细菌分解，NH_3-N经硝化反应形成硝酸氮(NO_3-N)，后者则在缺氧区在反硝化反应的作用下，还原为气态氮，放逐于大气。

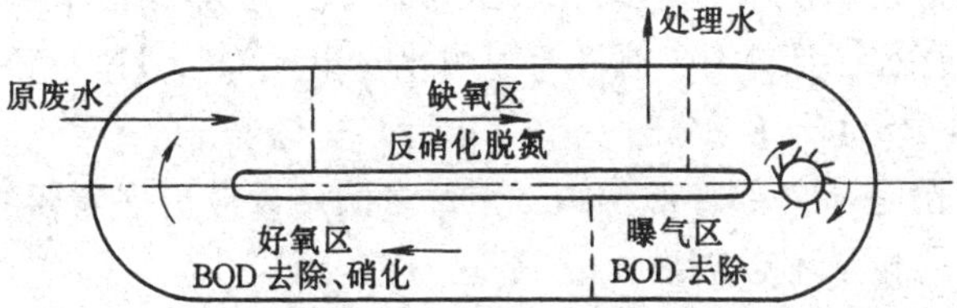

图 4-2-7 氧化沟功能分区示意图

(四) 生物转盘硝化脱氮工艺

在生物膜处理法中，生物转盘系统在经过适当增建后是能够具有硝化和脱氮功能的。图4-2-8所示为生物转盘硝化脱氮系统。该系统由6级转盘组成，前4级进行的是BOD去除与硝化反应，BOD去除由强到弱。硝化反应由第2级开始逐级加强。第5级为反硝化反应器，转盘全部淹没于水中，进行缓速转动，形成缺氧状态，一般投加甲醇作为有机碳源。

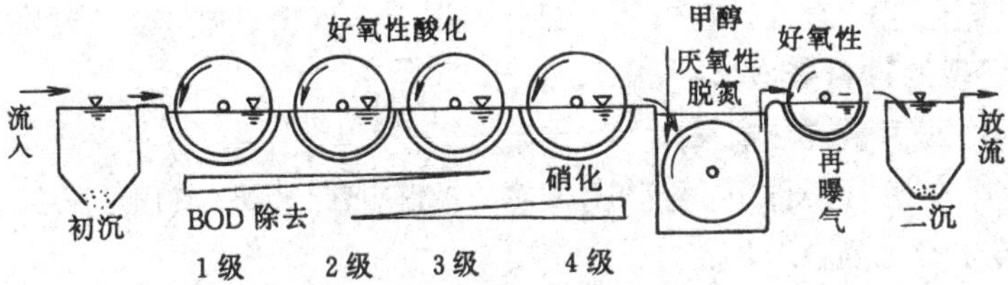

图 4-2-8 生物转盘硝化脱氮系统

据报道，水处理工程技术人员纳特(S. G Nutt)等人利用两级生物流化床对焦化废水进行脱氮处理。第1级在缺氧条件下运行，第2级则在好氧条件下运行实现硝化与反硝化，取得良好的脱氮效果。

第三节 废水生物除磷与同步脱氮除磷技术

一、生物除磷原理

(一) 生物除磷过程的实质及影响因素

磷常以磷酸盐($H_2PO_4^-$、HPO_4^{2-}和PO_4^{3-})、聚磷酸盐和有机磷的形式存在于废水中。活性污泥的化学组成为$C_{118}H_{170}O_{51}N_{17}P$，或$C:N:P=46:8:1$。

细菌是从外部环境摄取一定数量的磷以应生理需要的。如废水中磷的含量不敷需要，一般是应另行投加。

生物除磷就是利用聚磷菌一类的细菌，过量地、超出其生理需要地从外部摄取磷，并将其以聚合形态贮藏在体内，形成高磷污泥，排出系统，达到从废水中除磷的效果。

1. 聚磷菌的磷过量摄取

在好氧条件下，聚磷菌营有氧呼吸，不断地从外部摄取有机物，加以氧化分解，并产生能量，能量为ADP所获得，并结合H_3PO_4合成ATP(三磷酸腺苷)，即:

$$ADP+H_3PO_4+能\longrightarrow ATP+H_2O$$

H_3PO_4的大部分是通过主动输送的方式从外部环境摄入的，一部分用于合成ATP，另一部分则用于合成磷酸盐。这一现象就是“磷的过量摄取”。

2. 聚磷菌的放磷

在厌氧条件下，聚磷菌体内的ATP进行水解，放出H_3PO_4和能量，形成ADP，即:

$$ATP+H_2O\longrightarrow ADP+H_3PO_4+能$$

这样，在好氧条件下，聚磷菌过量地摄取磷，在厌氧条件下，又释放磷。生物除磷技术就是利用聚磷菌这一功能而开创的。

影响生物除磷过程的因素主要有:

(1) 溶解氧　在聚磷菌放磷的厌氧反应器内，应保持绝对厌氧的条件，NO_3^-一类的化合态氧也不允许存在，但在聚磷菌摄磷的好氧反应器内却应保持充足的氧。

(2) 污泥龄　生物除磷主要是通过排除剩余污泥而去除磷的，因此剩余污泥多少将对脱磷效果产生影响，一般污泥龄短的系统产生的剩余污泥量较多，可以取得较高的除磷效果。有报道称，当污泥龄为30天时，除磷率为40%，污泥龄为17天时，除磷率为50%，而当污泥龄降至5天时，除磷率高达87%。

(3) 温度与pH值　在5～30℃的范围内，都可以取得较好的除磷效果。除磷过程适宜的pH值为6～8。

(4) BOD_5负荷　一般认为，较高的BOD_5负荷可取得较好的除磷效果，进行生物除磷的低限是BOD/TP=20。有机基质不同对除磷也有影响，一般低分子易降解的有机物诱导磷释放的能力较强，高分子难降解的有机物诱导磷释放的能力较弱。磷的释放充分，磷的摄取量也大。

(5) 硝酸氮和亚硝酸氮　硝酸氮和亚硝酸氮的存在会抑制细菌对磷的释放，从而影响在好氧条件下对磷的吸收。据报道，NO_3-N浓度应小于2mg/L。但当COD/TKN>10时，NO_3-N对生物除磷的影响就减弱了。

(二) 生物除磷动力学

1. 磷的厌氧释放动力学

大量的实验观测资料已经完全证实，在生物除磷工艺中，经过厌氧释放磷酸盐(以下简称磷)的活性污泥，在好氧状态下有很强的吸磷能力，也就是说磷的厌氧释放是好氧吸磷和除磷的前提条件。

1975年Fuhs和Chen经过实验研究后，鉴定出与磷的积聚和去除有关的微生物属于不动细菌属(*Acinetobacter* sp.)。Osborn和Nicholl(1979)发现所调查的生物除磷处理厂厌氧区内都存在不动细菌。Buchan(1981)研究了聚磷菌的形态和聚磷的化学组成，结果表明不动细菌纯培养物中聚积的磷占生物量的30%以上，其他研究者也都观测到类似的结果。

迄今为止的报道表明，不动细菌聚积磷的能力最强，在生物除磷系统中分离出的细菌中不动细菌数量最多。其他聚磷菌也有大量的报道，说明不动细菌不是唯一的除磷菌。Shoda等人(1980)曾报道节杆菌的聚磷量可高达细胞干重的20%。

1980年Siebritz等人提出磷的去除取决于快速COD(S_{bs})浓度[即可快速降解的COD浓度(mg/L)]和厌氧污泥比值(=厌氧区污泥量∶系统的污泥总量)。这一发现得到了广泛证实。许多研究者都观测到磷的释放与厌氧区内的S_{bs}密切相关。在随后的研究中，一些研究者进一步提出磷的释放基本上取决于进水的性质而不是厌氧状态本身。Gerber等人(1987)对除磷脱氮工艺中磷、硝酸盐和有机物之间的相互作用作了较详尽的研究，进一步证实磷的释放基本上取决于进水的性质而不是厌氧状态的形成，并根据基质与除磷微生物混合后出现的响应方式把能诱导磷释放的基质划分成3类。实际上，这3类基质都属于快速COD(S_{bs})。

根据Gerbcr等人的研究，这三类基质是: A类: 乙酸、甲酸和丙酸等低分子有机酸;B类: 乙醇、柠檬酸、甲醇和葡萄糖等;C类: 丁酸和乳酸等。

(1) 基质类型对磷释放的影响

a. A类基质与磷的厌氧释放: 从运行良好的生物除磷装置的好氧区取出活性污泥混合液样品，样品经快速离心洗涤后配制成混合液，在不曝气条件下把A类基质投加到处于缓慢搅拌状态下的污泥混合液中，连续监测磷浓度的变化。试验结果(图4-3-1)表明磷的释放曲线可分成三段，初始段为线性段，随后是近似指数曲线，接着又变为近似线性，最后是水平线，磷几乎不再释放。未加A类基质的对照样没有出现初始线性段。

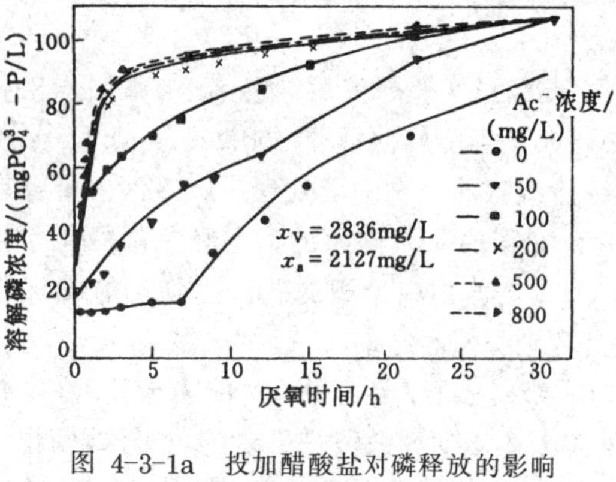

图 4-3-1a 投加醋酸盐对磷释放的影响
(模型试验)

初始线性段的长度与A类基质的初始浓度有关，两者间接近正比关系；但初始Ac^-的平均浓度超过150 mg/L后，磷的释放曲线重叠在一起，水平线很快就出现，初始线性段长度不再随其浓度的提高而加长，这说明聚磷菌细胞内可分解的聚磷量是有限的，基质浓度高达某一浓度值后，基质过剩，释放量与基质量不再相关，磷的释放按微生物固有的特性速率进行，直到可分解聚磷分解完为止。这种情况对磷的释放极为有利(但A类基质过剩太多对磷的吸收不利，后面将叙述)，但这种情形在实际中难得出现，在此不作进一步讨论。试验结果还表明，所有初始线性段都具有相同的斜率，这说明磷的释放速率与基质浓度无关。

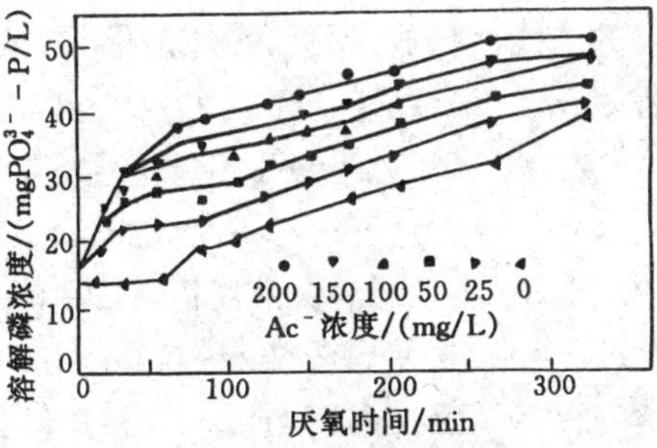

图 4-3-1b 投加醋酸盐时磷的厌氧释放(模型试验)

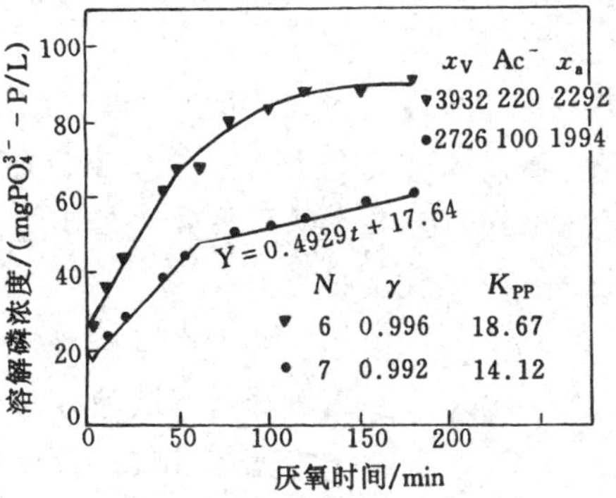

图 4-3-1c 投加醋酸盐时磷的厌氧释放(模型试验)

x_v—污泥总浓度(mg/L)

x_a—利用A类基质的活性污泥浓度(mg/L)

K_{pp}—每克菌体每小时除去的磷(mg)

Ac^-—乙酸平衡浓度(mg/L)

r—曲线回归系数　N—实验次数

从上述试验结果可得到如下推论：A类基质存在时，磷的释放速率较大，初始线性释放是A类物质诱导所致，其释放速率与A类基质浓度无关，仅与活性污泥的浓度和微生物组成有关。A类基质耗完后，马上转为较缓慢的非线性释放。因此，A类基质导致的磷的厌氧释放可用零级方程表示:

$$d\rho_t / dt = K_P K_{PA} x_a (0 < S_A, 150 mg/L) \quad (4\text{-}3\text{-}1)$$

即

$$\rho_t = \rho_0 + K_P K_{PA} x_a t (0 < S_A, 150 mg/L) \quad (4\text{-}3\text{-}2)$$

式中 ρ_t——t时刻混合液液相磷浓度(mg/L)

ρ_0——初始磷浓度(mg/L)

t——反应时间(h)

S_A——A类基质的浓度(mg/L)

x_a——能利用A类基质的活性污泥浓度(mg/L)

K_{PA}——活性污泥中的聚磷菌吸收和转化A类物质成PHB的速率常数(mgCOD/gAVSS·h)

K_P——活性污泥中的聚磷菌吸收单位A类基质所产生的释磷量(mgP/mgCOD)

K_{PA}值大小取决于活性污泥中聚磷菌的数量及其聚磷贮量，K_P值是一个微生物特性常数。K_{PA}通常为值是35～50mgCOD/(gAVSS·h);K_P值为0.4mgP/mgCOD;最大磷释放量P_m值不是一个常数，它随工艺条件和进水水质的变化而变化。

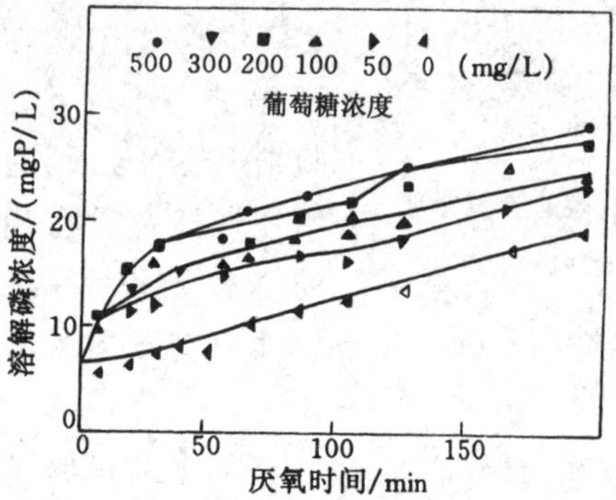

图 4-3-2a 投加葡萄糖时磷的厌氧释放(模型试验)

b. B类基质与磷的厌氧释放：试验方法同A类基质，试验结果(见图4-3-2)表明在厌氧状态下具有除磷能力的活性污泥与B类基质混合后出现的磷释放响应曲线可分成3段，初始段为Monod型曲线，随后为速率减缓阶段，接着是速率较大的近似线性段。未加B类基质的样品，其磷释放响应曲线无Monod型曲线段，初始段为极缓慢的释放曲线(相当于减缓段)，随后为速率较大的近似线性段，这一响应曲线的几何形状与投加B类基质的响应曲线的2、3段基本上一致。当初始B类基质浓度较高时，减缓段变成不明显。

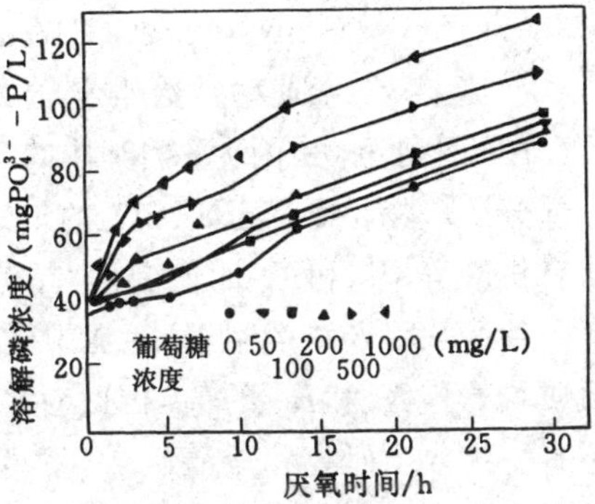

图 4-3-2b 投加葡萄糖时磷的厌氧释放(模型试验)

从上述结果分析可以推论，初始的Monod型释放是B类基质诱导所致；减缓段是B类基质被耗完(或B类物质的转化被终产物所阻遏)后出现的释放速率下降段，速率下降原因除基质外，还与pH值的轻微上升有关；减缓段之后混合液已进入厌氧压抑状态，为了维持基础生命活动，按固有的速率消耗残余可分解聚磷，直到耗完为止。

由于B类基质必须在厌氧状态下转化成A类物质后才能被聚磷菌利用，从而诱发磷的释放，因此实际上B类基质诱导的释放速率主要取决于B类基质转化成A类基质的速率，这也是释放曲线可近似地用Monod型方程表示的原因，即：

$$\frac{d\rho_t}{dt}=K'_P\frac{dS_B}{dt} \tag{4-3-3}$$

$$\frac{dS_B}{dt}=\frac{K_m S_B x_a}{K_{SB}+S_B} \tag{4-3-4}$$

式中 S_B——B类基质的浓度(mg/L)

K_m——B类基质在厌氧状态下的最大转化速率[通常为5～20mgCOD/(gAVSS·h)]

K'_P——聚磷菌吸收单位B类基质所释放的磷量观测值(为0.3mgP/mgCOD左右)

K_{SB}——半速率常数(报道值为1～20mgCOD/L)

K'_P小于K_P是因为B类基质的酸化产物不全是A类基质，有一部分B类基质被损耗(以CO_2的形式)或转化成聚磷菌不能吸收的有机酸等。K_m和K_{SB}的值变化大，是因为B类基质酸化时反应速率受到酸化终产物的阻遏，污泥中微生物的组成、所占比例、基质性质均影响K_m和K_{SB}的值。因此对B类基质酸化的反应速率问题还有待进一步研究和澄清。

c. C类基质与磷的厌氧释放：根据Gerber等人的报道，C类基质能否引起磷的释放与污泥的微生物组成有关，有的则能，有的则不能。如能，则释放速率与A类基质相近。

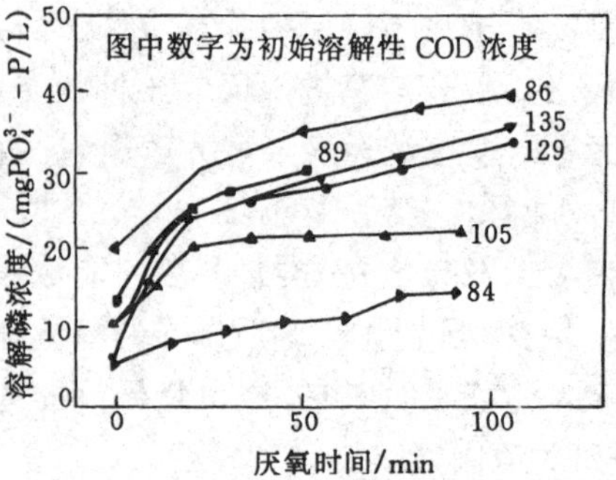

图 4-3-3　污水作为基质时磷的厌氧释放(模型试验)

d. 污水作为基质时磷的厌氧释放：从生物除磷系统的好氧区取来泥样，经离心洗涤后与各种污水混合；连续间隔取样监测磷浓度的变化。试验结果(图4-3-3)表明，污水作为基质时磷的释放曲线的几何形状介于A类基质和B类基质的磷释放曲线之间，可能是两者的和。

(2) 硝酸盐对磷释放的影响　硝酸盐的存在对A类基质诱导磷释放的能力有很大的不利影响，初始硝态氮浓度越高，磷的释放总量也越小；但不管硝态氮浓度是多大，硝酸盐的存在不影响A类基质诱导的磷释放速率，仅影响释放总量。当基质耗完后还存在硝酸盐时可出现磷的吸收，硝酸盐耗完后混合液进入完全厌氧状态，释磷速率明显增大。另外，硝酸盐也明显抑制B类基质诱导的磷释放。硝酸盐存在时，污水污泥混合液中出现明显的磷的净吸收，硝酸盐耗完后又转变为磷的厌氧净释放。

(3) pH对厌氧磷释放的影响　不管是否存在外源基质，pH降低时，在极短的时间内磷被大量地释放出来，pH越低，释放速率和释放量越大;pH升高时则出现磷的吸收，随后出现磷的释放，吸收量不大，吸收量和吸收速率随pH升高而升高。

pH降低时出现磷的快速和大量释放，其原因可能是pH降低时导致细胞结构和功能损坏，细胞内聚磷在酸性条件下被水解，从而导致快速释放，这与磷来自细胞的酸溶性部分这一早期观测是相一致的。pH升高时液相磷浓度下降的原因可能是产生磷酸钙类沉淀，使一部分磷沉积到菌胶团表面。

2. 磷的吸收

经过厌氧释放磷的污泥在好氧(或缺氧)状态下能吸收大量的磷，吸磷能力的大小取决于磷的厌氧释放情况。一般情况下，磷的吸收曲线接近指数衰减曲线，但由于DO、pH、毒物、有机物等因素对磷的吸收均有影响，因此磷的吸收曲线较难描述。

磷的吸收速率普遍较大，可在较短的时间内达到最大吸收。在缺氧区吸磷速率为4.38～7.05mgP/(gVSS·h)，好氧区的吸磷速率为2.1～3.45mgP/(gVSS·h)。缺氧区的吸磷速率大于好氧区是因为聚磷菌经厌氧释磷并吸收有机物合成PHB后，先进入缺氧区，最后才进入好氧区;在缺氧区中，一部分聚磷菌利用硝酸盐作为最终电子受体分解细胞内的PHB，产生大量的能量用于吸磷和合成聚磷，与此同时聚磷菌得到增殖，经过缺氧区的碳能源消耗后，聚磷菌体内的PHB量已经大幅度下降，因此进入好氧区后，可用于产生能量的碳能源(有机物)供应水平明显低于缺氧区，相应地吸磷速率也就降低了。

经过较短时间的厌氧释放后的混合液进入好氧状态后，如果pH突然降低，混合液的液相磷浓度将急剧上升，pH下降越大，磷释放量越大，与厌氧状态下pH降低时的情形一致，这进一步说明，pH降低引起的释放不是聚磷菌本身对pH变化的生理生化响应，而是纯化学的“酸溶”效应。另一方面，pH下降引起的厌氧释放量越大，则好氧吸磷能力越低，这说明pH下降引起的释放是破坏性的，无效的。

在好氧状态下活性污泥处于内源呼吸状态时，由于聚磷菌自身的群体性衰减死亡和溶解，也同样可导致磷的释放。

一些毒物(如酚)可引起聚磷菌细胞结构的损坏或引起某些功能的丧失(酶失活等)，从而导致磷的好氧释放。

3. 磷的好氧吸收与厌氧释放之间的关系

好氧吸收磷的前提条件是混合液必须经过磷的厌氧释放，但并非所有磷的厌氧释放都能增强污泥的好氧吸磷能力。我们可以把磷的厌氧释放分成两部分：有效释放和无效释放。有效释放是指磷被释放的同时有机物被吸收到细胞内并在胞内贮存，即磷的释放是有机物吸收转化和贮存这一耗能过程的偶联过程；无效释放则不伴随有机物的吸收和贮存，内源损耗，pH变化，毒物作用引起的磷的释放均属无效释放。

在除磷(脱氮)系统的厌氧区中，含聚磷菌的回流污泥与污水混合后，在初始阶段出现磷的有效释放，随着时间的延长，污水中的S_{bs}被耗完后，虽然吸收和贮存有机物的过程已经基本上停止，但微生物为了维持基础生命活动，仍将不断地分解聚磷并把分解产物(磷)释放出来，这一过程是无效释放过程。这样一来，随着厌氧时间的增长，虽然释磷总量不断提高，但单位释磷量所产生的吸磷能力将随无效释放量的加大而降低。

一般来说，污水污泥混合液经过2h的厌氧后，磷的有效释放已甚微。在有效释放过程中，磷的释放量与有机物的转化量之间存在良好的相关性。在有效释放过程中，磷的厌氧释放可使污泥的好氧吸磷能力大大提高，每厌氧释放1mgP，好氧条件下可吸收2.0～2.4mgP。厌氧时间加长，无效释放逐渐增加，平均厌氧释放每1mgP所产生的好氧吸磷能力将从2.4mgP降到1mgP以下，甚至达到0.5mgP。因此生物除磷系统中并非厌氧时间越长越好。同时，在运行管理中应尽量避免低pH的冲击负荷，否则除磷能力将大幅度下降，甚至完全丧失。

磷吸收对磷释放也有影响，磷吸收完成得越彻底、聚磷量越大，相应地厌氧状态下磷的有效释放也越有保证。

4. 磷去除的过程动力学

磷的有效释放与S_{bs}直接相关，S_{bs}量大小对磷的去除有决定性的影响。城市污水的S_{bs}由S_A、S_B和S_C组成，S_A可近似地用污水中的低分子有机酸Ac^-量表示，S_B由S_{bs}减去S_A求得。

S_B需酸化成S_A才能诱发磷的释放，因此酸化过程是总过程的速率限制步骤，混合液中磷的厌氧释放速率可表达成：

$$\frac{d\rho_u}{dt}=K_P K_{PA} x_a+\frac{K_m S_B}{K_{SB}+S_B} K_P x_a \tag{4-3-5}$$

如果所选定的停留时间内都是有效释放的话，则好氧条件下的磷吸收能力为：

$$\rho_u=K_u \Delta\rho \tag{4-3-6}$$

式中 ρ_u——吸磷能力(mg/L进水)

K_u——单位有效释磷产生的吸磷能力(2.0mg/mg)

$\Delta\rho$——厌氧释磷量(mg/L进水)

考虑到厌氧区中存在无效释放，因此ρ_u的设计取值应为：

$$\rho_u^d=S_{fp}K_u \Delta\rho \tag{4-3-7}$$

式中 S_{fp}——安全系数，取值0.8～1.0

要保证除磷效果好，则应尽量做到：

$$\rho_u^d\geqslant\rho_0+\Delta\rho \tag{4-3-8}$$

式中 ρ_0——污水含磷量(mgP/L)

即

$$\Delta\rho\geqslant\rho_0/(S_{fp}K_u-1) \tag{4-3-9}$$

因此，厌氧区停留时间t_A(h)可按下述方法求算：

(1) 当$S_A \geqslant \Delta\rho/K_p$时，仅考虑利用$S_A$释磷，此时

$$t_A=\frac{\Delta\rho/K_p}{K_{PA}x_a} \tag{4-3-10}$$

即

$$t_A=\frac{\rho_0}{(S_{fp}K_u-1)K_P K_{PA}x_a} \tag{4-3-11}$$

(2) 当$S_A < \Delta\rho/K_P$时，同时利用S_A和S_B释磷，此时

a. 利用S_A释磷量和释磷时间分别为：

$$t'_A=S_A/(K_{PA}x_a) \tag{4-3-12}$$

$$\Delta\rho_A=S_A K_P \tag{4-3-13}$$

b. 满足释磷要求所需的S_B量(ΔS_B)为：

$$\Delta S_B=(\Delta\rho-\Delta\rho_A)/K_P \tag{4-3-14}$$

$$\Delta S_B=\frac{\rho_0-S_A K_P(S_{fp}K_u-1)}{K_P(S_{fp}K_u-1)} \tag{4-3-15}$$

c. 转化ΔS_B所需时间可由式(4-3-16)求得：

$$t_B=\frac{K_{SB}\ln\Delta S_B+\Delta S_B}{K_m x_a} \tag{4-3-16}$$

如果$t_B > t'_A$，则取$t_A=t_B$；

如果$t_B < t'_A$，则取$t_A=t'_A$。

(3) 如存在回流硝酸盐，则用于计算的S_A为：

$$S_A=S_{A_0}-8.6N_{Xr} \tag{4-3-17}$$

式中　S_{A_0}——原污水S_A值(mgCOD/L进水)

N_{Xr}——回流硝酸盐浓度(mgNO_3^--N/L进水)：

$$N_{Xr}=\frac{\text{回流污泥硝态氮浓度}\times\text{污泥回流量}}{\text{进水流量}} \tag{4-3-18}$$

如果$8.6N_{Xr} > S_{A_0}$，则取$S_A=0$，$t'_A=0$，相应地取：

$$S_B=S_{B_0}+S_{A_0}-8.6N_{Xr} \tag{4-3-19}$$

由于每1mgNO_3^--N完全反硝化成氮气时需消耗8.6mgS_{bs}，因此在工艺设计和管理上应尽力避免硝酸盐回流到厌氧区。如果S_{bs}量不能满足要求，除磷效果将恶化。

一般情况下，t_A取1～1.5h即可满足除磷需要。实验观测表明常规的污泥负荷条件下，磷的吸收均能接近100％完成，因此对生物除磷系统来说，好氧区按常规设计即可。在生物除磷脱氮系统中各反应的完成顺序是磷的吸收、有机物降解、硝化。

磷的最终去除是通过排富磷污泥得以实现的，可用下式表达：

$$\rho_s = \frac{V}{Q\theta_c}(\gamma x_a + f_p x_e + f_p x_i) \tag{4-3-20}$$

式中 ρ_s——单位体积进水的除磷量(mgP/L进水)

γ——活性菌体含磷量(取值范围0.06～0.35mgP/mgAVSS)

f_p——非活性污泥含磷量(0.015～0.023mgP/mgVSS)

x_a——活性污泥浓度(mgAVSS/L)

x_e——活性污泥中内源呼吸残留物浓度(mgVSS/L)

x_i——活性污泥中惰性组分浓度(mgVSS/L)

从式(4-3-18)可看出，泥龄延长，ρ_s下降，这是因为泥龄延长，活性污泥中因内源呼吸的发生导致含磷量高的活性部分比值下降，含磷很低的非活性部分比值上升，造成污泥含磷量下降；泥龄长，排泥量少也是重要原因，但泥龄延长产生的不利影响可通过提高厌氧区S_{bs}量得到抵消，因为γ值随S_{bs}的增加而增高。

二、生物除磷工艺

1. 福斯特利帕(Phostrip)除磷工艺

这是1972年开发的一种将生物除磷和化学除磷相结合的一种工艺。其流程见图4-3-4。

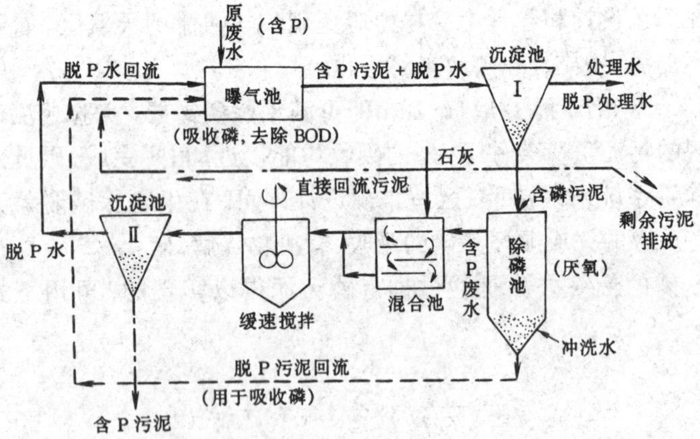

图 4-3-4　福斯特利帕除磷工艺流程

本工艺各单元设备的功能如下:

(1) 含磷原废水进入曝气池,同步进入的还有由除磷池回流的污泥。曝气池的功能是去除有机物(BOD或COD),聚磷菌过量地摄取磷,可能出现硝化反应。

(2) 混合液由曝气池流出进入沉淀池(Ⅰ),泥水分离,已除磷的上清液作为处理水而排放,含磷污泥沉淀。

(3) 含磷污泥进入除磷池,这里保持厌氧状态,含磷污泥释放磷,投加冲洗水,使磷释放充分。已释放磷的污泥沉淀,并回流曝气池。含磷上清液进入混合池。

(4) 含磷上清液进入混合池,同时向混合池投加石灰乳,混合后进入反应池。磷与石灰反应,形成磷酸钙。

(5) 形成的磷酸钙在沉淀池(Ⅱ)沉淀与上清液分离,污泥排出充作肥料,上清液回流曝气池。

本工艺具有如下各项特点:

(1) 除磷效果好,处理水含磷量一般都低于1mg/L。

(2) 污泥含磷高,为2.1%~7.1%。

(3) 石灰用量较低,介于21~31.8mg $Ca(OH)_2/m^3$废水之间。

(4) SVI值低于100，污泥易于沉淀、浓缩、脱水，污泥肥分高，不膨胀。

(5) 可根据BOD/P比值调节回流污泥与混凝污泥量的比例。

本工艺存在的问题包括：流程复杂，运行管理复杂，建设费用高，运行费用也高；沉淀池(Ⅱ)底部可能形成缺氧状态，而产生释放磷的现象，故应及时排泥。

2. 厌氧—好氧除磷工艺

又名A—O工艺，其工艺流程见图4-3-5。

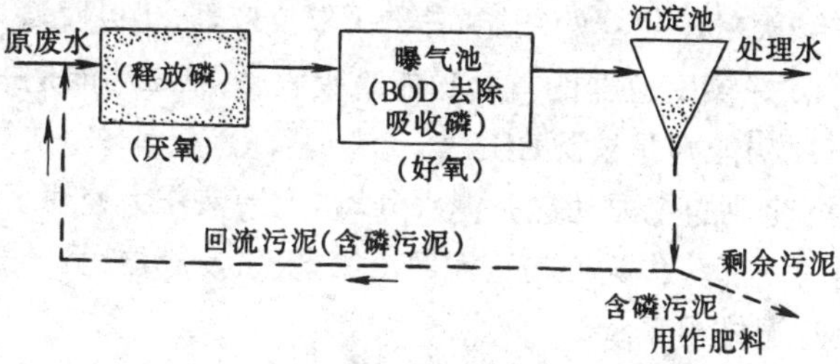

图 4-3-5　厌氧—好氧除磷工艺流程

从图可见，本工艺流程简单，不设内循环，也不投药，因此建设费和运行费都较低，厌氧反应器能够保持良好的厌氧(或缺氧)状态。

根据实用情况，本工艺具有如下特征及运行参数：

(1) 在反应器内的水力停留时间为3～6h。

(2) 曝气池内污泥浓度一般在2700～3000mg/L之间。

(3) 磷去除效果较好，去除率在76％左右，处理水中磷的含量低于1.0mg/L。

(4) 沉淀污泥含磷率约为4％，肥效好。

(5) SVI值≤100，易沉淀，不膨胀。

根据运行实践，发现本工艺存在的问题有：因为微生物对磷的吸收有一定限度，故除磷率难以进一步提高；在沉淀池易于产生磷的释放现象，应及时排泥和回流。

三、同步脱氮除磷工艺

1. 巴登福(Bardenpho)同步脱氮除磷工艺

本工艺各组成单元的功能如下:

(1) 第1厌氧反应器的首要功能是脱氮,其次是污泥释放磷,硝态氮通过内循环来自第1好氧反应器,污泥则是沉淀池回流的。

(2) 第1好氧反应器的首要功能是去除BOD,第二功能是硝化。由于BOD浓度还较高,因此,硝化程度较低;第三项功能是吸收磷,由于NO_x^-未能有效地去除,因此,磷吸收效果不高。

(3) 第2厌氧反应器的功能同第1厌氧反应器,仍以脱氮为主。

(4) 第2好氧反应器的首要功能是吸收磷;第二功能是进一步硝化;第三项功能则是去除BOD。

(5) 沉淀池的主要功能是泥水分离。上清液作为处理水排放,含磷污泥的一部分作为回流污泥回流第1厌氧反应器,另一部分则作为剩余污泥排出系统。

本工艺的主要优点是各项反应都反复进行两次以上,各反应单元都有其首要功能,并兼行二、三项功能。工艺脱氮、除磷效果良好。

存在的问题是工艺复杂,反应器单元多,运行繁琐,成本高。

本工艺流程见图4-3-6。

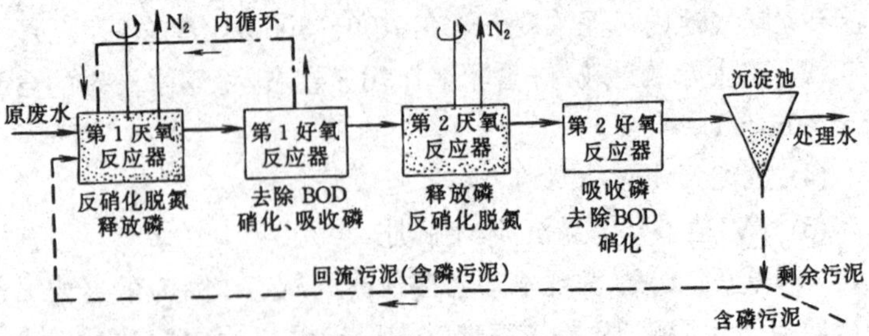

图 4-3-6 巴登福同步脱氮除磷工艺流程

2. A—A—O法同步脱氮除磷工艺

A—A—O法也称A_2/O法，是英文Anaerobic—Anoxic—Oxic的第一个字母的简称。图4-3-7为本工艺的流程图。

本工艺各反应单元的功能与工艺特征如下：

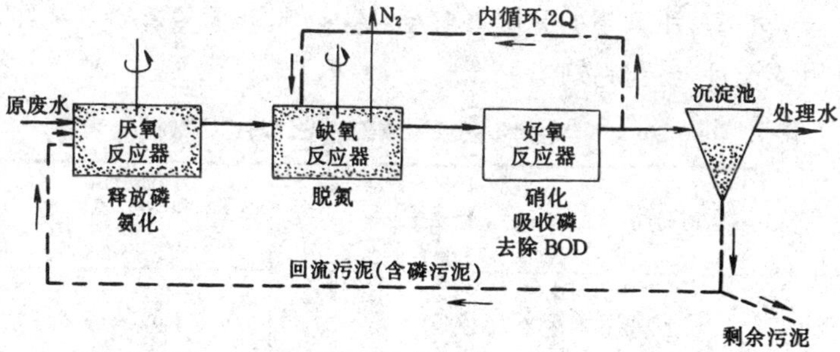

图 4-3-7 A—A—O法同步脱氮除磷工艺流程

(1) 厌氧反应器的功能是释放磷，进入本单元的除原废水外，还有从沉淀池排出的污泥。

(2) 缺氧反应器的首要功能是脱氮，由好氧反应器送出的内循环量为2Q(Q为原废水流量)。

(3) 好氧反应器是多功能的，在这里进行去除BOD、硝化和吸收磷等反应。

(4) 沉淀池的功能为泥水分离，上清液作为处理水排放，部分污泥回流厌氧反应器，在那里释放磷。

综上所述，本工艺的特征主要是：

(1) 本工艺是比较简单的同步脱氮除磷工艺，总水力停留时间少于其他同类工艺。

(2) 本工艺厌氧(缺氧)好氧交替运行，不宜丝状菌增殖繁衍，无污泥膨胀之虑。

(3) 本工艺不需投药，厌氧和缺氧段只进行缓速搅拌，以不提高溶解氧含量为度，故运行费用低。

本工艺也存在如下问题：

(1) 脱氮效果难以提高，内循环流量以2Q为限，不宜提高。

(2) 污泥增长受到一定购限度，因此，除磷效果也不易提高。

(3) 沉淀池要保持一定浓度的溶解氧，应降低污泥的停留时间，防止产生厌氧状态和释放磷的现象出现，但溶解氧含量也不宜过高，以防止循环液对缺氧反应器的干扰。

表4-3-1所列举的是国外对A—A—O同步脱氮除磷工艺经常采用的设计与运行数据。

表 4-3-1 A—A—O同步脱氮除磷工艺设计与运行数据(参考值)

水力停留时间/h	厌氧反应器	0.5～1.0
	缺氧反应器	0.5～1.0
	好氧反应器	3.5～6.0
污泥回流比/%		50～100
混合液内循环回流比/%		100～300
混合液悬浮固体浓度/(mg/L)		3000～5000
污泥负荷F/M/[$kgBOD_5$/(kgMLSS·d)]		0.15～0.7
好氧反应器内DO浓度/(mg/L)		⩾2
BOD/P		5～25(以>10为宜)

3. 福列德克斯(Phoredox)脱氮除磷工艺

这是巴登福脱氮除磷工艺的改进。主要是在第1厌氧反应器(缺氧反应器)之前再加一厌氧反应器，以强化磷的释放，从而能够保证在好氧条件下，有更强的吸收磷的能力，以提高除磷效果，其流程见图4-3-8。

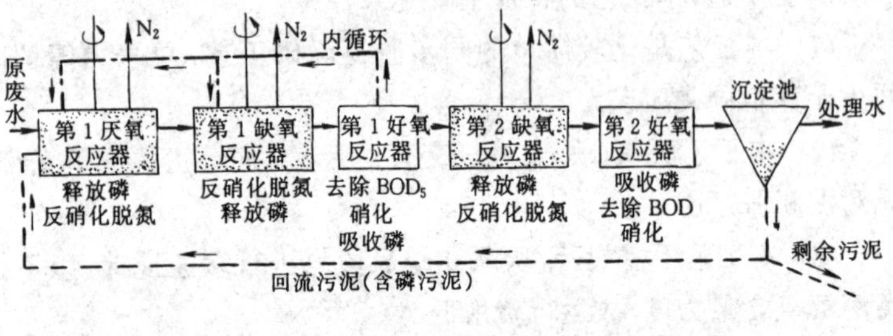

图 4-3-8 福列德克斯同步脱氮除磷工艺流程

由于脱氮除磷效果良好，本工艺在国外应用较为广泛。表4-3-2所列举的是国外对本工艺系统所采用的设计参数。

表 4-3-2　福列德克斯同步脱氮除磷工艺设计参数

反应器	脱氮水力停留时间/h	除磷水力停留时间/h		
		最小	最大	平均
厌氧反应器	1～2	0.6	1.9	1.3
第1缺氧反应器	2～4	2.2	5.2	3.2
第1好氧反应器	3～8	6.7	19.0	11.2
第2缺氧反应器	2～4	2.2	5.7	3.3
第2好氧反应器	0.5～1.0	0.5	1.6	1.1

四、生物脱氮除磷技术的实用举例

1. 昆明兰花沟废水处理厂

该厂是以生物脱氮除磷为目标设计和建设的，所采用的是A—O工艺，表4-3-3所列举的是该厂脱氮除磷运行效果。

表 4-3-3　昆明兰花沟废水处理厂脱氮除磷效果

项目	总磷量$\rho_{(TP)}$/(mg/L)	总氮量$\rho_{(TN)}$	
原废水	2～4	30	
处理水	<1.0	NH_3—N<1.0	$\rho_{(TN)}$<6

2. 广州大坦沙废水处理厂

该厂采用A—A—O工艺，设计流量为150 000m^3/d。其设计参数列举于表4-3-4中，处理效果则列举于表4-3-5中。

3. 国外某些废水处理厂运行数据

表 4-3-4　广州大坦沙废水处理厂设计参数

水力停留时间/h			溶解氧量/(mg/L)			污泥回流比/%	混合液内循环回流比/%
A	A	O	A	A	O		
1	2	5	0.2	0.5	1.5～2.0	25～100	100～200

表 4-3-5　　广州大坦沙废水处理厂处理效果

项　目	$\rho_{(BOD_5)}$/(mg/L)	$\rho_{(SS)}$/(mg/L)	$\rho_{(TN)}$/(mg/L)	$\rho_{(TP)}$/(mg/L)
原废水	200	250	40	5
处理水	<20	<30	<15	<2

在工业发达的国家，以生物脱氮除磷技术为主体的废水处理厂较多，并且运行效果良好。表4-3-6所列的是采用福列特克斯同步脱氮除磷工艺的某些废水处理厂的运行效果及某些运行数据。

表 4-3-6　　国外某些采用福列特克斯同步脱氮除磷工艺的运行数据及效果

技术参数及运行效果		厂名及规模		
		巴拉米德 (Palmetto) 废水处理厂 (4 000m³/d)	布来德利亚 (Pretoria) 废水处理厂 (100m³/d)	约翰内斯堡 (Johannesburg) 废水处理厂 (95 000m³/d)
运行数据				
污泥龄/d		20	14.9	19
负　荷/[gCOD/(gSS·d)]			0.19	
污泥含P量/%				5.0
运行效果				
$\rho_{(COD)}$/(mg/L)	原废水		265	470
	处理水		25	48
$\rho_{(BOD)}$/(mg/L)	原废水	115		150
	处理水	1		7
$\rho_{(TN)}$/(mg/L)	原废水	28	29	39
	处理水	0.8	0.7	6.8
$\rho_{(TP)}$/(mg/L)	原废水	6.2		6.4
	处理水	1.9		1.4
PO_4—P浓度/(mg/L)	原废水	4.6	5.6	3.5
	处理水	1.5	0.5	0.7

由表4-3-6可见，福列德克斯脱氮除磷工艺在BOD去除、脱氮、除磷各方面都取得了良好的效果：BOD_5去除率在95%以上，总氮去除率为82%～99%，总磷去除率为70%左右。

国外某些废水处理厂采用A—O除磷工艺，也取得了良好的运行效果，表4-3-7所列举的是美国一些废水处理厂的运行数据和运行效果。

表 4-3-7　美国某些采用A—O除磷工艺污水处理厂运行数据和运行结果

技术参数及运行效果			厂名及规模		
			拉克(Largo)废水处理厂(12100m³/d)	拉克(Largo)废水处理厂(14800m³/d)	巴尔吉莫尔(Baltimore)废水处理厂
运行参数	停留时间/h		0.8/2.6	1.2/2.1	—
	污泥负荷/[kgBOD_5/(kgVSS·d)]		0.24	0.36	0.48
	污泥龄/d		5.3	2.5	4.1
	SVI		41	42	75
运行效果	$\rho_{(BOD_5)}$/(mg/L)	原废水	106	127	189
		处理水	8	10	9
	$\rho_{(TN)}$/(mg/L)	原废水	26	26	—
		处理水	6.5	—	—
	NH_3-N浓度/(mg/L)	原废水	14	—	—
		处理水	3.8	—	—
	$\rho_{(TP)}$/(mg/L)	原废水	8.2	9.5	8.2
		处理水	1.85	0.8	1.4
	PO_4-P浓度/(mg/L)	原废水	4.7	—	6.2
		处理水	0.51	0.56	0.60

表4-3-7数据表明，A—O生物除磷工艺的处理效果非常良好。BOD_5去除率达92%～95%，除磷效果为77%，对总氮及NH_3-N的去除也达到了75%和73%。

第五章　废物资源化工程

第一节　废物生产单细胞蛋白

一、前　　言

1. 单细胞蛋白的概念

单细胞蛋白(Single-Cell-Protein，简称SCP)这一术语最早是在1966年由美国MIT的Carroll　Wilson教授首先提出的。通常SCP是指通过培养单细胞生物而获得的菌体蛋白质。但是，一些微生物学家认为对整个菌体应称为生物量，而SCP应该是指从细胞生物量中获得的蛋白质部分。用于生产SCP的单细胞生物有微型藻类、非病原细菌、酵母菌类和真菌等。这些单细胞生物可利用各种基质，如碳水化合物、碳氢化合物、石油副产物、氢气及有机废水等在适宜的培养条件下生产单细胞蛋白。菌体中蛋白质的含量随所采用菌种的类别及培养基质而异。一般单细胞蛋白质的含量达40％～80％，与传统食品的营养成分比较(见表5-1-1)，

表 5-1-1　单细胞生物体与传统食品的各种营养成分含量比较　单位：％

品种＼成分	水分	粗蛋白	粗脂肪	可消化碳水化合物	粗纤维	灰分
BP正烷酵母	4.5	54.1	7.8	23.9	3.6	7.1
BP柴油酵母	5.1	68.5	1.5	15.0	2.1	7.9
BP石油酵母	4.5	54.1	2.8	27.1	3.6	7.1
苏联石油酵母		50～55	1～2	12～20		6～10
ESSO细菌		62～73	10～15	10		6～12
氢细菌		74～78				
纸浆酵母	6.0	46.0	2.3	35.4	4.6	5.7

续表

成分 品种	水分	粗蛋白	粗脂肪	可消化 碳水化合物	粗纤维	灰分
螺旋藻		62~68	2~3	18~20		
小球藻		40~50	10~30	10~25		
大米	13.7	8.13	1.29	75.5	0.88	1.06
小麦	13.4	9.6	1.2	72.8	0.9	2.1
大豆	11.19	36.99	17.76	24.85	4.7	4.6

蛋白质含量均高于禾谷类。一般单细胞蛋白中的赖氨酸含量高，但含硫氨酸的含量较低。几种单细胞蛋白的氨基酸组成及含量见表5-1-2，其中酵母生产的石油单细胞蛋白中各种必需氨基酸与大豆蛋白质中的含量极为接近。由此可见，SCP的开发与生产为解决人类食品和饲料问题开辟了新的途径。

表 5-1-2　各种单细胞蛋白的氨基酸组成及含量　单位：%

氨基酸 品种	异亮氨酸	亮氨酸	苯丙氨酸	苏氨酸	色氨酸	缬氨酸	精氨酸	组氨酸	赖氨酸	蛋氨酸	半胱氨酸	蛋白质
FAO参考	4.0	7.0		4.0		5.0			2.5		2.0	
大豆粉	2.5	3.4	2.2	1.7	0.6	2.4	3.2	1.1	2.9	0.6		46.4
鱼粉	2.4	3.7	2.1	2.4	1.3	2.8	3.9	1.5	4.3	1.2		62.3
酵母(正烷烃)	2.7	3.9	2.4	2.0	0.7	2.9	2.7	1.3	3.8	0.8		61.0
酵母(甲醇)	2.6	3.7	2.3	2.4	0.8	2.7	3.3	1.1	3.6	0.9		60.2
酵母(乙醇)	3.2	4.6	2.8	2.8	0.8	3.9	3.1	1.1	3.7	1.0		53.0
细菌(甲醇)	3.6	5.6	2.9	3.8	0.7	4.3	3.7	1.5	4.9	2.0		83.0
霉菌(乙酸)	5.5	8.2	4.3	4.9		6.4			5.5	1.8		49.2
担子菌菌丝(乙醇)	2.4	3.8	1.3	2.4		3.4	4.2		4.3	0.5		55.1
小球藻(光合成)	4.2	8.1	5.1	3.6	1.5	5.9	5.8	1.8	7.7	1.3		58.2
氢细菌	5.3	9.5	5.1	5.3		8.1	8.0	2.8	6.4	2.8		75.0
酵母(棕榈油)	4.3	6.5	4.2	4.7		4.9	3.9	2.0	6.0	2.6	1.6	46.8

2. 开发SCP的意义

人类利用微生物制造食品已有数千年历史，而近代采用培养微生物为食物始于德国。当时处于第一次世界大战，为解决粮食问题，他们第一次工业化生产SCP作为人们的食品。SCP的生产与开发，近20几年来受到世界科技界和工业界的注目。从1967～1981年已召开过三次国际SCP会议，上百家公司、大学和研究所参与开发工作。这个领域所以受到如此重视，是与对其的需要与可能性有关。

由于世界人口急增，据估计到本世纪末，世界人口将达到65～70亿，人口每年增加速度约2％以上，但粮食方面仅靠高等植物的传统生产方法，其增长率已赶不上世界人口的增加率。同时由于世界经济日趋富裕，生活水平的不断提高，对动物蛋白质的需求量增加很快，然而，生产动物蛋白却需要消耗很多植物蛋白，如要获得牛蛋白1，需消耗植物蛋白3～4；要得到家畜蛋白1，需植物蛋白7～10，很不经济。并且某些家畜与人类争粮食。由此可见，粮食不足中最严重的是蛋白质问题。1967年在美国麻省理工大学召开了第一次世界SCP会议，确认了开发SCP是解决粮食饲料的重要途径之一。会后20多年来，SCP的研制得到飞速发展，并已成为一个新兴的产业部门。

人类的需要应与生产SCP的经济特性相联系。正因单细胞生物具有其经济生物学特性，为SCP的生产提供了可能性。

单细胞生物的特性包括：(1)营养丰富。与黄豆粉相比，蛋白质含量高达15％，而可利用氮比大豆高20％，如添加蛋氨酸则可利用氮达95以上。(2)利用原料广，可就地取材，大量而廉价地解决原料问题。如果利用某些工农业废料还可实现环境保护。这是解决大规模生产SCP成本的主要因素。(3)生产速率高。一般蛋白质生产速度同猪、牛、羊等体重的倍增时间成正比。微生物的倍增时间比牛、猪、鸡等快千万倍，如细菌、酵母菌的倍增时间为20～120min，霉菌和绿藻类为2～6h，植物1～2周，牛1～2个月，猪

4～6周。据估计，一头500kg公牛每天生产蛋白质0.48kg，而500kg酵母至少生产蛋白质500kg。(4)劳动生产率高。生产不受季节气候的制约，易于人工控制，并且在大型发酵罐中可立体式培养，占地面积少。如年产10万吨SCP工厂，以酵母计，按含蛋白质45％计算，1年生产蛋白质为45000t。1亩($666.6m^2$)大豆按亩产200kg计，含蛋白质40％，则1年为80kg蛋白质。所以，一个SCP工厂所产蛋白质相当于562 500亩土地所产的大豆。(5)单细胞生物易诱变，比动、植物品种容易改良。可采用物理、化学、生物学方法定向诱变育种，获得蛋白质含量高、质量好、味美并易于提取蛋白质等的优良菌种。

3. SCP生产的现状及其发展趋势

以食用和饲用为目的的SCP生产早在本世纪初就开始了。当时西欧主要以糖蜜为原料生产食用和饲用酵母。但是，所生产的SCP数量在世界总蛋白质消耗中占据着很小的一部分比例。直到第一次世界大战，SCP的重要性开始被人们认识。德国从木糖生产食用酵母，后来发展了从造纸工业的亚硫酸废液制造饲料酵母，每年产量在15000万吨SCP，作为肉类代制品以补充蛋白质的不足，相当战前60％的蛋白质进口量。到50年代，世界蛋白质严重缺乏，人们开始研究探索新型蛋白质资源。1955年联合国系统的蛋白质咨询组织(PAG)强调SCP的重要性，并制定了有关SCP研究的指导方针。在60年代，SCP被认为是解决人类饥荒的一条有效途径。当时主要研究以石油中的烃类生产SCP，称为石油蛋白，解决了烃原料不溶于水、需氧量及放热量大、菌体回收和后处理困难等工业化生产问题。英国的BP石油公司是研究石油蛋白的先驱。由于石油蛋白的安全性发生了争议，后来又因石油价格上涨，使石油蛋白的研究热潮逐步下降。为了寻求廉价、丰富的原材料，各国开始采用甲醇及再生资源作为SCP的生产原料。70年代不少国家相继建厂，投入生产。80年代，甲醇SCP在英国已工业化，在美国乙醇SCP作为食品添加剂也有了商品。当时SCP生产量最大的国家是前苏联，共有86家工厂，年产饲料用SCP约120万吨，并计划发展到年产1000万吨以上。应该说，SCP的工业研究在世界生物工业的发展过程中具有非常重要的意义。例如，在英国，SCP工厂的建成曾被列为生物工程的首项成就，ICI公司的SCP工程获得过1983年度女皇科学奖。

我国关于SCP研究方面，自1922年上海建立第一座酵母厂以来，迄今全国已有酵母厂32家，年产量为1万吨，大部分用于医药与面包生产，仅有1500t作饲料酵母，而且主要出口，与实际需要近500万吨蛋白饲料还相差甚远。80年代以来我国重视SCP的开发工作，据报道，利用味精废水生产热带假丝酵母SCP，含蛋白质达60％，产品用作饲养禽畜，效果与鱼粉相同。在研究螺旋藻的培养方法方面也已获成功，螺旋藻SCP用于啤酒生产上可得到具有独特风味的啤酒。

综上所述，对于生产SCP的菌种、原料、工艺等方面，国内外做了不少研究工作，但作为SCP生产的共同性问题，应考虑下列几个方面：(1)生产所用菌种应增殖速度快，菌体收量大；(2)原料价值应便宜，能够大量供给，或直接利用工农业废料；(3)生产菌种对营养要求简单并广谱；(4)易于培养，可连续发酵；(5)分离回收容易；(6)不易污染杂菌；(7)生产过程废水少；(8)菌体蛋白质含量高，氨基酸组成好；(9)没有毒性、病原性及致癌物质；(10)SCP的适口性好；(11)贮藏、包装容易。对于产品的品质和安全性要经过严格的鉴定，在这方面可参考联合国蛋白质、热量顾问委员会专门颁布的鉴定指南，其中对于产品的各种污染菌数的界限、质量分析项目、动物试验方案与病理观察项目和方法都有详细规定。

二、生产SCP的微生物

1. 生产SCP微生物的种类

作为蛋白质资源的微生物种类较多，其选择根据原料的不同而异。大致可分为如下几类。

(1) 利用糖质原料发酵生产SCP。如能利用葡萄糖、蔗糖等为碳源的酿酒酵母;利用戊糖为碳源的假丝酵母;利用纤维素为碳源的木霉、青霉等。

(2) 利用石油原料生产SCP。以假丝酵母属的酵母菌产率最好。

(3) 利用甲烷原料生产SCP。以细菌为主,如甲烷假单胞菌(*Pseudomonas methanica*)、嗜甲烷单胞菌(*Methanomonas methanica*)等。

(4) 利用甲醇原料生产SCP。以细菌为主,甲醇专性营养的细菌以甲烷单胞菌属和甲基球菌属为多,甲醇兼性营养的细菌以假单胞菌为多。

(5) 利用乙醇原料生产SCP。以酵母菌为主,其次为细菌与霉菌。酵母菌中以假丝酵母属的*Candida boidinil*最多。霉菌大多为曲霉属。

(6) 利用二氧化碳为碳源,氢为能源的细菌为氢细菌,属于氢单胞菌(*Hydrogenomonas*)。

(7) 利用太阳光能生产SCP。有单细胞藻类,如小球藻(*Chlorella*)、螺旋藻属(*Spirulina*)及光合细菌。

不同的微生物由于具有不同的生理特性,因此在选择进行SCP生产时应根据具体情况。一般来说,细菌生长速度快,蛋白质含量高,除了利用糖类外还能利用多种烃类,这些均优于酵母菌。但细菌个体小,分离困难,菌体成分中除蛋白质外,还有含有毒性物质的危险,分离所得蛋白质不如酵母易于消化。此外,酵母菌菌体大,易于分离、回收。目前生产上采用酵母菌较多。丝状真菌的优点是易于回收,质地良好,但生产速度较慢,蛋白质含量低。藻类的缺点是其纤维质的细胞壁,不易为人体消化,并且藻类具有富集重金属的问题,因而作为食品均需进行加工,以成为无毒性、适口性良好的食品。

2. SCP生产菌种的筛选

SCP生产菌种的筛选可遵循工业微生物选育的基本规则，即一般在富含某种原料的地区土壤中分离，可得到能利用这些原料的微生物。例如，利用正烷烃菌种可在油田、飞机燃料槽附近的污泥等处分离得到;分解纤维素能力强的真菌可从土壤、堆肥、腐木、垃圾等处分离而得。从这些地区采集土样进行富集培养、平板分离和筛选即可获得生产菌株。

除了单纯采用常规选育法外，对SCP生产菌种还可采用常规选育法与恒化态优化法相结合进行选育。恒化态优化法选育菌种的基本原理是根据生化工程中的细胞连续培养理论，通过人为控制过程参数，如稀释率(D)等，来控制细胞的比生长速率和特定的环境条件，使那些在特定环境中比生长速率低于稀释率的菌株被自然洗出。对于SCP菌种而言，主要的目的是获得无毒、蛋白质含量高、比生长速率大、转化系数高的菌株。鉴于菌株蛋白质含量的稳定性，通过自发突变和诱变难以获得蛋白质含量高而比生长速率不变的菌株，因此，筛选时可先着眼于获得蛋白质含量高的无毒菌株，然后以恒化态优化法提高其比生长速率。

筛选利用不同物质生产SCP的菌种举例如下。

(1) 利用石油生产SCP微生物的筛选　利用烃类的微生物可采用富集培养法。富集培养的目的是使土壤中含量极低的石油微生物，在人工配制的培养基中生长繁殖，获得一定量的微生物，便于平板分离。其方法是取采集土样0.1g，加入含有50ml培养基的500ml三角瓶中，于(27±0.5)℃振荡培养3天(为第1次富集培养)，然后用固体培养基进行第1次平板分离，于(27±0.5)℃培养4～6天，挑出菌落，接入含有5ml培养基的30ml试管内于(27±0.5)℃振荡培养3天(为第2次富集)。然后，进行第2次平板分离，得第2次原始菌种，并经平板划线纯度试验，挑出菌落进行第3次富集培养，再经平板划线挑单菌落即为原始菌种，并作纯度试验。分离菌种的培养基见表5-1-3。

(2) 利用纤维素的菌种分离　从甘蔗地里取1g腐蔗与邻近土

表 5-1-3　　利用烃类微生物的分离培养基

成分＼微生物	细菌	霉菌	酵母菌
灯油	25g	35g	35g
石蜡油	35g	25g	35g
硝酸胺	—	—	5.0g
尿素	3.0g	3.0g	—
KH_2PO_4	—	2.5g	2.5g
$MgSO_4 \cdot 7H_2O$	1.0g	1.0g	1.0g
波尔(Teepol)(阴离子表面活性剂)	0.5ml	0.5ml	0.5ml
K_2HPO_4	2.5g	—	—
自来水	1.0L	1.0L	1.0L
pH	7.0	5.0	5.0

壤的混合物，放入分离培养基中，在往复式振荡机上于30°C培养3～7天后，把部分滤纸转入新鲜培养基中。如此反复数次，能利用纤维素的好气中温菌可得到富集。从富集培养液中取出滤纸，放入少量无菌水中浸泡，并用以在平板培养基上划线培养，此培养基中有营养盐琼脂、羧甲基纤维素(CMC)琼脂和滤纸琼脂(带有滤纸覆盖的营养盐琼脂)。将在这种培养基中长出的菌落移入含有营养盐和纤维素的试管中，从中选出显示有滤纸降解的试管，分离菌种，进行纯化，将所得菌种培养、繁殖至最大限度。再用新鲜培养基进行系列稀释。在约100支含滤纸条的分离培养基试管中，接入每种较高稀释度的样品，经培养后，选出有滤纸分解的试管。如此反复稀释和选择，由此获得以单细胞生长并具有滤纸分解能力的菌落，用显微镜检查并在几种琼脂平板上观察菌落形态，确定其纯度。分离培养基的一般成分为：NaCl 6.0g，$(NH_4)_2SO_4$ 1.0g，K_2HPO_4 0.5g，$MgSO_4$ 0.1g，$CaCl_2$ 0.1g，酵母浸出物0.1%，滤纸适量，水1L。

(3) 利用废水生产SCP微生物的筛选

a. 普通富集法：将少量土样投入装有40ml培养基(10°Bx麦芽汁1000ml，加2%琼脂，灭菌15min)的250ml三角瓶内，在

37℃、120r/min的条件下培养24h，然后用稀释涂平板法分离单菌落，将首批长出的单菌落做好标记，继续将平板置于37℃培养24h，挑出首批长出且菌落较大的菌株。再用稀释涂平板法纯化1次。

b. 半连续富集培养法：将采用普通富集法得到的菌株进行摇瓶培养24h，测最终菌液浓度及蛋白质含量。将两者之积较高的菌株以大致相同的接种量分别接入同一装量的三角瓶中，在37℃、120r/min的条件下培养8～12h。以10%接种量接入装有新鲜培养基的三角瓶中继续培养。如此重复多次，直至终菌液浓度稳定。然后进行单菌落分离。

c. 恒化态优化法：在34～36℃，风量为$0.6m^3/(m^3 \cdot min)$ ($K_L a = 180h^{-1}$)的条件下，在350ml玻璃外循环反应器中先进行间歇培养，待菌液浓度增至最大时开始连续培养。先将稀释率控制在最大比生长速率的一半处培养4天，然后逐步提高稀释率，使之略大于最大比生长速率，培养2h。在反应器中取样进行单菌落分离。

三、生产SCP的基质

用谷物粮食和其他农产淀粉质原料为碳源生产酵母已用于大规模工业生产，但是这仅用于生产数量不大的面包工业和酿造工业中用作种子的酵母和药用酵母。因粮食原料有限，因此此法不能解决发展畜牧业的蛋白质饲料问题。目前已经开发，并认为可以作为SCP生产原料的资源大致可分为下列几类。

1. 烃及其氧化衍生物

属这一类的碳源有石油烃、天然气及其氧化物，如合成法生产的甲醇、乙醇、醋酸等。正烷烃是由原油中提取，其纯度较高。缺点是短链烷烃的溶解度很低，长链烷烃则不溶解，因此发酵过程中需氧量高，且放出大量热量，造成能耗及冷却费用较大。甲醇可由天然气、原油产生，其优点是成本低，容易得到，且纯度高，需氧量及放热量低。缺点是能利用甲醇的微生物种类有限，并且甲醇容易挥发，浓度较高时对微生物有毒性。各国利用石油生产SCP的情况见表5-1-4。

表 5-1-4　　从石油资源生产SCP的工厂

生产国及其企业	原料	微生物	生产规模	商品名称
英国，Grangmouth BP	正烷烃	*Candida lipolytica*	4 000	Toprina
意大利，Sarroch BP	正烷烃	*Candida lipolytica*	100 000	Toprina
意大利，Salinede Montebello Liguichimica(KANEKA)	正烷烃	*Candida maltosa*	1 000 000	Lignipron
罗马尼亚，Curtea de Arges Roniproto (DIC)	正烷烃	*Candida parafinica*	60 000	Viton
前苏联	正烷烃	*Candida parafinica*	800 000	
英国，Billingha Teaside ICI	甲醇	*Methylophilus methylotrophus*	60 000	Pruteen
美国，Huchinsou Standard Oil Amoco	乙醇	*Candida utilis*	4 500	Torutein

2. 农林牧产品加工工业的固体废料和废水

如木材加工的木屑、刨花、锯末；造纸工业的亚硫酸盐纸浆废液、废纸；制糖工业的蔗渣、废糖蜜；乳品工业的乳清；食品工业的粉渣、粉浆；酿造工业的废水等。目前对于开发生产SCP的廉价原料已成为研究的热点。

3. 城市有机垃圾和农村农产废物

如城市居民区有机垃圾；合成纤维工业中的环己烷氧副产物；农业上的秸秆壳秕；牧场的畜类垫草等。这一类数量很大，而且是可以循环再生的纤维资源。

4. 工业废气

火电厂、钢铁厂和发酵厂等排出的大量二氧化碳可用来进行微型藻类和氢极毛杆菌等的人工培养。石油企业以正构烷烃为主的炼油厂的废气用以生产石油二次产品，如合成酒精、甲醇、甲醛、醋酸等，再用以生产SCP。这些资源的利用尚处于研究阶段。由于环境保护问题越来越受到重视，在这方面的研究得到了各方面的关注。

此外，利用无限再生二氧化碳为资源的自养微生物制造SCP的研究也受到重视，目前正在研究的无机物光能利用菌有藻类、光合细菌等。另一类为无机物化能利用菌。以氢细菌为最有希望。从工业观点来看，嗜热氢细菌可以减少污染的危险，节省冷却水用量，现已获得在较高温度下供给气体、生长速率高的菌株。

四、SCP生产的工艺技术

单细胞蛋白生产的一般工艺过程如图5-1-1所示。

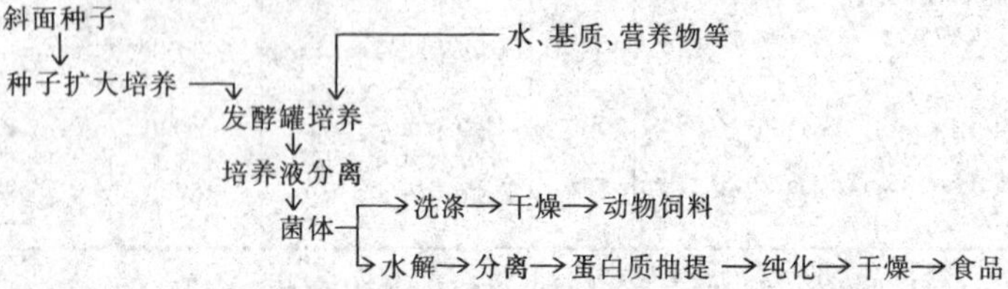

图 5-1-1 单细胞蛋白生产的一般工艺过程

将生长良好的种子、水、基质、营养物等投入发酵罐中进行培养，培养可采用分批发酵或连续发酵。培养过程中需控制培养液的pH和温度。为使培养基成分充分被利用，可将部分培养液连续送入分离器中，分离后的上清液回入发酵罐中循环使用。菌体的分离可根据所采用菌种的类型选择酵母离心机或其他设备，比较难分离的菌体还可先加入絮凝剂，以提高菌体的沉降性能，便于分离。作为动物饲料的单细胞蛋白，可收集离心后的浓缩菌体，经洗涤后进行喷雾干燥或滚筒干燥。作为人类食品的单细胞蛋白则需除去大部分核酸。将所得菌体水解，以破坏细胞壁、溶解蛋白质、核酸，经分离、浓缩、抽提、洗涤、喷雾干燥，最后得到食品蛋白。

对于废渣等固体原料，经常采用固态发酵法，其优点是：(1)发酵无需严格灭菌条件；(2)用木质纤维与粗淀粉质作原料不必特殊前处理；(3)全部产物均用于饲料，后处理简单，得率高；(4)设备投资少;(5)发酵全过程无废水或废水量较少，无环境污染。但是目前存在的技术难点有: (1)固态底物传质传热困难，参数监控难;(2)缺乏较大规模的生产设备。

采用高浓度有机废水，以连续发酵方式最好，有利于降低电耗和生产成本，提高生产效率，提高原料利用率。在一定通风量的情况下，连续发酵的重点在于控制好稀释率，使菌体生长始终处于对数期，达到最高生物量和最大去除COD值。存在的主要问题包括: (1)液体深层培养需强通风供氧，通风耗能比较严重;(2)有机废水中基质浓度相对较低，由此菌体浓度不可能太高，单位质量细胞分离、干燥的成本较高。

1. 藻类SCP的培养生产

(1) 培养条件　藻类可以用光合法或异养法培养。光合培养和自养培养需要使用人工光照或日光照，还要供给CO_2;而异养培养则是在有有机碳源和能源的条件下于暗处进行的。由于光照是藻类光合增殖的限制因子，因此，藻类的室外培养通常在位于北纬35°和南纬35°之间地区的浅水池或20～30cm深的环礁湖中进行。光能的转化率较低，生产1kg的藻类要消耗35kW·h的能量。藻类生长所用光线波长为700nm，在光照强度为300 0001x，即地球表面日光强度30倍的条件下，小球藻生长的细胞浓度可达干重25 g/L。由于空气中CO_2的含量较低，约为0.03%，不能满足藻类培养的需要，因此，在培养过程中，常采用含有高浓度重碳酸盐的天然碱性水或采用燃烧气体等方法来补充CO_2。此外，培养基的pH必须是碱性的，以便形成重碳酸盐，使溶解的CO_2的压力与气相中的CO_2分压无关。表5-1-5列出了一些研究中采用的典型的藻类培养条件，表5-1-6为藻类生产中的某些参数值及其培养控制方法。

(2) 工艺过程　图5-1-2是某中试工厂的螺旋藻培养、收集和加工的流程图，其生产量为每天1t，培养单元是一个60～90cm深，$100m^2$大小的带有纵隔板的池塘，池中加入硝酸盐和铁盐，全年

表 5-1-5　　一些典型的藻类培养条件

微生物	碳源和能源	规模	温度/℃	pH	比生长速率μ/h^{-1}	培养密度	产率
小球藻(*C.pyrenoidosa*)	CO_2(0.7%),尿素(0.4g/L),日光灯(150klx)	2720L罐	39	4.5～5.8	0.0625	0.28%(体积分数)	1g/d
小球藻(*C.pyrenoidosa*)	CO_2(0.7%),日光灯(52klx)	2.7L	38	6.4～6.5		8.98g/L	36.5g/d
小球藻(*C.regularis*)	自养型：CO_2(5%),日光灯(40klx)	1L	36	6.5	0.26	6ml/L	—
	异养型(暗处)：乙酸(100ml/L)	20L发酵罐	36	6.8	0.28	15ml/L	0.48g/d(用酸)
栅列藻(*Sc.quadricauda*)	SO_2,日光	10L池	25～35	8.5～9.5		1g/L	12.6g/(m²·d)
最大螺旋藻	CO_2(0.7%),燃烧气体,重碳酸盐,日光	700m²池	环境温度				15g/(m²·d)
螺旋藻(*S.platensis*)	CO_2,日光	10L发酵罐	35～37	8～10.5	0.019	4.2g/L	

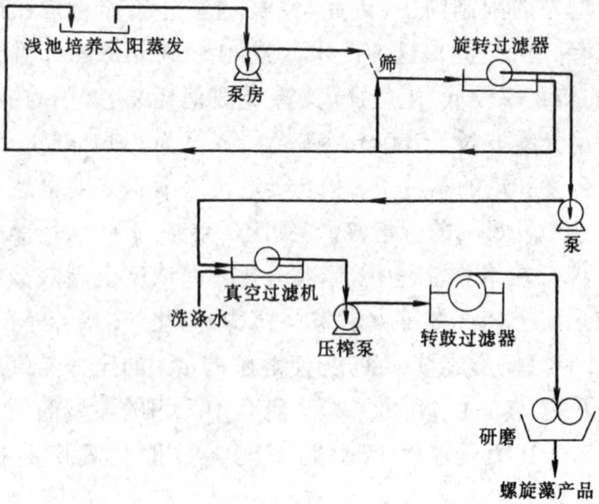

图 5-1-2　某中试工厂生产螺旋藻的工艺流程

平均日产量10g/m²。表5-1-6为藻类生产中的某些参数值及其培养控制方法。

表 5-1-6 藻类生产中的某些参数值及其培养控制方法

参　数	正常限度	控制方法
藻浓度	150～700mg/L	收集，稀释，循环，接种
深度	20～50cm	稀释，收集
水滞留时间	1.5～6.0d	稀释
植物浮游生物滞留时间	1.5～6.0d	生物量循环，稀释
动物浮游生物滞留时间	0.5～6.0d	收集，循环
水装罐	2.0～20cm/d	稀释
pH	6.00～10.15	CO_2，稀释
营养盐补充	不应受限制	补加或不补加稀释水
氧压力	0.25mg/L	混合，碳酸盐化
光吸收	吸收入射光99%～99.9%	混合

2. 细菌SCP和放线菌SCP的培养生产

(1) 培养条件　许多种细菌能利用糖、淀粉、纤维素(纯纤维素或农林废弃物)、烃类和石油化工产品等多种物质作碳源和能源。发酵方式可采用分批发酵和连续发酵。分批发酵的碳源和能源物质浓度为1%～5%，在连续培养中底物浓度可降低。在细胞生长培养基中碳氮比大约维持在10∶1左右，当氮含量降低时，可能会成为生长限制因子。在某些情况下，细胞内会积累脂类或聚β-羟基丁酸。无水氨液或铵盐是适宜的氮源。由于粗制的工业磷酸中含有砷和氟化物，常要用饲料级磷酸。为了避免腐蚀，要以硫酸盐和氢氧化物的形式添加铁、镁、锰等元素。pH可通过加氨水或磷酸控制在5～7。此外要注意的是，氧向增殖细胞传递是SCP生产的一个重要因素，尤其是以烃类、甲醇、乙醇和氢为原料时。为了更好地了解各种细菌和放线菌的培养条件，表5-1-7列出了一些典型的研究结果。

(2) 工艺过程　图5-1-3为英国帝国化学工业公司(ICI)开发的，以嗜甲基菌为生产菌种，采用由天然气制成的甲醇、无机盐和氨为培养基，连续生产细菌SCP的工艺流程。通过该工艺可以得到3%干细胞重的悬浮液，采用絮凝和浮选将菌体浓缩，最后

表 5-1-7 一些典型的细菌SCP和放线菌SCP生产结果

微生物	碳源和能源	规模	μ/h^{-1}	菌体密度/(g/L)	产率/(g/g底物)
不动杆菌	粗柴油	7.5L发酵罐	0.4～1.0	8～10	0.10～0.12
纤维单胞菌	蔗渣	530L发酵罐	0.20～0.29	10～16	0.44～0.50
荚膜甲基球菌	甲烷(6.7%)	2.8L培养基	0.14	0.4	1.00～1.03
甲基单胞菌	甲醇	$1000m^3$反应器(连续)	0.5		0.50
嗜甲基菌	甲醇	加压循环气升式发酵罐	0.38～0.50	30	0.50
假单胞菌	燃料油	6000L发酵罐(连续)	0.12	10	
胶质红假单胞菌	碳酸氢盐，麦麸	4L发酵罐，75W白炽灯	0.31	4.33(分批) 3.15(连续)	

将产物干燥。所得的产品称作Pruteen，其中蛋白质含量72%，总脂8.6%，赖氨酸和蛋氨酸含量较高，总营养价值与鱼粉相仿。但该工艺技术虽然试验获得了成功，由于生产的SCP成本高于市售的大豆蛋白，因此最终未能进行工业化生产。

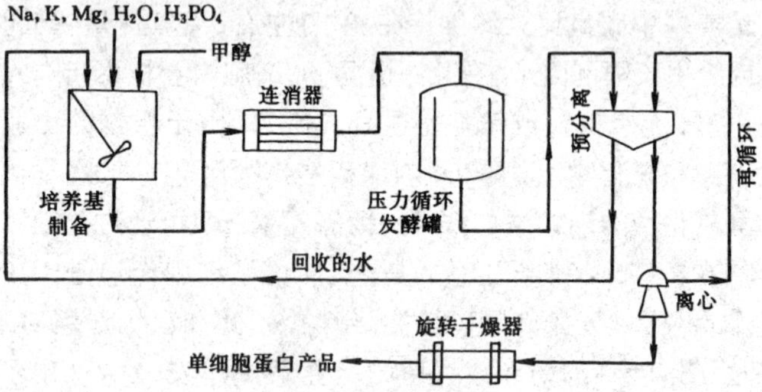

图 5-1-3 采用甲醇生产细菌SCP工艺流程

3. 酵母SCP的培养生产

(1) 培养条件 酵母SCP的生产原料包括正烷烃、甲醇、乙醇、柴油、汽油、啤酒厂废料、亚硫酸废液、淀粉、厌氧消化废液、糖蜜和乳清等。常用的酵母有假丝酵母、汉逊酵母、克鲁维酵母、红酵母和球拟酵母等。对食用级SCP产品，常采用酿酒酵母工艺，以糖蜜、木屑水解糖或亚硫酸废液等为原料。表5-1-8为一些典型的酵母SCP培养结果。

表 5-1-8　　一些典型的酵母SCP生产结果

微生物	碳源和能源	规　模	μ/h^{-1}	菌体密度/(g/L)	产率/(g/g底物)
解脂假丝酵母	正烷烃	1 800L发酵罐	0.16	23.6	0.88
热带假丝酵母	正烷烃	50 000L发酵罐	0.15～0.24	10～30	1.0～1.1
产朊假丝酵母	亚硫酸废液	Waldhof发酵罐	0.5		0.39
红酵母	生活废水	14L发酵罐	0.16～0.21	0.08	
酿酒酵母	甘蔗糖蜜	75～225m^3发酵罐	0.20～0.25	40～45	0.50
产朊假丝酵母	酒精废水	50m^3气升式发酵罐(连续)	0.6	8.0	

(2) 工艺过程　图5-1-4为无锡轻工大学以酒精蒸馏废液

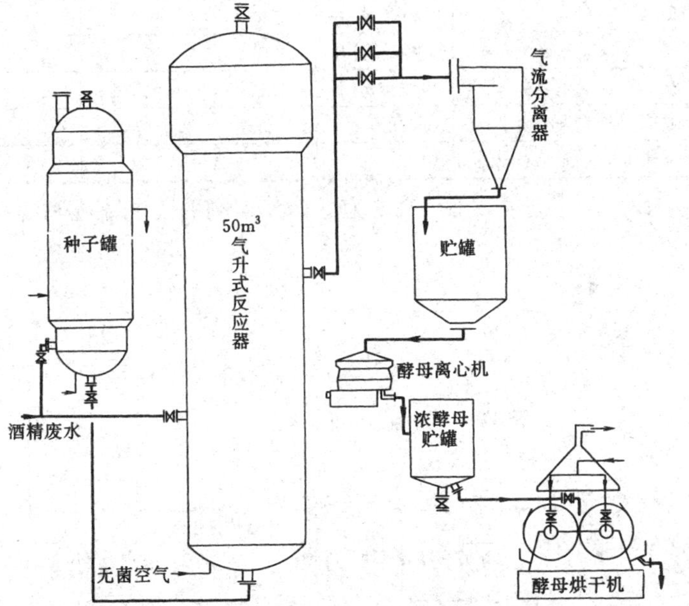

图 5-1-4　酒精废水培养酵母SCP的工艺流程

为原料，采用50m³气升式发酵罐，进行酵母(产朊假丝酵母)SCP连续培养的工艺流程。废水(添加尿素)连续泵入反应器，反应器温度控制在37°C，通气率300～350m³/h。培养后的酵母发酵液通过气液分离器，进入酵母离心机，最后经过干燥得到SCP产品。

4. 霉菌SCP和高等真菌SCP的培养

(1) 培养条件　有些高等真菌，如蘑菇，通常是以子实体生长在厩肥或人工堆肥上。一般碳源浓度在1%～10%，碳氮比可高达20∶1，一般为(5～15)∶1。氮源为无水氨液或铵盐，磷源可用磷酸。有时培养过程中要补加无机盐。pH一般为3.0～7.0。表5-1-9为一些典型霉菌和高等真菌的培养情况。

表 5-1-9　一些典型霉菌和高等真菌的培养情况

微生物	碳源和能源	规　模	比生产速率 μ/h^{-1}	培养物密度/(g/L)	产率/(g/g底物)
蘑菇	葡萄糖	250ml三角瓶		20.6	41
黑曲霉	角豆浸汁	3000L发酵罐	0.25	31.5	
地霉	玉米废弃物	37854L搅拌池		0.75～1.0	
香菇	葡萄糖	30L发酵罐	0.12	7.5	26
米曲霉	咖啡废水	18927L罐	0.037		45
小羊肚菌	亚硫酸废液	19L坛		1.9	65

(2) 工艺过程　图5-1-5为蘑菇栽培场的工艺流程和物料平衡。

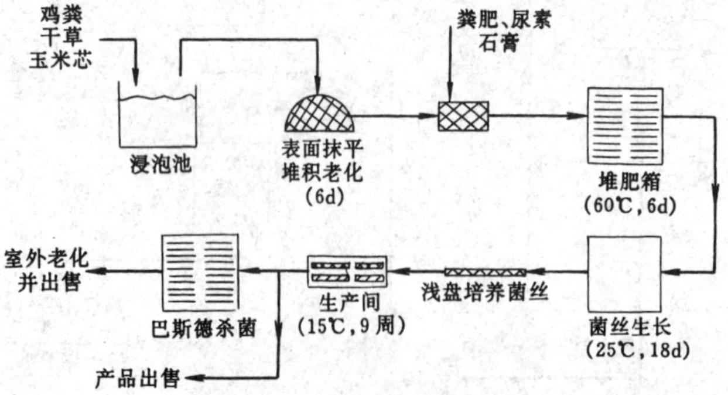

图 5-1-5　蘑菇生产工艺流程

5. 各种单细胞蛋白的产品质量

单细胞蛋白产品的质量主要包括下列几个方面:

(1) 营养价值;

(2) 安全性;

(3) 核酸或功能蛋白质的有毒成分的含量。

研究表明，人摄入藻类的每日允许量是30～40g，这类蛋白质含有丰富的β-胡萝卜素、维生素K和维生素C，但其可消化性较低，且味道欠佳。在藻类、酵母、霉菌和细菌中，核酸含量分别为4%～6%、6%～11%、2.5%～6%和16%。人每日摄入酵母核酸的最大允许量为2g，超过3g就会有引起肾结石或痛风的危险。曾有人吃了用乙醇培养得到的藻类、细菌和酵母蛋白质，出现了恶心、呕吐等肠胃不适的症状。各种单细胞蛋白在动物喂养过程中所起的作用如表5-1-10所示。

表 5-1-10　各种单细胞蛋白在动物喂养过程中所起的作用

SCP	底　　物	处理方式	饲料中量/%	动物	蛋白质可消化力/%	饲料转化比(kg/kg谷物)
小球藻		干燥物	10	鼠	86	
最大螺旋藻		干燥物	10	鼠	84	
嗜甲基菌	甲醇	干燥物	9.8	肉鸡		2.30
假单胞菌	甲醇	干燥物	10	肉鸡	88	2.58
解脂假丝酵母	正烷烃	干燥物	7.5	猪	92	3.04
产朊假丝酵母	亚硫酸废液	干燥物		鼠	85～88	
酿酒酵母	糖蜜	干燥物		鼠	80～90	
黑曲霉	角豆浸出物	干燥物	20	肉鸡		2.02

五、SCP生产及研究展望

90年代以来，SCP的生产和研究又出现了一些新的趋势。在以降低经济成本为主要目标的形势下，SCP生产和研究的重点集中在这样几个方面: (1) 采用价值低的原料或废料，如木质纤维素、农作物废料或工业有机废物。(2)在SCP生产同时得到副产物，如脂类、麦角甾醇、D-甘露糖醇、D-阿拉伯糖醇以及有机酸和氨基酸等，从而使得SCP生产成为经济上更为合算的多产品发酵。(3)选育倍增时间短、蛋白质含量高、耐高温、抗污染的优良菌种。如采用对SCP产生菌的进行遗传工程改良，不仅可提高菌种产量和碳源转化率，而且还可提高其蛋白质、必需氨基酸含量。(4)开发高效、节能的发酵设备。如在我国，近几年来相继开发研究了高供氧强度的外循环气升式反应器、发酵条件稳定的圆盘式固态发酵器、高生产强度的流化床反应器以及脉冲溢流自通风反应器。(5)开发新蛋白质资源，如螺旋藻、光合细菌等。总之，今后SCP工业的发展应加强研究与开发，大规模降低生产成本，提高产品的竞争能力。

第二节　纤维质原料生产酒精

一、前　　言

在过去的几十年中，人们对利用地球上的木素纤维材料转化为有用的发酵产品，如燃料酒精(乙醇)，产生了广泛的兴趣。世界生产和目前储存的纤维质生物量比任何一种碳水化合物都要多得多。如果每年太阳照射到地球上的平均能量是3.67×10^{21}kJ/a，地球上的光化合成效率以0.07%计，则能转化2.57×10^{18}kJ的能量成为生物体中的纤维素，这一效率可净生产1.8×10^{11}t生物可降解材料，其中40%为纤维素。据估计，每年陆地上会产生$(1\sim1.25)\times10^{11}$t的干物质，海洋中则有$(0.44\sim0.55)\times10^{11}$t。因此，纤维素是一种十分巨大的潜在能源，而且它会年复一年地生成，所以是一种再生资源。目前这一潜在资源的利用大约只是地球上总贮量的0.5%。

利用纤维作为能源可以有许多种方法，例如直接燃烧；甲烷发酵生成沼气；干馏制备甲醇；高温裂解，再氢化生成人造汽油(液体烃)和酒精发酵等。实际上，木质纤维素的利用技术开始于本世纪的40～50年代。但是，由于在纤维素水解成单糖方面存在着一些技术和经济方面的问题，由此大大地影响了这一技术的进一步工业化发展。70年代以来，纤维素和半纤维素生产酒精的研究取得了突破性的进展，纤维素和半纤维素已成为最有潜力的酒精生产原料。

二、用于酒精生产的纤维素原料

1. 农作物纤维废物

每生产1kg谷物就会产生1～1.5kg的纤维质废物。常见的纤维质废物有麦草、稻草、玉米秆、高粱秆、花生壳、棉籽壳、稻壳，等等。我国每年农作物的秸秆产量接近5×10^8t。美国每年有谷物废物和锯木渣500×10^6t，如果将其转化成酒精，可得到1.2×10^{11}L，净能量可达到2.47×10^{15}kJ/a。表5-2-1为世界有代表性的谷物及其废物的年产量。

表 5-2-1　全球代表性农作物及其废物的年产量

来源	年生产面积/10^3hm^2	年生产量/10^3t	废物比例/(t/hm^2)	废物产量/10^3t	潜在的葡萄糖产量/10^3t
小麦	224 111	363 945	3.0	672 333	208 420～342 890
大米	137 395	329 358	7.4	1 016 700	325～340
玉米	112 346	311 030	5.6	629 140	220 200
甘蔗	11 667	57 850	1.8	21 000	9450～11 550
燕麦	32 250	54 374	4.0	129 000	43 473

注：$1hm^2$(公顷)$=10^4m^2$。

天然纤维原料是由纤维素、半纤维素、木质素三大部分组成。许多植物体中半纤维素的含量接近或略少于纤维素。表5-2-2为农作物废物的组成成分。

2. 森林和木材加工工业废物

森林采伐时，有许多纤维废物产生，如树枝、树梢(占整个树的

表 5-2-2　　代表性农作物废物的组成成分　　单位：%(干物质)

废物	己糖			戊糖		木质素	灰分	酸不溶物	其他
	葡萄糖	甘露糖	半乳糖	木糖	阿拉伯糖				
大麦草	37.5	1.26	1.71	15.0	3.96	13.8	10.8	2(±1)	—
玉米秆	35.1	0.25	0.75	13.0	2.8	15.1	4.3	1(±1)	4(P)
稻草	36.9	1.6	0.40	13.0	4.0	9.9	12.4	2(±1)	—
稻壳	36.1	3.0	0.10	14.0	2.6	19.4	20.1	—	—
高粱秆	32.5	0.8	0.20	15.0	3.0	14.5	10.1	1(±1)	1(P)
小麦草	32.9	0.72	2.16	16.9	2.1	14.5	9.6	3(±1)	3(P)

注：P指蛋白质。

4%～12%)、树桩(占木材产量的4%～5%)。另外，森林中不成材的树木和枯秆也占整个木材储藏量的15%。三者相加达木材贮量的23%～32%。木材加工工业中，边角料和木屑占加工木材量的25%～30%，其中木屑占1/3。

3. 工厂纤维和半纤维素废物

糖厂的甘蔗渣、纸厂的废纸浆、纺织厂的废花等是主要的工厂纤维废物；甘蔗渣、废甜菜丝、造纸用草料等中的半纤维素则是工厂主要的半纤维素废物。这些废物如果能利用来发酵生产酒精，则是一笔相当大的资源。如我国年产约600万吨甘蔗渣，如果全部利用，至少可生产70万吨酒精；又如我国每年用于造纸的草料约588万吨，按含半纤维素20%计，至少可生产近35万吨酒精。但由于这些废物也可用于造纸、用作饲料、燃料等，故是否能用于酒精生产，还存在成本和产品价值的竞争问题。应注意的是，废物中的半纤维素被利用生产酒精以后，剩下的纤维素仍可利用。果蔬加工业也是纤维质废物的潜在提供者。但由于这一工业具有生产的高度分散性、季节性(一年中35%的时间完成75%的加工量)，以及废物组分的高度不稳定性和固液共存的特性，使得这类废物在大规模利用上还存在一些困难。

4. 城市废纤维垃圾

城市生活垃圾中，有相当一部分是纤维垃圾，而且，随着人们生活水平的日益提高，纤维质垃圾在整个垃圾中的比重会不断增加。在发达国家，城市废纤维垃圾已经成为一种数量可观、来源稳定的纤维质资源，也是一种再生资源。在80年代，美国全国每天的纤维质垃圾量已达28×10^6t，而英国每年的生活垃圾数量已达到整个纤维废物总量的58％。城市垃圾的最大优点是有现成的回收系统，特别是近10年来，世界各国都大力推广垃圾袋装分类收集方式。城市垃圾的另一个优点是其已不是天然纤维素，容易被酶和酸水解。利用城市垃圾也要解决一些问题，如在很多地方还需要采用机械的或其他手段将其中的纤维垃圾部分分离出来；城市垃圾容易被有害物质和病原菌、昆虫等污染。

三、纤维的预处理

由于木质素、半纤维素对纤维素的保护作用以及纤维素本身的结晶结构，天然的木质纤维素直接进行酶水解时，其水解程度是很低的，即纤维素水解成糖的百分率很低，一般只有10％～20％。美国加州Berkeley大学对一些农作物废物直接酶水解的结果见表5-2-3。［实验条件为：纤维废料粉碎至2mm直径大小，用0.05mol/L醋酸缓冲液配制成5％(质量分数)的悬浮液(pH＝5.0)，45℃下搅拌(180r/min)，水解40h。酶液的酶活力为0.19IU纤维素酶活力和0.68IU纤维二糖酶活力］。

表 5-2-3　农作物废物直接酶水解成糖的情况

原料	葡萄糖	纤维二糖	木糖	阿拉伯糖	葡萄糖和木糖转化率/％	五碳糖转化率/％	总糖转化率/％
大麦草	7.0	0.8	3.05	0.81	18.8	17.9	17.7
玉米芯	11.2	0.5	3.01	0.62	30.1	25.7	26.7
轧棉废花	5.3	0.5	0.03	0.01	29.2	0.6	20.1
稻壳	5.3	0.3	0.33	0.08	15.8	2.5	10.9
稻草	17.5	0.01	2.55	0.84	42.7	17.6	33.4
甜高粱秆	10.5	0.5	1.08	0.51	30.5	7.8	21.9
小麦草	8.9	0.01	2.45	0.56	24.4	15.7	19.4

注：表内糖的数据为折算成100kg原料得到糖的公斤数。

表5-2-3的数据是将原料粉碎到2mm大小时酶水解的数

据，如果不粉碎，则酶水解率将更低。因此，为了提高酶水解率，对木质纤维素进行预处理是必要的。通过预处理来解除木质素、半纤维素等对纤维素的保护作用和破坏纤维素的结晶结构，增加其表面积，以达到提高酶水解率的目的。

纤维素预处理的方法有物理法、化学法和微生物法等几类。本书只介绍化学预处理法和微生物法中的几种。

1. 氢氧化钠处理法

氢氧化钠处理可以使木质素的结构裂解，半纤维素部分溶解，纤维素则因水化作用而膨胀。纤维素的结晶度也有所降低。只要经过处理的纤维素能保持湿润，则上述的变化就得以保持。但是一经干燥，这些变化就会不可逆转地消失。

据报道，处理每克物料用碱量为0.1～0.15g时，纤维素的酶水解率最高，这样处理1t纤维素所花的成本为22～23美元。用于每1t纤维素磨碎、混合、中和及洗涤等费用为44～46美元，因此，总处理成本达每1t66～69美元。此外，也有研究发现，在碱处理的同时将物料加热，可以大大提高纤维素的水解率。

碱处理除用氢氧化钠外，还可以采用氢氧化铵，但是后者处理时间要长几倍，而且效果也不如前者好。

氢氧化钠法的主要缺点是被处理物料的体积密度很低，如悬浮液浓度为4%～5%时已经太厚，以致对搅拌和输送不利。这样低的浓度从酒精回收角度来说是不经济的。

2. 溶剂处理法

已知纤维素的结晶结构在溶解于溶剂中后会部分解体。当这些纤维素再次沉淀出来时，其结构是比较容易被纤维酶水解的。为了区别于自然界的纤维素结构，人们称天然纤维素结构为纤维素Ⅰ，而再沉淀的纤维素为纤维素Ⅱ。利用这个规律可使棉绒酶水解程度提高10倍。可用的溶剂有磷酸，但磷酸的效果虽好，价格较贵，难以商业性应用。

美国普度大学曹祖宁教授等采用一种叫“Cadoxen”的溶剂

来处理纤维素，取得了良好的效果。Cadoxen是一种由乙烯二胺和镉氧化物组成的碱性溶液。先将纤维素溶解在上述溶剂中，然后加水，使纤维素再次沉淀出来。这种再沉淀出来的纤维素就是容易水解的纤维素Ⅱ。用Cadoxen处理的纤维物料只要5h左右就有80%以上可被糖化，而未经处理的则最高水解率仅20%左右。如果用稀酸将纤维中的半纤维素事先去掉，再用溶剂处理，则纤维素的酶水解程度会更高。由于已知溶剂处理阶段的成本在纤维素糖化过程的总成本中占第二位，所以采用的溶剂应该能够回收。上述溶剂Cadoxen是可以回收的。

3. 稀酸预处理法

由于半纤维素在100℃以下就能较好地溶解在稀酸中，为此可以用2%浓度的硫酸在100℃或100℃以下对甘蔗渣进行处理。处理是在柱形反应器内进行，处理后用连续逆向多级萃取法将半纤维素水解产生的糖萃取出来。这种水解液的总糖浓度可高达1.4%。半纤维素水解液经中和后用来制备酒精或其他产品，剩下的纤维素可供进一步酶水解或酸水解用。也有人建议用稀酸高温(160～220℃)短时间(<1min)处理纤维物料。

稀酸处理既对纤维物料进行了预处理，又可以得到半纤维素水解的糖液，这是该法的一大特点，只要很好地将后者利用，此法将是一种有发展前途的预处理方法。

4. 分解木质素的微生物处理法

自然界存在许多能分解木质素的微生物。利用它们不仅可以除去纤维素的木质素的外壳，而且可以得到有价值的副产品——单细胞蛋白。采用生物处理方法所要求的条件要比化学方法缓和得多，因此，副反应和可能生成的抑制性产物比较少。

本方法的困难在于要选育木质素分解活力高而纤维素酶活力低的菌种。根据最近研究，在木腐菌(白腐菌、褐腐菌、软腐菌等)中，以白腐菌的木质素分解能力最强。

纤维素预处理方法虽然很多，但是既有效又经济的方法至今还没有。开展新的预处理方法的研究是纤维原料生产酒精工艺的一个重要研究课题。

四、纤维素酸水解

1. 植物纤维酸水解机理

植物纤维的水解主要是指纤维素和半纤维素的水解。纤维素实质上是一种己聚糖，半纤维素则主要是戊聚糖。因此，植物纤维水解可以用下列方程式简单地表示：

$$\underset{\text{己聚糖}}{(C_6H_{10}O_5)_n} + nH_2O \longrightarrow \underset{\text{葡萄糖}}{nC_6H_{12}O_6}$$

$$\underset{\text{戊聚糖}}{(C_5H_8O_4)_n} + nH_2O \longrightarrow \underset{\text{戊糖(以木糖为主)}}{nC_5H_{10}O_5}$$

理论上每162kg己聚糖可以得到180kg己糖，而132kg戊聚糖可得150kg戊糖。一般认为己聚糖的n为1 000～10 000，戊聚糖的n为60～200。

为了加快水解反应，可采用无机酸作为催化剂。常用的无机酸有硫酸和盐酸。无机酸催化纤维素分解的机理是：酸在水中解离并产生氢离子H^+，后者进一步与水构成不稳定的水合氢离子H_3O^+($\begin{array}{c} H \\ | \\ H—O^+ \\ | \\ H \end{array}$)，当纤维素链上的$\beta-1,4$葡萄糖苷键和水合氢离子接触时，后者将一个氢离子交给$\beta-1,4$葡萄糖苷键上的氧，使得这个氧变成不稳定的4价氧。当氧键断裂时，与水反应生成两个羟基，并重新放出氢离子H^+。后者可再次参与催化水解反应。

$$\begin{array}{cccccccc} R & H & & R & & H & & R \\ | & | & & | & & | & & | \\ O+ & {}^+O—H & \rightarrow & {}^+O—H & + & O & \rightarrow & {}^+OH+H^+ \\ | & | & & | & & | & & | \\ R & H & & R & & H & & ROH \end{array}$$

溶液中氢离子浓度愈高，水解速度愈快。氢离于是由酸解离而来的。强酸解离完全，故水解时都用强酸。

实践证明，在一定的酸浓度范围内，纤维素水解反应的速度与酸的浓度呈正比。温度增加，酸水解反应的速度也加快。一般认为，温度增加10°C，水解速度提高1.2倍。

纤维素水解时产生的单糖在水解过程中会进一步分解，生成各种糖的分解产物。这些分解是水解过程所不希望的，所以减少水解过程中单糖的分解是水解工艺要解决的重要问题。

2. 浓酸水解

浓酸水解是两种纤维素水解工艺中的一种。结晶纤维素在较低的温度下(10～45°C)能完全溶解于72％的硫酸和42％的盐酸中。由于浓酸中水分较少，所以溶解了的纤维素分解生成的是寡糖而不是葡萄糖。寡糖中主要是纤维四糖。葡萄糖即使生成，其数量也是很少的。纤维素溶解在浓酸中后，加水稀释到较低的酸浓度并加热至100～200°C，1～3h。这时，纤维四糖等寡糖进一步分解成葡萄糖。浓酸水解纤维素的过程如下：

纤维素 →（浓酸）→ 膨胀和溶解 → 部分水解生成低分子多糖和少量单糖 →→→（加水稀释、加热）→ 进一步水解生成单糖 →→ 单糖进一步分解

浓酸水解动力学与纤维基质的结构细节和结晶度无关，而且产率可达到潜在的葡萄糖量的90％以上。

浓酸水解的主要缺点是酸必须回收利用，并且经济上能过关。但是酸回收过程通常是高成本的。使用盐酸的一个优点就是它是挥发性的，可以采用真空蒸馏的方法来回收，而硫酸则不能。浓酸水解的另一个问题是要求采用防腐蚀的容器。由于反应时间较长，容器的体积还必须较大。

3. 稀酸水解

稀酸水解用的酸浓度为0.3％～3％，温度为100～200°C。稀酸水解时，大部分半纤维素溶解于酸溶液中。因此，半纤维素水解反

应实际上是在溶解状态下进行的，反应速度相当快。纤维素和剩下的一部分半纤维素则呈不溶解状态，反应主要在表面进行。此时酸和纤维素的接触面积小，反应速度很慢。据测定，上述两种反应的速度要相差100倍左右。

根据这个特点，工业生产上纤维的水解可以分阶段进行。第一阶段在较温和的条件下(100℃左右)进行，使半纤维素分解，所得半纤维素水解液可用来生产SCP或酒精等产品。剩下的物料进入第二阶段水解，即在较强烈的条件下进行纤维素分解。

Saeman(1945)研究了稀酸水解过程，用的是浓度为0.4%～1.6%的硫酸，结果发现酸水解动力学是一级反应，它包括两个反应阶段：

$$\text{纤维素} \xrightarrow{K_1} \text{糖} \tag{5-2-1}$$

$$\text{糖} \xrightarrow{K_2} \text{分解产物} \tag{5-2-2}$$

按照经典的阿累尼乌斯(Arrhenius)反应动力学，反应常数K_1、K_2与温度有关。这样就可以把原料产生的净还原糖部分看作是时间的函数，由此得到以下公式：

$$\frac{m_B}{w}=\frac{K_1}{K_2-K_1}(e^{-K_1t}-e^{-K_2t}) \tag{5-2-3}$$

式中 m_B——生成的净还原糖量(g)

w——起始纤维素浓度(g/100g物料)

t——时间(h)

K_1、K_2——反应速度常数(h^{-1})

纤维素和葡萄糖的分解活化能分别为189 000和137 000kJ/mol，因此，在数值上K_1和K_2是很接近的。虽然m_B/w值是随着温度和酸浓度的增加而提高，但是，相当数量的单糖分解产物也同时生成。图5-2-1列示了在180℃下，0.6% H_2SO_4溶液时的酸水解曲线。纵轴表示纤维素转化为还原糖的百分数。如果没有单糖分解产品的生成，则反应将按曲线B(理想动力学)进行。曲线A是根据动力学[公式(5-2-3)]数据作出的。木材糖化过程的真实走向用虚线C表示，它位于曲线B和A之间。利用稀酸(H_2SO_4)的工艺过程，还原糖的得率为总糖量的65％～80％。

根据动力学的数据可知，稀酸水解产糖速度在采用高温(250°C)和短时间处理时会有实质性的提高，但是，在这种高温过程中会发生一些半纤维素的副反应，并形成一些对后续发酵有抑制作用的产品。这是高温稀酸水解的主要缺点。当然高温过程能量消耗也是巨大的。

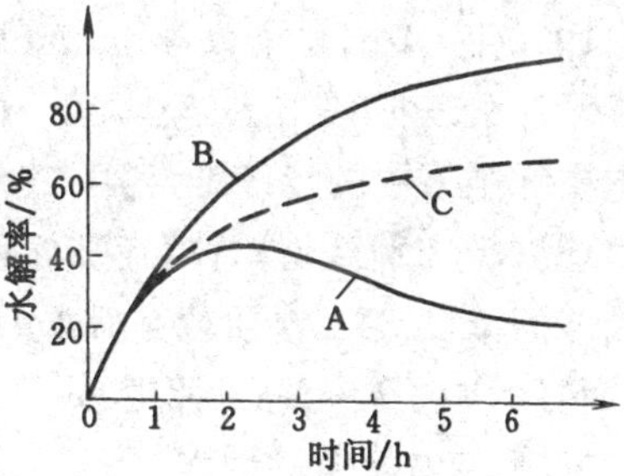

图 5-2-1　纤维素稀酸水解时葡萄糖的生成

A—Seaman的水解动力学曲线
B—理想水解动力学曲线(无产品分解)
C—实际水解动力学曲线

为了达到图5-2-1中的理想水解动力学曲线B，就要尽快地将从纤维素分子链中释放出来的糖移去。要做到这一点，就要往水解基质中加入无限量的萃取液体。这将使萃出液中的糖浓度接近等于零。这对生产实际是没有意义的。1980年，Wayman提出多级水解法来解决这个问题。该法用2％ H_2SO_4，在190°C条件下处理白杨，每阶段20min。每阶段水解可从纤维素中释放约20％的葡萄糖，如果这些糖都能及时排出，则经过5个阶段，还原糖的总得率可达90％(图5-2-2)。

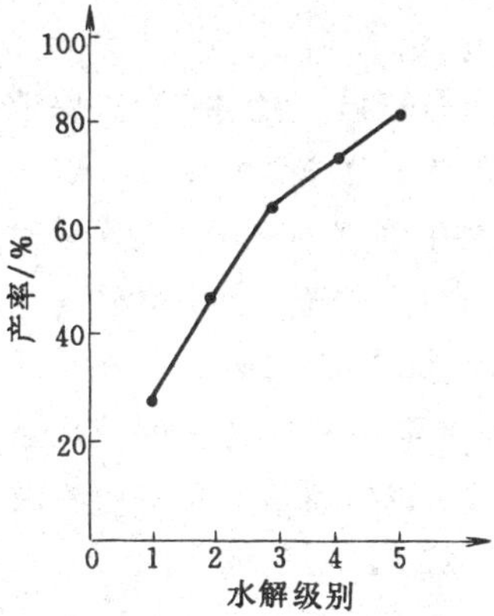

图 5-2-2　白杨稀酸多级水解
(产率占理论值的百分数)
2％H_2SO_4，190°C，每阶段处理20min

稀酸水解的总成本要较浓酸低不少。因此，酸回收就不一一定需要了。

一般说来，稀酸水解的缺点在于糖的得率较低，能量消耗较大(因为要在高温高压下进行)和仍需要耐酸材料(比浓酸要好一些)。

4. 序列阶段酸水解

1979年，美国普度大学Ladisch提出采用浓酸和稀酸水解的纤维素序列三阶段酸水解法。第一阶段是预水解，它是水解和萃取木质纤维素中的半纤维素;第二个阶段是主水解，它是将纤维素水解成寡糖和葡萄糖单体，而寡糖和葡萄糖之间的比例则决定于所用酸的浓度;第三个阶段是后水解阶段，它是保证寡糖水解的阶段，而寡糖中主要是纤维四糖。

5. 影响酸水解的因素

(1) 原料的种类和粉碎度　原料与酸的接触面愈大，水解效果愈理想。为此，农作物废物或其他废纤维进行水解时，应事先进行粉碎，以增加接触面和有利于酸渗入纤维束内部。但如果粉碎过细，一则会增加电能的消耗，另外在进行水解时也会因密度过大而影响到滤出速度。一般稻草切成2～3cm长即可。棉子壳水解时可以不加粉碎。

(2) 酸的种类和用量　盐酸催化能力较强，但价格较高，腐蚀性也强。所以工业生产上往往使用粗硫酸作为水解用酸。

从理论上讲，酸的浓度提高1倍，在其他条件不变时，水解时间可缩短1/3～1/2。通常采用稀酸常压水解时，硫酸浓度为2%～3%;采用稀酸加压水解时，酸浓度为0.5%～1%。

(3) 液比系数　水解时液体和纤维素原料的比例叫液比系数。它与糖的产量、水解液中糖的浓度、酸的用量等都有很大关系。通常，液比系数F可以按下式进行计算:

$$F=\frac{m_A+m_B+m_C-m_D}{m} \tag{5-2-4}$$

式中　m_A——水解过程中加入的稀酸量(kg)

m_B——加热酸、原料、设备等消耗的蒸汽量(kg)

m_C——原料内的水分(kg)

m_D——水解反应所消耗的水分(kg)

m——纤维原料的绝干量(kg)

一般来说，液比系数增加，单位原料的产糖量也增加，但水解液中糖的浓度下降，酸的用量增加。因此，在进行水解前要根据原料的性质和对水解糖浓度的要求来决定合适的液比系数。一般液比系数是5～10。

(4) 水解时间和温度　温度对水解速度影响很大。温度愈高，纤维素酸水解的速度愈快，但已生成的单糖的分解速度也愈快。温度升高10℃，反应速度加快可1/2～1倍，但高温持续时间过长，单糖的分解加剧。因此，一般采用高温时，应为稀酸短时间水解；如是较低温度时，则可采用较浓的酸和较长的时间进行水解。

为了减少生成糖分的分解，应该采用分段水解法或渗滤水解法，以缩短生成单糖在水解器中停留的时间，达到减少单糖分解造成损失的目的。

6. 稀酸水解的几种常用方法

常用的稀酸水解方法见图5-2-3。

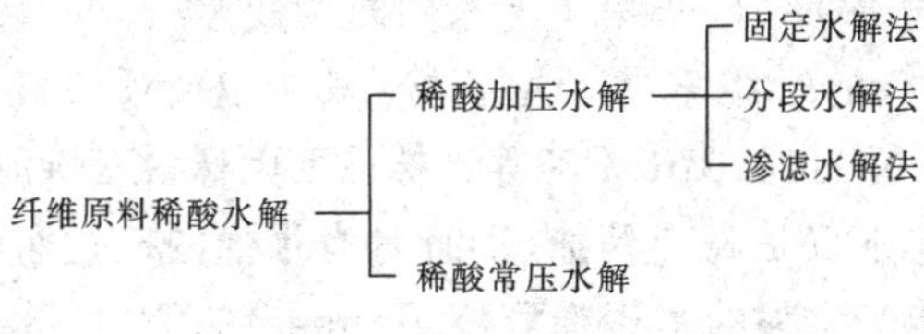

图 5-2-3　常用的稀酸水解方法

固定水解法是最原始的方法。水解液是在整个水解过程完成后一次性排出的。由于水解生成的糖的分解现象严重，因此，糖的得率低，质量差，纯度低。但是，此法对设备和操作的要求也低。

分解水解法如前所述是将半纤维素和纤维素的水解分阶段进行，由此可以保证两者的水解都在各自最适宜的条件下进行，生成的糖较少分解，各项指标均优于前法。

渗滤水解法是将稀酸溶液从水解器上部不断淋入，水解液从下部连续排出。从水解机理的角度来看是比较合理的水解方法。

稀酸常压水解法主要用于木质纤维素的预处理和玉米芯等半纤维素含量高的原料的酸水解。该法可使大部分半纤维素分解。

五、纤维素酶水解

1. 纤维素酶水解的理论

(1) 纤维素酶的来源　细菌、放线菌和高等霉菌中有不少菌种都能在纤维素上生长。凡是不仅能利用可溶性纤维素衍生物，而且可以利用天然木质纤维素的菌都属于真纤维素分解菌，它们都能分泌纤维素酶系统。但是其中大多只能利用变性后的纤维素，其原因是这些菌缺少一种或一种以上分解结晶纤维素所必需的纤维素酶系统的组分。

里斯木霉(*Trichoderma reesei*)是研究得最多的能分解天然纤维素的微生物。野生的*Trichoderma reesei*是美国陆军Natick研究所当年在新几内亚从腐烂的子弹带上分离得到的。为了提高它的产纤维素酶能力，采用了一系列的诱变方法，并得到了不少具有优良性能的纤维素酶产生菌株。其中以QM-9414(ATCC 26921)、Rut-NG14和Rut-C30等三株诱变菌株最有价值。特别是Rut-C30，它不仅是高产菌株，而且具有很强的抗代谢产物抑制的能力，也能产生强的木聚糖酶(Xylanase)的活力。我国无锡轻工大学生物工程学院以QM-9414为出发菌株，通过NTG和紫外线交叉诱变，再用葡萄糖结构类似物D-2脱氧葡萄糖处理，得到一个诱变株QMJW-20，其滤纸酶活力和β-葡萄糖苷酶活力分别比出发菌株高1.7和1.4倍。但是，里斯木霉的诱变株常常存在两个缺点：一是β-葡萄糖苷酶的活力比较低，所以它分解纤维二糖的能力不够强；二是它不耐高温，使用时最高温度为50°C。

(2) 纤维素酶系统　里斯木霉分泌的纤维素酶并不是一个单一的酶，它是一个由3个基本成分组成的酶系统。只有在这3个组分协同作用下，才能使纤维素顺利地分解为最终产物——葡萄糖。最近的研究表明，这些组分还包含一些同功酶：

内切β-1，4葡聚糖酶类(EC3.2.1.4)，也叫CMC分解酶，或C_x酶。这一类酶是内切酶，包括有几个随机程度不同的组成分，它们作用于纤维素大分子的内部，随机切割β-1，4葡萄糖苷键，同时生成许多新的分子链末端。

外切β葡聚糖酶类(EC3.2.1.91)，也叫微晶纤维素分解酶，或C_1酶。此类酶含有两个酶系，即β-1，4-葡聚糖葡萄糖水解酶和β-1，4-葡聚糖纤维二糖水解酶。这两酶都作用于纤维素分子链的非还原性末端，前者切割β-1，4键，产物是葡萄糖；后者切下的产物是纤维二糖。

β-1，4-葡萄糖苷酶(EC3.2.1.21)，也叫C_b酶。它能水解纤维二糖和短链寡糖为葡萄糖。

由里斯木霉分离所得纤维素酶的一些性质见表5-2-4。

表 5-2-4　　里斯木霉纤维素酶的一些性质

酶的类型	相对分子质量	等电点	碳水化合物含量/%
外切β-1，4-葡聚糖酶	42 000	3.79	9
内切β-1，4-葡聚糖酶 I	12 500	4.60	21
内切β-1，4-葡聚糖酶 II	50 000	3.39	12
β-葡萄糖苷酶	47 000	5.74	0

应该说明的是，不同研究者测得的上述3种酶的一些性质不完全相同。

(3) 纤维素酶水解机制　1950年，Reese等首次提出了纤维素酶水解机理的假说。这个双阶段分解过程的假说是以有些菌能分解天然纤维，而有的只能分解纤维衍生物为出发点。C_1酶被认为是通过使纤维链初步活化或分解而使水解开始。然后是C_x酶分解纤维素大分子为可溶性的纤维寡糖。真纤维分解菌由于能分泌C_1

酶，所以它能分解天然纤维素，而非真纤维菌不分泌C_1酶，所以只能分解纤维衍生物。

以后的研究表明，实际情况和Reese当时的假说相反。C_1酶是外切葡聚糖酶类，它是作用于由C_x酶作用后产生的短分子链的。研究也表明C_1和C_x酶具有很强的增效作用。纯化了的C_1和C_x酶单独作用于天然纤维素效果都很差，但如将它们按原来的比例组合起来，就能恢复原来的高活力。C_b酶的作用也是很重要的。Woodward和Wiseman1982年报道，单独用里斯木霉的纤维酶水解蔗渣等纤维素，由于缺少C_b酶，纤维转化率不高；如果将木霉纤维素酶和黑曲霉纤维素酶一起使用，则水解率将大大提高。

关于纤维素酶水解的机制至今仍无完全统一的认识，但对一些基本的概念已经有共识。纤维素的酶水解是由C_1、C_x和C_b酶协同作用的结果。C_x酶在纤维素分子链的内部部位随机切割纤维素分子，为随后的C_1酶作用增加反应末端。在C_1酶的作用下，生成大量纤维二糖。后者被C_b酶进一步分解成为葡萄糖。纤维素就是这样在3个酶的协同作用下分解成为葡萄糖。从酶体系作用的观点来看，纤维素水解模型如图5-2-4所示。

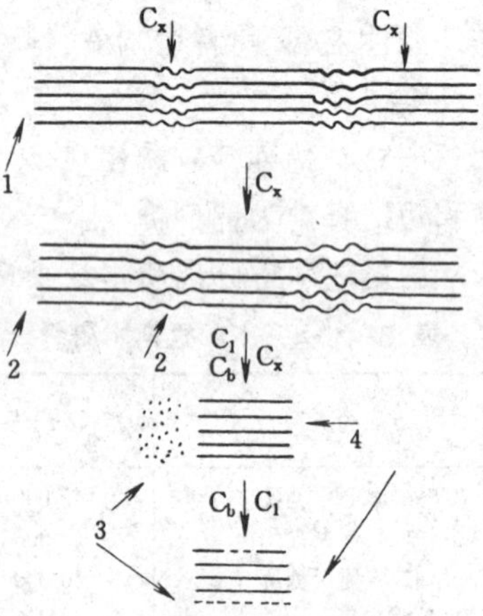

图 5-2-4 纤维素酶水解模型

1—破裂末端 2—短链组分

3—可溶性糖 4—残余晶体

由上图可见，天然纤维素在C_x酶的作用下，非结晶区首先被分解成短链成分，并且在C_1和C_b酶作用下进一步分解成为可溶性糖。但是结晶部分只有表面分子被C_x分解，这一部分随后也被C_1和C_b酶协同作用而转化成可溶性糖。剩下的是残余结晶体。

纤维素酶水解动力学至今尚无一致的认识。大多数人认为，该反应是按照包括产品抑制效应的Mechaelis-Menten动力学进行的。与此形成对照的是Ghose和Das于1971年发现，纤维素酶水解是按照一级反应动力学进行，其公式是:

$$t=\frac{1}{K}\ln\frac{w_{S_0}}{w_{S_0}-w_P} \tag{5-2-5}$$

式中 t——时间(h)

K——反应常数

w_{S_0}——起始纤维素浓度(%)

w_P——产物(葡萄糖)浓度(%)

2. 纤维素酶和木聚糖酶生产

纤维素酶生产可采用液态发酵和固态发酵两种方式。迄今为止，大规模生产的纤维素酶以固态发酵法为主。

(1) 纤维素酶液体发酵生产工艺　纤维素酶液体发酵生产方法文献上有许多报道，这里以美国加州大学Berkeley分校C.R.-Wilre等人综述的方法为主作简单的介绍。

a. 种子制备：常用的纤维素酶生产菌株有里斯木霉Rut-C30和QM-9414。菌种是保存在PDA培养基(土豆-葡萄糖-琼脂斜面或土豆斜面培养基)上。生产用的种子按以下制备过程进行生产。

PDA斜面菌种

↓

500ml三角瓶，装含无机盐的培养液200ml(1%葡萄糖，Tween-80 0.01%，消泡剂0.1%)，接种后在回转式摇床，28°C，培养72h

↓

200ml含无机盐的培养液(1%Solka Floc, Tween-80 0.01%，消泡剂0.1%)于500ml三角瓶中，接入上述摇瓶液，回转式摇床，28°C，96h

↓

发酵罐(5～14L)

b. 发酵培养基：纤维素酶发酵用培养基见表5-2-5。

表 5-2-5　　纤维素酶发酵培养基组成

组成/(g/L)	纤维素含量/(g/L)			组成/(g/L)	纤维素含量/(g/L)		
	10	25	50		10	25	50
$(NH_4)_2SO_4$	1.4	3.9	11.5	NH_2CONH_2	0.3	0.3	0.57
KH_2PO_4	2.0	2.0	3.6	蛋白胨	1.0	1.6	2.9
$MgSO_4$	0.15	0.15	0.3	Tween-80	0.2	0.2	0.2
$CaCl_2 \cdot 2H_2O$	0.4	0.4	0.79				

注：培养基中另加微量元素(mg/L)：$FeSO_4 \cdot 7H_2O$ 5.0，$MnSO_4 \cdot H_2O$ 1.6，$ZnSO_4 \cdot 7H_2O$ 1.4，$CoCl_2$ 2.0；Rut-C30不用尿素。

c. 纤维素酶液态发酵：可采用间歇发酵法或连续发酵法。

间歇发酵法：纤维素酶间歇发酵是在装备有pH、温度、溶解氧和泡沫控制器及搅拌器等的发酵罐内进行。培养工艺条件是：前48h控制温度30°C，以后为28°C。开始发酵24h内pH不低于4，然后下降到2.9，保持24h，最后48h内pH又回升到3.3，并继续上升，最终可达5.0左右。

如果前两天内温度控制30°C，pH5，而不是pH4，则细胞干重会比pH4时高。但这时碳水化合物的消耗量过大，会导致产酶时营养不足而使产酶量降低的现象。如果两天后发酵温度仍为30°C，而不是28°C，则滤纸酶活力要降低30％。间歇发酵时的溶解氧要保持在20％的饱和度水平以上。关于纤维酶生产工艺也有其他报道，例如有人认为，培养过程中的pH不必人为控制。这可能是因为采用菌种或培养基不同造成的。用Rut-C30为菌种，在发酵全过程温度控制25°C，pH为5的条件下产酶最佳。

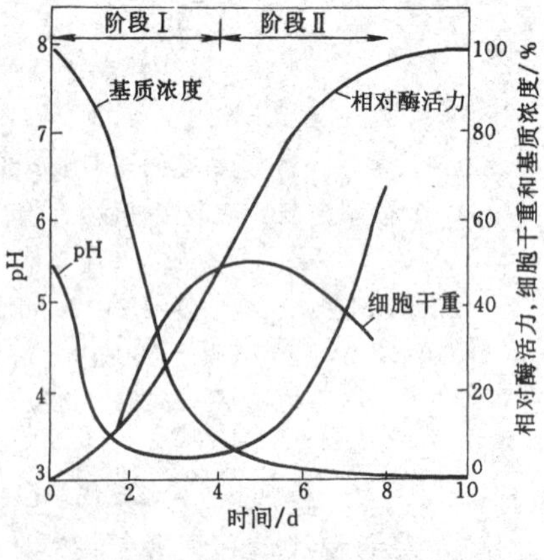

图 5-2-5　纤维素酶间歇发酵动力学

纤维素酶间歇发酵动力学如图5-2-5所

示。由该图可见，间歇发酵原则上可分为两个阶段。阶段Ⅰ中生成大量菌体细胞，大部分纤维素被消耗，纤维素酶产量达总酶活力的一半左右。在此期间pH下降，NH^+被消耗，糖化型和内切型纤维素酶被诱导产生。酸的产生速度与碳水化合物的消耗速度直接有关。在阶段Ⅱ中，滤纸酶活力增加，菌体干重下降，基质的消耗量也降低。菌体自溶和产孢子是该阶段的主要特征。

连续发酵法：纤维素酶连续发酵是在一组容器内进行。它由流加(加料)部分、发酵罐和贮罐3部分组成(图5-2-6)。

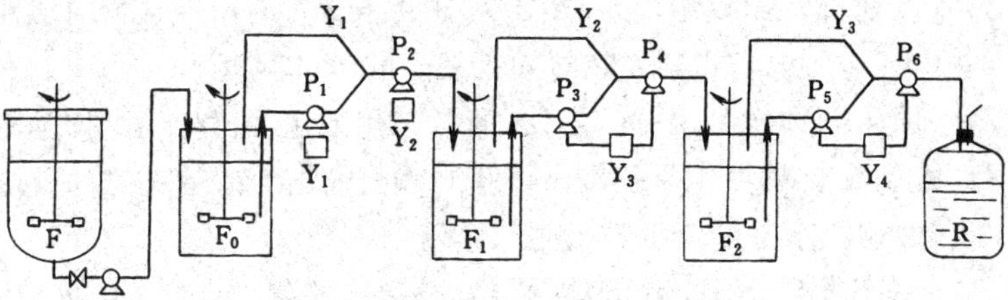

图 5-2-6 双段顺流式纤维素酶生产流程

培养液在F中配制，经灭菌后用泵打入无菌贮罐F_0。F_1和F_2是两只发酵罐，分别承担阶段Ⅰ和阶段Ⅱ的发酵任务。R是发酵液贮罐，培养液和发酵液分别用慢速泵P_2、P_4、P_6送入F_1、F和R。泵P_1、P_3、P_5是快速泵，其任务是循环回流含纤维素的发酵液，使其保持均一。Y_1、Y_2、Y_3和Y_4是4只三通阀，用来调节回流或送入下一只罐。

连续发酵控制的最佳操作条件见表5-2-6。连续发酵试验表明，增加菌体密度和基质浓度并不会成比例地使酶产量增加。

表 5-2-6 里斯木霉QM-9414双段连续发酵的最佳操作条件

控制参数	阶段Ⅰ	阶段Ⅱ	控制参数	阶段Ⅰ	阶段Ⅱ
pH	3.75～4.25	5.0	稀释比/h^{-1}	0.02	0.027
t/℃	28	28	加料中基质浓度/%	1.75	

因此，应重点研究两个阶段的最优化问题，控制pH、温度、Tween-80、基质浓度和稀释比等参数。

(2) 纤维素酶固态发酵生产工艺

a. 固态发酵工艺的优缺点：固态发酵工艺是当今世界上生产纤维素酶的主要工艺。固态发酵是指微生物在没有游离水的固体基质上生长。固态发酵是需要水分的，但是，水分是以吸附或结合的形式存在于固体基质内部。游离水出现时培养基的水分含量与基质的性质有关。例如，槭树树皮出现游离水时的水分含量为40%，而对麦草来说则为75%。对于大多数基质来说，水分在达到80%以前都将出现游离水。由于水分低于12%时所有生物的活性都停止了，所以它也就是进行固态发酵的最低湿度。

由于固体发酵水分含量低，所以采用的主要微生物品种是霉菌。霉菌在自然界也是长在固体基质表面的。例如，有些霉菌就能在只含14%水分的小麦粒上生长繁殖。

固态发酵(SSF)和液体深层发酵相比的优缺点如表5-2-7所示。

表 5-2-7　　固态发酵(SSF)的优缺点

优　点	缺　点
(1) 由于水分少，每克基质的体积小，这将带来一系列的好处，包括要处理的废水量很少；产品浓缩在基质里，往往不要过滤浓缩就可以使用；即使要萃取制成酶制剂，所需的溶剂量较少；成品贮藏所需的场地较小 (2) 细菌污染少，基质不一定要灭菌 (3) 所用培养基简单，往往是副产品，价格低廉 (4) 供氧通风容易，往往不要或只要间歇搅拌 (5) 固体废料量少，处理容易，基本无废水污染问题 (6) 产品的物理性能较为稳定 (7) 基建投资少，能量消耗低	(1) 只有能适应无游离水的少数霉菌、酵母和放线菌才能生长 (2) 大规模生产时热量排除较困难 (3) 发酵过程中氧的传递无法控制 (4) 对水分、pH、O_2、CO_2和产品产率等重要参数的测定比较困难 (5) 固态发酵的工程问题，如反应器、搅拌、通风等研究和报道尚少 (6) 人力消耗较大

纤维素酶生产用的是霉菌，基质又是以固体纤维素为主，所以采用固态发酵是比较适宜的。

b. 纤维素酶的固态发酵技术：固态发酵生产纤维素酶的过程与麸曲生产非常接近(见图5-2-7)。其可以用固体种子，也可以用液体种子。固态发酵得到的是纤维素酶曲，也可以进一步将纤维素酶曲制成液体或固体纤维素酶制剂。

基质
(纤维素基质＋营养盐)
↓
加水调湿(50%～75%)
↓
灭菌(121°C，1h)
↓
冷却(30～32°C)
↓
接种(固体种或液体种2%～10%)
↓
装入培养器培养(室温30～34°C，室内相对湿度95%，必要时强制通风，5～6d)
↓
纤维素酶曲→干燥→成品曲
↓
萃取
↓
过滤→滤渣→进一步处理
↓
酶液→硫铵沉淀→压滤→滤饼(粗酶)→成型→干燥→粗酶制剂
↓
浓缩
↓
液体纤维素酶制剂

图 5-2-7　纤维素酶固态发酵过程示意

用于纤维素酶生产的纤维素基质可以是稻草、麦草等农作物秸秆，也可以是森林工业的下脚料，也可是废线或其他纤维素废料。这些基质可以用物理或化学方法进行预处理。无锡轻工大学生物工程学院用酒精糟渣作原料可以不需预处理，可添加一些无机盐，如$(NH_4)_2SO_4$、$NaNO_3$、KH_2PO_4、$MgSO_4 \cdot 7H_2O$、KCl和FeSO等。如果用酒糟，则除硫酸铵外，其他盐类均不必再加。但在基质中添加Tween-80则可提高酶产率。

固体种一般是以麸皮作为培养基，制备方法同糖化麸曲的制备相似。液体种的培养以葡萄糖3%、麸皮2%、硫酸铵0.15%为培养基，培养温度(30±1)℃，摇瓶(140r/min)培养40h即可使用。接种量固体种为2%～5%，液体种10%左右。

固态发酵随发酵器形式的不同可分为很多种，有盒式、箱式、转鼓式、链带式、塔式等。通风方式可以是自然通风，也可以采用强制通风。

纤维素酶曲可以作为成品应用于酒精、大曲酒等生产部门。如果要制成纤维素酶制剂，则要用水将酶从曲中萃取出来，再进一步处理制成液体或固体纤维素酶制剂。制备酶制剂时得到的滤渣还含有一部分纤维素酶，如果在30～40℃下进行酶水解，并加入假丝酵母或其他微生物，则可以得到粗蛋白含量在15%～25%的优良饲料。

c. 纤维素酶固态发酵工艺流程：纤维素酶固态发酵工艺流程有很多种，这里仅以强制通风箱式发酵流程为例进行说明。

强制通风箱式发酵流程是生产糖化曲的常用设备，也可以用来生产纤维素酶。它是由一个长方形的曲室和附属的通风和控制设备仪器构成(见图5-2-8)。在曲室内有一个长方形曲床，曲床

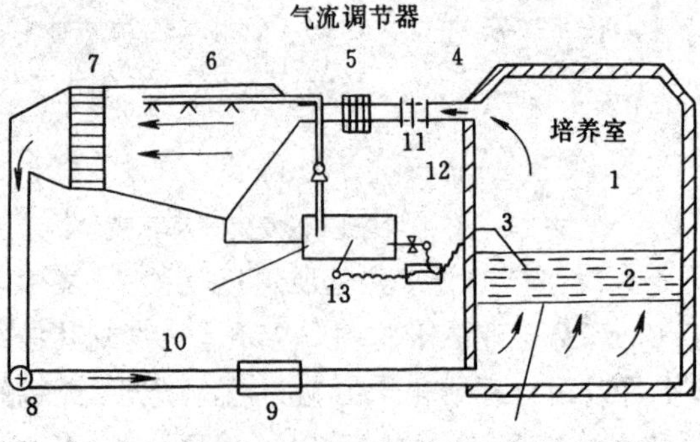

图 5-2-8 强制通风箱式发酵流程示意

1—培养室(曲室) 2 培养床(曲床) 3—温度计 4—空气过滤器 5—气流调节器 6—水喷头 7—除水器 8—鼓风机 9—加热器 10—水浴 11—泵 12—螺线管阀 13—控温器

有多孔假底。曲料就装在假底上，一般厚度0.3～0.5m。培养过程中从底部送入一定量的调温调湿空气，以供给必要的氧气和排除发酵产生的多余热量。曲层的温度、湿度、曲室的相对湿度、空气的温度、湿度都由附设的仪表和设备进行控制。

d. 影响纤维素酶固态发酵的因素：影响纤维素酶固态发酵的因素有许多，现将主要因素简介如下。

基质：纤维素酶固态发酵所采用的基质不仅要具有微生物生长所需的全部营养，而且还要具有诱导纤维素酶产生的功能。纤维素是纤维素酶产生的最佳诱导剂，所以，含有纤维素的各种物料都能成为固态发酵产生纤维素酶的基质。国外有学者研究了各种固体基质对绿色木霉产生纤维素酶的影响，结果发现麸皮是最佳的纤维素固态发酵基质。但是从经济角度来看，利用廉价的工农业纤维素废物来生产纤维素酶具有重要的价值。

水分(湿度)：固体发酵的特点就是基质中不存在游离水。固体发酵培养料的湿度(水分含量)取决于所用基质的性质、产品种类和所用微生物的要求。水分含量过低，菌体生长不良，产酶量也低。水分含量过大，空隙减少，氧渗透量少，细菌污染的危险增加，气体体积和交换减少。这些都不利于菌丝生长和纤维素酶生产。

温度：在固态发酵过程中，由于微生物的生命活动会放出大量代谢热量(约1578kJ/kg干料)。放出热量的多少与微生物的种类和固体发酵料层的厚度直接有关。有报道说，麸皮料层厚度为6.5cm，当霉菌旺盛生长旺盛时，料内的温度为3°C/cm。这些产生的热量必须立即排除，否则会引起料内温度急剧升高而影响菌丝体生长和产酶。通常采用强制通风的办法来排除多余的热量。纤维素酶产生菌的代谢强度比较低，所以升温一般不如曲霉酶曲那么高，但在供氧的同时，必要的强制通风以排除多余的热量也是必要的。

pH：pH是影响菌体生长和产酶的重要参数。但是，在固态发酵过程中，由于其不均一性，要调节和控制pH是很困难的。通常是在培养料配制时，在加水的同时来调节基质的起始pH。如对木霉，一般控制初始基质的pH在6左右，在发酵过程中不再调节。也有人建议用尿素来部分代替硫酸铵，这样做可减轻酸化现象的发生。但是要注意局部地区pH的剧变。

通风和氧的传递：固态发酵用的都是好氧菌，所以必须进行通风。除了薄层培养采取自然通风外，一般都采用强制通风。通风量与微生物品种、合成产品的需氧量、代谢热产生的多少、基质料层厚度、需要排除的CO_2和其他挥发性气体的量及基质中合适的空气空间大小等都有关。例如，大通风量对β-葡萄糖苷酶产生有利。分解纤维素的霉菌所需要的通风量比其他有害霉菌大。特别是空气中氧和CO_2的含量直接影响到菌体生长和产酶。所以，在固体发酵过程中，不时要采用新鲜空气来取代循环气体或反方向通风的方法，其目的就在于调整O_2和CO_2的含量。大通风量时会带走大量水分，并引起料层的干燥，为此，空气要事先经过调湿。

关于固体发酵过程中氧的传递问题，文献中报道不多。一般认为，它与烃类发酵时的情况相似。氧可以直接从气相传递，当然也可以是氧先溶解于基质保持的水中，然后再传递给基质上的微生物，但是后者占的比例是很小的。为了克服氧传递的阻力，提高氧传递的效率，可采取各种方法，如采用多孔、粉碎的纤维质原料作为基质;降低料层厚度;提高基质中空气空间;采用多孔板制成的曲盒;采用金属网外壳的发酵器;采用转鼓式发酵器，等等。

除上述诸因素外，物料的搅拌和基质的预处理对产酶的影响也很明显。有报道说物料的体积质量在略大于0.6时，最适宜于菌丝生长和产酶。

(3) 不同来源纤维素酶的比较　迄今为止，产纤维素酶能力最强的微生物是木霉菌属，包括*T.viride*(绿色木霉)，*T.lignurom*，*T.koningii*，*T.pseudokoningii*和*T.longibrachiatum*等。现在最常用的是里斯木霉属(*Treesei*)*T.longibrachiatum*种。QM9414，NG-14，Rut　C-30等都是里斯木霉的优良变异菌株。这些纤维素酶高产菌株和出发菌株QM6a之间的差别仅仅在于产纤维素酶的水平不同，而它们所产纤维素酶系统的组成和性质、诱导基质以及内切和外切葡聚糖酶的比例都大同小异。所有的里斯木霉产生结构酶的水平都比较低，但诱导酶水平较高，而且都受到葡萄糖或其他代谢产物的反馈抑制。里斯木酶的有些变种(Rut C-30)对代谢产物的反馈抑制作用的敏感程度降低;有些变种，如无锡轻工大学QM-JW-2菌株，其纤维二糖酶要较亲株QM-9414高近两倍。所有的里斯木霉在产生纤维素酶系统的同时，还产生其他碳水化合物分解酶、木聚糖酶、甘露聚糖酶等多种酶。

木霉纤维素酶的优点在于：含有水解结晶纤维素所需的全部酶组分;其酶蛋白的产量很高。木霉纤维素酶的缺点在于：木霉不能代谢木质素;纤维素酶的比活力较低;β-葡萄糖苷酶活力较低。

其他霉菌的产纤维素酶情况正在研究之中。黑曲霉纤维素酶的特点是内切β-葡萄糖苷酶和β-葡萄糖苷酶的活力高，而外切β-葡聚糖酶活力太低，所以它不能水解结晶纤维素。

担子菌的纤维素酶高产菌所产的纤维素酶能强烈地分解包括稻草、甘蔗渣在内的各种纤维素基质，这表明它含有全部纤维素酶组成，而且其纤维二糖酶和木聚糖酶的活力很高。

白腐菌(*White rotters*)能分解包括木质素在内的全部木材组成分。这一类菌分泌的酶系中包括内切β-葡聚糖酶、外切β-葡聚糖酶、β-葡萄糖苷酶、木聚糖酶、漆酶、葡萄糖氧化酶、纤维二糖氧化酶、内酯酶、过氧化物酶等。它还含有分解木质素分子中环状结构的酶。这类菌产生的纤维素酶可用于酶法造纸。

耐热放线菌在其生长过程中能迅速分解纤维素。但是，它们产生的纤维素酶系统中缺少纤维二糖酶，所以它不能完全水解不溶性纤维素。

细菌纤维素酶也得到了广泛的研究。主要兴趣是研究嗜热细菌，例如*Clostridum thermocellum*和*Thermoanoerobium* *brockii*等的纤维素酶。人们希望能利用它们来直接将纤维素转化为酒精或其他溶剂。

(4) 木聚糖酶生产　用生物体生产酒精时要求将尽可能多的碳水化合物转化为酒精。大部分农作物秸秆和木材中含有15%～30%的半纤维素，后者是以糖为主体的戊糖聚合物。以木糖为主的半纤维素水解糖利用的充分与否对整个纤维素的利用起着重要作用。半纤维素水解可用酸或酶。木聚糖酶是一种最主要的半纤维素酶。水解所得的木糖可制造酒精、酵母，也可进一步加工成木糖醇和1,2-二乙醇等化工产品。

生产菌株：生产木聚糖酶用的菌株是*Streptomyces xylophagus* nov.sp.。它保存在含有0.5%木聚糖的琼脂固体无机盐培养基上。培养温度28～30°C。

培养基：生产木聚糖酶的培养基(种子也用同一种培养基)的组成见表5-2-8。

表 5-2-8　　木聚糖酶生产培养基

组成	浓度/(g/L)	组成	浓度/(g/L)
木聚糖	10	$FeSO_4$	0.01
K_2HPO_4	1	细菌蛋白胨	0.3～0.18
$MgSO_4 \cdot 7H_2O$	0.05	自来水	加至1L
KCl	0.1		

种子制备：上述培养基200ml置于500ml的三角瓶中，121°C灭菌30～60min，冷却后接种，30°C摇床(210r/min)培养5天，即可使用。

木聚糖酶生产：在装备有pH、温度、溶氧等传感器的标准搅拌发酵罐内进行发酵。间歇和连续发酵均可。14L的发酵罐装液量为10L，灭菌后接入7.5%的种子，30°C、pH为7.4的条件下间歇培养4天，然后开始连续发酵。通风量控制在氧饱和度为40%。连续发酵时稀释率以$0.027h^{-1}$为最佳。

六、纤维质原料酒精生产工艺流程

1. 酸水解酒精生产工艺流程

(1) 连续渗滤水解流程　这是前苏联木材酸水解制造酒精的主要工艺流程，如图5-2-9所示。木材经粉碎后，由带式输送器装填入水解器1中。水解后剩下的木质素通过排渣器7排出器外。水解液从水解器流出后，接连通过高压蒸发器5和低压蒸发器6，最后送往中和器。在蒸发器5中，水解液温度从175～180℃降低到140～150℃。而在蒸发器6中进一步降低到105～110℃。在两只蒸发器中产生的高压和低压二次蒸汽分别导入两只换热器以加热水解用的热水。水解用酸从贮器2经计量器3用往复泵4送往水解器，在进入水解器之前，与被加热到反应温度的热水按比例混合，配制成水解用的稀酸溶液。

在渗滤水解开始时，温度通常保持在150～165℃，相应压力

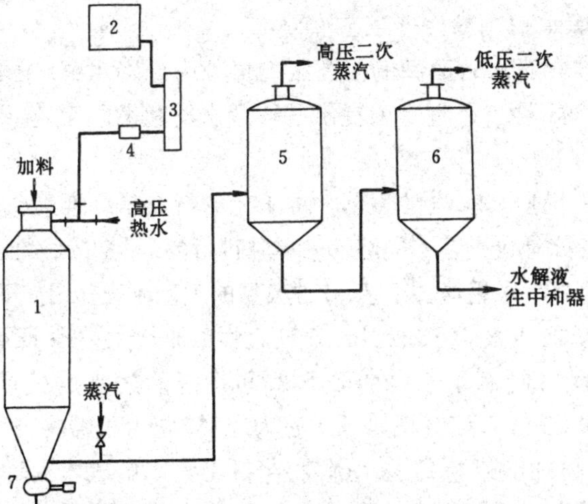

图 5-2-9　木材连续渗滤水解流程

为0.588～0.686MPa。随着水解的进行，水解温度逐步升高，最后达175～180℃。水解结束前，加入热水将木质素中的糖洗出。这种洗涤液中含糖不多，一般用作下一次水解的用水。木质素和残余纤维素通过排渣器排出。

(2) Vulcan-Stake流程　美国的Vulcan化工公司和加拿大的Stake公司联合研制了这种酸水解流程。Vulcan公司擅长于化工过程的工艺设计。它设计过许多包括酒精工厂在内的生物转化工厂。Stake公司则擅长于木质纤维素原料的预处理和连续水解工艺。通过预处理，半纤维素和木质素被转化为容易回收的形式。

在Stake设计的预处理过程中，纤维原料经加料器加到一个圆柱形的分解器中，并由螺旋输送器推动原料沿着分解器前进。分解器用蒸汽加热到半纤维素能溶解于水、木质素能溶解于碱的程度，然后物料通过出料器定期排出。用水和碱冲洗物料，以取出半纤维素和木质素供进一步利用。剩下的纤维素就很容易被酸分解为葡萄糖。Stake公司设计的这种水解器已得到了商业性的应用。

2. 酶水解酒精生产工艺流程

纤维素酶水解酒精的生产工艺可分为分别水解、发酵和同步水解、发酵两类。最近有人提出了复合水解和发酵工艺。现分别简单介绍如下。

(1) 分别水解、发酵工艺　本工艺的特点是纤维素水解和水解液酒精发酵是分别在不同容器内单独进行的。早期的纤维素酶水解生产酒精都是采用这种工艺。几种典型的工艺流程介绍如下。

美国加州大学Berkeley分校流程：加州大学Berkeley分校化学工程系研制了一种单独水解和发酵的酶水解生产酒精工艺(见图5-2-10)。该流程以玉米芯为原料，先用机器将玉米芯撕碎和磨碎，再加酸进行稀酸水解，将半纤维素水解成木糖等产物。木糖等可进一步利用。本流程的水解是连续进行的，加料中纤维原料浓度为5%，水解器是带搅拌的圆柱形混凝土水解器。玉米

器。玉米芯水解率为40%，水解液中糖浓度为2.6%，为此要浓缩至含糖11%，采用的是多效蒸发器。

Berkeley工艺采用里斯木霉QM-9414为产酶菌株。酶产率仅19.2IU/(L·h)。采用的是连续双段(菌体生长和产酶)流程，第二阶段的菌体可回入第一阶段。该工艺考虑了酶的回收过程，方法是使预处理后的固体原料和来自水解器的水解液在一个双阶段混合沉淀系统中逆向接触洗涤，水解液中残存的酶会部分地被固体原料吸收，一般可回收总酶量的58%。试验表明，尿素对酶回收有明显作用，它可以将被水解残渣吸附的酶洗脱下来，酶的回率率较高。

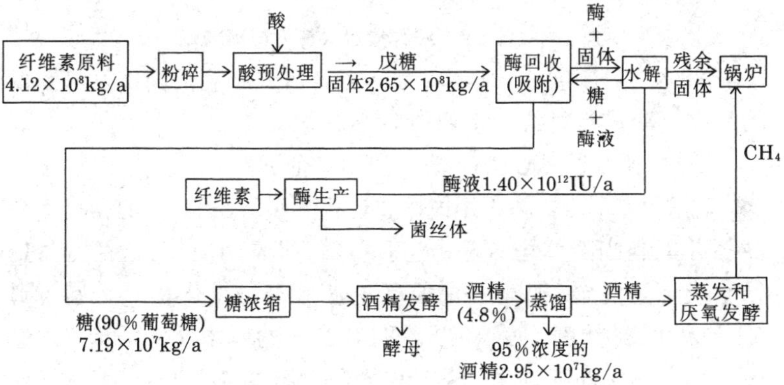

图 5-2-10 Berkeley纤维素酶水解生产酒精流程

印度ⅡT流程：印度工学学院研制了类似的酶水解酒精生产工艺流程(见图5-2-11)。该流程原料预处理采用的是球磨，所以水解时可以采用高于30%纤维素的高浓度纤维浆。水解是在搅拌罐式反应器中进行。产生的糖用分离膜排出。半连续操作10天以上。Solka Floc的酶水解率达71%。通过透析膜的糖量主要决定于固体纤维素的浓度。对于含有14.06%糖和17.33%纤维素的混合液来说，当分子筛膜的分子截留量为10 000～30 000u(道尔顿)时，平均通过量分别为118～342L/(m^2·d)。

该工艺也是采用QM-9414为生产酶的菌株。酶回收则采用膜分离技术。水解糖经过组分结晶法可得到4份葡萄糖和1份纤维二糖。这些糖可用来进一步进行酒精发酵或其他用途。

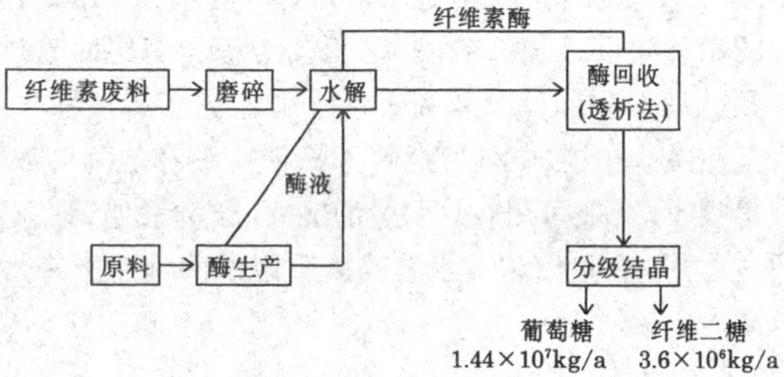

图 5-2-11 印度纤维素酶水解生产酒精流程

固体培养工艺：日本学者Toyama研究了利用固体发酵制得的纤维素酶进行纤维素水解的各种方法。

方法1：固态发酵生产纤维素酶(见前述)。

方法2：纤维素基质用固体曲进行酶水解。用4∶1的稻草和小麦胚芽配制成固体培养基，进而制成纤维素酶曲。2g这种曲和3g稻草或蔗渣混合，加20ml醋酸缓冲液(pH5)，糖化48h，分别得到8.3%和9.1%的糖。另一种方法是在25%的脱木质素稻草或蔗渣中加1%～3%商业性生产的纤维素酶，糖化96h，可得15%～22%的糖浆。这种方法糖产率高，但纤维素酶成本高。脱木质素的方法是将基质在1%的NaOH溶液中煮沸3h即可。固态糖化所得的糖可进行酒精发酵。

方法3：纤维素基质用固态纤维曲萃取液糖化。先将固态纤维素酶曲中的纤维素酶萃取出来制成液态纤维素酶，然后再进行脱木质素的纤维素基质的糖化。5g脱木质素稻草或蔗渣，加上20ml酶浸出液，糖化48h，可得11.5%或13.9%的糖。酶浸出后的曲残渣含霉菌的分生孢子和菌丝体，可以作为抗真菌剂。用这种方法进行纤维素酶糖化，糖的产量高，糖化速度快，是一种有潜力的过程。存在的主要问题是如何将糖液和残余基质分开。采用同步酶糖化、酒精发酵是解决这个问题的良好途径。

方法4: 自身糖化。自身糖化过程包括用纤维素下脚料接种制备固体曲和用固体曲本身含有的酶来糖化曲中未经利用的纤维素为糖两个阶段。这一工艺的主要问题是生产纤维素酶和纤维素酶水解两个阶段对基质的要求不同,易水解的基质(脱木质素稻草等)产生的纤维酶活力低,而难水解的基质(麸皮、稻草、蔗渣等)虽然能得到高的纤维素酶活力,但进一步水解成糖时就比较困难。

(2) 同步水解、发酵工艺　同步水解和发酵工艺可以部分解决葡萄糖的反馈抑制作用,如果选用适当的酵母,纤维二糖也能被利用。因此,该工艺可以提高水解速度,糖的产量和酒精得率也将增加。

Gulf-Arkansas流程: Gulf石油化学公司和Arkansas大学共同研制了一种同步水解、发酵工艺流程(见图5-2-12)。

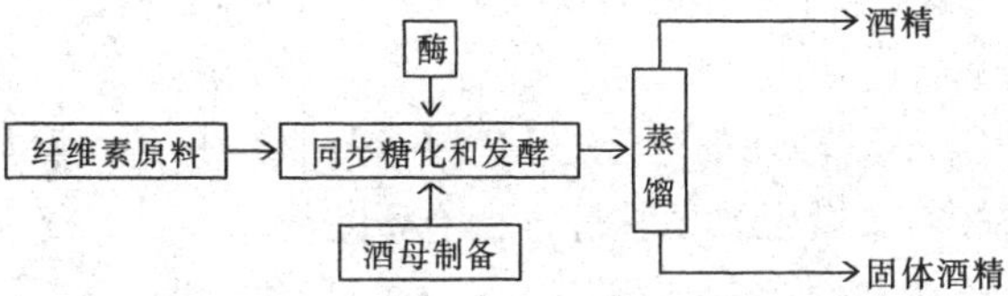

图 5-2-12　Gulf-Arkansas纤维素同步水解、发酵流程

该工艺流程采用的原料2/3为城市废纤维垃圾,1/3为废纸浆。纤维素转化率为57%。约15%的废纤维垃圾经磨碎、杀菌处理后送去作为生产酶的基质。其余部分和废纸浆混合,消毒后作为水解和糖化的基质。采用的菌种为里斯木霉,工艺为液体通风连续培养。酶生产是在两组由3只罐组成的罐组中进行,在每组罐中的停留时间为48h。同步水解、发酵是在4组由3只罐组成的罐组中进行。其中3组罐在运行,1组罐则进行消毒灭菌。进入罐组的纤维浆中含8%纤维素,40°C下经24h的连续水解、发酵,可产生3.6%的酒精。这里用的酶液直接来自酶制备车间的发酵液,不需过滤或

浓缩。发酵用的酵母是*S.cerevisiae*和*C.brassicae*。发酵液经粗馏塔，25%的酒精蒸气再送去精馏。酒糟蒸发浓缩至固形物含量为50%，然后用作饲料。未经转化的纤维素和木质素可作燃料。

MIT和GE-CRD流程：该流程的特点是采用混合菌种来水解纤维素为糖，并进而发酵葡萄糖为酒精和副产物。这种流程不需要单独的生产酶的设备，其利用嗜热厌气菌混合菌株进行同步水解发酵的模式为：*Clostridium thermocellum*可以水解纤维素为葡萄糖、纤维二糖，水解木聚糖为木糖和木二糖。它也能发酵葡萄糖和纤维二糖为酒精、乙酸和乳酸。同时还用另一个菌*Clostridium thermosaccharolyticum*进行发酵。后者虽然没有水解纤维素的能力，但能发酵上述各种糖为酒精、醋酸和乳酸。

MIT流程用的原料是玉米芯，发酵条件为60℃，pH7，严格厌气发酵。基质浓度70～245g/L，发酵结果为发酵液中酒精量为45g/L，乙酸22g/L，乳酸30g/L，基质残留量为98g/L(起始基质为245g/L时)，连续发酵时稀释率为$0.03h^{-1}$，酒精生产强度为1.37g/(L·h)。

EG-CRD流程在概念上与MIT流程相似，只是在原料、预处理、发酵罐形式、微生物菌株等方面有所差异。

MIT流程如图5-2-13所示。

Penn-GE流程(复合水解和发酵工艺)：美国宾州大学和通用电气公司研制了一种新的流程——Penn-GE流程，它能使生物体全部转化成液体燃料和其他有价值的产品(见图5-2-14)。该流程由三个部分组成：

a. 单独水解，以产生20%的糖液及糖液的常规酒精发酵；

b. 同步水解和萃取发酵，以生产丙酮丁醇；

c. 同步水解和真空发酵，以生产酒精。

本流程采用城市废纤维垃圾为原料。预处理采用热有机溶剂萃取木质素的方法。酒精和丙酮丁醇都可作为溶剂。

脱木质素纤维固相部分分为三部分。第一部分送去酶水解

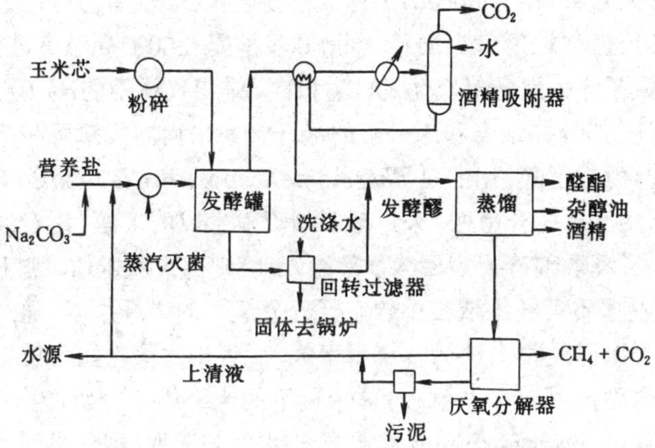

图 5-2-13　MIT混合菌水解和发酵流程

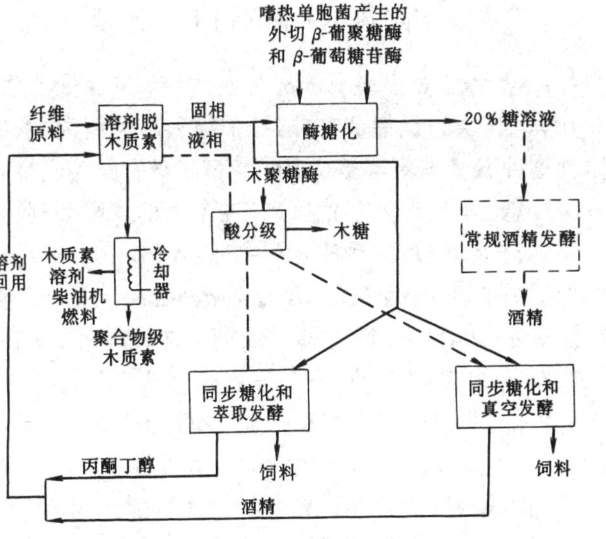

图 5-2-14　Penn-GE纤维素复合水解和发酵工艺流程

槽，加入嗜热单胞菌产生的β-葡聚糖酶和β-葡萄糖苷酶。酶糖化产生20％糖溶液，后者用于常规酒精发酵。第二部分采用同步水解和真空发酵来生产酒精。这里采用由*Thermomonospora*和*Clostridium thermocellum*组成的复合菌株。前者将纤维素水解成糖，后者将糖发酵为酒精。水解和发酵是在60℃高温下进行。真空是为了除去发酵时产生的CO_2和H_2。排出气体中的H_2可用作燃料。第三部分纤维素和未分解的半纤维素采用同步水解和萃取发酵生产丙酮丁醇。用的是*Thermomonospora*和*Clostridium acetobutylicum*复合菌株，采用萃取剂吸附生成的丁醇，混合液经闪急蒸发。萃取剂冷凝后回入发酵罐，丁醇则回入脱木质素过程。

脱木质素纤维液相中含有部分分解了的半纤维素，通过酸化沉淀可以回收相当纯的直链木聚糖，后者用木聚糖酶水解得到有价值的副产品——木糖。液体中剩下的半纤维素分解产物用*Clostridium acetobutylicum*进行同步水解和萃取发酵，得到丁醇和丙酮。

七、半纤维素制酒精工艺流程

半纤维素水解液中主要的成分是木糖，其含量占总糖分的50%～70%，其余的是葡萄糖、阿拉伯糖和其他糖类。长期以来，认为木糖这种五碳糖不能被普通的酒精酵母发酵为酒精，故称它为不发酵性糖。本世纪70年代以来，在木糖的发酵和利用方面取得了一系列进展。先后发现嗜水单胞菌(*Aeromonas hydrophile*)、热解糖梭菌(*Clostridium thermosaccharolyticum*)等细菌及镰孢霉(*Fuzarium*)、毛霉和根霉等真菌都能将木糖发酵生成包括酒精在内的许多发酵产品。只是发酵速度慢，生成酒精的浓度低(在1%以下)，有机酸和木糖醇的含量却相当高。

1980年，美国普度大学“再生资源工程实验室”(LORRE)研究成功了采用木糖异构酶，将木糖异构成木糖醇，再用酵母发酵生成酒精的新途径，为大规模利用半纤维素生产液体燃料——酒精开创了新途径。

1981年以来，利用*Pachysolen tannophillus*(管囊酵母)和

Candida sp.等直接发酵木糖为酒精的报道愈来愈多。1984年开始报道将大肠杆菌的异构酶基因克隆到粟酒裂殖酵母中，得到直接发酵木糖的基因工程菌。这些研究充分表明了国际学术界对木糖酒精发酵的重视。这里只介绍LORRE半纤维素生产酒精流程。

LORRE流程选择甘蔗渣中的半纤维素为对象。甘蔗渣在造纸前先将其中的半纤维分解取出，用于酒精发酵。剩下的纤维素用于造纸。LORRE流程示意如图5-2-15所示。

甘蔗渣 → 撕碎 → 加酸混合 → 加热，酸水解 →

糖液萃取 ┬→ 10%～14%糖度的酸水解液 → 中和 → 离心 → 发酵用糖液 → 发酵 → 蒸馏 → 酒精

　　　　 └→ 木质素＋纤维素 → 造纸或进一步水解

图 5-2-15　LORRE半纤维素生产酒精流程

甘蔗渣经过撕裂，喷入浓硫酸，混合均匀，保持一段时间后，用蒸汽加热到90～100°C进行半纤维素酸水解。水解生成的糖用萃取法多级逆向萃取，得到10%～14%糖度的酸水解液，剩下的纤维素送去造纸。糖液用石灰中和，离心除去沉淀，所得发酵稀糖液加异构酶和酵母进行酒精发酵。发酵液经蒸馏和脱水制得无水酒精。

在菌种方面，开始是用酒精酵母，后来发现粟酒裂殖酵母在酒精浓度、发酵速度和发酵率等方面均高于一般酒精酵母，以后试验均用粟酒裂殖酵母。

在发酵工艺上开始采用木糖异构和木酮糖酒精发酵各自单独进行的方法，以保证异构酶作用和酒精发酵各自最佳的pH值和温度。该法设备多，操作复杂，不能工业化。为此，LORRE选择了一个兼顾两者作用的工艺条件，使得上述两种不同的反应可以在一个反应器内同步进行。具体发酵工艺条件为：pH6，温度30°C，酵母接种量100～50g/L(以压榨酵母计)，固定化木糖异构酶用量为20～50g/L。培养基采用甘蔗渣半纤维素水解液(12%～14%糖度)，另加木糖、葡萄糖、阿拉伯糖混合物(三种糖的比例与水解液中三者的比例相同)，使发酵培养基的总糖浓度为16%左右。发酵结果发现，葡萄糖在不到4h内已发酵完毕，而阿拉伯糖在发酵过程中几乎没有变化。木糖经28h发酵已降到1％以下。酒精含量在28h发酵后达6g/100ml以上。另外，在发酵过程中生成约1％的副产物木糖醇。木糖异构物木酮糖逐步降低到零。通过计算，发酵效率在80％以上。这个流程从酒精浓度和发酵效率来看已是相当不错，问题是要用异构酶，而固定化异构酶在这种情况下半衰期仅80h左右。此外，阿拉伯糖未被利用也是个问题。

第六章　危险性化合物的微生物降解

第一节　微生物降解危险性化合物的基本概况

一、危险性化合物微生物降解的发展过程

美国《化学文摘》中登记的化学物质已达600万种之多，并正以每周6000种的速度递增，而其中大部分是在自然界中从未发现过的新化合物。1973年美国职业卫生研究所列出的有毒化合物达25 043种。此外，据估计，已有96000种化学物质进入了人类环境。许多有害化合物被用于溶剂、冷却剂、增塑剂、汽油和其他石化产品中，以及作为农药、杀虫剂、木材防腐剂等，最终通过工业排放、泄漏、废弃物、沉积物、地下水和空气等途径进入环境。

据统计，1950年世界人工合成化学物质产量约700万吨，1970年增加至6 000多万吨，1985年已达到2.5亿吨。在过去的100年中，地球上人工合成的化学物质的浓度从稍大于零增加到约1μg/kg，如果以工业产量每年递增2%～3%预计，则该类化学物质在100年后将增加到mg/kg级。无疑，这种改变将对地球的生态平衡产生影响，并对已有微生物体系的维持与代谢造成极大的压力。

从原则上讲，微生物具有降解自然产生的有机化合物(如木质纤维素、果胶物质等)的代谢机制，从而促使地球有机碳平衡。而在自然界中具有新颖结构的合成化合物(异型生物质，又称非生物性物质，xenobotics)往往对微生物的降解表现出很强的抗逆性，其原因可能是这些化合物进入自然界的时间比较短，单一的微生物还未进化出降解此类难降解化合物的代谢机制。这些合成化合物大多数对环境具有毒害作用，因而也称之为危险性化合物(hazardous chemicals)，它们的共同特点是对人有致畸、致突变和致癌作用，其来源大都是人工合成的杀虫剂、除草剂、防腐剂、溶剂的主要成分或石油化工产品的中间产物，其中卤代芳烃和卤代烷烃占了很大比例。

尽管某些危险性化合物在自然界中可能会经自然形成的微生物群体的协同作用而缓慢降解，但对微生物世界来说这仍然是一个新的挑战。微生物有可能通过多种途径来改变自身的结构信息，以获得对这类化合物的降解能力。但一般来说，这需要一个漫长的过程来实现。与目前大量使用的运用现代技术合成的异型生物质相比，依靠微生物的自然进化过程显然远不能满足要求，而且长此以往将会造成整个生态系统的失衡。因此，研究一些可以使微生物群体在较短时间内获得最大的降解该类异型生物质能力的方法就显得愈加重要和迫切。

显然，在处理此类物质或含此类物质的有机废水时，采用传统的环境治理技术和方法已远不足以解决问题。为此，近年来，世界各国的科学工作者们做了大量工作，这包括通过长时间的驯化来得到具有一定降解能力的微生物群体；从特定的环境中分离纯化得到某些具有特定降解能力的微生物纯培养；通过基因工程手段来改造微生物，以使其具有特定的降解能力。这些技术有的在反应器规模上用来处理工业废水，有的则可制造微生物制剂现场投放。

在上述对危险性化合物降解的研究中，人们正逐渐发现混合培养比纯培养具有潜在的优势，特别在对大多数以混合培养为基础的传统废物处理系统(如活性污泥系统、厌氧消化反应器)进行比较研究后，在这一点上的认识得到了进一步明确。当侧重点放在需将有毒有机物彻底矿化为CO_2(好氧条件下)或CO_2和CH_4、H_2S、N_2(厌氧条件下)时，混合培养就显得更为重要。因为单个生物不可能具有彻底矿化异型生物质的能力，而许多纯培养研究发现在生物降解过程中会有毒性中间体累积，因此彻底矿化通常要求一个或一个以上营养菌群(如发酵－水解菌群、产硫菌群、产乙酸菌群以及产甲烷菌群等)，通过多步反应将有毒化合物转化为矿化终产物。在本章中我们将危险性化合物的微生物降解或脱毒定义为由微生物将有毒异型生物质转化为无毒稳定中间产物或彻底降解为矿化终产物的生物降解过程。

生物降解的起点是通过富集和筛选技术提高混合培养对有毒化合物的脱毒能力。微生物生化学家和基因工程学家对纯培养的研究是为了了解我们目前尚未明了的微生物脱毒的基本生化机理及其途径，由此得到了一些被提纯的酶(如加氧酶和脱卤酶)及其相应的基因图谱。在本章中，我们仅讨论混合培养，虽然有些地方会提到纯培养，但重点将放在生物脱毒中微生物群落的重要性上。

与有毒化合物降解能力有关的不同种属之间的相互关系对混合培养十分重要，因为在建立一个危险性化合物的代谢反应序列和了解单个微生物种或属在促进异型生物质生物降解中的协同作用时，必须对混合微生物之间的相互关系进行了解。下面对混合培养中微生物菌群的生态学地位作一个简要介绍。

二、微生物菌群的生态学地位

稳定的微生物群落的分离鉴定可通过适当的技术达到，目前尚未解决的问题是这些被分离的单个微生物的行为以及其自然习性与其在混合微生物群落中有所不同。已经证实混合培养比单个微生物的纯培养能更有效地进行脱毒。此外，下列许多问题尚需要解决:

环境条件与实验室理想化条件对微生物群落的组成与结构有何影响?

微生物群落中不直接参与生物降解的微生物起什么作用?

上述微生物是否是微生物群落稳定性的必要条件?

对以上问题的回答是我们划分微生物群落组成的不同种属的依据。

(一) 微生物群落种类

不同的微生物尽管性质、空间位置和代谢活性各异，但在生长能力方面有相同之处。由于对混合培养的微生物生长与活性的基本生物学机理尚未明了，并且有可能会忽视混合培养的一些重要概念和特性，这些因素使得难以在实验室内模拟自然环境。此外，在描述内部相互关系和群落的术语方面也存在混淆，例如，"松散"相互作用型微生物群落和"紧密"相互作用型微生物群落。在本章中将不追究这些细节问题，仅简单描述"紧密"相互作用型微生物群落的种类，在该类型中生物降解能通过两种或两种以上微生物的连续代谢活动将危险性化合物彻底矿化。这类研究将有助于解释生物降解的基本机理和整个生物降解过程中微生物组成成员的作用。

关于微生物群落分类，依据不同的代谢作用至少可以将微生物群落分为7种：

- 提供特殊营养物；
- 去除生长抑制产物；
- 改善单个微生物的基本生长参数(条件)；
- 对底物协调利用；
- 共代谢；
- 氢(电子)转移；
- 提供一种以上初级底物利用者。

其他研究者还比较了生长模式，如自由生长与生物膜或菌胶团中的粘附群落生长等。

(二) 微生物群落的生物降解功能

以相互代谢作用为基础的上述前3种微生物群落对于简单有机化合物的降解很重要，而包含微生物之间联系的后4种群落与较为复杂的有机化合物及异型生物质的代谢有关。下面分类作简要介绍。

1. 提供特殊营养物

这类微生物群落的例子是，Stirling等人(1976)在环己烷上富集分离得到的一个含有*Nocardia*属以及假单胞菌属微生物的群落，在该含两个菌属的群落中，*Nocardia*能够单独氧化环己烷，但它只有在假单胞菌也存在的情况下才能生长，这表明*Nocardia*要求生长因子特别是生物素的存在。在环己烷上生长的嗜热微生物菌群在55～60℃时从土壤中分离得到，该菌群能够在含环己烷的限制性矿物培养基中生长，但其单个菌属则不能生长。在其他研究中也表明，嗜热菌群通常需要来自外部的有机生长因子。

2. 去除生长抑制产物

第二类相互作用的代表是Wilkinson等人从以甲烷生产单细胞蛋白的微生物中分离得到的4种微生物组成的群落。甲醇只有在被群落中存在的*Hyphomicrobium* sp.消耗时，才不会对氧化甲烷的假单胞菌起抑制作用。该群落中的其余两个成员是*Flavobacterium* sp.和*Acinetobacter* sp.。产物抑制的排除也是与硫酸盐还原及硫化物氧化有关的一个重要群落特性。

3. 改善单个微生物的基本生长参数(条件)

从苔黑酚(3,5-二羟基甲苯)中富集得到的一个3种微生物组成的群落，包括降解苔黑酚的一株假单胞菌，另两个为*Brevibacterium linens*和*Curtobacterium* sp.。它们只有在假单胞菌作为初级降解者存在时才能在苔黑酚上生长。该群落是第三类微生物群落的代表，它建立在改善单个微生物的基本生长参数的基础上。

4. 对底物协调利用

建立在联合或协同代谢降解基础上的第四类微生物群落在危险性化合物的降解中极为重要，其群落微生物成员不具备单独的能力，以转化或脱除有毒化合物，而它们结合成的群落却能将化合物彻底矿化，其原因可能是单独菌种不具备一整套完整的危险性化合物的降解酶系或基因成分。一个从除草剂茅草枯(Dalapon)上分离得到的多成员微生物群落，表明其对茅草枯的降解速率比单个降解速率之和还高20%。Gunner和Zuckerman报道了*Arthobacter* sp.与Streptomyces sp.降解土壤中杀虫剂二嗪农(diazinon，*O*,*O*-二乙基，*O*-2-异丙基-4-甲基-6-嘧啶巯基磷酸盐)的协同代谢活性，没有一种微生物能单独以二嗪农

(diazinon)为唯一碳源进行生长。从降解表面活性剂LAS(线性烷基苯磺酸盐)的活性污泥中富集得到的微生物群落由*Pseudomonas putida*,*Pseudomonas alcaligenes*,*Arthrobacter globiformis*和*Serratia marcescens*4种微生物组成，当两个成员或所有成员存在时，LAS的降解和开环速率远远高于单个菌种单独存在时。有趣的是，该群落只有在4种菌都存在时才形成菌胶团，而菌胶团能够吸附化合物并促进化合物与降解微生物之间的接触。

一个从土壤中分离得到的混合微生物群落显示出对苯乙烯的降解能力，在混合培养物中检测到了如苯乙醇、苯乙酸等的中间产物，苯乙酸则由群落中的一种不能单独以苯乙烯生长的微生物进一步代谢，在这些实验中，4-特丁基邻苯二酚(4-tert butylcatechol)被用于防止苯乙烯的自由基通过聚合作用形成苯乙烯。该混合培养物显示具有降解聚合物的能力。

5. 共代谢

第五类微生物群落是建立在共代谢的基础上的。通常，在一种底物上生长的多种微生物能够在一个或一系列反应中转化或降解另一种共同底物，而上述反应与微生物能量的产生、碳的同化以及生物合成或生长没有直接关系。由于设计理想的富集或筛选程序比较困难，所以共代谢还了解得不够清楚，其在自然界中的重要性可能因此被低估。共代谢以前也被定义为共氧化，但这一概念也包括不一定进行生长基质代谢的反应。值得指出的是，在一个微生物群落中的单个微生物产生的一种化合物，虽然自身不能利用，但对群落中其他微生物而言可以作为代谢底物。如果这些微生物不能利用该初始代谢底物，则对相互作用的群落而言是一个潜在的阻碍。

环烷烃能在自然界土著微生物的混合培养中被稳定代谢，但微生物纯培养的生长很差，可能其降解需要微生物群落的存在。例如，从广泛使用的农药对硫磷(*O*,*O*-二乙基-*O*-*P*-硝基苯基硫磷酯)中富集分离得到的混合培养物，主要包括*Pseudomanas*,*Xanthomonas*和*Brevibacterium*，它们都不能单独利用以硫磷作为生长的碳源与能源。

6. 氢(电子)转移

第六类微生物群落的基础是微生物种属间电子(H_2或甲酸盐)或其他营养盐的转移，这些作用的原理是微生物在厌氧条件下需要一个积累过剩还原价的受体。这类群落的典型例子是在发现由两种紧密结合微生物组成的甲烷生成群落*Methanobacillus omelianski*时得到的。该群落中，一种微生物是将乙醇氧化成乙酸和氢的"S微生物"，另一种是利用氢将CO_2还原为甲烷的产甲烷菌*Methanobacterium* MOH。它们的相互关系使得乙醇代谢可以连续进行，而甲烷的生成可以避免抑制性高浓度氢的累积。在厌氧环境下分离得到的类似群落还有许多，在其他的厌氧混合培养中，互养微生物将乙醇和脂肪酸降解为乙酸盐和甲酸盐，而后者被产甲烷菌继续降解。

已有报道表明，厌氧菌群能够降解许多芳香烃类。已分离得到的一组产甲烷菌群，可以在硝酸盐与硫酸盐缺乏的条件下将苯甲酸盐降解为甲烷和CO_2。除了*O*-氯苯甲酸盐抑制苯甲酸代谢外，不存在对乙酸盐代谢或甲烷生成的其他影响。Healy和Young从木质素芳香化合物中分离得到一组微生物群落，并且证实了其对芳香化合物，如邻苯二酚、肉桂酸、腐殖酸、苯酚、原儿茶酸(Protocatechuic acid)、丁香醛和香草醛的开环作用。该群落结构与从瘤胃中分离得到的降解苯甲酸的群落相似，表明该群落不管其生活习性如何，已进化出最适合的菌种结构。另一分离得到的菌群在降解苯酚时与产甲烷无关，但与硝酸盐还原有关。有报道表明，在反硝化的混合培养条件下，苯、甲苯、乙苯和二甲苯能够被降解。此外，对氯代苯甲酸降解菌群的3种微生物组成的研究表明，其中DCB-1(一种脱氯微生物)将氯代苯甲酸脱氯，然后BZ-2(一种苯甲酸降解菌)将苯甲酸降解为乙酸、氢和CO_2，第三种微生物则是产甲烷菌*Methanosprillum* (Strain PM-1)。

对于自然产生的复杂有机分子，如木质素和果胶，降解的潜在可能性已有报道。以氢和甲酸盐转化为基础的厌氧菌群对有机酸和乙醇的降解潜力已被证实。在混合厌氧培养系统中也发现不同菌种间氢与甲酸盐的转化具有比较重要的意义。最近又有报道发现将五氯酚(PCP)矿化为甲烷和CO_2的稳定颗粒厌氧菌群，该菌群主要包含共营养的产乙酸菌与产甲烷菌。

7. 提供一种以上初级底物利用者

最后一类微生物群落的基础是有一种以上初级利用者存在。许多连续富集已经得到含一种以上菌种的稳定菌群，该菌群能够在所提供的唯一碳源和能源上生长。这些群落与结合代谢群落不同，因为其每个初级利用者都能完全代谢底物。一些初级和次级微生物的存在表明，为了获得自由竞争的稳定状态和避免培养物的流失，两者之间必然存在着相互作用。在除草剂对硫磷和苯甲酸中分离得到了这一类菌群，发现对硫磷被该菌群降解的速度远高于其初级微生物的纯培养，而这些初级微生物对整个菌群的降解成功可能非常重要。应用连续富集技术从河口沉积物中分离得到的一类降解除草剂Fenuron(*N*,*N*–二甲基–*N*–苯基脲)的微生物群落，包括3种*Coryneforms*菌、1种假单胞菌和1种*Alcaligenes* sp.菌。

对危险性化合物而言，还很少有证据表明分离得到的微生物群落能在自然界中像在实验室内一样存在和起作用，但有这样的可能性，即特定的微生物群体迅速结合形成一个特殊群落，以适应生物体外的特定环境与代谢挑战。

第二节　卤代有机化合物的微生物降解

一、卤代有机化合物在好氧混合培养条件下的微生物降解

卤代有机化合物被大量应用于各类工农业生产中，如化工合

成中间体、润滑剂、绝缘剂、传热介质、增塑剂、农药等等。每年全世界氯代苯的产量估计为(8×10^5)t。与碳氢化合物相比，卤原子的引入使卤代有机化合物的生物降解性大大降低。例如，短链烃是易于生物降解的，而氯代烷烃是难生物降解的，一般需要较长的启动时间才能开始降解。

这类化合物最终进入环境以后，由于其难降解的化学结构，使它们在自然界中长期存在而不被降解。用生物学或进化时间尺度的术语来说，微生物还没有足够的时间进化出降解这类化合物所必需的酶。但在特定条件下，微生物可以通过其具有较宽专一性的酶将这些化合物生物转化。

许多与废物降解有关的代谢系统都利用分子氧。微生物对氧的需求有两种用途：一种是在有机底物氧化释放出电子和能量产生时用作最终电子受体，另一种是氧作为生化反应的底物并在进一步的代谢中被化合到有机产物中。氧的代谢重要性根本在于其高氧化还原电位($E_0{}^1=+0.86V$)，在正常条件下，氧是惰性的，O_2的低反应活性是其电子结构造成的。氧可以通过将外部电子引入其π-轨道，以形成高反应性激发态来激活，它只有在激活以后才能与有机底物稳定反应。现在已知有约100种加氧酶可以催化O_2化合到有机物中，根据O_2被化合进有机物的原子数，加氧酶可分成两类，双加氧酶催化氧分子的两个原子的插入，单加氧酶催化氧分子的一个原子的插入，而其余的氧被还原成水。

下面将分别讨论卤代芳烃和卤代脂肪烃在好氧混合培养条件下的生物降解。

(一) 卤代芳烃

卤代芳香化合物的生物降解的概念是其环被开裂为中间代谢物并且其有机卤素被矿化。生物降解的唯一重要限速步骤是卤素取代基从有机化合物中的脱除，它主要通过以下两种途径发生：

• 在降解初期通过还原、水解或氧化分解(Oxygenolytic)去除机理消除卤素。

• 生成非芳香结构产物后通过自发水解脱卤或β-消去卤化氢。

芳环(Arene)-卤素键被认为是化学惰性的，且难以发生亲核取代反应，而水解通常要求极强的碱性条件，在强碱存在时，质子失去促使卤素离子脱除形成芳环，然后在亲核条件下转化为芳香化合物。在卤代芳香化合物中含有拉电子取代基如$—NO_2$或$—SO_3H$时，亲核取代需要经过两步额外的消去机理。因为要求高的活化能(氯苯$E_A \geqslant 167.5$kJ/mol)和强的亲核催化剂，所以微生物不可能含有直接水解碳-卤素键的酶系。因此，脱卤通常只有在卤代化合物经过转化形成不稳定碳-卤素键后才能进行。下面对两种不同脱卤途径进行讨论。

(1) 脱卤优先于开环　Johnston等报道了一株假单胞菌将3-氯苯甲酸催化脱卤为3-羟基苯甲酸和2,5-二羟基苯甲酸，1975年Chapman又发现几株微球菌可以将4-氯苯甲酸转化为4-羟基苯甲酸，尔后又有几例相似的发现。1984年Mark等与Muller等用$^{18}O_2$和$H_2{}^{18}O$进行脱氯反应，发现碳卤素键的开裂与水有关而与O_2无关。图6-2-1为3-和4-氯苯甲酸水解脱氯的途径，在*Flavobacterium* sp.和*Rhodococcus chlorophenolicus*对五氯酚的降解中也同样发现氯被羟基取代的现象。

偶尔由双加氧酶催化的脱氯过程是卤代芳香化合物脱卤的另一个分支途径，氧被空间选择性地引入芳香环中并自发脱卤。Goldman等报告了假单胞菌代谢氟代苯甲酸的机理，该微生物通过非选择性的苯甲酸-1,2-二加氧酶催化对2-氟代苯甲酸的降解有两种不同的途径，氧被引入芳环形成2-和6-氟-1,2-二氢-1,2-二羟基苯甲酸的混合物。在该反应中，占多数的2-氟苯甲酸(＞85％)自发脱氟生成邻苯二酚，并通过3-氧己二酸(3-Oxoadipate)途径进一步降解。这种从2-氟-1,2-二氢-1,2-二羟基苯甲酸消除氟的途径可能是由双加氧酶脱卤催化的，该酶的原先作用是将氧引入苯甲酸。这类反应通常要求有羟基化反应绝对靠近羧基的酶系参加。

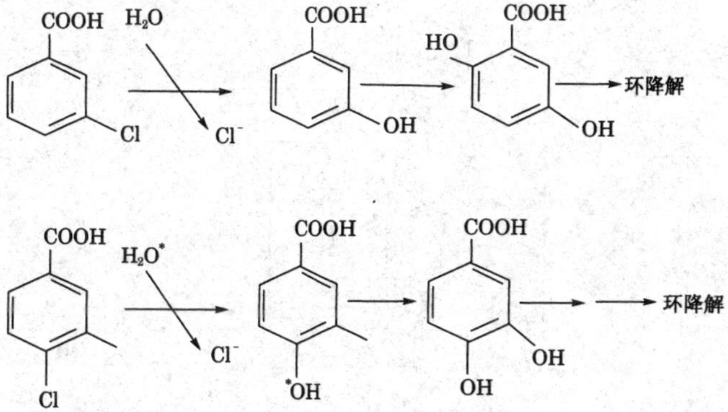

图 6-2-1　3-和4-氯苯甲酸的水解脱氯

(Reineke 1984,Reineke and Knackmuss 1988)

O*为同位素标记的氧原子。

(2) 开环后脱卤　由于卤代芳香化合物不进行亲核反应，则可能在卤代芳烃初步转化为非芳香中间产物形成较弱碳-卤素键以后发生脱卤反应。该途径的共同特点是卤素去除都在卤代芳香化合物被转化为3-氯邻苯二酚以后以及开环过程都涉及催化非卤代同系物的降解酶，此时由于碳-卤素键较弱而脱卤自发进行。

大多数卤代芳香化合物都通过卤代邻苯二酚降解，而3-位的异构体可能是主要代谢物。氯苯、氯苯胺、氯苯甲酸和包括五氯酚、氯酚乙酸[2,4-D,2,4,5-T(2,4,5-三氯苯氧基乙酸)和2-甲基-4-氯酚乙酸(MCPA)等]的氯酚，以及氯代联苯，都最终被转化为氯代邻苯二酚。以酚乙酸为例，各类土壤细菌通过断裂醚键，将2,4-D转化为2,4-二氯酚，将MCPA转化为2-甲基-4-氯酚，将4-氯酚乙酸转化为4-氯酚。所有利用卤代芳香化合物的细菌体系都利用在邻位断裂途径的酶，而间位途径的关键酶，2,3-二加氧酶被3-氯邻苯二酚生成的酰基氯不可逆地抑制了活力(图6-2-2)。

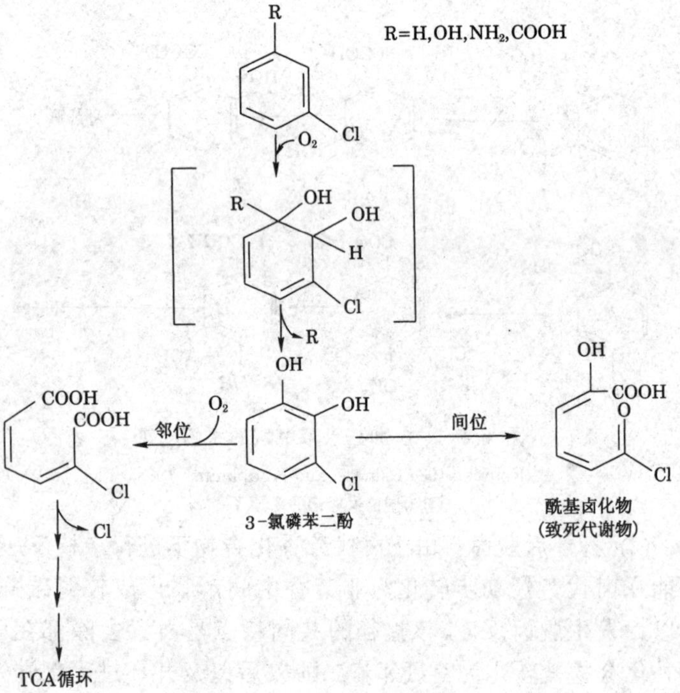

图 6-2-2 开环后消除卤素

(Leisinger and Brunner 1986,Reineke 1984,Reineke and Knackmuss 1988)

(二) 卤代脂肪烃

卤代脂肪族化合物的广泛使用所造成的污染及其对生物的毒性已受到重视，通常认为作为脱油脂洗涤剂的氯代溶剂不能用传统的废水生物处理方法降解。几种最常见的有机挥发化合物为：四氯乙烯(PCE)、三氯乙烯(TCE)、1,1,1—三氯乙烷(TCA)、顺-1,2-二氯乙烯(cis-1,2-DCE)、1,2-二氯乙烷(1,2-DCA)以及1,1-二氯乙烯(1,1-DCE)。这些化合物能在环境中持久存在并稳定迁移到地表下层水体中。目前主要处理方法为将水抽至地表由曝气塔处理或用碳吸附去除，但这些方法成本较高且只是简单地将污染物从一个相(水)转移到另一相(空气)中。

卤代有机化合物通常不易于被微生物降解,例如,三氯乙烯(TCE)的半衰期为300天。但卤代化合物在特定条件下能被微生物降解,例如从暴露于天然气中的土壤中分离到的细菌能够氧化三氯乙烯(TCE),以及氯乙烯能够在微生物混合培养或纯培养下降解,而这些微生物本身具有代谢甲烷、丙烷、苯酚、甲苯和氨的能力。

卤代脂肪烃的氧化模式主要有以下两种:

(1) 利用烷烃的细菌通过加氧酶将分子O_2引入到有机分子中。加氧酶分为两种: 单加氧酶与双加氧酶,它们在卤代烷烃氧化中的作用已经阐明,碳-碳双键的环氧化作用(Epoxidation)或氧化作用被认为是卤代乙烯氧化的第一步,环氧化的中间产物可以自发通过一系列反应生成二氯乙酸、乙醛酸(Glyoxylic acid)或其他一碳化合物。研究表明,在酸性条件下,三氯乙烯(TCE)环氧化物被转化为乙醛酸和二氯乙酸,而在碱性条件下,则生成一氧化碳与甲酸。甲烷营养菌群(*Methanotrophs*)和其他好氧菌似乎能够通过单加氧酶或双加氧酶共代谢降解一些氯代甲烷、氯代乙烷、氯代乙烯。总的结论是,其氧化速率与化合物的氯取代程度成反比,高氯代化合物如四氯乙烯(PCE)不被氧化,而氯乙烯(Vinyl chloride,$CH_2=CHCl$)比二氯乙烯代谢快得多。

(2) 卤代脂肪烃的另一种氧化模式是一些能以这些化合物为唯一碳源和能源的微生物以卤代脂肪烃为初始底物代谢。例如,许多假单胞菌和*Hyphomicrobium*能将氯代烷烃作为初始底物代谢。研究表明,氯代烷烃的完全代谢有3种不同途径,见图6-2-3。

以二氯甲烷为例,脱氯由谷胱甘肽(Glutathione)-依赖型脱卤酶完成,基于谷胱甘肽的脱卤作用通常由对与卤素相连的亲电碳原子的亲核攻击引起的。1,2-二氯乙烷的降解有两种途径,土壤细菌DE_2通过氧化脱卤将1,2-二氯乙烷转化为1,2-二氯乙酸,并进一步转化为2-氯乙酰和2-氯乙酸(图6-2-3),而*Xanthobacter autotrophicus*通过水解脱卤将1,2-二氯乙烷降解为1,2-二氯乙醇(图6-2-3)。

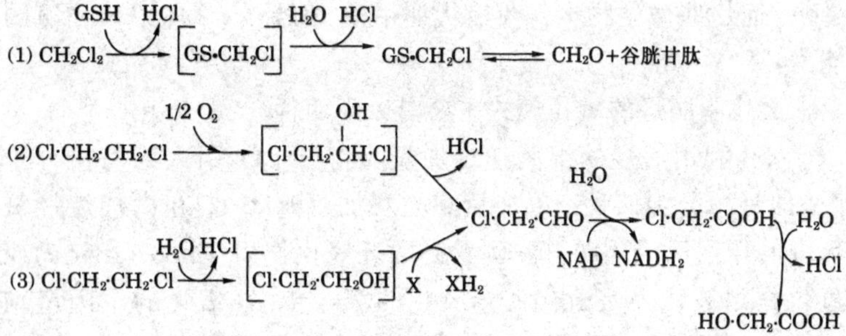

图 6-2-3 氯代脂肪化合物的微生物降解

由3种方式脱卤:(1) 还原谷胱甘肽;(2) 氧化;(3) 水解。

(Leisinger and Brunner 1986,Kohler-Staub et al. 1986,Stucki et al.1983,Janssen et al.1985)

二、卤代有机化合物在厌氧混合培养条件下的微生物降解

对厌氧微生物种类与代谢的研究发现它们能降解许多毒害化合物,值得注意的是,厌氧菌也进行一些好氧条件下未发现的特殊脱毒反应,如高氯代脂肪烃、芳烃的还原脱氯、芳环到脂环(Alicyclic)结构的转化以及开环的还原作用。此外,厌氧微生物降解方法和初步方案已被发展用于混合培养体系去除残余有毒有机物的评价、监测和控制等方面。

(一) 卤代芳烃

卤代芳烃在厌氧混合培养下还原脱卤的概念在1982年被认识到,卤代苯甲酸在混合产甲烷富集培养下部分或全部降解为甲

烷、CO_2和盐酸，对卤代苯甲酸和卤代苯酚衍生物的一些研究发现脱卤作用是一个氧敏感过程，一些卤素相继从芳烃上被还原脱除，在厌氧脱卤过程中没有比初始底物毒性更强的中间产物生成。以下分别以几种典型的卤代芳烃为例介绍其厌氧降解过程。

1. 氯代苯甲酸

氯代苯甲酸长期被作为降解研究的典型化合物，因为它们是危险化合物之一，也是一些污染物的降解中间产物，如多氯联苯(PCBs)、氯酚，或是一些除草剂的组成成分。研究表明在厌氧污泥混合培养中85％的3-氯苯甲酸被矿化为CH_4和CO_2，其中间产物为苯甲酸。另一些研究表明底泥或污泥混合培养菌落可将单、二和三卤代苯甲酸脱卤，有趣的是，所有间位的氯被专一性地脱除。

污泥中将3-氯苯甲酸脱氯的混合微生物菌落已被鉴定，分离得到的7种微生物中有5种被认为是对碳流和电子流起主要作用的。它们分别为：(1)DCB-1，脱氯微生物，生成苯甲酸；(2)BZ-2，苯甲酸降解菌，生成H_2和乙酸；(3)耗氢产甲烷菌*Methanospirillum*和*Methanobacterium*以及乙酸型产甲烷菌*Methanothrix*，后者利用乙酸生成CO_2和CH_4。目前，DCB-1是在脱氯纯培养中唯一的厌氧菌，最近被命名为*Desulfomonile tiodjei*，其脱氯机理正在进一步研究中。

2. 氯酚类

五氯酚(PCP)是氯酚中研究最广泛的，可能是因为其作为杀虫剂和除草剂在稻田与甘蔗田中应用较广。在洪水泛滥的稻田中的研究表明五氯酚(PCP)能够还原脱氯，其邻位与对位氯比间位氯更容易脱除。

在造纸和纸浆废水中，氯代芳烃，包括氯酚、氯代邻苯二酚和氯代邻甲氧基苯酚(Chlorognaiacols)，在厌氧流化床反应器中发现被转化和降解，在新鲜污泥和富集微生物培养中都发现氯代邻苯二酚，如4-氯间苯二酚(4-Chlororesorcinol)的还原脱氯作用，添加酵母浸膏或色氨酸酶(Trypticase)可以将脱氯速率从1.1 μmol/(mg·g)提高到2.6 μmol/(mg·g)，而将滞后期从3周缩短为2天，氯酚在厌氧反应器中比在曝气池或活性污泥法中去除要快得多。

现已证实氯酚在新鲜污泥中的降解经过邻位的还原脱氯。在分批培养中五氯酚(PCP)被逐步转化为3，4，5-三氯酚(3，4，5-TCP)，3，5-二氯酚(3，5-DCP)，3-氯酚(3-CP)，最终代谢为CH_4和CO_2，因而五氯酚(PCP)脱氯是在邻位发生的，3,4,5-三氯酚通过相同途径生成4-氯酚。

图6-2-4所示为特定环境中获得的颗粒厌氧混合培养物在UASB反应器中对五氯酚的降解过程。反应经过2，4，6-三氯酚和4-氯酚最后矿化为CH_4和CO_2。这些数据表明间位脱氯是脱氯的起始步骤。在UASB反应器中，当颗粒污泥对五氯酚浓度的提高适应后，五氯酚的脱氯与降解速率达到0.4g/[L(反应器污泥床体积)·d]。反应连续运行并回流，温度28℃，水力停留时间(HRT)为14h，合成进料中含PCP60mg/kg，厌氧出水中PCP未检出。该厌氧反应器运行状况通过挥发酸(VFA)的降解率来监测，时间达200天以上。当体系被抑制时，一些中间产物如2，4，6-三氯酚，2，4-二氯酚和4-氯酚被检出和鉴定得到，这表明还原脱氯最初发生在间位，这是厌氧菌群催化的一个主要途径。在分批培养研究中，2，4，6-三氯酚和2，4-与2，6-二氯酚不抑制厌氧颗粒污泥的生物催化，而3，4，5-三氯酚毒性较大，3，5-二氯酚也有毒性。用放射性标记的五氯酚(^{14}C)可以证明75％的五氯酚被矿化为$^{14}CO_2$和$^{14}CH_4$，这类具有特殊产甲烷厌氧颗粒污泥的五氯酚处理反应器，对处理氯代有机物污染的地下水和填埋渗滤液具有潜在应用价值。

3. 氯苯类

催化氯苯和多氯联苯(PCBs)还原脱氯的厌氧混合菌群有可能为水体沉积物污泥问题提供一种生物处理手段。现已明确高氯

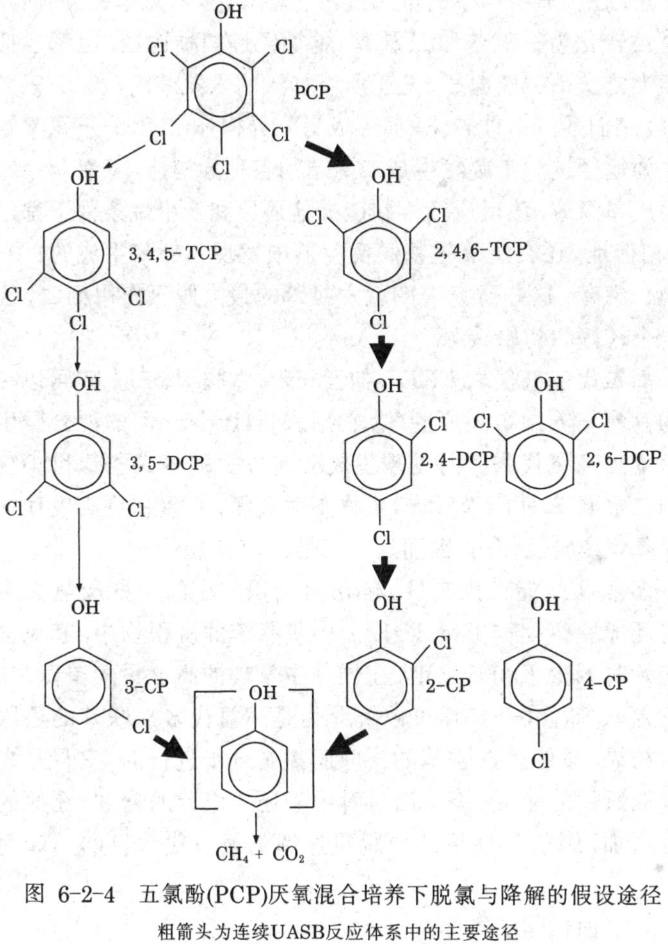

图 6-2-4 五氯酚(PCP)厌氧混合培养下脱氯与降解的假设途径

粗箭头为连续UASB反应体系中的主要途径

(Bhatnagar et al.1989)

代非极性化合物，如六氯苯(HCB)、三氯苯和各类多氯联苯，可以发生还原脱氯，其脱氯速率，以六氯苯和多氯联苯为例，比氯代苯甲酸和氯酚低得多。Bailey认为从大湖地区(the Great lakes)获得的氯代苯分布数据可以推测厌氧沉积物中六氯苯的脱卤作用。

对这些数据的分析表明，在厌氧沉积物中存在着缓慢的六氯苯脱卤作用。在厌氧条件下的下水道污泥培养中，六氯苯在3周内几乎完全被转化为三氯苯和二氯苯，脱氯经过两种途径，但都包括从芳环上依次消去氯原子，几乎所有加入的六氯苯以1,3,5-三氯苯积累，它们残留不被转化，而形成另一异构体，1,3,5-三氯苯则通过次要途径进一步脱氯生成二氯苯的各种异构体。三氯苯经二氯苯生成单氯苯，该反应活性在硫酸盐还原和产甲烷条件下都已发现。相似地，还在厌氧生物膜反应器中发现六氯苯生成的1,3-和1,2-二氯苯。这些研究表明就六氯苯的最大脱氯作用而言，乙酸是一个较好的初始碳源。

高氯代多氯联苯(PCBs，如五联苯、六联苯、二联苯)可以在沉积物富集培养中被还原脱氯，在用来自Hudson河的混合微生物菌落处理高氯代联苯时发现生成60％以上的单氯联苯和20％以上的二氯联苯。由于好氧微生物不对五氯、六氯和更高氯代的联苯起降解或脱氯作用，因而这一点是比较有意义的。

多氯联苯能被来自Hudson河沉积物中的一些厌氧微生物菌落还原脱氯、含50mg/kg以上多氯联苯的沉积物中，其氯含量比初始时减少了30％以上，在样品中发现的高含量的单氯、二氯和三氯联苯(图6-2-5)，可以解释为是高氯代多氯联苯的还原脱氯的结果。显然多氯联苯的还原脱氯是分步进行的，它只是先生成较低氯代的多氯联苯，而后者由于还原电位的增加，还原的难度也增加，厌氧条件下还原脱氯速率随氯取代数目的下降而下降。

(二) 卤代脂肪烃

卤代脂肪族化合物降解的起始步骤是还原脱卤。与卤代芳香族化合物不同，卤代脂肪族化合物在还原过程中可以失去一个或两个以上卤原子，失去两个卤原子的机理包括与双键相邻的两个卤原子的脱除。在卤代脂肪族化合物降解中，一个卤原子与氢的还原脱除占重要地位。氯代甲烷、氯代乙烷和氯代乙烯的归宿具有特殊意义，因为它们在许多表层及下表层环境中代表一类重要的污染物。1981年，卤代甲烷在产甲烷条件下的生物转化被证实，随后的研究又发现氯乙烯和氯乙烷的脱卤作用。

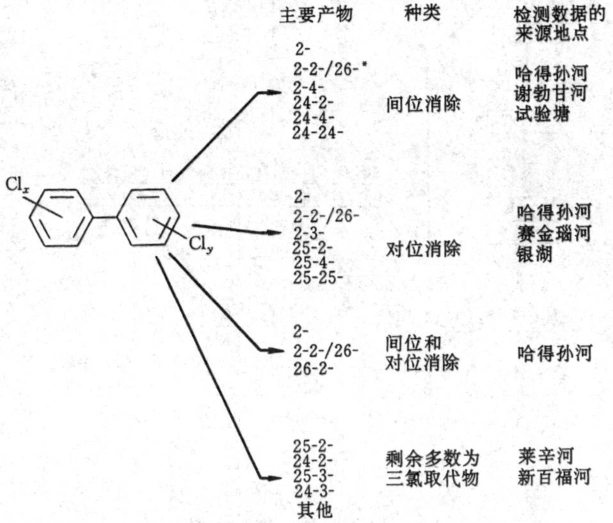

图 6-2-5　多氯联苯脱氯作用示意图

(Wiilam W.Mohn and J.M.Tiedje,1992)

2-2/26-指两个不同苯环上的2-2-取代或同一苯环上的2，6-取代。

四氯乙烯(PCE)与其他氯代乙烯是地下水、工业废水及填埋渗漏液中的主要污染物之一。现在还未确定好氧微生物能将四氯乙烯降解或脱氯，但四氯乙烯厌氧纯培养的脱氯作用已经证实。

氯仿和四氯甲烷在沉积物样品中的厌氧降解可能经历一步初始还原脱卤反应，然后生成CO_2。卤代脂肪族化合物包括四氯化碳、氯仿、三氯乙烷和四氯乙烷、四氯乙烯，在从下水道污泥和厌氧地下水中的产甲烷菌混合培养中可以被还原脱氯(图6-2-6)。还原型铁卟啉也显示出对一些上述化合物的脱氯作用。另有报道，1，2，2，2，-四氯乙烷被还原脱卤为1，1，2-三氯乙烷。2-溴乙烷磺酸和2-氯乙烷磺酸的脱卤作用可能是造成在厌氧消化罐中这些抑制剂(甲烷代谢)失活的原因。

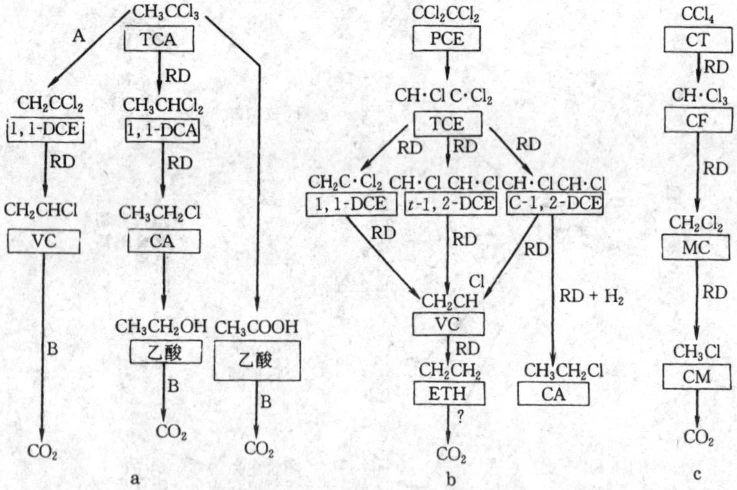

图 6-2-6 厌氧脱氯和降解的建议途径

a—1,1,1-三氯乙烷 b—四氯乙烷 c—四氯化碳

RD=还原脱卤 A=非生物的 B—生物的 CA=氯乙烷

VC=氯乙烯 ETH=乙烯 CM=氯代甲烷 CF=氯仿

(Vogel et al.1987,Bario-Lage et al.1986,Freedman and Gossett 1989)

第三节 烃类化合物的微生物降解

一、烃类化合物在好氧混合培养条件下的微生物降解

(一) 芳香化合物

虽然大多数芳香化合物在自然界并无生物合成的来源,但是由于这类化合物已经在自然界存在了相当长时间,并且与有生命的有机生物长时间接触使之演化,因而确实已经发现了一些芳香

化合物可以被微生物降解。早在本世纪初期就陆续发现和分离出一些能够降解苯、甲苯、二甲苯的微生物。

1. 苯及烷基苯类

在好氧条件下，分子氧是芳香化合物代谢的必要因素，同时需要单加氧酶或双加氧酶的作用使苯环羟基化，并进一步使环开裂。

真核细胞如真菌是利用单加氧酶将O_2的一个氧原子引入芳香烃，产生的环氧化中间产物通过与水的水合作用形成反式-二羟基-1,2-二水合中间产物，该中间产物可生成反式-二羟基化合物(图6-3-1)。与此相反的是，许多细菌催化氧化芳香烃是将氧分子的两个氧原子化合，自发形成初级代谢物顺式-二羟基二醇，而后失去两个氢原子形成邻苯二酚(图6-3-1)。邻苯二酚通过顺式中间产物的形成过程在1968年被首次确证，以后在大多数细菌研究中都发现该现象的存在。

在图6-3-1中，邻苯二酚是芳香化合物氧化过程中生成的重要中间代谢产物，它通过间位和邻位途径形成三羟酸循环的中间氧化物。

取代苯如甲苯、二甲苯及其他烷基苯在细菌氧化下也生成顺式-二羟基二醇。对取代苯而言，其好氧条件下的生物降解可能有两种途径：一种是苯环氧化形成烷基邻苯二酚，然后再环开裂；另一种是氧化发生在取代的烷基上形成芳香醇类，再进一步氧化至开裂前的先导物——二羟基芳香醇类化合物(如图6-3-2所示)。氧化是由甲基基团还是芳环开始取决于细菌种类。Kitagawa首先报道了甲苯在甲基支链的氧化，该过程经历苯基乙醇、苯乙酰、苯甲酸及邻苯二酚等中间产物阶段。相应地，大多数细菌将取代苯氧化为烷基邻苯二酚。更高取代的苯化合物的氧化，如乙苯、异丙苯、异丁苯和正丁苯被各类假单胞菌的氧化，类似于苯或甲苯代谢中发现的反应类型，在该类反应中芳香核被氧化。但是，长链烷基苯在末端甲基被氧化，由于烷基链长的增加和取代部分的加长，细菌进攻这类化合物更把它们当作取代烷而不是取代苯，例如，正烷基苯被转化为苯基烷酸后再进行氧化代谢。

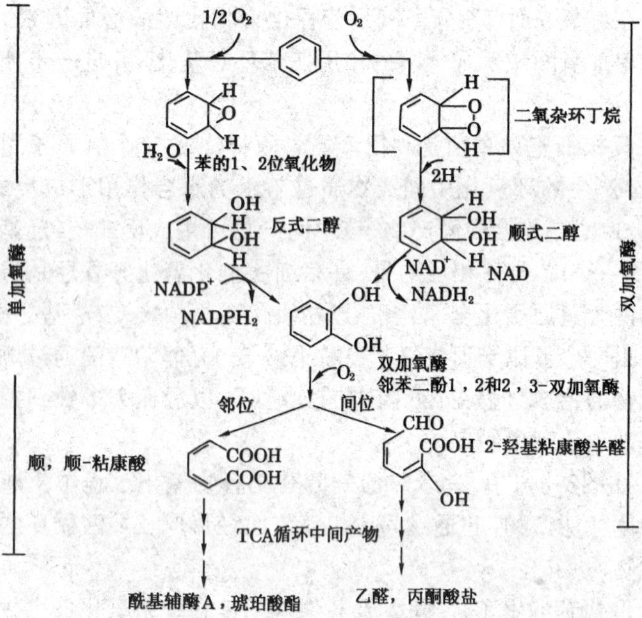

图 6-3-1 芳香化合物被真核、原核生物降解的代谢途径

邻苯二酚是芳香化合物氧化过程中生成的重要中间代谢产物，
它通过间位和邻位途径形成三羧酸循环的中间氧化物。
(Leisinger and Brunner 1986,Rochkind-Dubinsky et al.1987,
Gibson and Subramanian 1984,Ribbons and Eaton 1982,Fewson 1981)

芳环的裂解有不同的途径。邻苯二酚或取代邻苯二酚是芳香烃初级氧化的产物，环裂解由双加氧酶催化，在该过程中化合到等量的底物(邻苯二酚或取代邻苯二酚)中。对多数微生物而言，开环有两种途径，即邻位和间位。在邻位途径(二醇内)中，开环发生在邻苯二酚的两个羟基基团中间，而在间位途径(二醇外)中，开环发生在一个羟基基团的相邻外侧，如图6-3-1所示。对后一种情形而言，键的断裂点根据一级取代基的不同可以在远端或者相邻的近端。开环方式取决于多种因素，如芳香烃的种类、细菌种类及诱导的方式。相同的细菌常常可以独立进行两种不同途径，这种不严格的专一性在难降解化合物降解时很重要且十分有利，比如，由不同微生物得到的邻苯二酚1,2-加氧酶能利用3-甲基、4-甲基和3-异丙基邻苯二酚为底物。

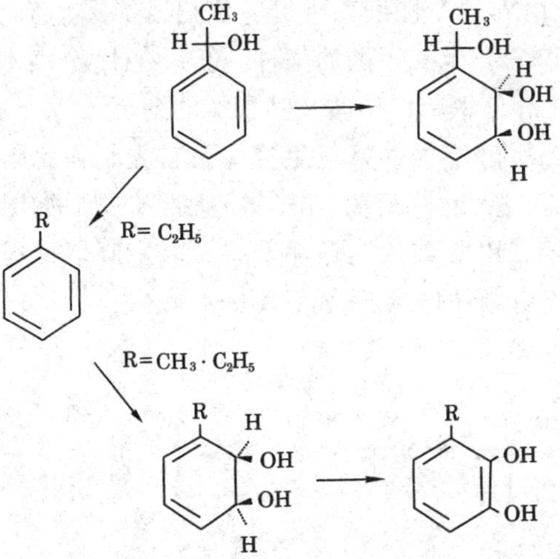

图 6-3-2 甲苯和乙苯的生物降解

(Gibson D.T.and Subramanian V.1984)

由邻位和间位途径产生的环裂解产物被进一步代谢成三羧酸循环的中间产物。邻位开环通过3-己二酮酸(3-Ketoadipic acid)形成琥珀酸(Succinate acid)和乙酰CoA(图6-3-1)，邻苯二酚的间位途径则形成丙酮酸(Pyruvic acid)和乙醛。取代邻苯二酚如3-甲基邻苯二酚和4-甲基邻苯二酚分别生成乙酸和甲酸。含对位羟基的化合物如龙胆酸(2,5-二羟基苯甲酸，Gentisicacid)，其开环位置在羟基和相邻的链如羧基之间，由该途径形成的产物包括富马酸和丙酮酸。

2. 芳香酸及其酯类化合物

苯二甲酸及其酯类化合物的大量生产和使用，使其成为几乎无处不在的环境污染物。虽然一些研究证明，苯甲酸类化合物并无致癌作用，毒性也较低，但许多研究也发现，苯二甲酸酯类和它们的代谢物对水中微生物的再生有抑制作用，因此苯二甲酸酯类仍被列为美国EPA的优先污染物中。

苯二甲酸及其酯类在芳香化合物中属于较容易生物降解的一类。人工培养的专性细菌中已分离出既能降解苯二甲酸，又能降解邻-、间-、对-苯二甲酸的菌种。同时，在土壤、河水以及活性污泥中都存在有分解苯二甲酸及其酯类的细菌。

邻苯二甲酸酯类的好氧生物降解首先是在脱脂化酶作用下转化成苯二甲酸，再降解为4,5-二羟基邻苯二甲酸(图6-3-3)，4,5-二羟基邻苯二甲酸被认为是邻苯二甲酸酯降解过程中环开裂的先导中间产物。环的开裂途径见图6-3-4。

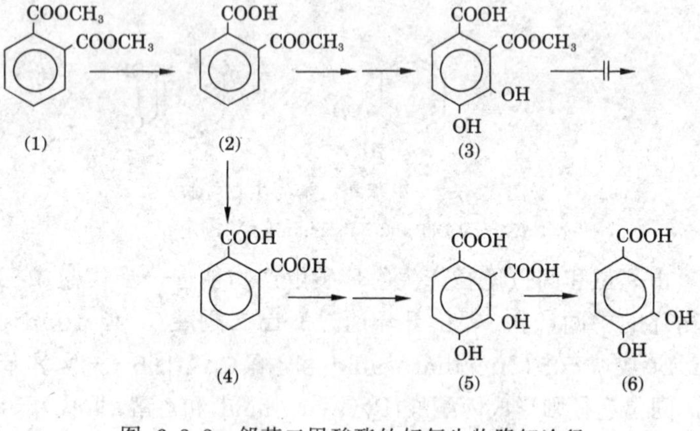

图 6-3-3 邻苯二甲酸酯的好氧生物降解途径

(Eaton R.W.and Ribbons D.W.1982)

苯甲酸与苯二甲酸的好氧降解途径相似，4,5-二羟基苯甲酸是环开裂前的中间产物，继续降解的途径与图6-3-4所示的后几步相同。

3. 酚类化合物

酚类是石油化工及煤炭工业排放的中间污染物，而且在水中的溶解度大，因此是极被重视的一类环境污染物。但是酚类也是芳香化合物中较为容易生物降解的一类，用生物技术处理废水中的酚类污染物已有实际应用。

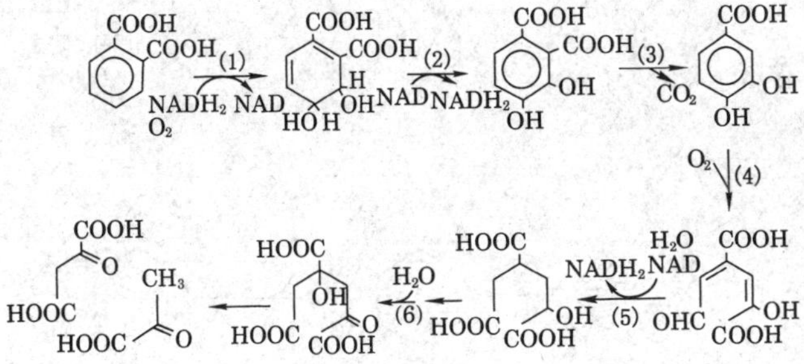

图 6-3-4 邻苯二甲酸的环开裂途径

(Keyser P.Puiar B G and Eaton K W,1976)

苯酚和甲酚在好氧条件下的生物降解途径如图6-3-5所示。邻苯二酚是环开裂前的中间产物。

4. 含氮芳香化合物

苯胺和硝基苯类化合物是染料、炸药、医药、农药、杀虫剂等的重要原料，这是一类毒性大和威胁人类身体健康的化学物质。

苯胺可在好氧条件下被分解，其生物代谢过程是先脱掉胺基，经过邻苯二酚中间产物再开环，直到完全矿化。

通常认为含硝基芳香化合物是难生物降解的，并具有抗菌性，其原因是由于—NO_2的吸电子性，使得苯环上电子云密度下降，从而使加氧酶的亲电子攻击受阻。最近的一些研究表明，硝基芳香化合物在过加氧酶或二氯化酶作用下是可以降解的，经过硝基邻苯二酚中间产物，或多元酚，再开环降解至完全矿化。硝基化合物中研究较多的是2，4-二硝基甲苯、硝基苯、2，4，6-三硝基甲苯和1，3-二硝基苯。图6-3-6表明，不同菌种降解硝基方向

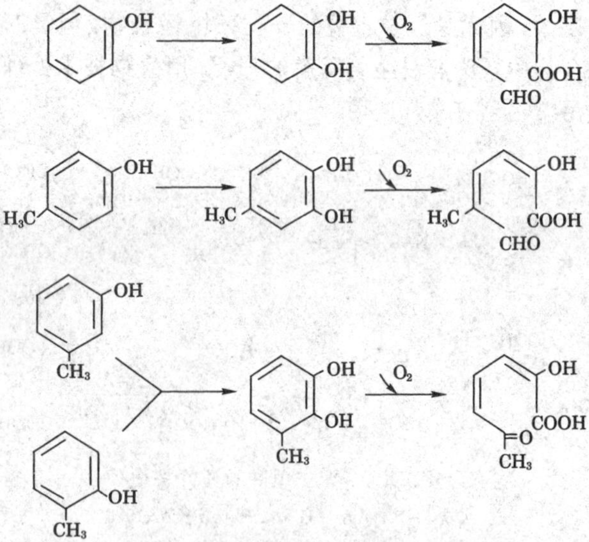

图 6-3-5　苯酚和甲酚的好氧生物降解途径

(Sala-Trepat Jose M et al.1965)

化合物的中间步骤可能不同，但至开环前的中间产物是一样的，都是3-硝基邻苯二酚。2,4-二硝基甲苯在好氧条件下的生物代谢则是首先由加氧酶或过氧化酶攻击苯环上的—NO_2基团，以—OH取代。Spanggord等分离、鉴定出在降解过程中4-甲基-5-硝基邻苯二酚的存在，而且证明当继续使之与降解二硝基甲苯的细菌作用时，能够被迅速降解，而且释放出化学计量的亚硝酸根(图6-3-7)。研究中发现，用2,4-二硝基甲苯演化的酶也可以降解2,3-二硝基甲苯和2,4,6-三硝基甲苯。这一结果有利于对土壤或工业废水中硝基苯类化合物的处理。在该降解过程中，不仅有机物达到完全矿化，而且硝基转化为亚硝酸根形式，避免了有毒的胺类化合物的累积。

(二) 脂肪烃

1. 降解机理

长链脂肪烃是石油泄漏、炼油废物和其他石化工业排入环境中的主要成分。由于这类化合物对环境的潜在威胁，它们近来日

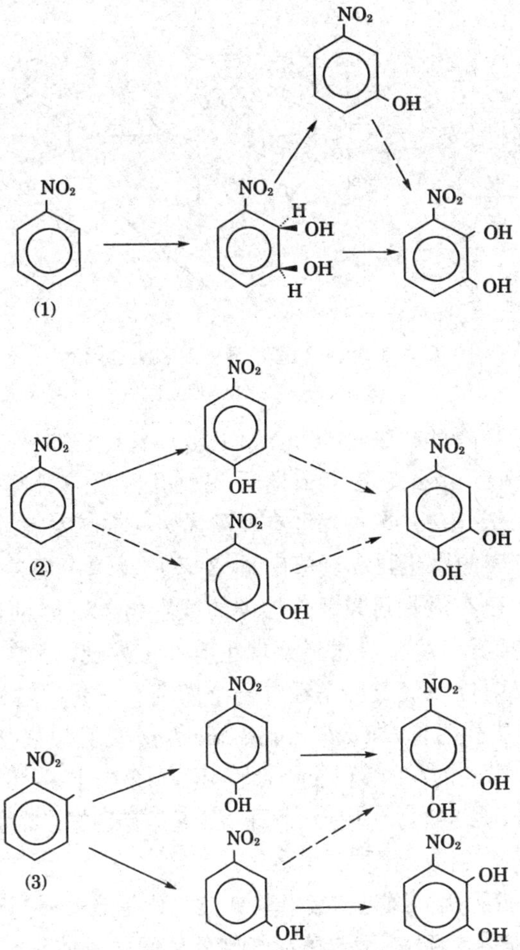

图 6-3-6 硝基苯的好氧生物降解

(Patil S S,Shinde V M,1988;Haigler B E,Spain I E,1991)

益受到关注。

与芳香烃相似，脂肪烃好氧生物降解必须有加氧酶的参与，通过单加氧酶的初始氧化反应的降解作用产生初级或二级醇的过程已得到普遍认同。

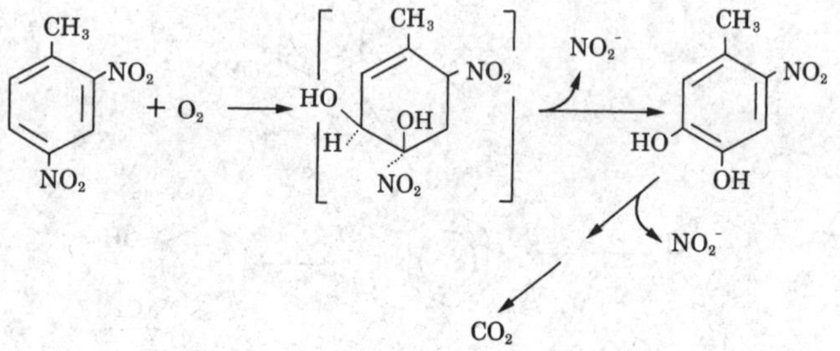

图 6-3-7 2,4-硝基甲苯的好氧生物降解

(Spanggord R T et al.1991)

首例烃类降解微生物*Botrytis cinerea*，在1895年被发现。此后1906年，Sohngen又鉴定一株甲烷利用菌假单胞菌*Pseudomonas mechanica*，以后相继有烃类代谢的文献发表。脂肪烃可以被范围较广的微生物和真菌代谢。对不同土壤中烃类代谢生物的检查证实存在大量可以氧化烃类的微生物。此外，油田土壤中烃类微生物比例较大，在海洋环境也有类似发现。烃类代谢的生态学研究表明许多烃类降解经过一个所谓共氧化的过程，例如，在甲烷气体中生长的*Pseudomonas mechanica*可以氧化乙烷、丙烷和丁烷成相应的醇、醛和羧酸，共氧化对烃类，特别是难降解分子代谢而言，是自然界中的一个重要现象。有证据表明脂肪烃共氧化代谢涉及的微生物种类很多。

(1) 末端氧化　通过末端甲基支链氧化是最普遍的正烷烃降解途径。对细菌、真菌、酵母菌和细胞外体系的一些研究表明，烷烃首先在C_1位置氧化形成一级醇，然后生成同系的脂肪酸。正烷烃氧化相应于醇的存在方式有3种机理，其中研究最多的是ω-甲基基团羟基化的机理，该途径包括由单加氧酶催化的分子氧直接结合反应。

(2) 次末端氧化　虽然烷烃降解主要通过末端氧化发生，仍然有许多微生物通过次末端氧化代谢烷烃生成二级醇及相应的酮，然后进一步羧化成脂肪酸。这表明对以烷烃作为唯一碳源和能源的细菌而言，次末端氧化可能是一种次要途径，而对共氧化代谢烷烃的微生物来说，次末端氧化途径可能是主要途径。

2. 烷烃的生物转化

烷烃在分子的不饱和支链或其他部位受到初始进攻时就可能被降解，根据进攻的方式不同生成几类产物，如：ω-不饱和醇和脂肪酸，初级或二级醇或者甲基酮，1，2-环氧化物以及1，2-二醇。

单加氧酶在烷烃氧化生成初级和二级醇中起重要作用。链长超过C_5的1-烷烃代谢途径常常要经过甲基氧化，甲基氧化机理与烷烃氧化相似。除甲基氧化以外，还发现许多微生物具有单加氧酶能够在烯烃双键处进行环氧化，关于烯烃代谢中环氧化作用的首次报道来自于*Mycobacterium* E20d的烯烃代谢中。

二、烃类化合物在厌氧混合培养条件下的微生物降解

(一) 芳烃

由于苯及低碳烷基苯在水中有较大的溶解性，汽油或有机溶剂泄漏等会造成这类化合物在水中有10～100mg/L的溶解量，这些量的化合物若在好氧条件下分解，一般需要20～200mg/L的O_2才能将碳氢化合物全部氧化为CO_2和H_2O。然而一般地下水中通常只有5mg/L左右的溶解氧，因而一旦地下水被污染，要除去上述数量的碳氢化合物，至少需要大约40倍于被污染水的体积才能提供这些化合物生物降解所需的氧量，事实上，地下水中的氧量是不够的，因而这些化合物的生物降解过程势必处在厌氧状态下，这样芳香化合物在缺氧或厌氧条件下生物降解也成为许多人

感兴趣的研究课题。以下进行分类介绍。

1. 单环芳烃

芳香烃化合物在厌氧条件下的生物降解是极为缓慢的。在试验过程中，苯、甲苯、乙苯和二甲苯等几种化合物除甲苯以外，生物降解都需要很长的启动时间。

芳香化合物厌氧降解是1934年通过混合培养首次发现的。研究者发现污泥混合培养物在缺氧条件下将苯甲酸、苯乙酸、苯丙酸和肉桂酸(2-苯基丙烯酸，Cinnamate)降解为甲烷和CO_2。对苯甲酸转化为甲烷的进一步研究表明，苯甲酸降解机理中所涉及的初始缺氧(Anoxic)转化是通过环的还原达到的，还原的芳环提高了脂环的饱和度，随后可水解开环生成C_1～C_5的羧酸，然后通过乙酸矿化为CH_4和CO_2(图6-3-8)。已发现*Rhodopseudomonas palustris*的纯培养物能够在缺氧条件下降解范围较宽的氧加成的芳香化合物，而非氧加成芳烃的厌氧转化也在1980年被首次确证。初始氧化机理的结论性证据是最近获得的，在缺氧条件下证明了氧能从水分子中结合到甲苯和苯分子中。

毒性取代单芳环化合物在下列不同代谢情形下的厌氧降解，如脱氮、硫酸盐还原、发酵、产甲烷和厌氧光合作用等，虽然在氧取代芳香化合物中，其转化初始反应很可能是还原开环或其类似途径，但总的来说上述反应的机理还不十分明了。大致过程为，芳香核被还原为相应的环已烷，接着开环生成脂肪酸，而脂肪酸能在厌氧条件下被稳定代谢。

在产甲烷条件下，芳香化合物作为多种属微生物群体或菌落的底物，这些微生物进行一系列耦合反应将芳香化合物彻底降解为CO_2和甲烷。在厌氧条件下，许多单芳环化合物能被降解，以苯甲酸为例，芳香化合物降解至少有两类生理学不同的厌氧微生物菌群:

(1) 将芳环还原开环生成脂肪酸，然后生成乙酸、CO_2、H_2等的微生物;

(2) 利用这些底物生产甲烷的产甲烷菌。

图6-3-8为假设的苯甲酸降解途径。

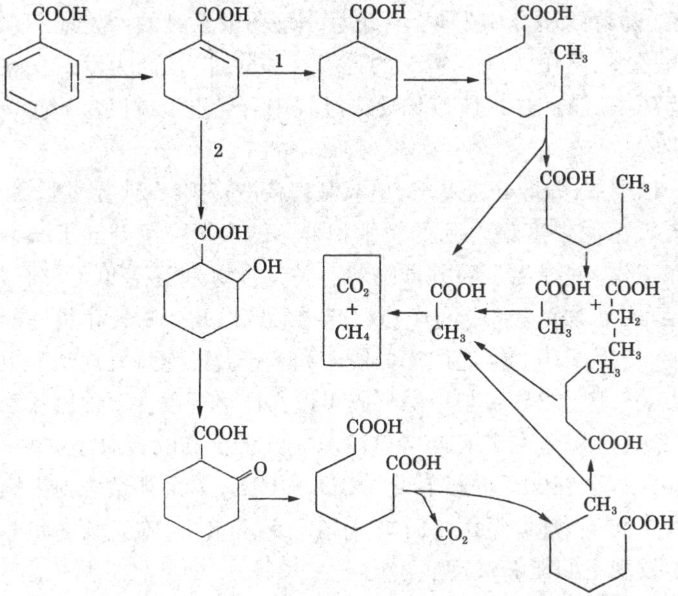

图 6-3-8 苯甲酸厌氧降解生成甲烷的假设途径

1—微生物菌落 2—*Rhodopseudomonas* sp.

(Guyer and Hegeman 1969,Keith et al.1978)

芳香化合物如苯甲酸、苯酚或*p*-羟基苯甲酸转化为乙酸、H_2和甲酸的反应过程从热力学角度而言是不利的，因而，为促进开环的进行必须连续地去除中间产物，这可由产甲烷菌有效地完成。开环可能与产物利用紧密相关，使得开环微生物与产甲烷菌之间形成一种紧密的共生关系(Obligate syntrophic)。有两个或三个取代基的苯甲酸的转化涉及标准自由能的负转化(减少)，在此类情况下，发酵开环微生物与产甲烷菌之间的相互关系不是紧密的，因而可以在纯培养中分离得到降解微生物，虽然微生物菌群对彻底降解更为有效。

在厌氧条件下油污染沉积物在接种200天后，发现2％苯甲酸(^{14}C标记)、2.9％的^{14}C标记于环上的甲苯、5％的^{14}C标记于甲基的甲苯被转化CO_2和CH_4。萘与苯并(a)芘[benzo(a)pyrene]没有被降解。随着的研究中发现，在垃圾填埋渗漏污染的两处地下水的厌氧区域，其甲苯和二甲苯的选择性去除过程，因为没有发现还原脂环浓度的增加，所以该反应过程中可能不经过以上的起始还原步骤。

以阿魏酸(即4-羟基-3-甲氧基肉桂酸)为唯一碳源和能源，对从厌氧污泥中富集得到的微生物群落的厌氧降解开展了一系列研究工作，并提出了阿魏酸降解有关化合物为CH_4和CO_2的假设途径。在底物消失、中间产物和产物形成以及初始转化机理的研究中，使用了环上标记(^{14}C)的甲苯和苯以及$H_2{}^{18}O$，发现苯和甲苯作为唯一碳/能源或与甲醇一起可以在产甲烷条件下被厌氧菌群彻底矿化，甲苯和苯在培养基中分别在34天和64天时消失，它们的50％以上在60天时被转化为CO_2和CH_4，其余被结合到细胞内或以中间产物(脂环和脂肪酸)存在于培养液中，在延长的培养过程中发现它们能够被彻底矿化。

经对苯与甲苯环氧化首先生成的中间产物进行的鉴定，发现苯被转化为苯酚，而甲苯被转化为对甲苯酚(*p*-Cresol)或邻甲苯酚(*o*-Cresol)。此外，甲苯经历了甲基氧化生成苯基醇，苯甲酸是氧化途径中最重要的中间产物。

通常，在第一步氧化步骤以后，非氧加成(Nonoxygenated)芳香化合物(苯、甲苯等)的反应途径与氧加成芳香化合物的厌氧转化相似。在环取代基被修饰以后，芳香环被氧化，然后还原为脂环族中间产物，并水解开环生成脂肪醇和酸，最终形成矿化产物(如在产甲烷条件下的CO_2、CH_4)。

支持芳环初始氧化的最重要发现来自$H_2{}^{18}O$的研究，确证了初始反应的氧来自于水，^{18}O-对甲苯酚和^{18}O-苯酚分别作为甲苯和苯的产物被检出。表6-3-1和表6-3-2列出了大多数对非氧原子化同素环(碳环)和杂环芳香化合物的厌氧转化。

表 6-3-1 厌氧混合微生物培养下同素环(碳环)芳香烃的转化(Grbic-Calic 1989)

化合物	条件	矿化	化合物	条件	矿化
苯	脱氮	ND	间二甲苯	脱氮	+
	产甲烷	+*		产甲烷	ND
甲苯	脱氮	+	对二甲苯	脱氮	ND
	产甲烷	+		产甲烷	ND
乙苯	产甲烷	ND	茚	产甲烷	+
苯乙烯	发酵**	—***	萘	产甲烷	+
邻二甲苯	脱氮	ND	苊	脱氮	ND
	产甲烷	ND			

注: ND=未检测到。

* 化合物矿化。

** 接种产甲烷菌,但未生成甲烷。

*** 多碳化合物残留至培养结束(CO_2除外)。

2. 多环芳烃

在证实了单环芳烃可以厌氧降解以后,又发现了包括萘和苊(即萘嵌戊烯,Acenaphthene)的多环芳烃在土壤菌饱和液中于脱氮条件下被降解,在驯化两周以后,萘(7mg/L)和苊(0.4mg/L)分别在45天和40天时被降解至检测限以下。最后又发现在厌氧缺硝酸盐条件下,甲烷菌以苯为唯一碳(能)源驯化后可以降解萘。驯化1个月以后,萘转化为芳香中间体,降解在35℃时30周结束,近来又发现茚可在实验室中被从杂酚油(Creosote)污染区域得到的微生物体系转化,该体系在25℃下2月后将茚从12mg/L降解至检测限以下,并生成等化学计量的CO_2和CH_4。但目前对多环芳烃(PAHs)的厌氧降解途径还不十分清楚。

3. 杂环芳烃

含N和P的杂环烃的混合培养也发现其转化作用,主要结果见表6-3-2。在脱氮、硫酸盐还原、发酵以及产甲烷等条件下都发现不同的含氮杂环烃的厌氧降解作用,从下水道污泥、厌氧沉积物或其他厌氧蓄水层(Aqifer)物质中得到的微生物混合培养与纯培养证实了该转化作用(见表6-3-2)。在几乎所有上述例子中，起始厌氧转化步骤都涉及从水分子羟基引入氧的过程。Pereira等已在产甲烷条件下利用$H_2^{18}O$证实了喹啉初始氧化的氧的来源。

表 6-3-2　厌氧混合微生物培养下杂环芳香烃的转化

(Grbic-Galic 1989)

化合物	条 件	矿 化	化合物	条 件	矿 化
吲 哚	脱 氮	ND	嘌呤	发酵**	+
	产甲烷	+	吖啶	产甲烷	+
	硫酸盐还原	+	蜜胺(三聚氰胺)	脱 氮	+
喹啉	脱 氮	±*	硫茚(苯并噻吩)	产甲烷	+
	硫酸盐还原	ND		发酵***	+
异喹啉	产甲烷	±	二硫茚(二苯并噻吩)	发酵***	+
4-甲基喹啉	产甲烷	−			

注: ND＝未检测到。

* 只检测到中间产物，未检测到矿化产物。

** 厌氧发酵细菌严格或非严格纯培养。

*** 发酵富集。

有人估计杂环芳烃比同素环(碳环)芳烃具有更高的厌氧降解速率，吲哚(1mmol/L)可被*Desulfobacterium inodolicum*液体培养物在8天时完全降解；而用从下水道污泥中富集得到的产甲烷菌属降解需60天；以淡水沉积物或土壤泥浆在脱氮条件下降解则需144天。喹啉与异喹啉被从含杂酚油的地下水物质得到的厌氧微生物降解为CO_2和CH_4至少需30天。

含硫杂环化合物厌氧降解的例子很少。有报道称苯并噻吩(即硫茚，Benzothiophene)和二苯并噻吩(Dibenzothiophene)能被从下水道厌氧污泥和储煤区土壤中富集得到的混合培养物厌氧转化，发现在2周内37℃下，50%～80%的底物消失。也有报道称苯并噻吩(10mg/L)在产甲烷微生物富集培养经12天停滞期后被降解，在20天后降解完成，并发现CO_2和CH_4产物。早期的氧化中间产物没有检测到，但形成的较宽范围的单核芳香化合物与脂链化合物表明起始步骤中在苯并噻吩分子的杂环与碳环上都发生了降解反应，环状化合物接着分裂为脂肪醇和酸，通过已知的途径进一步代谢。

(二) 脂肪烃

早在1960年就已发现脂肪烃的厌氧转化，在解释厌氧转化时必须注意不完全厌氧条件、外加乳化剂的降解或底物的不纯。有报道表明*Desulfovibrio desulfuricans*在以葡萄糖为其底物时可以降解甲烷、乙烷和正辛烷，后来又发现该培养物为非纯培养。厌氧条件下饱和烷烃矿化为甲烷和CO_2从热力学角度看是可能的，以乙烷为例：

$$8C_2H_6+6H_2O \rightarrow 14CH_4+2HCO_3^-+2H^+ \qquad (\Delta G^0=-34.4\text{kJ/mol乙烷})$$

通常，饱和烷烃的微生物降解取决于与加氧酶有关的分子氧存在。

当烷烃分子中有至少一个双键时情形就不同了，在双键上的水合作用可能生成醇，然后被氧化为酮或通过酰化生成相应的脂肪酸。从热力学角度看，在产甲烷条件下乙烯的厌氧降解比乙烷释放能量更多：

$$2C_2H_4+3H_2O \rightarrow 3CH_4+HCO_3^-+H^+ \qquad (\Delta G^0=-102.1\text{kJ/mol乙烯})$$

已证实1-十六碳烯在厌氧富集培养时可完全转化为甲烷与CO_2，因而，含一个双键的脂肪直链烃足以被完全矿化。厌氧降解途径与好氧也不同，好氧需要双键环氧化或在饱和末端由单加氧酶催化起始反应。

第四节　其他危险性化合物的微生物降解

一、偶 氮 染 料

染料的种类很多，其中偶氮染料数目最多，约有半数以上的人造染料属于这一类。它因具有偶氮基团而发色(见图6-4-1)。

对偶氮染料的Ames试验表明，其中大多数对二甲胺基偶氮染料具有致突变性，因而该类染料在环境中的行为也受到关注。

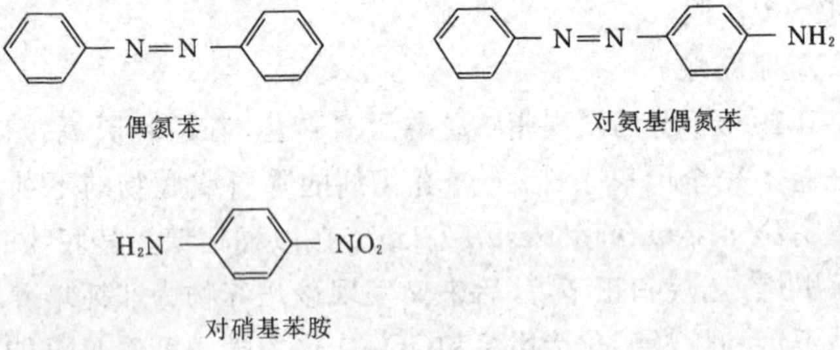

图 6-4-1 偶氮化合物及其中间体

在偶氮化合物中，最基本的化合物是对氨基偶氮苯，它是用得最广泛的色素之一。据报道，偶氮化合物分解菌除啤酒酵母、面包酵母外，还有普通变形杆菌、枯草芽孢杆菌等。

在厌氧条件下，30℃时，枯草芽孢杆菌降解对氨基偶氮苯，含30mg/kg偶氮苯的反应液在氮气流中反应10h后，用乙醚抽提可得到苯胺。因此，对氨基偶氮苯的生物降解途径可能为生物还原破坏偶氮基，生成的苯胺、对苯二胺被微生物进一步降解(见图6-4-2)。

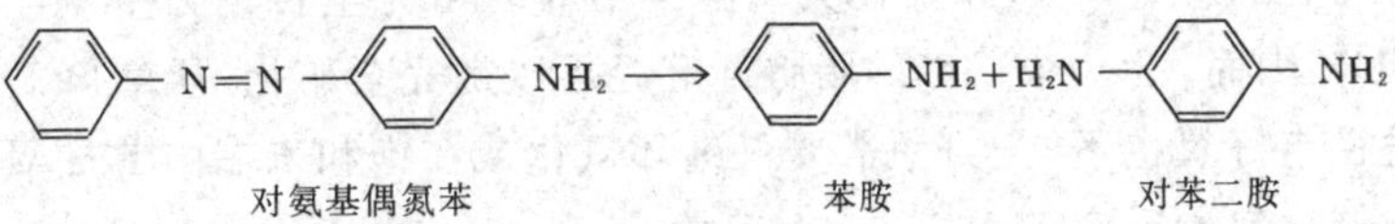

图 6-4-2 对氨基偶氮苯的降解

已有报道表明，含偶氮色素的染色废水可以用活性污泥法进行处理，但由于染料的种类不同，有时也会发生妨碍活性污泥中微生物呼吸的现象。

二、表面活性剂

表面活性剂自问世以来，已经发展到几乎在各个领域无所不在的程度，尤其大量应用于纤维、造纸、塑料、化妆品、医药、金属加工、农药、洗涤剂及石油和煤炭等工业。自从1954年合成了洗涤剂以来，世界年产合成洗涤剂已超过130万吨，这些洗涤剂一经使用后，即可产生大量废水，早期使用的洗涤剂是支链烷基苯磺酸钠(ABS)型，但它在环境中存留时间长，不易被微生物降解。现在大多使用直链烷基苯磺酸钠(LAS)型，它在好氧状态下能被微生物降解，生成含5～6个碳的直链不发泡物质。

(一) 表面活性剂结构对生物降解的影响

1. 阴离子表面活性剂

Swisher研究了疏水基结构不同的ABS(烷基苯磺酸钠)的降解性，结果表明：在烷基中，端基为三甲基取代者(季碳原子)最难降解，支链取代的次之，直链烷烃最易降解。他还对C_{12}LAS异构体用河水进行了降解时间的测定，发现生物降解速度随磺基与烷基链末端的距离的增大而加快。有人也研究了烷基链长与降解速率之间的关系，对于C_6～C_{12}的LAS，烷基链长的比短的降解速度快。

Swisher还研究了有关磺基位置对降解的影响，结果表明，对于苯基在末端的LAS而言，对位异构体的降解速度较快，即使有甲基侧链也表现出同样的结果。

侧链上有甲基并不表明该化合物一定难以降解，但如果碳原子数一定时，侧链越多，有效链长就越短，因而降解速度相比之下也就越慢。

Wickbold用活性污泥法连续研究了LAS的20种主要结构的降解难易程度，结果见表6-4-1。

2. 非离子表面活性剂

Barnes等将非离子表面活性剂分为四类，即很硬、硬、软、很软。带支链的和直链的烷基酚乙氧基化合物属于很硬和硬两类，而仲醇乙氧基化合物和伯醇乙氧基化合物则属于软和很软两类。

根据实验室条件下对非离子表面活性剂生物降解试验的结果，可以得出这样结论：直链伯、仲醇乙氧基化合物在活性污泥中的微生物作用下能有效地进行代谢。

表 6-4-1　　LAS不同结构的生物降解性

LAS	降解率/%	LAS	降解率/%
C_1-C-C_8 (Ar-芳基) $ArSO_3Na$	96	C_2-C-C_9 $ArSO_3Na$	94
C_2-C-C_7 $ArSO_3Na$	92	C_3-C-C_8 $ArSO_3Na$	94
C_3-C-C_6 $ArSO_3Na$	68	C_4-C-C_7 $ArSO_3Na$	89
C_4-C-C_5 $ArSO_3Na$	32	C_5-C-C_6 $ArSO_3Na$	81
C_1-C-C_9 $ArSO_3Na$	95	C_1-C-C_{11} $ArSO_3Na$	96
C_2-C-C_8 $ArSO_3Na$	92	C_2-C-C_{10} $ArSO_3Na$	95
C_3-C-C_7 $ArSO_3Na$	88	C_3-C-C_9 $ArSO_3Na$	94
C_4-C-C_6 $ArSO_3Na$	72	C_4-C-C_8 $ArSO_3Na$	93
C_5-C-C_5 $ArSO_3Na$	58	C_5-C-C_7 $ArSO_3Na$	92
C_1-C-C_{10} $ArSO_3Na$	95	C_6-C-C_6 $ArSO_3Na$	92

3. 阳离子和两性表面活性剂

阳离子表面活性剂一般具有强杀菌性或抗菌性，因此在考虑阳离子活性的生物降解时，首先要把这种作用与生物降解性是否有表里关系作为问题而提出。

Fenger等根据联邦德国法定的活性污泥法，采用5套装置研究了十四烷基二甲基苄基氯化铵(TDBA)的降解性与负荷量、溶解氧浓度、温度的关系，并比较了用驯化污泥和未驯化污泥所生成的降解产物，驯化后的平均去除率，发现各装置的总平均去除率为73%。测得的降解中间产物为安息香酸、醋酸、十四烷基二甲基胺，还检出伯胺和仲胺。

May将阳离子表面活性剂十八烷基二甲基氯化胺(DSDAC)与过量的阴离子或非离子表面活性剂一起放入活性污泥装置中，得到91%～93%去除率，而且DSDAC并未使活性污泥性能受到影响，在连续10周3mg/L DSDAC的负荷情况下，活性污泥的厌氧消化能力没有受到影响。

(二) 表面活性剂的生物降解机理和降解中间产物

研究表明，表面活性剂的生物降解机理主要是烷基链上的甲基氧化(ω氧化)、β氧化、芳香环的氧化降解和脱磺化。

1. 甲基氧化

表面活性剂的甲基氧化，主要是亲油基末端的甲基氧化为羧基过程：

$$RCH_2CH_2CH_3 \longrightarrow RCH_2CH_2CH_2OH \longrightarrow RCH_2CH_2CHO \longrightarrow RCH_2CH_2COOH$$

2. β氧化

表面活性剂的β氧化，是羧酸被氧化，末端的两个碳断裂、分裂消失的过程；

$$RCH_2CH_2CH_2CH_2COOH \xrightarrow{HSCoA(辅酶A)}$$

$$RCH_2CH_2CH_2CH_2CO—SCoA + H_2O \longrightarrow$$

$$RCH_2CH_2CH=CHCO—SCoA + 2H \xrightarrow{H_2O}$$

$$RCH_2CH_2\overset{\overset{\large OH}{|}}{C}—CH_2CO—SCoA \longrightarrow$$

$$RCH_2CH_2CO-CH_2CO—SCoA + 2H$$

$$\xrightarrow{HSCoA} RCH_2CH_2CO—SCoA + CH_3—CO—SCoA$$

3. 芳香族化合物的氧化

此过程一般是苯酚、水杨酸等化合物的开环反应。其机理可以认为首先生成邻苯二酚，然后在两个羟基中间开裂，经过二羧酸，最后降解消失。

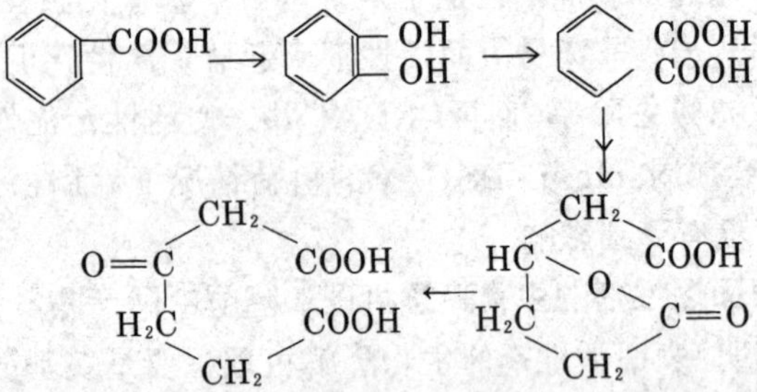

4. 脱磺化过程

脱磺化过程就是脱除SO_3或SO_4的过程。

三、亚 硝 胺

亚硝胺类具有强烈的致癌性。至今试验过的100多种亚硝胺类化合物中有80多种能对低等或高等动物如鼠类、兔、狗、猪、鱼、鸟、猿猴等诱发出不同部位的癌症，几乎对所有的重要器官如肝、肺、肾、膀胱、食管、胃、小肠、脑和神经系统等都可引起癌变。

亚硝胺的生物降解情况归纳于表6-4-2。

表 6-4-2　　亚硝胺的生物降解

亚硝胺	生物降解类型	效率
NDMA、NDEA和NDPA	施氏假单胞菌、霉实假单胞菌、覃状芽孢杆菌、枯草芽孢杆菌、蜡状芽孢杆菌、弱氧化芽孢杆菌、巴氏芽孢杆菌、嗜甲基吡啶节杆菌、弱氧化醋酸杆菌和4个未分类的节杆菌属菌株与亚硝胺共同培养72h	无降解证据
NDMA、NDEA和NDPA	在湖水、土壤和污水中自然消失	在湖水中持续3～5月；在土壤中持续几周内缓慢消失；在污水中14天降解50%
NDPA	好氧和厌氧的条件下在土壤中自然消失	在厌氧条件下60天降解23%
NDMA、NDEA、NDPA、NPYR和NPIP	米根霉、乳脂链球菌、鲁酵母菌的降解	米根霉降解：NDPA80%、NPIP40%、NDEA25%、NPYR20%、NDMA10%；其他菌的降解效率更低

注：NDMA：*N*–二甲基亚硝胺，NDEA：*N*–二乙基亚硝胺，NDPA：*N*–二丙基亚硝胺，NPYR：*N*–亚硝基吡咯烷，NPIP：*N*–亚硝基哌啶。

第五节　危险性化合物处理的降解生态系统

一、好氧生态系统

(一) 废水处理反应器

一些废水生物处理系统可用于处理污染的地下水与来自危险废物区域的渗滤液(beachate)。这些方法包括: (1) 悬浮生长系统，如活性污泥法、顺序分批反应器(sequencing batch reactors)、曝气池、废水稳定塘; (2) 固定膜系统，如滴滤池、生物转盘、活性生物滤池、浸滤池(submerged filters)和流化床。传统上这些系统用于处理生活污水和工业废水，但是，现在的废水中含有许多人工化合物，如氯代和非氯代芳烃及脂肪烃、氯代和非氯代多环芳香化合物、杀虫剂及其他有毒难降解化合物，这就需要开发新型处理技术或对现有处理技术进行改进。

新型处理技术既要经济有效地处理危险化合物，又要符合环境法规。已有3种新型混合培养生物反应器被用于处理毒害性化合物: 流化床生物膜反应器、颗粒活性炭流化床反应器和一种用于脱氮和氧化的污泥反应器。

(二) 固体废物的堆埋

堆埋是用于降解残余固体废物的方法，通过好氧细菌、真菌的混合培养，将有机物降解为CO_2、H_2O、NH_3并放出热量。对处理有毒难降解有机物而言，堆埋技术优点明显，但至今还未被广泛应用。该技术要求添加其他有机物(如木屑、草、纸等)作为土壤微生物的能源，以使毒害化合物降解得以进行。

对农业废物中杀虫剂堆埋的研究表明，在高温条件下堆埋时，二嗪农(Diazinon)和对硫磷(Parathion)的浓度降低很快，在堆埋42天以后，二嗪农浓度由3.3mg/kg降至0.002mg/kg以下; 在堆埋12天内，对硫磷浓度降低50%。相似地，双对滴滴涕在堆埋50

天后含量降至原来的65%。在35～50℃堆埋比4～35℃降解速度快，但由于高温时挥发性有机物易被挥发而不常采用。

(三) 原位生物恢复

地表下层环境中人工化合物的原位生物恢复是一项较新又有前途的技术。生物恢复既包括生物刺激(Biostimulation)，也包括生物扩大(Bioaugmentation)。地下水的原位生物恢复包括刺激土著混合微生物群落就地降解污染物。生物刺激包括注入必需营养，以增加地表下层原位混合微生物培养的活性。生物扩大通过添加纯种或混合降解微生物到污染区域来完成。地表下层环境中有机化合物的转化通过微生物作用来完成，这些微生物来自于沉积物孔隙水或沉积颗粒物。在上述环境中已检测到较高的微生物数量(10^6～10^7细胞/g沉积物)和较多的细菌种类。

地表下层水中的微生物具有代谢活性并能将许多常见污染物转化，如苯、甲苯、甲乙苯、氯苯、氯酚、亚甲基氯、萘、甲基萘和菲等。其他许多研究表明，原位微生物种群可降解在通入氧气的污染区域中以汽油为主的烷烃。许多地表下层有机污染物生物降解的程度可能受溶解氧的限制，有研究表明，从地下水中去除石油污染是通过添加氧和营养盐，以刺激土著微生物种群来达到的。

由于卤代化合物不能作为微生物生长底物的初始碳源与能源，因而这类化合物的原位恢复方法不同。实验室研究表明，用甲烷或天然气暴露土壤或区域的材料接种富集微生物(如产甲烷菌)，此类微生物可代谢大量卤代化合物，它们具有甲烷单加氧酶，不仅可氧化甲烷而且可以氧化许多卤代甲烷、卤代乙烷和卤代乙烯。最近有人在假单胞菌属微生物中发现了三氯乙烯(TCE)降解活性，这些微生物当在芳香化合物(如苯酚或甲苯)上生长时，能将添加的三氯乙烯转化，后来的研究证实甲苯双加氧酶催化了三氯乙烯降解反应。

有关原位生物恢复的具体内容将在下一章作详细介绍，此处就不再赘述。

二、厌氧生态系统

现在已经知道废物处理的厌氧生态系统与好氧比有其内在的优点，包括不需氧，污泥生成少和堆埋费用低，反应过程能产生能量而不是只是消耗能量等。

为保持高水平的厌氧混合培养，国内外学者设计出了一系列反应器，如厌氧接触式反应器、过滤式反应器、UASB反应器和流化床等。这些反应器能提高生物降解的速率，如厌氧接触反应器与好氧处理相结合的流程已被用于处理填埋渗滤液和亚硫酸蒸发冷凝液；厌氧过滤反应器和流化床则用于处理含卤代有机物的工业废水和填埋渗滤液；UASB反应体系被用于降解五氯酚。

三、新型混合培养系统

氯代化合物，特别是多氯代烃，在氧加成(Oxygenated)环境中具有毒性并长期停留。但是，这些化合物在厌氧混合培养过程中能被稳定地脱氯为低毒性的氯代产物，其厌氧脱氯速率随着氯取代度的下降而下降。但在好氧条件下，好氧脱氯速率会随着氯取代度的下降而上升。因此，可以建立了一个两阶段厌氧–好氧生物反应器系统，以彻底降解有毒难降解化合物。典型例子有：

(1) 甲氧滴滴涕[1,1,1–三氯–2,2–二(对甲氧苯基)乙烷，Methoxychlor]的处理。该杀虫剂在厌氧条件的土壤中培养3个月都只能少量降解，然而，在厌氧培养后再转入好氧培养，则甲氧滴滴涕发生明显的矿化现象，其程度是好氧培养的70倍。

(2) 六氯苯、四氯乙烯和氯仿等多氯代化合物的厌氧–好氧联合反应器处理。这些化合物在添加乙酸为初始碳源的厌氧生物膜反应器中被还原转化为脱氯产物，含六氯苯、四氯乙烯和氯仿脱氯产物的流出液再进到好氧生物膜反应器中。对好氧生物膜反应器出水分析表明，经厌氧流出的脱氯产物已被有效去除。

(3) 四氯乙烯和三氯乙烯的原位生物降解。在该研究中，在实验室模拟的含水层中填充土壤并以地下水循环通过土壤，通过控制营养物的添加促进自然存在微生物的生长，产甲烷条件在2周内形成，四氯乙烯和三氯乙烯被迅速脱氯生成二氯乙烯，然后导入氧气，开始由微生物进行二氯乙烯的氧化降解，该厌氧-好氧顺序混合培养处理的流程可应用于被卤代化合物污染的含水层的生物恢复。

有一种假设认为有毒物质的降解可以通过生物扩大培养的方法来增强，该方法包括从污染环境中筛选得到微生物菌群，在实验室内通过驯化(Adaptation)或富集(Enrichment)和自然基因交换或基因重组来获得特定微生物的扩大培养。然而，引入微生物在自然环境中维持生存、竞争和遗传稳定的能力取决于许多因素，包括: (1)目标化合物的浓度是否能够维持添加微生物的生长; (2)当地环境条件，如抑制性物质的存在，或包括捕食者在内的土著生物对接入微生物的影响; (3)生物降解过程中对微生物与污染物接近的难易程度。

过去，在污染的土壤、地表水和下层地表中接种特定微生物已获得一些成功。研究表明像酚类、农药及一些氯代化合物的生物降解可以通过加入特定微生物来增强，大多数生物扩大培养的研究着眼于氯代有机物的细菌或真菌的纯培养。Daughton和Hsieh报道在接入驯化的细菌培养物后，土壤中85％的对硫磷可被降解。

通过微生物基因重组得到的工程菌来降解难降解化合物是相对较新的技术。Kellogy等用术语“分子繁殖(Molecular breeding)”来描述在恒化器中混合物菌群基因交换筛选获得新型基因类型的过程。根据这一思路，Kilbane等在以2,4,5-三氯苯氧基乙酸 (2,4,5-T) 为唯一碳源与能源的混合培养中获得菌株*Pseudomonas cepacia*，用该菌种处理含2,4,5-T的土壤获得了成功。同样，Reineke和Knackmuss用氯苯从苯降解株中筛选得到了氯苯降解菌株。

在难降解化合物的混合培养体系中能够得到特定营养菌群的原因之一，是在单一菌株的基因结构中没有代谢此类化合物的降解活力。此外，在微生物体系中不同的基因拥有者之间可能发生基因交换与基因重组，该微生物体系对毒性物质的彻底矿化能力来自于两个或更多的菌种，混合培养物的生长与稳定性为基因信息的交换提供了适宜的条件和可能，并导致新的降解途径的进化。

在自然环境的混合培养中或体外(in vitro)实验室系统中，基因转化机理，如转导、转化和接合，包括质粒转移等，至今还没有深入的研究。质粒转移可能较有意义，因为质粒的易变性有助于遗传变异和不同来源的基因重组。Knackmuss在这方面做了一些开拓性的工作，通过生长于氯代苯甲酸的假单胞菌的基因转移导致的新的降解途径的进化，证实了质粒在此过程中的作用。通过两株假单胞菌(mt-2和B13)连续富集培养的方法，得到了可以在4-氯苯甲酸上生长的变异株，4-氯苯甲酸在刚开始时不能维持上述两株假单胞菌的单独生长。通过常规交配实验，TOL质粒被从B13转到mt-2中，然后获得转接体(Transconjugants)，它与连续富集培养得到4-氯苯甲酸利用株相似，这表明质粒转移确实存在并产生了新的菌株。现在已知的这类质粒的代谢功能包括降解除草剂2,4-D在内。

第六节　结　　论

危险性化合物的微生物降解研究现在已扩大到生物化学、微生物学、有机化学、分析化学、环境化学以及环境工程等学科，这是人类与环境污染斗争的一个进步。目前，危险性化合物生物降解的研究主要在以下两个方面展开：(1)研究各种化合物在各种微生物作用下的降解机理和途径，探讨各种生物酶分解这些化合物的特点、条件和规律；(2)培养、驯化、分离和鉴定对不同化合物有降解作用的特性菌种，以开发出更有效的生物处理技术。

虽然在危险性化合物生物降解中混合微生物体系的潜力和应用价值已被明确，但大多数生物扩大培养还是用纯培养的方法。在许多场合纯培养比混合培养效果差，这是因为单个微生物不具备生物降解所需的全部酶的遗传合成信息，而且它们在难降解化合物中驯化的时间不足以进化出完整的代谢途径。因此可以认为，通过选择压力在短时间内迫使基因转化的方法(定向进化)，可以在生物体内由不同生物来源进行基因组合，来构建完全的代谢途径，这种称之为“超级菌(Superbug)”的生物可以有效地迎接毒性与环境条件的挑战，将应用于危险性化合物的降解。但是，由于这些超级菌还必须在混合培养的环境中生存和竞争，因此超级菌混合培养的设计和应用值得进一步深入研究。

第七章　污染事故的生物补救和污染场地的生物修复

第一节　生物补救和生物修复概述

一、生物修复的发展过程与基本概念

固体废物堆埋场、污水处理厂、油库、地下输送管路以及海洋运输油轮的泄漏对土壤、地下水以及海岸的污染正日益受到关注。美国的一些预测认为，有70%～80%的填埋场对土壤产生污染，有些地区有害化学物已经开始污染地下水。基于这一现状，一些环境生物技术工作者开始努力寻找途径，以通过使用微生物学、分子生态学、化学和环境工程学的现代手段来降低环境污染。

近年来，在应用微生物消除化学污染方面发展很快，这类技术的依据是微生物的生物降解活性，其着重点一是增强自然界中固有的但速度缓慢的生物降解过程，二是通过某种反应器使得化合物与微生物接触并促使其迅速转化。在许多实例中，其关注的焦点是污染场地的生物修复(Bioremediation)，也称为生物补救。

污染场地的生物修复是一个新的领域，且出现了许多新的技术。就利用微生物分解化合物而言，生物修复既不是新概念也不是新技术。但如对当前广泛存在的地表以下污染源的就地恢复而言，实际上不存在有形的反应器，其过程运行的调控涉及多学科的理论知识，很具挑战性。

生物修复的目的是将有机污染物的浓度降低到低于检测限或低于环保部门规定的浓度，这项技术正被用于清除土壤、地下

水、废水、污泥、工业废料及气体中的污染物，这些污染物包括石化产品、多环芳烃、卤代烷烃、卤代芳烃等。金属虽然不能被生物降解，但生物修复可以通过微生物将其转移或降低其毒性。

目前生物修复(补救)比较被大家共同接受的基本定义为：生物修复是生物特别是微生物催化降解有机污染物，从而修复被污染环境或消除环境中的污染物的一个受控或自发进行的过程。在大多数的环境中存在着许多土著微生物进行的自然净化过程，但该过程的速度很慢，其原因是溶解氧(或其他电子受体)、营养盐的缺乏，而另一个限制因子是有效微生物常常生长较为缓慢。为了快速去除污染物，常常采取许多强化措施，例如提供电子受体，添加N、P等营养盐以及接种培养的高效微生物，表面活性剂也常被用来提高生物可利用性。

第一届"In Situ On-site Bioremediation"国际会议1991年3月于美国圣地亚哥召开，会后发表了两本论文集，即In Situ Bioremediation和On-site Bioreclamation。本次会议揭开了环境生物技术的新的一页。

二、生物修复的分类

到目前为止，生物修复技术的种类有很多，但大致可分为原位(in situ)和异位(ex situ)两类。

原位生物修复不需将土壤挖走或将地下水抽至地面上处理，其优点是费用较低但较难严格控制。异位生物修复则需要将污染物质通过某种途径从污染现场运走，这种运输可能会增加费用，但处理过程中便于对修复过程进行控制。

三、生物修复的优点

与化学、物理方法相比，生物修复具有以下优点：

(1) 经济花费少，仅为传统化学、物理修复的30%～50%；

(2) 对环境影响很小，不产生二次污染，遗留问题少；

(3) 能尽可能地降低污染物的浓度;

(4) 对原位生物修复而言,污染物可在原地被降解清除;

(5) 修复时间较短;

(6) 就地处理,操作简便;

(7) 人类直接暴露在污染物下的机会减少。

四、生物修复的前提条件

在生物修复的实际应用中,必须认真考虑以下几项前提条件:

(1) 具代谢活性的微生物必须存在;

(2) 这些微生物在降解化合物时必须达到相当大的速率,并且能够将化合物浓度降低到符合环保标准;

(3) 这些微生物在修复过程中生成的产物必须没有毒性;

(4) 污染场地必须不含对降解菌种有抑制作用的物质,否则需要先行稀释或将该抑制剂无害化;

(5) 目标化合物必须能够被微生物利用;

(6) 污染场地或生物反应器的条件必须有利于微生物生长或保持活性,例如,充分提供营养盐、O_2或其他电子受体、适宜的湿度、温度,如果污染物能够被共代谢的话,还要提供生长所需的合适碳源与能源;

(7) 技术费用必须尽可能低,至少低于同样可以消除该污染物的其他技术。

以上各项前提条件都十分重要,达不到其中任何一项都会使生物降解无法进行,从而达不到生物修复的目的。

五、生物补救的基本措施

(一) 接种微生物

污染区域中需要大量的接种微生物并形成生长优势,才能促进生物降解。

例如在受α-C_6H_4OHCl污染的土壤中,仅仅添加营养盐,

α-C_6H_4OHCl的浓度在7周内从245mg/L降至105mg/L，但如果在添加营养盐的同时接种*Peseudomonas putida*的纯培养物，污染物的浓度在4周内就明显下降，而且再经过7周后降至2mg/L。

这些被接种的微生物常被称为“先锋微生物”(Pioneer Microorganism)，它们能够催化被限制的生物降解过程。这些接种微生物可以是从土著微生物中富集，也可从其他区域获得，或者使用基因工程菌。

土壤微宇宙试验表明，单一培养物很难净化像被直链烃类、环状烃类和芳香烃类等多种污染物污染的土壤。另一方面，化合物的生物降解过程常常包括许多步骤，这些步骤含有许多酶和微生物，其中一种酶或微生物可以是另一种的底物。因此，在实际应用中应注意接种各类微生物，以刺激土著微生物中降解菌株的生长。

(二) 添加营养物

土壤、地下水和海水中微生物的活性常常受许多因素的限制，其中之一就是营养盐(N、P)。为了彻底降解并达到更快的净化速度，添加营养盐比接种微生物显得更为重要。添加营养物以增强生物降解的方法通常称为生物刺激(Biostimulation)。

目前的研究结果认为，使用营养盐的效果随地点不同而不同，因此，必须在正式处理前进行实验室的试验，以确定营养盐的形式、合适的浓度和比例。

也有某些试验中发现不同的结果，例如N源的添加会抑制芳香烃与脂肪烃的矿化过程中所生成的CO_2的量。有人认为，可能是在高浓度N的存在下更多的底物C被结合到生物体中，因而生成的CO_2减少。如果该解释成立，则底物的去除率不会被降低，而是底物中C流的方向发生改变，生成较多的菌体量而产生较少的CO_2。

(三) 提供电子受体

生物氧化还原反应中有许多最终电子受体，如溶解氧(DO)、被分解有机物的中间产物和无机酸根(如NO_3^-,SO_4^{2-})。它们的种类和浓度对生物降解的速度和程度有极大的影响。

DO是生物修复过程中的关键因素。有报道认为好氧条件有利于大多数生物降解。增加DO的方法包括:

• 通过不同的供氧方式来增强微生物活性。空气的输入通过真空抽取地下水位来达到,从而为好氧微生物提供最终的电子受体,该过程常用于烃类污染的场地,被称为生物通气(Bioventing)或简单地称做通气(Venting),能提高DO到8~12mg/L。

• 加入氧发生剂,通常使用H_2O_2。微生物经驯化后可以忍受1000mg/L的H_2O_2。

在厌氧条件下,CH_4,NO_3^-,SO_4^{2-}和铁离子都可以作为电子受体。许多重要污染物在好氧条件下不能被降解,如苯、甲苯、二甲苯多氯芳烃等,但在厌氧条件下可被降解为CO_2和水。

在许多野外处理中都用到添加不同形式的电子受体O_2的方法。例如在TCE(三氯乙烯)生物降解的共代谢野外实验中分别交替加入20mg/L的甲烷和32mg/L的O_2,以促进共代谢TCE的土著甲烷氧化菌(甲烷菌群)的生长。此外没有加入其他营养盐。在实验期间TCE被降解了20%~30%。

一些细菌除可以利用O_2以外,还能利用硝酸盐为电子受体,它们在硝酸盐提供的厌氧水体中可以生长并降解污染物。硝酸盐由于在水中溶解度很高且比较便宜而受到重视,但应当注意的是在饮用水中应控制其浓度,当水中硝酸盐浓度超过10mg/L(以N计)时,其本身也成为污染物。应用硝酸盐的一个例子是,在美国Michigan的一个JP-4飞机燃料污染地区进行了对硝酸盐效应的验证,实验结果表明,土壤中BTEX能够被显著降解,其中苯从760μg/L降到<1μg/L,甲苯从4500μg/L降到<1μg/L,乙苯从840μg/L降到<1μg/L,而二甲苯的所有异构体则降解较差,最终为20~40μg/L。在实验设计中无法将分别以O_2和硝酸盐为电子受体的降解效果区别开来。

(四) 提供共代谢底物以诱导共代谢酶产生

共代谢(共氧化)是指生长底物和非生长底物共酶。

生长底物是能被微生物用作唯一碳源和能源的物质。共酶是指一些污染物(非生长底物)不能用于微生物的唯一碳源和能源，而只能在生长底物(如CH_4)被利用时，通过微生物产生的酶被转化为不完全氧化的产物，而这些不完全氧化产物能被其他微生物利用并彻底降解。研究结果表明该降解方式在土壤难降解物质的生物降解过程中起着重要作用。因此，提供共代谢底物(如CH_4)促使微生物产生酶将有利于难降解污染物的去除。

目前对用于研究微生物共代谢生物降解的工程体系设计得较少，因为在该技术中不仅要考虑特定的化合物而且要考虑能供给维持微生物生长碳源和能源的基质。但是，已经有人对三氯乙烯(TCE)共代谢的生物修复进行了研究，该研究也考虑到了甲烷的潜在利用能力和含水层中土著甲烷氧化菌(甲烷营养菌群)，所采用的处理方法之一是一个两相反应器，第一个是传统的发酵罐，其中甲烷营养菌群在甲烷和O_2的混合基质上生长，所生成的菌体被转到一个活塞流反应器中，在这第二个反应器中TCE被生物转化。另一种方法是用碎玻璃作为微生物生长载体的膨胀床反应器，在反应器中加入无机盐营养液、TCE以及作为碳源和能源的甲烷或丙烷，并接入混合微生物菌群，这些微生物不仅可以降解TCE，而且可以降解氯乙烯和聚氯乙烯(PCE)。

又比如，DDT可以被厌氧降解，但其共代谢转化的产物需由好氧菌来代谢，这两种微生物的伙伴关系是研究DDT降解方法的依据，该微生物体系包括两种微生物：一种为*Enterobacter cloacae*，它能在乳糖上生长发酵并将DDT厌氧脱氯形成4，4′-二氯二苯基甲烷；另一种为*Alcaligenes* sp.，能够在二苯基甲烷上好氧生长并对4，4′-二氯二苯基甲烷进行共代谢。当将这两种微生物用藻酸钙固定化时，能够在一个反应器中进行上述两步反应。

(五) 添加表面活性剂

最近的研究表明，特定的表面活性剂，特别是一些非离子的乙醇乙氧酸酯(Ethoxylate)，在低浓度时也能刺激土壤中吸附的烃类的生物降解，即使是在从土壤解吸的少量化合物中加入表面活性剂也具有促进降解的作用。

六、生物补救的可行性评估程序

(一) 数据调查

(1) 污染物的种类、化学性质及其分布、浓度，污染的时间长短。

(2) 污染前后微生物的种类、数量、活性及在土壤中的分布情况。

(3) 土壤特性，如温度、孔隙度和渗透率。

(4) 污染区域的地质、地理与气候条件。

(二) 技术咨询

在掌握当地情况之后，应向有关信息中心查询是否在相似的情况下进行过就地生物处理，以便采用和借鉴他人经验。如在美国可向“新型处理技术信息中心”(ATTIC)提出技术查询。

(三) 技术路线选择

对包括就地生物治理在内的各种土壤治理技术以及它们可能的组合进行全面客观的评价，列出可行性方案，并确定最佳技术路线。

(四) 可行性试验

假如就地生物处理技术可行，就要设计小试和中试试验。在试验中收集有关污染毒性、温度、营养和溶解氧等限制性因素和有关参数资料，为工程的具体实施提供基础性技术参数。

(五) 实际工程化处理

如果小试和中试都表明就地生物处理在技术和经济上可行，就可以开始就地生物治理计划的具体设计，包括处理设备、井位和井深、营养物和氧源(或其他电子受体)等。

美国EPA1992年的一项调查显示，在开展的132例生物修复中，75例是关于石油及其相关物质的，13例是关于木材防腐剂的，10例是关于溶剂污染物的，7例是关于农业化工产品的，5例是关于焦油的，4例是关于军用物品。大多数生物修复的对象是土壤和地下水，少部分为污泥。该项数据表明了生物修复实际处理对象的类型。本章下面将分别就地下水、土壤和海湾的生物修复技术进行介绍。

第二节　地下水污染的生物补救技术

一、概　　述

通常地下水的生物修复主要是依赖其土著微生物群落来降解污染物分子，在此过程中需要在地下蓄水层中通入O_2和加入营养盐。

目前，大多数这类生物修复的处理对象为石油烃类污染物。地下储油罐泄漏的汽油中常含有苯、甲苯、乙苯和二甲苯，虽然这些BTEX化合物开始时存在于汽油相中，但值得重视的是这些化合物具有毒性，而且能够以持续不断的方式释放到水相中。这种持续释放的过程以及释放到水相中的量取决于该类化合物在水中的溶解度和它们从汽油相进入水相的分配系数。此外，被柴油燃料以及JP-4飞机燃料污染的地下水也可以用现场生物修复的方法来进行处理。

二、地下水污染生物补救的技术要点

(一) 收集区域水文地质等资料

地下水生物修复的成功很大程度上取决于该区域的水文地质状况。如果该地区水文地质比较复杂，则难度就比较大，而且生物修复数据结果的可靠性较小。许多区域的水文地质在生物修复

时可能与以前调查时已经有所改变，所以以前的资料并不可靠，这样也增加了生物修复难度。此外，地下的土壤环境必须具有良好的渗透性，以使得加入的N、P和O_2能顺利地传递到各个被污染区域的微生物群落，这种水的运动特性，即水传导性，往往是生物修复成功的关键。

(二) 添加适量营养盐

在地下水生物修复的工作开展前，首先要通过实验室试验确定加入到地下水中的最适营养盐量，以避免添加营养盐过多或过少。营养盐加入过少会使得生物转化迟缓，而过多则会由于生成生物量太多而堵塞蓄水层，从而使得生物修复中止。通常微生物处于理想活性状态所需的营养物有三种，即N、P和O_2，它们是地下水中土著微生物群落活性的限制因子。N、P营养盐一般溶解在地下水中循环通过污染区域，普遍使用的方法是将营养盐溶液通过深井注入到地下水饱和区域或通过渗透渠加入到地下水不饱和区域和表层土壤中(图7-2-1)。地下水由取水井抽出，并在该水中补加营养盐继续循环。水中营养盐和污染物的浓度经常需取样测定，取样点设定在注入井和抽出井之间。在其他一些处理中，也有将地下水抽出后不采取循环而在地面进行处理的。

(三) 维持好氧微生物活性

典型的快速生物降解是由好氧微生物进行，因此必须维持这类微生物的活性。在地下水生物修复中的主要问题是即使在最佳条件下，地下水中的O_2含量也极少且自然复氧速度极慢。虽然在生物修复中可以外加O_2，但O_2在水中溶解度很小，难以保证水中好氧微生物的良好生长。例如，生物降解4000L泄漏的烃类需要5000kgO_2，这就必须泵入大量的与空气混合的水(O_2浓度不超过8 mg/L)，使其通过蓄水层，即使泵入的水用纯氧代替空气(O_2浓度不超过40mg/L)，也需要近11000万升的水通过蓄水层。因此，常常采用其他手段来提供对氧的需要，目前用的较多的方法是在营养盐溶液中加入H_2O_2作为O_2的来源。H_2O_2在水中溶解度很大并能

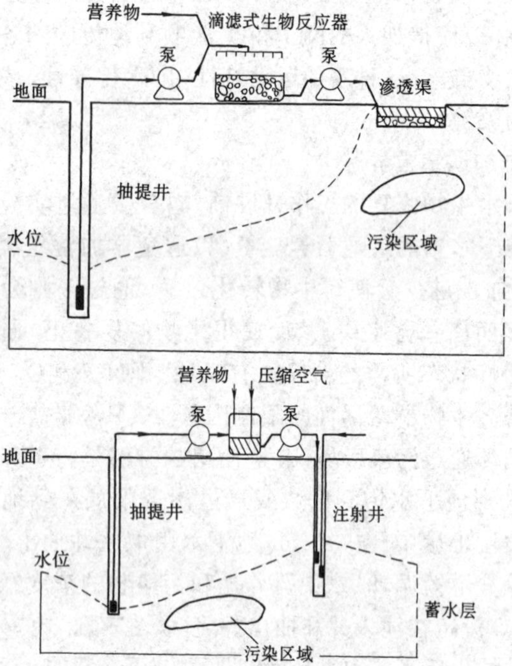

图 7-2-1 地下水的现场生物修复

其中上层采用渗透渠，底层采用注射井，地面上为一生物滤池。

够在蓄水层中缓慢分解释放出自由的O_2。但是要注意的是，H_2O_2在浓度达到100～200mg/L时对某些微生物有毒性，减少或避免H_2O_2毒性的方法是在开始加入时采用较低的浓度，约50mg/L，然后逐步提高浓度，最后可达到1000mg/L。

(四) 其他方法的辅助作用

除上述以外，需要指出的一点是，以前常用物理方法来去除游离的油类和烃类，如果排除这些物理方法，孤立地使用生物修复的方法，则生物补救的实际应用意义也将大大减小。因为污染源不首先用物理方法切断的话，仍会源源不断地将新的污染物输入地下水中，从而加大生物修复的负荷，甚至使生物修复中止。

虽然存在一些实际的困难，但是地下水生物修复技术已经在许多地区取得了成功。例如，一个被乙烯乙二醇污染的区域在处理26天后，污染物浓度被去除到低于检测限。在一个用PCP处理木材的区域的生物修复中，上层10m的土壤中的PCP被降解94%以上。有报道表明，在生物修复区域的微生物群落即使在处理结束两年以后，还可以保持较高活性。从这个角度而言，生物修复是具有较为持久的效果的。

第三节　土壤污染的生物补救

一、概　　述

土壤除遭受重金属的污染外，更多的是来自有毒有机废物的污染。这些污染物包括农药、石油及其产品垃圾渗滤水、固体废弃物及其溶解液体等。鉴于这些问题的严重性，一些发达国家已经制定了土地处理计划。专家们普遍认为，微生物工程在这方面具有不可估量的应用价值。

土壤中的微生物具有范围很宽的代谢活性，因此消除污染物的一个简单方法就是将污染物或含这些污染物的物质加入到土壤中去，依靠土壤中的土著微生物群落降解。这种方法被称为土壤污染的生物补救，又叫做土地处理(land treatment或land farming)。炼油厂用该法处理石油类废物已有许多年，该方法也适用于处理因石油或烃类泄漏而污染的土壤。

二、土壤污染的生物补救的技术要点

在土壤污染的生物补救过程中，以下几个条件是必须考虑的。

(一) 碳源与营养盐

一般而言，污染物中碳源已经比较充分，足以维持土壤中大量生物量的生存，但土壤中的N、P或其他无机营养盐可能比较缺乏，所以必须另外添加N、P等无机物，或者使用商业肥料。

(二) 氧

随着外加碳源的增加，微生物群落生长增加，对氧的需求也随之增长，而且土壤上层空气中的氧扩散进入土壤的速度较慢，不足以维持降解过程中起重要作用的好氧菌的生存。因此，通常需要以某种方法翻动土壤，比如简单耕犁或彻底翻动。

(三) 湿度

湿度也是限制微生物迅速转化的因素，因为表层土壤常常被风干，所以必须添加一定量的水分以保持适宜的湿度。

(四) 气温

土壤中的生物修复还受到一年中季节、气温的影响，微生物菌落保持迅速生长和良好活性需要一个相对适宜的温度范围，较冷的天气生物降解不易进行。

图7-3-1为被三氯乙烯污染的土壤的生物修复系统。

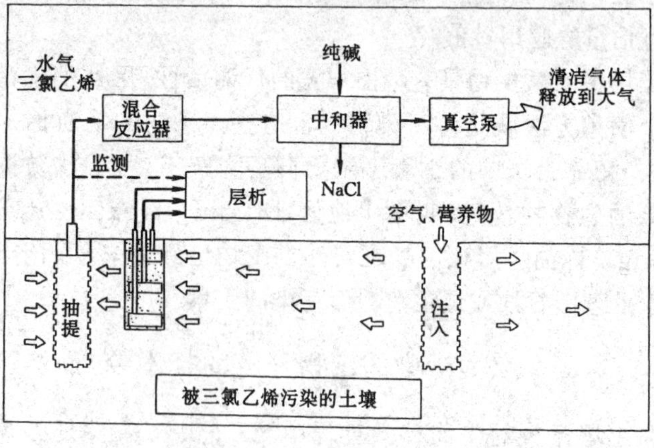

图 7-3-1 三氯乙烯污染土壤生物修复系统

在石油及石油产品泄漏的土地上进行生物补救的效果，已经在严格控制的实验室和野外实验中得到了确证。汽油、飞机燃料、加热油中的烃类在实验室试验中发现降解很好，试验中采用了肥料、石灰，并进行了土壤耕耘。而原油、曲柄箱用油、飞机燃料、加热油在土地野外试验中消失速度大大提高，在该野外试验中也使用了肥料、石灰以及模拟耕作，并与未生物修复土壤相对照。在另一实验中，实验土壤被近190万升的煤油淹没，开始时土壤表层30cm中含油类0.87％，30～45cm处约含0.7％，在土壤加入200kg N和20kg P以及石灰以后，土壤中表层30cm的油含量下降至低于0.1％，再下层油含量下降至0.3％。但也有实验表明，五氯酚和杂酚油以及船用煤油在土地处理中降解不是很稳定。

三、土壤污染的生物补救的工程要求

在土地生物修复技术中，对工程方面有较高的要求，包括提供水与营养物的搅拌系统、土壤底层的衬底和渗滤液的收集装置，我们称之为制备床反应器(Prepared bed reactor)，见图7-3-2。

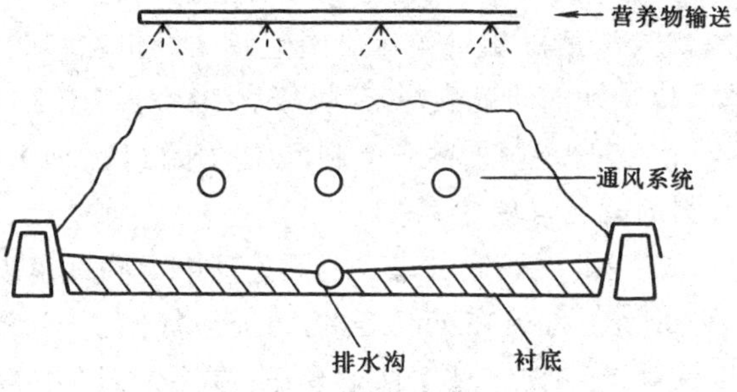

图 7-3-2 制备床反应器的剖面图

反应床的衬底既可用粘土也可用合成材料。这些反应器的处理对象通常为多环芳烃、BTEX(苯、甲苯、乙苯、二甲苯)或上述两种的混合物。采用衬底和渗滤液收集装置的原因是考虑到传统的土地处理中，地下水可能会受到来自渗滤液中的微生物转化产生的污染物的污染。在许多实例中，埋在地下的管道放在衬底上面，以收集渗滤液，管道以上铺砂子以便于渗滤和最终收集。渗滤液则通过附近的另一生物反应器进一步处理。水和营养物由置于反应床上端的喷头供给。当处理对象中有挥发性毒害物时还必须将处理体系用塑料篷隔离。

土壤污染的生物补救也可用于被污染水的生物修复。例如对用杂酚油处理木材后产生的废水，具体方法是将土壤置于聚乙烯衬底上，处理体系也包括渗滤液收集装置。处理1年以后发现，60％的可萃取烷烃，95％以上的2和3环芳烃，70％以上的4和5环芳烃被去除，而且这一降解过程主要是在温度比较温暖的前90天发生的。

第四节　海洋石油泄漏的生物补救

一、概　　述

在海洋、港湾和淡水河流中的油类泄漏问题已经由来已久，应用微生物方法清除被油类污染的近岸区域也在很久以前就为人们所认识。早期的研究表明，烃类氧化细菌分布广泛，但当油类进入水体后，这些细菌的生长受到N、P的限制，因而那些含亲油性肥料的制剂就显得更为有效。

然而，这些上述研究并未在实际处理中得到真正应用，直到Exxon Valdez号油轮在Alaska的Prince William海湾触礁后，水体表层油类的生物修复才真正展开。该油轮是在1989年3月24日触礁的，泄漏到海湾的原油达4200万升，同时污染了海水与附近海岸。为解决这一问题，必须立即通过在实验室和野外试验决定如何才能加速生物降解。这项清除海岸油类污染的工作是有史以来进行的最大的野外生物修复。本节就以Alaska原油泄漏事故为例，对海岸油类污染的生物修复技术进行阐述。

二、海洋石油污染生物补救的技术要点

(一) 无机盐及亲油肥料使用对海洋石油污染生物修复的作用

在油轮泄漏事故发生后不久进行的实验室研究确证了以前的研究结果，即N、P是限制因素，在6周时间内几乎所有Alaska原油中的烷烃和相当多的多环芳烃可在含N、P的无机盐溶液或亲油性肥料中被代谢，而不加N、P时，烃类降解量要少得多。

野外实验则确证了自然条件下存在有大量的烃类降解微生物。在实验中选用了特定N和P肥料播撒到海岸上，因为这些肥料能够与油类保持结合，由于该海湾的潮汐活动和偶发的风暴，使得其水流运动比较活跃，因而保证肥料与油类的结合是一个关键的问题。所选用的亲油性肥料是一种液体，其中N源是含尿素的油酸，P源是三(4-月桂烷基)磷酸酯。尽管该亲油性制剂能保持与海岸上的油类相接触，但还是有少部分渗透到地下沉积物中，因此，添加了一种胶囊化的N、P制剂，以刺激土壤下表层微生物群落的生长。在两周内就可以明显看到使用和不使用N、P肥料对油类去除在量上的区别，泄漏事故后16个月后的定量分析表明，60％～70％油类被降解。

当然，即使在没有肥料存在的条件下，自然的生物降解也能够发生，但是添加N、P却可以加快这一过程。根据这一正面结果，1989年对117km的海岸进行了处理，1990年对其他区域投加了肥料，1991年对依旧含有油类的单个区域进行了处理。

虽然在不加N、P时土著微生物可以利用初始存在的N和P降解油类，而且这些N、P在初始微生物死亡后还能被利用，但是在Alaska这样的地区采用增强措施加速其生物降解过程意义十分重要，因为这一地区1年中只有几个月比较温暖，适合微生物降解油类。

(二) 供氧的问题

在海岸的生物修复过程中，考虑氧气是否充足的问题其实没有实际意义，因为海湾的风浪搅拌作用足以提供所需的氧气。因

而在Alaska事故的处理没有将供氧问题列入考虑范围。

三、海岸生物修复效果的评价

在实验室确定N、P和O_2添加对微生物的作用以及生物降解的效率是比较简单的，同样评价在生物反应器中降解程度也比较容易，只需测定进出反应器的浓度就可以知道，但对评价现场生物修复的效果而言就不一样了，因为污染物在现场消失的原因可能是从土壤或水中挥发掉，也可能仅仅是被水流所稀释。由于对Prince William海湾大面积海岸进行清除工作的花费十分巨大，所以要明确肯定其生物修复的效果是一个极其敏感的问题。

在处理现场，评价微生物活性的一个方法是测定两个化合物随时间的浓度变化。这两个化合物在自然界中具有相似的物理化学性质，但只有其中一个能被十分迅速地降解，它们非生物降解或挥发的性能也相似，但是实验发现易于生物降解的化合物消失得更快，这证明了微生物降解的存在。这种评价方法可以通过比较具有相同分子量的17或18个C原子的直链烷烃与多支链烷烃的消失速率来完成，直链烷烃通常比多支链烷烃消失得快。Exxon Valdez原油事故的评价试验表明，直链C-18烷与植烷(Phytane)的比率变化确实与时间成比例(见图7-4-1)。但是，一旦生物降解的程度提高后，即使是支链烷烃大多数也能被微生物群落降解。因此，生物修复的现场评价需要寻找另外的内标。为达到这一目的，需要找一个更难以降解的内标，因而选定了一个高度难降解的五环饱和烷烃，即$17\alpha(H),21\beta(4)$-hopane。hopane不是多环芳烃，因为后者是不饱和的。Alaska原油事故的生物降解即以hopane为内标来确证。

其他方法也被用来确证现场生物降解的存在，其中一个是采用C的稳定同位素(^{12}C和^{13}C)，测定生物降解过程与非生物降解过程中产生的CO_2中C同位素比例，发现两者是不同的，而两个过程利用无机化合物^{12}C和^{13}C的比例也不相同。但在Alaska的生物修

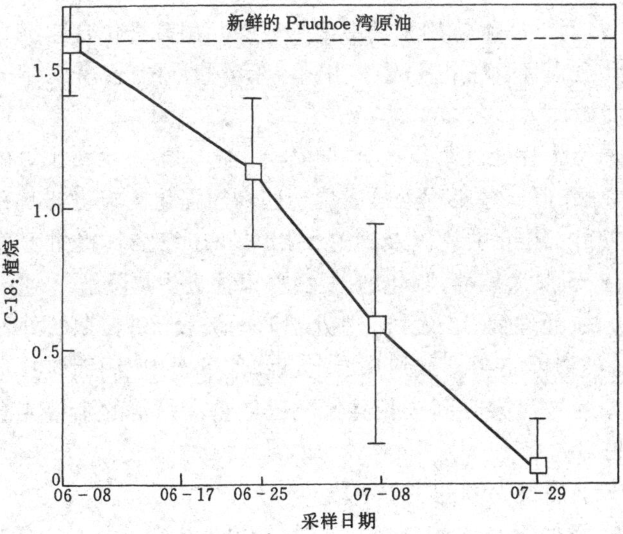

图 7-4-1 使用亲油性肥料后十八烷与植烷比例(mg : g)随时间的变化

复中没有采用这一方法。

第五节 生物修复技术的工程方法

一、概 述

生物修复技术的工程方法可分为以下三类: (1)原位处理,(2)生物反应器处理,(3)异位处理。

二、原 位 处 理

(一) 原位处理的原理与特点

原位生物处理的原理是通过加入营养盐、氧(空气、纯氧或过氧化氢),以增强土著微生物的代谢活性,它依赖于处理对象的特性(如渗透率)、污染物性质、氧的水平、pH、营养盐的可利用性、还原条件以及能够降解污染物的微生物存在。该方法多数用于油类的泄漏，而下层土壤的土著细菌则能够利用芳香化合物，如萘、甲苯、苯、乙基苯、对甲苯酚、二甲苯、苯酚和甲酚等，作为唯一的碳源和能源。

原位生物处理不需挖掘和运输土壤，并通过土壤土著微生物进行降解，但一些工程处理需要一些增加强化措施。例如，在污染地域挖井、维持供氧以及通过使用泵和压缩空气提供营养盐循环。有时还加入培养、驯化的微生物，以促进生物降解。

原位处理简单、经济，但处理时间较长。在长期的处理过程中，污染物可能会扩散到深层土壤和地下水中，因而该技术适用的对象为被污染时间较长且情况已经基本稳定的土壤或面积广阔的区域。

(二) 原位处理的主要手段

1. 添加营养盐(N、P)和通过耕耘提供氧气

污染土壤可以通过添加营养盐(N、P)得到改良，通过耕耘提供氧气。例如，在被燃油污染的土壤中添加N、P并耕耘，以刺激燃油的生物降解，发现总烃类减少了95%，多环芳烃基本清除，最终通过一项微生物毒理学的Microtox试验和一项遗传变异评价的Ames试验证明，该土壤在20周内已完全脱毒。

2. 添加微生物和酶

添加微生物或酶可以刺激土壤中外源微生物的生物降解。多酚氧化酶Fungal laccases可以通过氧化偶联，催化酚类化合物与土壤腐殖质部分成键，然后将污染物固定并脱毒。采用的较多的方法是在大型反应器中接种培养的微生物(如*Arthrobacter*、*Rhodococcus chlorophenolicus*、*Flavobacterium* spp.)来处理被污染的土壤。例如在实验室条件下，30°C时，土壤接种10^6个/g干土PCP降解菌*Arthrobacter*，可以将PCP半衰期从2周降至1天以内。另外，用木屑固定、聚尿素纤维或藻朊酸盐包埋的微生物固定方法，可以提高微生物对PCP的毒性抵抗能力，同时可以增强对

PCP的降解能力。但是，接种商品化微生物的应用并不能增强燃料库污染地区的烃类生物降解。

此外，混合培养的微生物加入到污染区可以增强生物补救的效果。这些培养物可通过传统生物技术或DNA的重组技术得到，但后者还没有得到法律的许可。外加的微生物必须接入污染区并保持生长。在美国加利福尼亚，烃类降解菌混合物的商品制剂已被用于汽油烃类污染地域的处理，其处理过程如下：

(1) 先将被污染的地下水抽到地面的含有细菌培养物商品制剂的恒化生物反应器中，进行处理；

(2) 被处理的地下水用外加的细菌进一步改良后加到污染土壤中。

在添加微生物中，白腐真菌(White-Rot Fungi)是一个典型的例子。一些白腐真菌，如腐蚀木材的*Phanerochate*及有关真菌具有一种强大的胞外酶，这种酶与其他酶不同，可以对范围很广的有机化合物起作用。该酶是一种氧化酶，在真菌产生的H_2O_2的作用下，可以催化分解许多化合物。例如，在生物降解能力方面研究得最多的*Phanerochate chrysosporium*，可以降解各类多环芳烃[包括苯并(a)芘、苯嵌(a)蒽和芘]，二和三氯苯甲酸，各类多氯联苯，2，3，7，8-四氯二苯并-*p*-二恶英，DDT，林丹(lindane)和氯丹(chlordane)，而这些化合物很难被其他微生物降解。此外，上述微生物还能将泄漏的TNT和RDX矿化，虽然比较缓慢。

用酶制剂来处理单个的污染物或有毒物质也被认为是一种很有前途的方法。一些酶在保存期间十分稳定，它们在实际使用中迅速、有效，因而既可用于处理紧急泄漏事故，也可用来去除土壤中残留的农药和有毒物质。在处理过程中，它们可以将一些持久性较强的污染物转化为无害的产物。在大多数研究中都倾向于使用固定化酶。

研究发现，用多孔玻璃或硅珠固定化的酶可以在溶液中水解许多有机磷农药。将从大肠杆菌得到的磷酸三酯酶固定化到尼龙膜上，研成粉末后装管即成为成品制剂，也可用于降解杀虫剂。这些酶也可加到土壤中，吸附于颗粒物上，用于水解二嗪农等农药。在实际处理中，加入土壤的对硫磷水解酶可以在4h内将90％以上的浓度为1.0g/kg的二嗪农转化为无毒物质。此外，水中的有毒芳香化合物在酶作用也可以无害化，比如加入过氧化酶和H_2O_2可以将芳香化合物溶解成较小的高分子产物，或者用虫漆酶(*p*-联苯酚氧化酶，laccase)将2，4-二氯苯酚转化为不溶于水的低聚物，而该低聚物不会通过土壤渗滤。

三、生物反应器处理

在地面上处理污染物的技术种类较多，其中一些是老的方法，比如处理合成化合物废水的活性污泥法；也有一些是新近才开始实际应用的；另有一些尚处于实验室研究或小试阶段。有人反对把地上生物反应器看作是一种修复方法，其理由是修复的概念是指问题产生以后采取的措施，而许多生物反应器是为了在工业废水进入自然环境以前去除其中污染物而设计的。

但是，当生物反应器与原位处理结合使用时，其概念相应也发生了改变，它已成为一种生物修复技术。这些生物反应器可以是一些可移动的单元，能被运到处理现场，它可以用于处理含污染物的地下蓄水层，也可以对污染土壤进行冲洗。这种过程可以是连续的，也可以是间歇的。

一个典型的例子是用可移动的单元反应器处理含PCP的地下水，该地下水受到木材防腐剂的污染。地下水被从井里抽出，调节pH并加入营养物，采用的反应器是降解范围较宽的可控温固定化膜生物反应器。地上生物反应器还可用于处理其他化合物或在泥浆化状态下进行处理。

生物反应器处理过程为：先挖出土壤与水混合，然后转入反应器并接入微生物，处理后将土壤与水分离并运回原地。生物反应器能加快反应速度，但其工艺过程较为复杂，成本也较高。

(一) 土壤浆化反应器

土壤浆化处理(Slurry-phase treatment)中，被污染的固体与液体稳定地混合。这类反应体系可以是比较简单地将污染的土壤、污泥或沉积物导入一个筑有衬底的水塘，也可以是比较精细的反应器(图7-5-1)。其操作许多方面与处理生活污水的活性污泥法相似，它也可以进行通气、搅拌并控制影响生物降解的许多因素。一些设计还有可以收集可能产生的挥发性有机物的装置(图7-5-2)。溶解氧、pH和无机营养盐浓度也可以被检测与控制。一些反应器还接入对反应有效的纯种或混合微生物。考虑到低温季节时某些生物降解缓慢或停止的情况，土壤浆化反应器中的温度必须维持在快速生物降解所适宜的范围内。

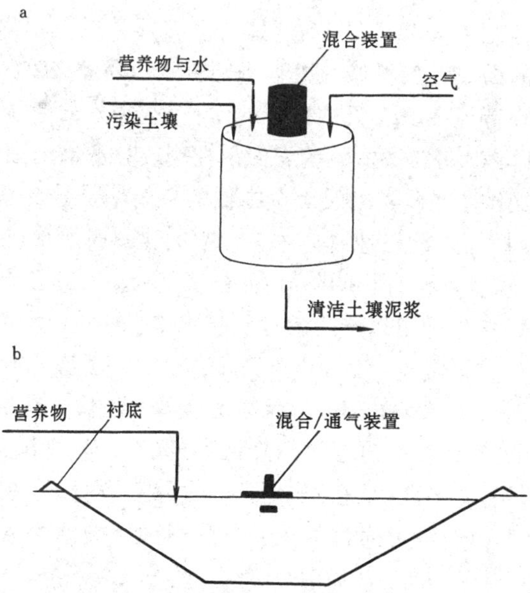

图 7-5-1　土壤浆化处理技术

a—土壤浆化生物反应器　b—土壤浆化生物反应塘

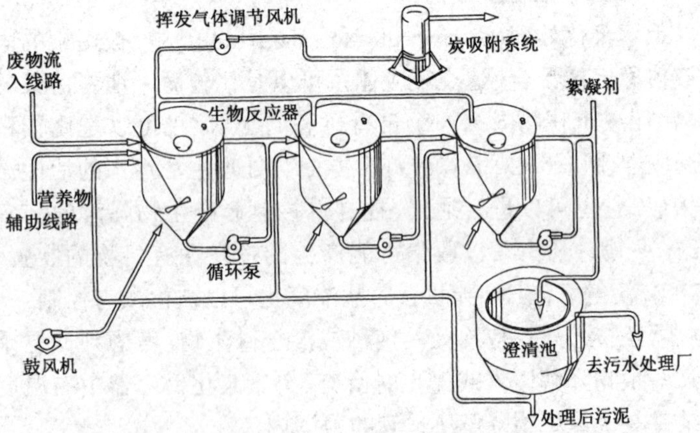

图 7-5-2 采用土壤浆化处理方法的生物修复系统

严格控制的实验室试验表明，许多多环芳烃、杂环化合物和杂酚油中的酚类在土壤浆化处理中能被迅速降解，50％以上的低分子量多环芳烃在3～5天内被降解，但一些高分子量多环芳烃只能被缓慢降解。在加入适宜的表面活性剂或分散剂到土壤泥浆中时，土壤吸附的化合物以及土壤中油的降解率显著提高。实验室研究还表明，加入能迅速降解的较便宜的物料时所形成的厌氧条件，可以增强特定化合物的降解，如2-丁基-4，6-二硝基苯酚等。

土壤浆化处理可以与土壤冲洗技术结合使用。例如木材处理厂的野外生物修复中，土壤中五氯酚的含量高达8000mg/kg，土壤首先通过冲洗去除PCP，然后冲洗液导入土壤浆化反应器。该两步法可以将土壤中的五氯酚降低到目标浓度，即0.5mg/kg以下。采用土壤浆化进行PCP和烃类的去除已被验证，在土壤泥浆中PCP的生物降解可通过加入专一降解PCP的微生物菌群得到增强。

(二) 生物过滤反应器

微生物也常被用于处理挥发性化合物，在这类处理技术中，微生物常生长在固态载体上，含污染物的气流则通过该固态载体，由微生物将污染物降解。这种方法被称为生物过滤(Biofiltration)，在德国、荷兰、日本及其他一些国家用得普遍。这类反应器有一种名叫滴滤床反应器(Tricker-bed reactor)，其微生物固定在柱状载体上，挥发性化合物在通过的时候被降解或溶解在载体中的溶液里。另一种生物过滤反应器叫做生物洗涤器 (Bioscrubber)，气体和O_2通常首先通过一个单元，挥发性化合物溶解到水中，然后将溶液输入另一系统，一般是活性污泥系统。在该系统中，有机化合物被分散在液相中的微生物降解。这些处理方法的优点是比物理或化学方法花费低，而且能够降解低浓度的化合物。

生物过滤反应器的固定化载体一般采用泥炭、土壤、堆肥有机物、锯末、树皮屑、活性炭、粘土颗粒或多孔玻璃，土壤和堆肥有机物是常用的固定相，需要保持一定的湿度以维持微生物活性。挥发性有机物通过固定床时先被吸附，然后被载体上固定膜中的微生物降解。一个简单而有效的生物过滤反应器可以是一个管状的系统，其顶部填有土壤，而气体从其中通过。

生物过滤反应器可以降解许多挥发性有机化合物，如萘、丙酮、丙醛、挥发性硫化合物、甲苯、苯、二氯乙烷以及氯乙烯等。由于挥发性化合物中气味物质较受重视，因而设计出许多反应体系来去除H_2S、甲基硫醇(Methane thiol)、二甲基二硫酸酯和二甲基硫酸酯等。含BTEX的气体污染物在通过生物膜反应器的土壤层时，其中的芳香化合物可以被降解。当被汽油污染的地下水采用气体脱除法进行现场修复时，以及用通气法进行土壤修复时，所产生的挥发性有机化合物都可以用上述生物过滤反应器进行处理，因为焚烧和活性炭吸附等方法都比生物膜法费用高。除上述化合物外，丙烷、正丁烷和异丁烷都能被土壤层中的微生物降解。

生物过滤反应器或生物洗涤器也能去除挥发性氯化合物，这可能是由微生物对污染物的共代谢完成的，例如，将甲烷或丙烷气体通过系统中的含水柱体，水中预先注入的含TCE和1，1，1-三氯乙烷液体，以甲烷和丙烷为生长基质的微生物将含氯化合物共代谢。另一用粪土为固定相的体系也能降解三氯乙烯(TCE)，气体中的二氯乙烷和氯乙烯也能被代谢。有报道表明分别接种*Mycobacterium*和*Hyphomicrobium*的生物滤床反应器可以降解大多数的化合物。

(三) 固定化膜与固定化细胞反应器

提高生物降解的一个方法是采用微生物固定化膜的反应器，含污染物的溶液通过生物膜时，由于细胞密度的提高，使得降解速度也得到提高。固定化膜的改进方法是采用固定化细胞或高度吸附的细胞，细胞被紧密地粘附在一起或用物理方法嵌入到固态载体中。固定化的载体包括藻(蛋白)酸盐、硅藻土、中空玻璃纤维、聚氨酯泡沫、活性炭和聚丙烯胺颗粒等。一般固定化膜或固定化细胞系统可以承担比悬浮系统更高的细胞浓度，固定化载体必须是惰性材料，对微生物的活性无抑制作用。

在固定化系统中可以将细菌与真菌共同固定，这种系统可以稳定降解许多化合物(表7-5-1)。固定化细胞的方法可以在许多反应器中被采用，以获得快速的生物降解，该技术对处理化工废水效果特别明显，例如，一个小试证明该方法可以大量处理低浓

表 7-5-1　固定化细胞或紧密吸附细胞对有机化合物的生物降解

化　合　物	固定化材料或固定相	微　生　物
Acrylonitrile	藻(蛋白)酸盐	*Brevibacterium* sp.
苯胺，氯代苯胺	硅藻土	混合培养
蒽	藻(蛋白)酸盐颗粒	*Trichoderma harzianum*
2-氯苯酚	藻(蛋白)酸盐颗粒	*Phanerochaete chrysosporium*
Glyphosate	硅藻土	混合培养
4-硝基苯酚	硅藻土	*Pseudomonas* sp.
五氯酚	藻(蛋白)酸盐颗粒	*Arthrobacter* sp.
苯酚	活性炭	*Pseudomonas* sp.

度的Glyphosate(*N*-膦酸甲基甘氨酸)废水。含该化合物的废水以45L/min流速进入一个上流式柱状固定化细胞反应器，固定化微生物可以对该化合物进行快速的降解。

(四) 厌氧反应器

目前几乎所有实际的生物修复都采用好氧的方法，这种对厌氧微生物的忽视是一个失误，因为现在已经清楚许多好氧菌不能降解的化合物可以被厌氧菌催化降解。由于氯代化合物本身的毒性及其难降解性，近几年对这类化合物比较重视，研究发现，好氧菌不能降解它们，而厌氧菌可以对其分子进行还原脱卤。高氯取代的多氯联苯、四氯化碳、PCE和许多其他氯代产品，其中一些在环境中既普遍存在又残留时间长，但在厌氧菌作用下可以转化为氯取代较少的化合物，而后者在好氧菌的作用下能够较好代谢，因为低氯取代分子的好氧转化比较迅速。例如，以一个两阶段厌氧-好氧生物膜反应器处理含高氯代化合物的地下水和工业废水，在厌氧相中混合菌群在乙酸存在条件下将TCE、氯仿和六氯苯还原脱氯生成低氯取代的产物，然后进入一个好氧反应器中继续降解，总的结果是93％以上的氯化物被转化为不挥发产物和CO_2。另一个例子是采用厌氧方法现场处理含毒杀芬(八氯莰烯，toxapene)的土壤，在处理过程中需要加入大量有机物以形成厌氧条件，这一降解过程比较缓慢且矿化不完全。用接种下水道污泥微生物的生物膜柱状反应器，在硫酸盐还原条件下处理一碳的卤代化合物，其几乎可以被完全厌氧降解。

由于厌氧方法具有较好的生物降解潜力，因而应该将研究厌氧微生物转向研究应用于生物修复的实际方法。

四、异 位 处 理

污染物异位处理有两种途径，一是先挖出土壤暂时堆埋在一个地方，在原地进行工程化准备后再将污染土壤运回处理(图7-5-3a)；另一途径是从污染地域挖出土壤并运到一个经过工程化准备(包括底部构筑和设置通气管道)的地方堆埋，并进行生物处理。处理后的土壤运回原地(图7-5-3b)。

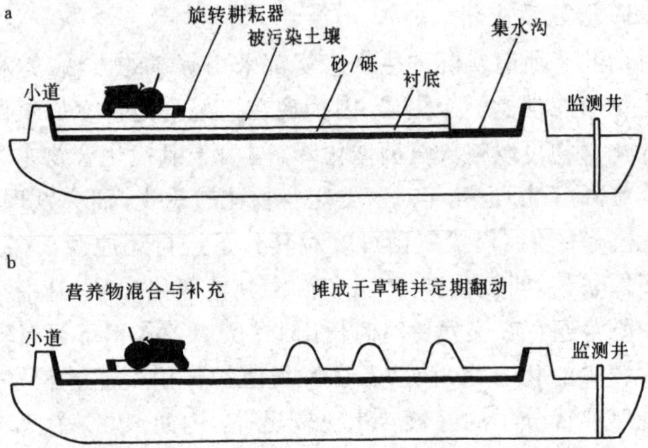

图 7-5-3 异位生物修复技术

a—土地处理工程单元 b—堆埋处理

该方法能避免污染初期污染物扩散，但成本比原地处理高。

堆埋过程中，污染物与固相有机物混合后一起堆成一堆。该固相有机物应该自身能稳定降解，如新鲜的草、木屑、树皮或牲畜窝的垫草。堆埋而成的草堆中常常还添加N、P或其他无机盐。草堆简单地堆成堆，排成行，称之为风干草堆(Windrows)，或者将这些混合物放入有通气设备的大容器中。草堆必须保持湿度，并用机械搅拌或其他通气设备进行通气。当微生物在固相有机物上生长时会放出热量，热量不易散发，使得温度升高，其中较高的温度(50～60°C)比有些草堆维持的较低温度更有利于生物降解。

堆埋方法已被用于处理被氯酚污染的土壤。草堆中含有各种氯酚，被堆埋在田地里，在夏季当草堆温度较高时，氯酚能被显著降解，而在气温较冷的季节转化就比较缓慢。另一野外试验也表明，被污染的沉积物中的TNT(2，4，6-三硝基甲苯)、RDX(六羟基-1，3，5-三硝基-1，3，5-三吖嗪)和HMX(八羟基-1，3，5，7-

四硝基-1,3,5,7-四偶氮萘)通过堆埋能被显著地生物降解。另外，在三硝基甲苯污染土壤的堆埋中，80天内90%以上的污染物被除去。

第六节 研究应用实例

1. 被柴油污染的土壤生物修复

通过其气相色谱分析可以看到，生物修复能够显著地去除土壤中的柴油污染(图7-6-1)。

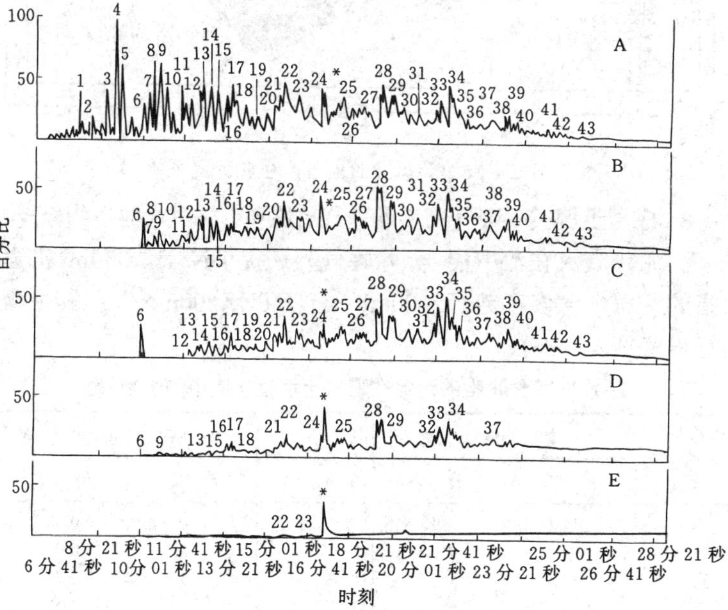

图 7-6-1 土壤残留柴油中芳香化合物组分的气相色谱图

A—土壤中初始组分 B—未采取生物修复2周后的组分 C—采取生物修复2周后的组分 D—未采取生物修复12周后的组分 E—采取生物修复12周后的组分

2. 一个废弃汽油加油站的地下水污染的生物修复

其中加入H_2O_2、铵盐和磷酸盐溶液，处理10个月后，石油烃类被完全去除(图7-6-2)。

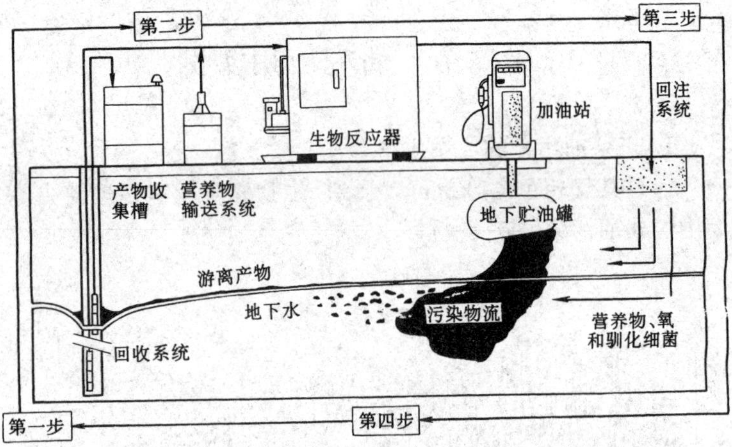

图 7-6-2 被油类污染的地下水生物修复系统

3. 应用土壤浆化曝气反应器进行冶炼和石化废水的生物修复

污泥和废水在池中混合，除曝气外还提供N、P，7000m^3富含油脂的污泥中含多环芳烃2000mg/kg，BTEX200mg/kg，其生物降解程度见表7-6-1。

表 7-6-1 富含油脂的污泥在曝气土壤浆化池中的生物修复

化合物	浓度/(mg/kg)		化合物	浓度/(mg/kg)	
	初始	最终		初始	最终
苯	64.4	1.19	芘	540	0.03
甲苯	19.4	1.14	蒽	20	0.02
乙苯	32.4	0.32	苯并蒽	91	ND
萘	290	ND	1,2-苯并菲	20	ND
菲	150	ND	苯并芘	100	<0.01

注：ND表示未检出。

第八章　可降解塑料的生物合成

第一节　可降解塑料概述

石化工业的兴起，使得石油化工合成塑料在人类生活中扮演着重要的角色，70年代以来，塑料工业得到迅猛的发展，无论是工业、农业、建筑业，还是人们的日常生活，无不与塑料密切相关。但目前所使用的化学合成塑料在自然环境中很难分解，也不会被腐蚀，燃烧处理又会产生有害气体，越来越多的塑料垃圾却对环境造成了巨大的危害。

普通塑料是以合成树脂为主的化学合成材料。对环境污染具有以下特点：

(1) 污染范围广，江河湖泊、田野山川无处不有。

(2) 污染物增长量快。据统计，全世界每年对塑料的需求量为1亿吨，倾入海洋的塑料垃圾达数10万吨，陆上的更是难以计数。1985年我国农用薄膜为30万吨，1990年为50万吨，地膜覆盖面积达$2.7\times10^{10}m^2$。1995年我国的塑料需求量为600万吨，其中对环境有威胁的地膜为88万吨，包装用品为150～200万吨。美国、日本的塑料垃圾占垃圾总量的7%。由于塑料价廉，又易老化，寿命较短，随着塑料量的增加，导致其废弃物的迅速增加。美国专家估计每10年产量将增加1倍。

(3) 处理难。塑料具有耐酸碱、抗氧化、难腐蚀、难降解的特性。埋地处理百年不烂；燃烧时产生大量有毒气体，如HCl、SO_x、CO等。表8-1-1为各种塑料及相近制品在环境中被预期降解的时间。

(4) 回收利用难。塑料制品种类多，填料、颜料多样，难以分拣

表 8-1-1　各种塑料及相近制品在环境中被预期降解的时间

制　品	自动售货机杯	铝　罐	聚乙烯泡沫杯/盘	可处置尿布	木制筷子	塑料瓶(PET)
时间/a	>20	>100	>500	>20	>20	>100

回收再利用。

(5) 生态环境危害大。地膜降低耕地质量，农作物植株矮小，抗病力差；残膜随风飘动，对周围环境、畜牧业、养殖业都有很大的影响。

数量如此巨大的塑料垃圾对生态和环境产生了严重的影响，研究和开发生物可降解塑料已迫在眉睫，许多国家已开始考虑用生物可降解塑料代替部分石油化工合成塑料，并陆续颁布了一些法规，禁用某些塑料制品，如意大利已立法规定自1991年起所有包装用塑料都必须生物可降解，我国也已开始考虑禁用塑料方便餐盒等不可降解的塑料制品。目前，国内外出现了多种生物可降解塑料，具体如图8-1-1所示。

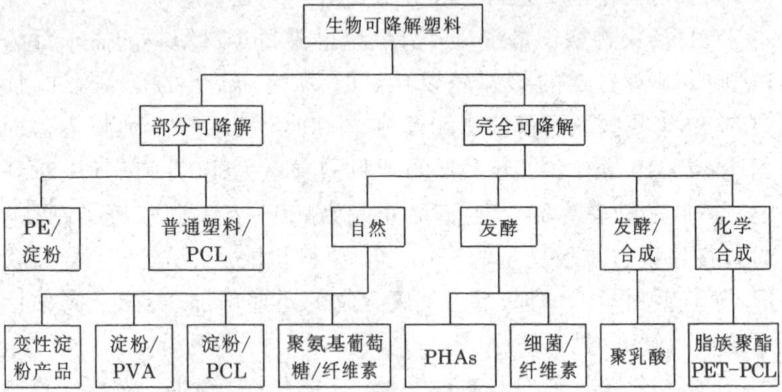

图 8-1-1　各种生物可降解塑料

在众多的生物可降解材料中，采用微生物发酵法生产的聚β-羟基烷酸(简称PHAs)，成为应用环境生物学方面的一个研究的热点。其中聚β-羟基丁酸(简称PHB)及3-羟基丁酸与3-羟基戊酸的共聚物[简称P(3HB-co-3HV)或PHBV]是PHAs族中研究和应用最广泛的两种多聚体。PHAs作为一种有光学活性的聚酯，除具有高分子化合物的基本特性，如质轻、弹性、可塑性、耐磨性、抗射线等外，更重要的是其还具有生物可降解性和生物可相容性。已有研究表明，采用PHAs制作的香波瓶，在自然环境中9个月后，可基本上被完全降解，而同样用合成塑料制作的物品，完全降解时间约需100年。因此研究和开发PHAs作为各种容器、瓶、袋和薄膜等包装材料，使之成为同类用途的石化合成塑料最有潜力的替代品，可避免或减少塑料废物对环境的污染，具有深远的环境意义。

第二节　PHAs的结构、物理化学性质和应用

多种微生物在一定条件下能在胞内积累PHAs作为碳源和能源的贮存物。由于PHAs具有低溶解性和高分子量，它在胞内的积累不会引起渗透压的增加，因而，它们是一类理想的胞内贮藏物，比糖原、多聚磷酸或脂肪更加普遍地存在于微生物中。PHAs的通式可写成:

$$\left[O - \overset{\displaystyle R}{\overset{|}{CH}} - CH_2 - \overset{\displaystyle O}{\overset{\|}{C}} \right]_n$$

式中: R多为不同链长正烷基，也可以是支链的、不饱和的或带取代基的烷基，如:

R为甲基时，单体为β-羟基丁酸(HB);

R为乙基时，单体为β-羟基戊酸(HV);

R为丙基时，单体为β-羟基己酸(HC);

R为丁基时，单体为β-羟基庚酸(HH);

R为戊基时，单体为β-羟基辛酸(HO);

R为己基时，单体为β-羟基壬酸(HN);

R为庚基时，单体为β-羟基癸酸(HD)；

R为辛基时，单体为β-羟基十一酸(HUD)；

R为壬基时，单体为β-羟基十二酸(HDD)；

n为单体的数目。

所以，R为甲基时，其聚合物为聚β-羟基丁酸(PHB)，R为乙基时，其聚合物为聚β-羟基戊酸(PHV)，其他依次类推。此外，在一定条件下两种或两种以上的单体还能形成共聚物，其典型代表是3HB和3HV组成的共聚物P(3HB-co-3HV)又写为PHBV。

至今为止发现的所有PHAs几乎都是线状的β-羟基烷酸的聚酯。β-碳原子的手性决定了这些多聚物具有光学活性，所有的组成单位仅以[R]构型存在，就是说，从聚合物化学角度看，所有这些多聚物是完全等规立构的。采用溶剂法从不同细菌中提取的多聚物，有些多聚物的相对分子质量可高达2×10^6，该值与约20 000的聚合度相对应。每个PHA颗粒含有数千条多聚体链。这些多聚物的物理化学性质和机械性能如韧度、脆性、熔点、玻璃态温度和抗溶剂性等与单体的组成有极大的关系。例如PHBV共聚物中β-羟基戊酸组分的增加可使熔点从180℃(PHB均聚物)降至75℃(PHBV共聚物中HV组分为30%～40%，以摩尔分数表示)；从*P. oleovorans*中提取的含长链重复单位的PHA在丙酮或乙醚中是可溶的，而PHB在上述溶剂中不能溶解。

至目前为止，大多数有关细菌PHAs的物理化学性质的研究是针对PHB和PHBV两种聚合物进行的，PHB是100%立体专一性的，所有的不对称碳源子都是D(−)构型，因而PHB是高度结晶的晶体，结晶度的范围在55%～80%，其在物理性质甚至分子结构上与聚丙烯(PP)很相似，例如熔点、玻璃态温度、结晶度、抗张强度等，而相对密度大、透氧率低和抗紫外线照射以及具有光学活性、阻湿性和压电性等则是PHB的优点，见表8-2-1。

表 8-2-1　　PHAs和聚丙烯(PP)的性质比较

性　质	PP	PHB	P(3HB-co-3HV)		P(3HB-co-4HB)		P(4HB)
			9%HV	25%HV	10%HB	64%HB	
熔点/°C	171～186	171～82	162	137	159	50	53
玻璃态温度/°C	−15	5～10	—	—	—	—	—
结晶度/%	65～70	65～80	—	—	—	—	—
相对密度/(g/cm^3)	0.905～0.904	1.23～1.25	—	—	—	—	—
相对分子质量($\times 10^5$)	2.2～7	1～8	—	—	—	—	—
相对分子质量分布	5～12	2.2～3	—	—	—	—	—
弯曲模量/GPa	1.7	3.5～4	1.9	0.7	—	30	149
抗张强度/MPa	39	40	37	30	24	17	104
断裂伸长/%	400	6～8	—	—	242	591	1000
抗紫外线照射	差	好	—	—	—	—	—
抗溶剂	好	差	—	—	—	—	—
透氧率/[$cm^3/(m^2 \cdot atm \cdot d)$]	1700	45	—	—	—	—	—
生物降解性	不可降解	可降解	可降解	可降解	可降解	可降解	可降解

注：表中除断裂伸长外，%均表示摩尔分数。

从表8-2-1中可见，PHB的机械性能包括弯曲模量(3.5～4GPa)和抗张强度(40MPa)与聚丙烯相仿，但其断裂伸长仅为5%，比聚丙烯的值(400%)要低得多，因而PHB较脆和发硬，但这可通过与适量HV共聚而补偿。从表8-2-1中还可以看出，随着PHBV中HV组分的增加，聚合物的劲度降低而韧性增加，且共聚物的熔点随着HV组分的增加而降低，使得较易对其进行热加工处理。另外，单体4HB的聚合物或3HB与4HB的共聚物P(3HB-co-4HB)则是高弹体，且其生物降解的速度比均聚PHB或PHBV更快。

PHB的工业化应用主要存在两个缺点，一是PHB较差的熔化稳定性，其分解温度约为200°C，该温度与其熔点相近(约175°C)；二是在环境条件下贮存数日后，PHB易发脆。对第一个缺点，可通过在发酵过程中加入3HV的前体合成PHBV共聚体或将PHB与其他多聚物相混合使用来解决；而对于第二个缺点，最近的研究有趣地发现，PHB的老化问题可通过简单的淬火处理来较大程度地解决。

PHAs的生物降解性和生物相容性是许多化学合成塑料所不具备的。PHAs这类热塑性聚酯能纺丝、压膜或注塑，在工业上可用作各类包装材料等，在医药方面的应用由于其生物相容性可作外科缝线、骨骼代用品或骨板，术后无需取出。除作为塑料外，还用于化学合成光学活性物质的手性前体，特别是合成药物和昆虫信息素，见表8-2-2。

表 8-2-2 PHAs的应用

应用范围	PHAs的应用
医药上	外科缝线、肘钉、拭子等 伤口敷料 血管替代品 骨骼替代品和骨板(由于压电效应能促进骨骼生长) 长效药物的生物降解载体
工业上	长效除莠剂、抗真菌剂、杀虫剂或肥料等的生物降解载体 容器、瓶、袋、薄膜等包装材料 妇女卫生用品、尿布等可任意处理的物品 合成手性化合物的前体原料

研究还发现，PHB的降解产物D(−)-3-羟基丁酸是所有高等动物中的一种普遍存在的中间产物，在原核生物和真核生物中发现的含有100～200个单体的小分子量PHB，具有作为细胞膜离子通道组成的作用，并且在人体的血浆中也检测到它的大量存在。因而，有理由相信，植入哺乳动物组织的PHB不会对机体产生毒性。

第三节 PHAs的生物合成

一、合成PHAs的主要微生物

PHB最初是由Lemoigne于1925年首先发现的，随后他从巨大芽孢杆菌(*Bacillus megaterium*)中分离并鉴定了该物质，并阐明了该菌形成孢子时形成PHB，其后3年观察到褐球固氮菌(*Azotobacter chroococcum*)产生PHB并在包囊形成之前降解。50年代末研究了生长条件对PHB代谢的影响，发现PHB生成的量随着生长培养基中碳氮比的增加而增加，即PHB的积累是在某种营养物受限制的不平衡生长条件下发生的，这是一个重要的发现。1974年，Wallen和Rohwedder报道了从活性污泥的氯仿萃取液中测定到含3HB和其他3-羟酰基单体的杂聚物的存在，从而研究的领域由PHB扩展到PHAs。1983年有专利报道了微生物合成PHBV共聚物，而且它较PHB均聚物有某些更好的特性。此后，有关PHAs的研究报道越来越多。

能产生PHAs的微生物分布极广，包括光能和化能自养及异养菌，计65个属中的近300种微生物。积累有PHAs的微生物能很容易通过用苏丹黑或尼罗蓝染色来鉴别。目前研究的较多的用于合成PHAs的微生物有：产碱杆菌属(*Alcaligenes*)，假单胞菌属(*Pseudonomas*)，甲基营养菌(*Methylotrophs*)，固氮菌属(*Azotobacter*)和红螺菌属(*Rhodospirilum*)等。它们能分别利用不同的碳源产生不同的PHAs。

早期研究真养产碱杆菌(*Alcaligenes eutrophus*)中PHB代谢的主要目的在于消除PHB，以便利用该菌生产单细胞蛋白，后来才转向PHAs的生物合成和积累的研究。此革兰氏阴性的兼性化能自养型细菌在一定的条件下积累PHB可达细胞干重的90%以上，也能利用糖加丙酸或戊酸产生P(3HB-co-3HV)。近来的研究发现改变基质，该菌还能将4HB和5HV结合到3HB的结构中去，形成4HB或5HV单体与3HB的共聚物。

属于rRNA同源组Ⅰ的大多数假单胞菌能利用烷烃作碳源合成PHAs。例如食油假单胞菌(*P.oleovorans*)能利用辛烷合成聚羟基辛酸(含少量羟基己酸)；也能分别利用中等链长的单一烷醇或烷酸作唯一碳源产生不同链长羟基烷酸的二元或三元共聚物；还能利用烯烃-1作为碳源产生含不饱和羟基酸为单体的聚合物以及利用5-、6-或7-甲基辛酸作辅基质产生含支链的3-羟基烷酸的聚合物。

这一组中除食油假单胞菌外的其他一些菌，如铜绿假单胞菌(*P.aeruginosa*)还能利用葡萄糖合成中等链长羟基烷酸的聚合物。

甲烷和甲醇是相对价廉的碳源。Ⅰ型和Ⅱ型的甲基营养菌(即分别通过核酮糖单磷酸和丝氨酸途径同化碳)能积累PHB。Ⅱ型菌从甲烷积累PHB达理论产率的67%。*Methylocystis parvus*的PHB含量达细胞干重的68%。

固氮菌产PHB的早年研究以拜氏固氮菌(*Azo.beijerinckii*)为代表。近年来对利用糖蜜等非纯净碳源产生PHA的研究主要是棕色固氮菌(*Azo.vinelandii*)。不过，至今利用糖蜜产生PHB的最有效的菌株应是肥大产碱杆菌(*A.latus*)。

深红红螺菌(*R.rubrum*)利用4-戊烯酸作碳源时生成的PHA中HB、HV和3-羟基，4-戊烯酸的摩尔分数分别为11%、59%和30%。

在多数情况下微生物是利用糖加丙酸或戊酸产生PHBV的，并可通过改变两者的配比控制共聚物中HB和HV的比例。但丙酸或戊酸价格较高，且对细菌有毒，因而在培养液中的浓度必须控制很低，产率及转化率都不高，这些都是生产上的不利因素。90年代以来发现，在分类上属于红球菌属(*Rhodococcus*)、诺卡氏菌属(*Nocardia*)和棒杆菌属(*Corynebacterium*)中的一些菌能利用葡萄糖或其他单一碳源产生含HV和HB的PHA。例如红球菌NCIMB40126利用葡萄糖在细胞中产生31%PHA(培养条件未优化)，其HV与HB的摩尔比为76∶24，重均相对分子质量为2.27×10^6，数均相对分子质量为0.80×10^4，玻璃态温度为−12℃，熔点为100℃等。

极端嗜盐菌*Haloferax mediteerranei*利用淀粉为唯一碳源

产生含7.5%～17.7%HV的PHBV，共聚物的熔点为123～146℃。

此外，最近观察到真养产碱杆菌H16的异亮氨酸缺陷型突变株R8能从单一的无关连碳源例如果糖或葡萄糖酸等产生PHBV。以果糖为碳源时，共聚物占细胞干重的47%，HB与HV的摩尔比为93：7。

这些发现不仅给PHA生物合成和调节机制的研究增加了新的内容，而且开辟了一条探索从廉价的单一碳源生产PHBV的新路。

各种微生物利用不同碳源产生PHAs的发酵水平比较见表8-3-1。

表 8-3-1　各种微生物利用不同碳源合成PHAs的情况及水平比较

使用菌种	碳源	规模	时间/h	菌浓度/(g/L)	PHB含量/%	备注
Alcaligenes eutrophus N9A	果糖	摇瓶	70		96	
Azotobacter beijerinckii	葡萄糖	摇瓶			70.4	
Methylocystis parvas OBBP	甲烷	摇瓶	170～180		70	
Rhodobacter sphaeroides 17023	乙酸	摇瓶	36		69.9	
Thiocystis violacea 2311	乙酸	摇瓶	36		83.0	
Haloferax mediterranei	淀粉	摇瓶			67	7.5%～17%HV
Rhodococcus sp. NCIMB 40126	葡萄糖	摇瓶	24		31	含76%HV
Pseudomonas acidovorans	1,4-丁二酸	摇瓶	96	4.3	18	含99%4HB
Chromobacterium violaceum	戊酸	摇瓶	72	1.2～1.4	45～65	HV同聚物
*E.coli*重组菌XL1 Blue	葡萄糖	2.5L	42	116.6	76	
Pseudomonas oleovorans	辛酸	12L	48	1.5	41	
Azotobacter vinelandii	葡萄糖＋戊酸	2.5L	38～40	6.8	78	16%HV (摩尔分数)
UWD	糖蜜＋戊酸	2.5L	38～40	19～22	59～71	8.5%～23%HV (摩尔分数)
Protomonas extorquens	甲醇	0.75L	170	223	64	通纯氧
Alcaligenes eutrophus 变异株	葡萄糖	$35m^3$ $220m^3$	110～120	大于100	70～80	气升式罐 通用式罐
*Alcaligenes latus*变异株	蔗糖	$15m^3$			76	PHB>60g/L
*Erwinia sp.*重组菌	蔗糖	5L	35	28	68	
Hyphomicrobium zavarzinii subsp.*chengduense* nov.	甲醇	10L			40～59	0.64g/(L·h)

选择工业生产PHAs的菌种可以考虑以下几个因素，主要包括细胞能利用廉价碳源的能力、生长速率、多聚物合成速率和能在胞内最大积累多聚物的程度。ICI分别对固氮菌、甲基营养菌和真养产碱杆菌进行了考察：他们放弃了固氮菌，因为这类菌还会产生多糖，从而降低了PHB的比产率，并会带来一些技术问题。他们也否定了甲基营养菌，主要因为该菌的PHB产率中等，最终胞内PHB含量仅为65%左右。利用葡萄糖为碳源的真养产碱杆菌突变株能在胞内积累约80%的PHB，这意味着要获得同等质量的PHB，以甲醇为原料生产的后提取过程需处理的细胞量要多，而迄今为止所采用的后提取工艺的费用占成本的比例很高，且甲基营养菌所产PHB的分子量低，提取较困难。另外尽管甲醇的价格仅为葡萄糖的45%，但其转化系数却很低，因而ICI虽然具有以甲醇为唯一碳源，在1500m^3反应器规模上生产单细胞蛋白的丰富经验，但该公司经过技术经济评估，最终选择了真养产碱杆菌(*A.eutrophus*)作为PHAs的生产菌株，因为该菌生长快、易培养、胞内PHB含量高、聚合物的分子量大以及能利用各种较经济的碳源。

随着对PHAs合成途径和分子遗传学的研究进展，采用带有*A.eutrophus* PHB合成基因的重组大肠杆菌(*E.coli*)，成为又一个选择。因此，目前在PHB(V)聚合物的研究和生产中，大多数研究者采用*A.eutrophus*和重组*E.coli*。表8-3-2为*A.eutrophus*和重组*E.coli*的特点介绍。

表 8-3-2　生产PHB(V)的*A.eutrophus*和重组*E.coli*特点

A.eutrophus	重组*E.coli*
1. 生长快、容易培养(培养基和条件相对简单)	1. 发酵周期短
2. 胞内聚合物含量高	2. 胞内聚合物积累量大
3. 聚合物分子量大	3. 胞内无聚合物降解酶，因而分子量大
4. 提取相对较困难	4. 易于提取
5. 生产共聚物较易和易调节共聚比	5. 胞内聚合物颗粒大、结晶度高
6. 分子量分布控制较难	6. 能利用多种碳源
7. 已有工业化产品	7. 在复杂培养基下，胞内聚合物才能高积累
	8. 有较成熟的高密度细胞培养技术

二、合成PHAs的主要基质

1. 糖质碳源

可用来工业化生产PHA的糖质碳源有葡萄糖、蔗糖、糖蜜、淀粉等。

(1) 葡萄糖　真养产碱杆菌野生株H_{16}利用果糖积累PHB，其利用葡萄糖的变异株已用于工业生产PHB。Kim等采用细胞密度培养的方法，通过葡萄糖在线控制，首先使菌体平衡生长至70g/L，再让其积累PHB，50h细胞浓度达164g/L，干细胞中PHB含76%，即发酵液中含量为121g/L，PHB的生产强度为2.42g/(L·h)，是目前世界上已报道的最高纪录。他们采用同样的高密度培养策略，使该菌先利用葡萄糖作碳源并在线控制葡萄糖浓度，待细胞生长至60～70g/L，再在聚合物积累阶段流加葡萄糖和丙酸作混合碳源，总培养时间46h，细胞浓度158g/L，细胞中PHA含量71%，HV(羟基戊酸)占共聚物4.3%(摩尔分数)，PHA的生产强度达2.55g/(L·h)。改变流加液中葡萄糖与丙酸的比例可产生含不同HV比例的PHA，同时细胞浓度及生产强度也有变更，这是已知产PHBV的最好结果。

带有真养产碱杆菌PHA生物合成基因的重组大肠杆菌能产生大量的PHA。利用丰富酵母膏和胰蛋白胨的葡萄糖培养基分批补料高密度培养，42h培养液中细胞浓度为117g/L，PHB占细胞干重76%，PHB生产强度达2.11g/(L·h)。为了避免使用昂贵的抗生素，用带有稳定高拷贝数pSYL104质粒的重组大肠杆菌XL1-Blue作同样的培养，在无抗生素的培养基中39h细胞浓度和PHB浓度分别达到101g/L和81g/L。这些方法虽然能得到高浓度的PHB，但由于使用大量价昂的酵母膏和胰蛋白胨，不宜工业化生产。为降低培养基成本，用同样的补料方法在合成培养基中培养35h，细胞浓度达71.4g/L，但细胞的PHB含量仅为22.8%，在合成培养基中不能大量积累PHB的一个重要原因可能是用来合成

PHB的乙酰CoA的量不足，因为更多的乙酰CoA需用来合成其他代谢途径的前体物质。如果在合成培养基中添加少量有机氮源供细胞的生物合成之需，则能明显改善PHB的合成，再加上流加方式的改进，培养41.5h，细胞浓度达116g/L，细胞中的PHB含量增至62.2%。

(2) 蔗糖及糖蜜　肥大产碱杆菌能利用蔗糖积累PHB，采用分批补料培养的方法积累的PHB量达60g/L以上，目前已中试生产的水平为15m^3反应器每周生产1t PHB。该菌的特点是生长较快，能利用廉价的甜菜或甘蔗糖蜜，并且细胞生长与PHB的积累同步。新近有人提到使用连续培养系统，肥大产碱杆菌DSM1123利用蔗糖产PHB的生产强度高达2.6g/(L·h)。但未见工作者本人报道。

带有pSYL104质粒的重组大肠杆菌能利用蔗糖合成PHB，在含蔗糖的合成培养基中采用恒定pH的分批补料方式高密度培养48h，细胞浓度达124.6g/L，但相应的PHB浓度很低，仅34.3g/L，根据上节叙述的理由，在培养液中添加少量有机氮可望改善PHB的积累。

棕色固氮菌(*Azotobacter vinelandii*)变异株UWD能利用糖蜜作碳源积累PHB，在含纯净的或不纯净碳源的培养基中添加有机氮源会增加PHB的积累，产PHB的最佳条件是起先不用鱼蛋白胨，而后补加葡萄糖和鱼蛋白胨的混合物，培养37h，PHB浓度达25g/L，生产强度0.68g/(L·h)。

用含鱼蛋白胨的培养基培养棕色固氮菌，细胞壁变形易破碎，用1mol/L氨水在45℃处理10min就能提取PHB，产物含2%蛋白质和4%残留的细胞物质，是一个相当好的后提取方法。

关于使用糖蜜作基质的优劣是有争议的。Page称，用甜菜糖蜜作基质其价格是葡萄糖的1/2，而ICI考虑到糖本身虽然价格较低，但由于杂质多，增加PHB积累的难度，为了提高PHB含量，糖蜜原料需精制，这就增加了成本，故未采用。由于使用糖蜜还会给后提取增加困难(如粘度大，需脱色等)，糖蜜系季节性产品，储运不易，再有糖蜜含糖量较低(通常含糖50％以下)，如用来作细胞的高密度培养还需补加纯糖，这也会影响成本，所以应对使用糖蜜的总效益综合考虑，尽管糖蜜本身价廉是诱人的，要真正用于实际生产仍有许多困难需要克服。

2. 甲醇

甲醇是最便宜的基质之一，见表8-3-3。ICI拥有生产甲醇单细胞蛋白的技术经验，曾考虑用甲醇作基质生产PHB，但由于甲醇菌积累PHB含量不高，加大了PHB回收过程的成本，而且PHB的分子量较小，故放弃了这条路线。然而廉价的甲醇仍然吸引人们寻求新的菌种和开发更有效的培养方法。

表 8-3-3　基质价格、PHB产率和生产PHB时的基质成本

基　质	大致价格/(英镑/t)	产率/(t PHB/t基质)	基质成本/(英镑/t PHB)
甲醇	90	0.18	504
蔗糖	200	0.33	600
葡萄糖(世界市场)	200	0.33	600
葡萄糖(EEC)	360	0.33	500
氢	500(估计)	1.0	1080
乙醇	440	0.5	880
乙酸	370	0.33	1220

Suzuki等使用扭脱原单胞菌以甲醇为碳源，分批补料培养控制碳氮比，发酵170h，细胞浓度达233g/L，PHB浓度149g/L，生产强度0.88g/(L·h)，该菌后来定名为扭脱甲基杆菌K(*Methylobacterium extorquens* K)。

最近的明显进展是，Kim等使用嗜有机甲基杆菌(*K.organophilum*)，在微机辅助的自动补料分批培养系统中，在限钾的条件下(＜25mg/L)大量生产PHB，甲醇浓度维持在2～3g/L时不抑制细胞的生长，培养70h细胞浓度高达250g/L，是当今高密度培养产PHB细胞浓度的最高纪录。该培养液中PHB浓度为130g/L，PHB占细胞干重的52％～56％，生产强度1.8～2.0g/

(L·h)，PHB转化率为0.19g/g甲醇。

3. 气体$H_2/CO_2/O_2$

真养产碱杆菌等一些爆鸣气细菌能利用$H_2/CO_2/O_2$产生PHB，其中H_2作为能源，CO_2是碳源。以H_2作为基质，按其价格和产率而言(见表8-3-3)在经济上是划算的，而且从全球的战略出发，H_2又是一种干净的可再生资源。通过同化CO_2生产生物降解塑料可以同时解决两个严重的环境污染问题：温室效应及废弃的非降解塑料对生态环境的危害，可谓一石二鸟，但在技术上要解决混合气体爆鸣的安全问题和气体的循环利用问题。控制基质气相中氧的浓度低于气体爆炸的下限(6.9%)是安全的，而循环气体的闭路培养体系能有效地利用气体。Tanaka等研究了真养产碱杆菌利用$H_2/CO_2/O_2$的高密度培养产PHB的新近结果是，在限氧条件下培养40h，细胞浓度和PHB浓度分别达到91.3g/L和61.9g/L，这一结果堪与异养发酵大量产生PHB的结果相比较。

4. 烷烃及其衍生物

假单胞菌能利用中等链长的烷烃或其衍生物醇、酸等产生中等链长羟基烷酸的共聚物(PHA_{MCL})，共聚物中单体的组成与基质碳架的长度有关。有些假单胞菌也能利用糖类非相关碳源合成PHA_{MCL}，利用烃、醇或酸合成这类PHA时，通过脂肪酸的β-氧化，而利用糖质非相关碳源时则通过脂肪酸的de novo合成。这种假设在用放射性标记的1-C_{13}-癸酸和1-C_{13}-乙酸作基质对恶臭假单胞菌(*Ps.putida*)的脂肪酸代谢途径进行C_{13}NMR研究时得到证实。使用脂肪酸代谢途径的专一抑制剂研究表明，在PHA合成过程中，脂肪酸的β-氧化和从头合成是彼此独立起作用的，用1-C_{13}-乙酸作基质时发现，这两种脂肪酸的代谢途径都对PHA的合成起作用。

以辛烷作基质连续培养食油假单胞菌，通过优化培养基和增加氧的转移率，稳定态细胞浓度增至11.6g/L，PHA的生产强度为0.58g/(L·h)，用传氧很有效的反应器作分批补料培养并优化供酸和限氨，38h细胞浓度为37.1g/L，PHA占细胞干重的33%，生产强度0.32g/(L·h)。如通纯氧以适应细胞对氧的需要、用辛酸分批补料培养45h，细胞浓度为41.8g/L，PHA占细胞干重的37.1%。

三、PHAs的代谢途径与调控

研究表明，许多微生物在碳源过量而其他某种营养成分，如氮、磷、镁或氧不足时，能在胞内大量积累PHAs，以作为碳源和能源的贮存物或作为胞内还原性物质还原能力的一种贮备。当限制性营养物再次被提供时，PHAs能被胞内酶降解后作为碳源和能源利用。由于生物合成酶的立体异构专一性，这些多聚体中的HA单体都是D(−)构型。依据于所用微生物种类和生长条件不同，多聚体的相对分子质量在$(2\times10^5)\sim(3\times10^6)$之间。细胞中积累的PHAs以单个粒子的形态存在，每个细胞含有的颗粒数量的大小随微生物种类而不同，在*Alcaligenes eutrophus*中，每个细胞含有8～10个颗粒，每个颗粒直径大小为0.2～0.5μm，这些颗粒在活细胞体内以非晶体形式存在。在电子或相差显微镜中观察到这些内含物具有高度的折光性，颗粒外面包裹着一层膜，该膜没有通常的生物膜那样的典型双层结构，膜中含有PHAs合成酶的降解酶系统。有关真养产碱杆菌中可溶性PHAs聚合酶的发现证实了当培养物过渡到限氮条件时，该酶与PHAs颗粒相连。

另外，PHAs除在饥饿条件下作为微生物碳源和能源的重要性外，还为微生物在其他环境压力条件(如渗透压、脱水或紫外线照射)下的生存起着重要的作用。一般说来，在恶劣环境下含有PHAs的细胞比不含PHAs的细胞具有更高的存活率。在*Bacillus*的孢子形成和*Azotobacter*的包裹形成过程中，PHAs具有重要的生理功能。最近发现，在遗传感受态细胞的DNA转化中，PHAs起到能改变细胞膜阻力特性的作用，也就是说，除了其作为细胞内贮物的生理作用外，PHAs还是细胞膜的结构化合物。

不同微生物合成PHAs的途径不同，基质不同，其合成途径也有差异，这正是微生物代谢多样性的一种表现。图8-3-1为一些微生物利用不同基质合成PHAs的主要代谢途径。

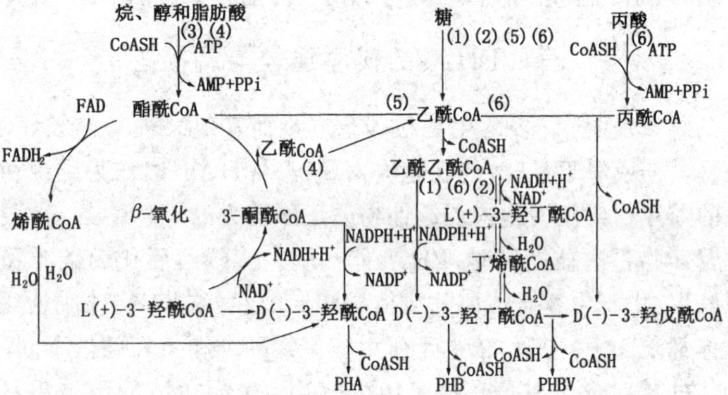

图 8-3-1　不同微生物中从不同基质合成PHA的主要途径

在图8-3-1中，在不同微生物中，从不同基质合成PHA的主要途径包括(1)真养产碱杆菌及多数细菌从糖合成PHB；(2)深红红螺菌从糖合成PHB；(3)食油假单胞菌等从中链烃、醇及酸合成具有与基质链长有关的HA单位的PHA；(4)一株产碱杆菌从长链偶碳数脂肪酸合成PHB；(5)铜绿假单胞菌等从糖质碳源(如葡萄糖酸)合成具有中链HA单位的PHA；(6) 真养产碱杆菌等利用糖加丙酸合成PHBV。

在真养产碱杆菌、拜氏固氮菌以及许多微生物中，PHB是从乙酰CoA通过三步反应合成的。一是由生物合成的β-酮基硫酯酶(乙酰CoA乙酰转移酶，EC2.3.1.9)催化两个乙酰CoA的C—C结合；二是由依赖NADPH的乙酰乙酰CoA还原酶(羟基丁酰CoA脱氢酶，EC1.1.1.36)催化立体选择性的反应，从乙酰乙酰CoA产生D(－)-3-羟基丁酰CoA；三是由PHB聚合酶将D(－)-3-羟基丁酰CoA连接到PHB正在增长的链上。

PHB生物合成中的头两个酶即β-酮基硫酯酶和乙酰乙酰CoA还原酶已被在数种细菌中进行了详细的研究。在真养产碱杆菌中，β-酮基硫酯酶作为PHB生物合成途径中的第一个酶，以CoA为关键调节分子控制PHB的合成，该菌中检测到两个具有不同基质专一性的β-酮基硫酯酶的存在，任一个酶在PHB合成中都可起作用。在真养产碱杆菌和*Zoogloea ramigera*中也已检测到有两个不同的乙酰乙酰CoA还原酶的存在，它们在基质和辅酶的专一性方面不同，发现仅仅只有依赖于NADPH的还原酶才参与PHB的生物合成。由于纯化方面的困难，直到最近才对PHAs聚合酶进行详细的研究。在真养产碱杆菌中，PHA聚合酶仅对含C3-C5单位的D(－)-羟基烷酰CoA具有专一性。由于PHA聚合酶的可溶形式能在大肠杆菌中过量表达，目前已揭示了PHA聚合酶作用的机制，PHA聚合酶催化的聚合系统类似于脂肪酸合成系统，即增长链在一个半胱氨酸硫醇和一个磷酸泛酰巯基乙胺之间进行填充和伸长的交替循环。一系列包括点定向突变在内的精确实验证明，丝氨酸319(C319)对维持酶活力是必需的。另外，也证明了一个丝氨酸残基，或许在真养产碱杆菌中是S260，需要被一个磷酸泛酰巯基乙胺部分进行后转录修饰。值得注意的是，在所有10个不同的PHA聚合酶中，这两个残基都保留着。有关其他细菌的PHA聚合酶方面的进一步研究将揭示酶结构、基质专一性和活力位点之间的关系，这将有助于采用合理的手段来控制PHAs的生物合成过程。

在微生物体内，PHAs的生物合成和降解是同时存在的，图8-3-2是真养产碱杆菌中典型的PHB生物合成和降解途径。

近来的生化研究表明，用作真养产碱杆菌这3个酶的基质不仅有乙酰CoA、乙酰乙酰CoA或D(－)-3-羟基丁酰CoA，而且还有丙酰CoA、D(－)-3-酮基戊酰CoA或D(－)-3-羟基戊酰CoA。

存在于深红红螺菌中的五步生物合成PHB的途径与上述相比，只是稍有变化，即依赖于NADH的还原酶将乙酰乙酰CoA还原成L(＋)-3-羟基丁酰CoA，再由两个立体特异性的烯酰CoA水合酶将后者经过丁烯酰CoA后变成D(－)-3-羟基丁酰CoA。

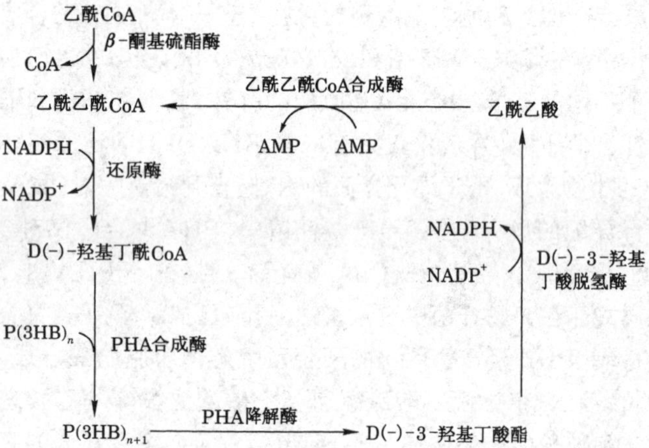

图 8-3-2 真养产碱杆菌中PHB的生物合成和降解的代谢途径

在属于rRNA同源组Ⅰ的大多数假单胞菌中，存在着利用中等链长的烷烃、烷醇和烷酸合成由中等链长的3-羟基烷酸组成的聚酯途径。例如，食油假单胞菌用烷烃或烷酸作碳源培养时，存在着由脂肪酸β-氧化的中间产物3-羟基烷酰CoA至PHAs的合成途径，这一途径称为*P.oleovorans* PHA生物合成途径。另外，这一组中除食油假单胞菌以外的几乎所有成员还存在另一条从乙酰CoA经脂肪酸的生物合成途径，这一途径称为*Pseudomonas aeruginosa*的PHA生物合成途径。例如，铜绿假单胞菌用葡萄糖酸培养时，合成以3-羟基癸酸(3HD)为主、3-羟基十二酸(3HDD)和3-羟基辛酸(3HO)为次的共聚酯，然而PHA合成酶的底物合成的步骤还不很清楚。最近的有关*P. putida*脂肪酸代谢途径的^{13}C-NMR研究表明，在PHA生物合成中β-氧化和do novo脂肪酸生物作用无关。此外，一株产碱杆菌能从长链偶碳数脂肪酸(≤C22)合成PHB，而从奇碳数脂肪酸(≤C19)合成PHBV。

应该说明，目前对不同途径了解的程度还很不一样。例如在从脂肪酸合成PHA的过程中，如何从β-氧化的中间产物L(+)-3-羟基脂酰CoA转变成PHA的D(-)型前体就需进一步探索。

另外，对这些菌进行分子生物学和遗传学的研究有助于对其多聚体的生物合成途径作进一步了解。

80年代后期开始将重组DNA技术应用于生物合成PHB，来自于多种细菌的PHA生物合成酶——PHA生物合成途径的关键酶，已从分子水平进行了详细的研究，它们的PHA生物合成酶基因已被克隆成功。3个实验室独立地将真养产碱杆菌H16的PHB生物合成基因*phbA*、*phbB*和*phbC*克隆，并在大肠杆菌中表达。研究发现，在真养产碱杆菌中，PHA合成酶的结构基因排列在称为*phbC-A-B*的一个操纵子上，分别编码PHA合成酶、β-ketothiolase和依赖于NADPH的乙酰乙酰CoA还原酶(见图8-3-3)。研究者用不同的方法获得带有这些基因的DNA片段：(1)用Cosmid pVK102构建H16基因库，编码PHB合成途径的Cosmid克隆则通过测定3-酮基硫酯酶活力来筛选，然后进行亚克隆实验，得到5.2kb的*Kpn* Ⅰ-*Eco*R Ⅰ片段，再将其克隆在大肠杆菌中表达合成PHB，其量达菌体干重的80％。(2)分离转座子诱导的H16不产PHB突变株，将其带有Tn5-mob的*Eco*R Ⅰ片段克隆并用作鉴定λL47基因库中各个完整基因。他们得到的重组菌产PHB为其干重30％。(3)先用生枝动胶菌(*Zoogloea ramigera*)的PHB生物合成的硫酯酶基因作为杂交探针来筛选带有phbA和phbB的DNA片段，再用H16菌的PHB⁻突变株补偿方法鉴定phbC基因，在大肠杆菌中这3个基因的表达结果产生细菌干重50％的PHB。

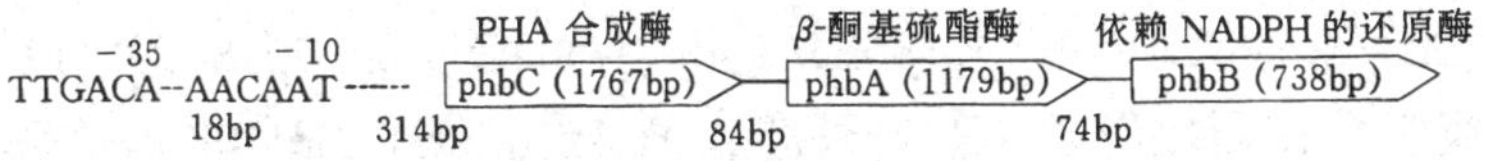

图 8-3-3 真养产碱杆菌中聚羟基烷酸生物合成操纵子的排列顺序

另外发现，在*P.oleovorans*和*P.aeruginosa*中，编码PHA合成的基因排列很类似，即两个PHA合成酶基因之间是一个PHA

降解酶基因。在*C.vinosum*和*T.violacea*中，PHA的合成系统至少各自包含了4个基因和3个基因，它们是分别从至少两个不同的重叠启动子转录而来的。

无关连的细菌之间能够转移生物合成基因的事实为PHAs的研究开辟了一条新路，即利用易大规模培养的、过量产生酶的重组菌来生产这类生物聚合物。这方面研究的最终目的在于借扩增编码关键酶的基因来设计并控制合成新的聚合物的生物合成途径。

从分子水平上来分析PHA生物合成途径是新近的事。最令人感兴趣的是催化PHA合成的PHA合成酶，细菌利用不同代谢途径将中心代谢的中间产物转变成羟基脂酰CoA，它可能是所有PHA合成酶的底物，在不同的细菌中通过不同的途径合成D-羟基丁酰CoA或其他的羟基脂酰CoA。

前面介绍过，食油假单胞菌可利用烷烃或烷酸产生中等链长的羟基烷酸多聚物。近来已将真养产碱杆菌的PHB生物合成基因在其中克隆，得到的重组菌株能表达真养产碱杆菌的PHB合成基因，因而体内具有两种PHA生物合成体系：一是外来的、从乙酰CoA合成PHB的体系；二是自身的从脂肪酸β-氧化的中间产物合成PHA的体系。例如重组的食油假单胞菌pVK101：pp1利用葡萄糖或其他在进入生物合成途径前能产生乙酰CoA的任何其他碳源合成并积累PHB，如果该重组菌用中等链长的烷酸作碳源，在生长受到限制的条件下，除形成能直接反映所利用的碳源种类的那些聚羟基烷酸外，羟基丁酸也被结合到聚酯中了。用辛酸培养时，积累PHA达细胞干重的76.5%，该聚合物由46.8% 3HB，4.5%3-羟基己酸（3HHx），48.2%3HO以及0.7%3HD组成，而亲株在同样的条件下只积累了3HHx(6.2%)、3HO(93.0%)和3HD(0.3%)的聚酯（%均指摩尔分数）。此外，已证实积累的这个聚合物是PHB和共聚酯P(3HHx-co-3HO)的混合物，并贮存于胞内不同的颗粒中，PHB的分子量要比P(3HHx-co-3HO)大一个数量级。这意味着两者是分别由原宿主的生物合成体系合成的。

真养产碱杆菌的PHB生物合成基因在铜绿假单胞菌中表达的结果是重组菌通过3条不同的途径合成PHAs。用葡萄糖酸作碳源时，在细胞中积累以3HB、3HD和3HDD为主，以3HO和3HHx为次的聚合物(见图8-3-1中的途径)。

通过对这些PHAs产生菌的生物学和遗传学的研究和探讨，有助于进一步了解PHAs的代谢途径，可为更好地控制PHAs的生物合成过程打下良好的基础。

第四节　PHAs的发酵生产

阻碍PHAs实现大规模工业化生产的主要障碍就是生产成本问题。英国帝国化学公司(ICI)曾就工业规模生产PHB的技术和经济问题进行了评估，考虑的因素包括产物的产率、技术的复杂性及其给工厂带来的投资以及产物分离的难易程度等。影响PHAs生产成本的主要因素有菌种、原料、操作方式以及提取方法等。因而要降低PHAs的生产成本主要可从以下几个方面来进行：(1)采用廉价基质(如CO_2、H_2和O_2或甲醇、乙醇、葡萄糖及来自农业废物的有机酸等)和提高最终产物对基质的产率系数，以降低发酵原材料的成本；(2)提高生产强度(如选育高产菌株、采用合适的发酵生产方式等)，以降低操作成本；(3)改进提取、纯化技术(如不采用价格昂贵的有机溶剂、简化操作等)，以降低提取成本。

一、PHAs的流加发酵

在选用了较适宜的菌种、基质和提取方法后，要进一步降低PHAs的生产成本，最主要的关键在于采用合适的发酵方式，以获得高的产物对基质的转化率、高的PHAs生产强度和高的产物浓度(产物浓度提高的同时也可相应降低提取成本)。采用适宜的发酵生产方式是提高聚合物的生产率和改进其质量的关键。

在PHAs的生产中，通常所采用的发酵方式有分批发酵法和流加发酵法，有时还可采用连续培养法来获得高的生产强度。由于*A.eutrophus*只有在氮、磷或氧等缺乏而碳源过量的不平衡生长条件下才能大量积累PHAs，因而在PHAs的发酵生产中，一般可将发酵过程分成两个阶段来进行控制：第一阶段为菌体细胞的形成阶段，在此阶段微生物利用基质形成大量菌体，而多聚体PHAs的积累量很少；第二阶段为多聚体形成阶段，当培养基中某种营养耗尽时，细胞进入PHAs形成阶段，在此阶段PHAs大量形成而菌体细胞基本上不繁殖。

在简单分批培养过程中，由于微生物菌体的生长受到所用培养基中营养物质初始浓度的限制，当菌体生长进行到一定浓度时，培养基中一种或几种营养物质的浓度可能成为菌体细胞进一步繁殖的限制因素，而简单地增加该种营养物质的初始浓度不可能导致菌体生长量的相应增加，相反某些成分在较高浓度时对细胞会产生毒害作用，另一些还可能形成沉淀，因而采用分批发酵法不可能获得很高的细胞干重以及高的产物浓度和生产强度。而采用流加发酵法进行PHAs的生产时，就可以在某些必需的营养成分成为生长限制因素之前，对其进行定量流加，延长细胞的对数生长期，从而可获得较高的菌体浓度。另外，为了减少菌体细胞在生长阶段积累多聚体，也需通过流加法来控制培养液中氨离子浓度不小于200mg/L，否则会降低共聚体的最终产率。在多聚体形成阶段，尽管限制氮源能刺激细胞积累PHAs，但氮源的完全缺乏会极大地损害微生物细胞的合成活性，所以将在PHAs合成阶段以较低的速率限量流加氮源的情况与分批发酵中氮源完全缺乏的情况相比较，可以看出，前者胞内PHB含量增加更快，因而采用流加发酵法可以得到高的产物浓度和生产强度，并且通过控制发酵过程中PHB合成所需基质的浓度，还可以提高产品的质量。

此外，与传统的分批发酵相比，流加发酵通常具有染菌和退化的几率小、可获得高的转化率、对发酵易实现优化控制等优点，在生物可降解多聚体的生产中，流加发酵还能够针对微生物生长和聚合物积累过程的特点实施灵活控制，因而已受到了广泛的重视并进行了深入的研究。

(一) 采用流加培养法生产PHB

Suzuki等人研究表明，采用计算机辅助控制的全自动流加培养技术，甲基营养菌*Pseudominas* sp.k能以甲醇为碳源大量积累PHB，某些营养成分如NH_4^+、SO_4^{2-}、Mg^{2+}、Fe^{2+}或Mn^{2+}的不足，能激发该细菌积累PHB。在实际应用中，通常选择限制培养基中的氮源作为流加控制的手段，因为微生物的生长对氮源的依赖比对其他离子更强，微生物对氮源的同化作用也比其他离子更快。当氨离子和其他离子的流加同时停止时，氨离子很快被消耗完，而其他离子的消耗速度很慢，因而采用氮源限制的培养比采用其他离子限制的培养更容易控制。当氮源停止流加时，PHB的积累速率也比停加其他离子时更快，PHB的最终产率也更高。进一步研究发现，尽管限制氮源能刺激PHB的形成，但完全缺乏氮源会极大地伤害微生物细胞的活力。当菌体细胞达到一定浓度后，以一恒定的较低速率流加氮源与完全限制氮源的情况相比，前者胞内PHB含量增加更快，但氮源的过量流加不仅会导致已积累的PHB降解，还会降低微生物细胞的PHB合成能力。

在流加培养过程中，控制恰当的碳氮比相当重要。一方面，为了保持微生物细胞的活力，使之更有效地积累PHB，应采用较小的碳氮比;另一方面，为了获得较高的PHB产率，碳氮比必须控制在较高的值。有效地解决该矛盾的方法是随着细胞内PHB含量的增加，同时也相应增加所流加基质的碳氮比，即在PHB合成阶段开始时，采用较低的碳氮比可以保持细胞具有较高的PHB合成能力，随着胞内PHB含量的增加，微生物细胞的PHB合成能力下降，这时可逐渐增加培养基中的碳氮比。在流加培养过程中，可以通过在线检测尾气中CO_2浓度，来间接估计胞内PHB含量，达到实时控制培养过程中碳氮比的目的。Suzuki等人采用该策略以甲醇为碳源培养*Pseudomonas* sp.k来生产PHB获得了满意的结果，当细胞浓度达到70g/L时，开始控制培养过程的碳氮比，从起始碳氮比为10，按胞内PHB含量变化逐渐增加碳氮比，培养170h，PHB含量达149g/L，总菌体浓度达233g/L。

真养产碱杆菌*A.eutrophus*是到目前为止对其动力学和代谢途径研究得较为透彻的、也是唯一已用于工业过程来生产多聚体的一类微生物，*A.eutrophus*能利用多种基质如葡萄糖、果糖、乙酸、丁酸或H_2、O_2和CO_2的混合气体等来合成PHB。

易祖华等人对*A.eutrophus*突变株65-7利用葡萄糖积累PHB进行了控制碳源和氮源的流加发酵研究，培养72h细胞干重达50g/L，PHB含量为77%，认为在PHB积累阶段限量补充氮源有利于该菌积累PHB。文欣等人报道了*A.eutrophus* H16可利用高果糖浆(HFS)产生PHB，采用分批流加发酵技术可降低HFS中果糖和葡萄糖的抑制作用，大幅度提高产量，菌体干重达到16～20g/L，PHB产量为7.0～7.6g/L，PHB的产率达0.24g/g果糖。日本学者的研究发现，采用流加发酵技术，*A.eutrophus* H16能以丁酸为唯一碳源合成PHB，当控制丁酸浓度为3g/L、pH为8，培养36h后(从PHB积累阶段开始为0h计)，PHB含量可达70%以上，并且在流加丁酸的同时，如果添加少量氮源，则能防止细胞发生自溶，并可提高PHB的产率。在以丁酸为基质的流加培养过程中，控制恰当的丁酸浓度和pH值相当关键，当丁酸浓度太高时，会使丁酸至β-氧化途径的通路受到抑制，而当丁酸浓度太低(如小于0.3g/L)或pH值低于7.5时，会使乙酰CoA转向TCA循环，从而降低了PHB的形成能力。

A.eutrophus H16还能在仅含几种离子和气态基质H_2、O_2和CO_2的化能自养条件下生长和合成PHB，在适宜的条件下，胞内PHB含量可达细胞干重的78%。通过对其生长过程的动力学研究发现，在菌体生长阶段和PHB形成阶段之间存在一短暂的过渡阶

段，此过渡阶段在氮源耗尽的同时形成，仅维持不到一个世代时间，此时，残留菌体和蛋白质的形成速率降为零，并且它们的含量在随后的时间内保持恒定，而PHB的形成速率迅速达到最大值，随后逐渐下降至最终为零。从PHB形成速率与细胞PHB含量的关系曲线上可以看出，胞内PHB积累所能达到的最大含量依赖于所采用的特定微生物和生长条件。

Bitar等人研究了*A.eutrophus* H16以葡萄糖为基质合成PHB时氮源对其形成过程的影响，当限量补加氮源时，PHB的形成速率在10h内从0.1g/(L·h)增至0.99g/(L·h)，所获得的最大的PHB形成速率为不补加氮源培养时的1倍。当停加氮源时，PHB的形成速率从最大值0.99g/(L·h)降至0.25g/(L·h)，PHB的产率在补加氮源和不补加的情况下分别为0.447g/g葡萄糖和0.2g/g葡萄糖。很明显，在以氮源为限制条件的PHB形成过程中，限量添加氮源能促进PHB的积累，这些结果与前面提到的用甲基营养菌*Pseudomonas* sp.k合成PHB的情况相一致，在PHB形成阶段维持很低浓度的氮源时，PHB的形成速率比不加氮源的情况要高。

培养过程中的溶氧浓度对不同种类的微生物影响不同。对*A.eutrophus*而言，当溶氧浓度为2.5～3mg/L时，其比生长速率(μ)最大，而当溶氧浓度太高超过5mg/L或太低时，会使μ降低，延滞时间加长。在以氮源为限制条件的PHB合成阶段，需维持一定的溶氧水平，*Pseudomonas* sp.k与*A.eutrophus*类似，溶氧的限制不能明显激发PHB的产生，反而会对细胞产生伤害作用，因而不管是在细胞生长阶段还是在PHB积累阶段，都应维持一定的溶氧水平(3mg/L左右)。而对于拜氏固氮菌，限制其培养过程中的溶氧浓度与限制氮源相比，前者能更有效地刺激细胞积累PHB。

(二) 采用流加培养法生产共聚物P(HB－co－HV)

聚羟基烷酸(PHAs)是一类具有广泛工业应用价值的耐热塑料，某些共聚物PHA比均聚物PHB具有更有用的热机械性能，如PHB较脆和发硬，而HB与HV形成的共聚物PHA比PHB的硬度降低而韧度增加，PHB的断裂伸长仅为6％，而PHA的断裂伸长为250％～350％，与聚丙烯(400％)相近。

除3-羟基丁酸外，现在已知有40多种不同的脂肪酸可作为PHAs的组成成分。由3-羟基丁酸和3-羟基戊酸聚合而成的共聚物P(HB-co-HV)是Wallen等人在1974年从活性污泥的絮凝物中分离出的第一个共聚物。最近发现，*A.eutrophus*能利用不同的碳源基质合成各种共聚物，共聚物中的单体除3HB外，还有3HV、4HB、5HV、3HP等，其中3HB与3HV形成的共聚物P(HB-co-HV)最具工业前景和吸引力。

1990年英国帝国化学公司(ICI)以*A.eutrophus*为出发菌株，采用二级流加培养工艺，以葡萄糖和丙酸为基质生产P(HB-co-HV)，其组成中3HV单体含量为0～47％(摩尔分数)，HB/HV单体比主要依赖于基质中葡萄糖和丙酸之间的比例。*A.eutrophus*能在含丁酸和戊酸的无氮培养基中合成共聚物P(HB-co-HV)。当以戊酸为唯一碳源时，所产生的共聚体中3HV部分高达90％(摩尔分数)；当用丁酸和戊酸一起作为碳源时，共聚物中3HV含量随培养基中丁酸/戊酸比例的增加而减少，在0～90％(摩尔分数)之间变化。通过同位系分析发现，共聚体中3HB和3HV单体分别保持了基质丁酸和戊酸原有的碳架，丁酸进入细胞后，其碳架没有像葡萄糖那样被代谢形成乙酰CoA，而是通过β-氧化循环形成乙酰乙酰CoA，多数乙酰乙酰CoA被还原成D-3-羟基丁酰CoA，然后在聚合酶的作用下直接并入P(3HB)。以戊酸为基质形成的共聚体中3HV含量很高这一现象，也可用上述代谢途径来解释：戊酸进入细胞后，其碳架没有被分解，而是通过代谢形成D-3-羟基戊酰CoA，成为共聚体P(HB-co-HV)中的3HV单元。而以丙酸为基质时，由于细胞中从丙酰CoA至乙酰CoA的代谢相对较快，因此，所形成的多聚体中3HV含量小于50％。

在共聚物P(HB-co-HV)的生产过程中，流加发酵操作比分批发酵具有明显优势。丙酸或戊酸是生产共聚物P(HB-co-

HV)所必需的基质，由于这些有机酸对菌体细胞具有一定的毒性，故采用简单分批发酵不可能获得高产，而采用流加培养法，可避免由于培养基中有机酸的积累而使细胞活力受到损害，从而达到提高P(HB-co-HV)产率的目的。另外，为了减少菌体细胞在生长阶段积累多聚体，也需通过流加法来控制培养液中氨离子浓度不小于200mg/L，否则会降低共聚体的最终产率。

由于*A.eutrophus*生产共聚物P(HB-co-HV)具有产率高和合成速率快的特点，因此其已被选为该共聚物生产的工业用菌种。但该菌种仍存在一些不足之处，如仅能利用某些糖类(如葡萄糖和果糖)作为碳源，而不能利用蔗糖;其最佳生长温度为30°C，因而在工业生产中需采用较低温度的冷却水和具有良好热交换能力的发酵罐;另外，0.1%的丙酸浓度就会对其产生抑制作用。正因如此，对其他微生物产共聚物P(HB-co-HV)能力的研究和探索也相当重要。最近的研究发现，大多数能积累PHB的微生物也具有积累共聚物P(HB-co-HV)的能力，而且各种微生物从有机酸合成共聚物P(HB-co-HV)的途径和对有机酸的耐受能力也各不相同。由于所用的合成共聚物的基质(如丙酸或戊酸)价格相对较昂贵，如果丙酸在代谢过程中转向产能或形成乙酰CoA，进而形成HB单体，将会使共聚物中HV单体的含量下降而导致生产成本的增加，因而，能否由丙酸生产具有高含量HV单体的共聚体，是用于共聚物P(HB-co-HV)生产的微生物应具有的特性。此外，细胞在含有高浓度有机酸(丙酸或戊酸)的培养基中能保持良好的活力，是该类菌种应具有的另一个特性。

除丙酸和戊酸能被作为生产共聚物P(HB-co-HV)的基质外，最近得到的由*A.eutrophus*异亮氨酸缺陷型突变株自发转变成的光养株R_3，能从单一的无关联碳源(如葡萄糖或果糖)等产生共聚物P(HB-co-HV)。例如以果糖为碳源时，共聚物占细胞干重的47%，HV单体含量7%(摩尔分数)，这些发现不仅给PHAs生物合成和调节机制的研究增加了新的内容，而且开辟了一条探索从廉价的单一碳源生产共聚物P(HB-co-HV)的新路。

(三) 流加培养条件对多聚体相对分子质量分布的影响

多聚体的相对分子质量常常影响其质量和生物降解的速率。生物可降解塑料(PHAs)在许多方面与现在所用的合成塑料性质相似，但就其工业生产和实际应用来说，还存在许多需要解决的问题，如所产生的多聚体具有较宽的相对分子质量分布，且对其聚合度调节和控制非常困难。不同的用途对生物可降解多聚体的平均相对分子质量大小要求不同，一般说来，平均相对分子质量大且相对分子质量分布范围窄的多聚体具有更广泛的工业应用前景，并且提取也较方便，而对于某些特殊用途，如作为生物可降解的药物控释载体时，相对分子质量不宜超过1×10^5。

多聚体的平均相对分子质量大小受流加培养条件的影响。当培养条件恒定时，其平均相对分子质量也可保持恒定，因而只要控制适宜的流加培养条件，就可将其相对分子质量控制在所需的范围之内。Suzuki等人对*Pseudomonas* sp.k以甲醇为基质合成PHB时的培养条件(如温度、pH、甲醇浓度等)进行了研究，发现温度会影响PHB的形成速率和含量，但对其聚合度没有影响;pH值对聚合物平均相对分子质量的影响很小;而流加培养过程中的甲醇浓度对多聚体平均相对分子质量的大小有显著影响。当甲醇浓度很低(如0.5g/L)时，PHB的平均相对分子质量可达8×10^5，当甲醇浓度很高(如32g/L)时，其平均相对分子质量小于0.5×10^5。当采用*A.eutrophus*以丁酸为基质生产PHB时，尽管所用的碳源和微生物菌种与上述不同，但基质浓度对平均相对分子质量大小的影响具有相同的趋势，即当丁酸浓度增加时，PHB的平均相对分子质量减小，而当丁酸浓度降低时，PHB的平均相对分子质量增加。这可能是因为基质浓度较低时，细胞用于合成多聚体的碳源受到限制，使作为形成多聚体的前体PHB小片段前体的数量减少，产生的多聚体的聚合度变大;而当基质浓度较高时，细胞通过代谢形成大量的β-羟基丁酰CoA分子，细胞中的PHB前体小片段数量多，产生的多聚体的聚合度变小。除采用改变流加培养中基质浓度的方法来改变聚合物的相对分子质量大小外，另一个方法是利用胞内PHB的不平衡降解来改变其相对分子质量分布。细胞积累多聚体是为其在恶劣环境下生存所用，因而，如果在培养过程中的某一阶段仅添加氮源而不加碳源，PHB就会被细胞降解，作为能源加以利用，且低分子量聚合物的降解速率大于高分子量聚合物的降解速率，这可使PHB的平均相对分子质量转换至较高的值。

对于共聚物P(HB-co-HV)而言，由于大多数微生物即使在氮源或磷等因素不受限制的细胞生长阶段也能在胞内积累少量PHB，因而在加入任何能激发其形成共聚体的基质(如丙酸或戊酸)时，菌体细胞内已含有一些均聚物PHB，这就是为什么*A.eutrophus*在P(HB-co-HV)形成阶段，共聚体中HV单体含量的变化范围为0～5%(摩尔分数)，因而得到的是具有各种HV单体含量的共聚体的混合物。为了获得更均质的共聚体，在共聚物P(HB-co-HV)的积累阶段开始时，应先使培养物处于碳源饥饿状态，这样可使细胞内源PHB的量大大降低，得到的共聚物P(HB-co-HB)就较为均一。另外，共聚物中HB/HV单体比依赖于流加过程中糖/丙酸或丁酸/戊酸的比例，且基质流加速率应小于其最大可能的利用速率，以避免对细胞有毒性的基质的积累，确保所产生的共聚物具有恒定的HB/HV比例。

流加发酵技术在提高聚合体的生产速率和转化率、调节共聚物的聚合分率和控制聚合物相对分子质量及相对分子质量分布等方面，表现了巨大的潜力。但是，至今为止，如何针对微生物生长和产物形成所需的特定营养要求和条件，进行流加发酵优化控制，以达到菌体细胞的大量繁殖和多聚体的高质量生产，仍是一个需要进行系统和深入研究的问题，而这个问题的解决对生物可降解聚合体的工业化生产至关重要。

二、PHAs的发酵动力学和过程控制

1. PHB发酵过程中理论产率的计算

PHB是仅有C、H和O元素组成的多聚物，在合成PHB所需的基质中，碳源的消耗量最大，所占发酵原料成本的比例也最大，因而，产物PHB对碳源的产率$Y_{P/C}$，是影响PHB工业化规模生产的重要因素。

(1) PHB发酵过程的理论产率和总产率　从简单的数学角度考虑很容易推断，在假定没有非PHB部分的残留菌体合成时，产物PHB对碳源的产率$Y_{P/C}$，可达到最大值，该最大值被命名为PHB对碳源的理论产率$Y_{P/C}$；当考虑到在平衡生长阶段形成菌体所消耗的碳源时，该实际产率$Y'_{P/C}$称为总产率。

通常有两种不同的方法来计算理论产率，即化学计量法和生化计量法。在后一种方法中，必须仔细考虑合成PHB过程的代谢途径和辅酶的再循环过程。

在非生长条件下，PHB形成的产率集中于辅酶的质量平衡，如$NADP^+$、NAD^+、ATP和CoA，这些辅酶包含在PHB生物合成的代谢途径中。

在大多数细菌中，PHB是从乙酰CoA经3个连续的反应而形成的，这三个反应分别被3-酮基硫解酶、依赖于NADPH的乙酰乙酰CoA还原酶和PHB合成酶所催化。必须注意到乙酰乙酰CoA还原酶是与NADPH相关连的，即该酶仅催化下列反应：

$$\text{乙酰-CoA} + \text{NADPH} + H^+ \longrightarrow \text{D-3-羟基丁酰CoA} + \text{NADP}^+ \tag{8-4-1}$$

在一些微生物如*Zoogloea ramigera*和*Alcaligenes eutrophus*中，已检测到另一个与NADH相关联的还原酶，但其产物为L(+)-3-hydroxybutyryl-CoA，该产物不能作为PHB合成酶的基质。在一个由纯化的3-酮基硫解酶、依赖于NADPH的

乙酰乙酰CoA还原酶和PHB合成酶所组成的系统中，发现仅有与NADPH相关联的还原酶参与从乙酰CoA至PHB的合成过程。因而从该反应中所产生的$NADP^+$须从另一个生化反应中得到再生，以便使PHB的生物合成能继续进行，该事实迫使人们去寻找一个PHB合成途径以外的NADPH再生反应。通过分析几种PHB产生菌的生物合成系统，可以相信有3个酶可以作为参与NADPH再生反应的成员，它们分别是：(1)6-磷酸葡萄糖脱氢酶，(2)6-磷酸葡萄糖酸脱氢酶，(3)三羧酸循环中的异柠檬酸脱氢酶。通常，在ED途径中，第1个酶很活跃，而第1个和第2个酶常存在于戊糖循环途径中。当碳源为碳水化合物时，第1个酶或第1个酶加第2个酶是常常会碰到的，但当所提供的碳源为乙醇、有机酸、烷烃或其他基质时，微生物常回复到利用第3个酶参与NADPH再生反应。在3个连续的反应中所包含的另一个辅助基质为辅酶A，该辅酶在3个反应中为平衡自循环，如图8-4-1所示。

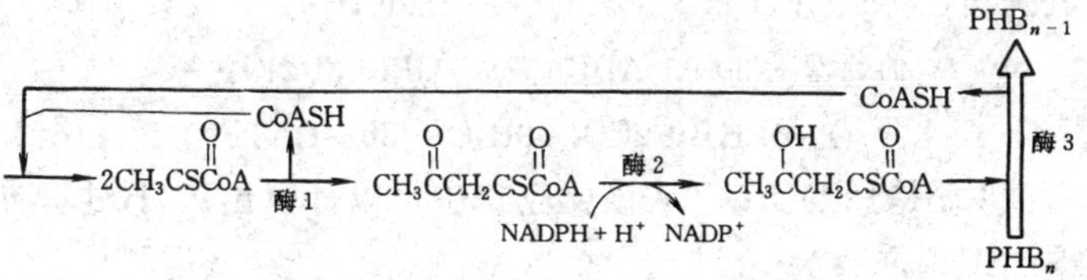

图 8-4-1　PHB生物合成过程中CoASH的循环

酶1—3-酮基硫酯酶　酶2—乙酰乙酰-CoA还原酶　酶3—P(3HA)合成酶

尽管在PHB合成途径的3个反应中，既不需要NAD^+也不需要ATP，但必须考虑包括PHB生物合成途径在内的所有途径中NAD^+/NADH和ATP/ADP的再生循环，这些辅助基质的缺乏不可能使代谢中间产物顺利流动。在*Alcaligenes eutrophus*中，包括ATP和NAD^+的形成，$NADP^+$/NADPH的再循环，从葡萄糖通过ED途径转变成乙酰CoA，再形成PHB的生物合成途径见图8-4-2。

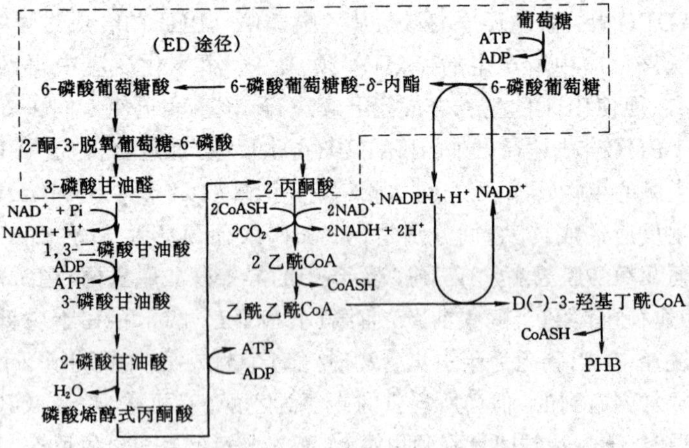

图 8-4-2 *Alcaligenes eutrophus*以葡萄糖为碳源通过ED途径合成PHB的代谢过程

从该途径中可以很清楚地看出，$NADP^+$通过6-磷酸葡萄糖脱氢酶再生，细胞内PHB合成的净反应如下：

$$\text{葡萄糖}+(3p+1)\mathrm{ADP}+(3p+1)\mathrm{Pi}+(3/2)\mathrm{O_2}\longrightarrow$$
$$(1/n)\mathrm{PHB}+2\mathrm{CO_2}+3\mathrm{H_2O}+(3p+1)\mathrm{ATP} \qquad (8\text{-}4\text{-}2)$$

式中p是P/O比率，从该反应式中可以计算出PHB对基质葡萄糖的理论产率为：

$$Y'_{P/C}=86/180=0.48$$

总的产率是从实际发酵过程中计算出来的，PHB在细胞生长停止后积累或部分在细胞生长的同时积累。假定所消耗的总碳量$(-\Delta S_t)$，分成两部分，合成PHB所耗部分为$(-\Delta S_1)$，合成非PHB的菌体所消耗的部分为$(-\Delta S_2)$，则有：

$$(-\Delta S_t)=(-\Delta S_1)+(-\Delta S_2) \qquad (8\text{-}4\text{-}3)$$

因为PHB积累于细胞内部，因而总的菌体干重Δx_t由两部分组成：即PHB部分(Δx_1)和非PHB的残留菌体部分(Δx_2)，则有：

$$\Delta x_t = \Delta x_1 + \Delta x_2 \tag{8-4-4}$$

因而，PHB的理论产率和总产率可分别定义为:

$$Y_{P/C} = \Delta x_1 / (-\Delta S_1) \tag{8-4-5}$$

$$Y'_{P/C} = \Delta x_1 / (-\Delta S_t)\, Y_{P/C}^{(overall)} \tag{8-4-6}$$

同样，由基质$(-\Delta S_2)$所形成的残留菌体部分的产率$Y_{X/C}$，可表示为:

$$Y_{X/C} = \Delta x_2 / (-\Delta S_2) = [(1-w_1)/w_1] \cdot \Delta x_1 / (-\Delta S_2) \tag{8-4-7}$$

式中　w_1——为菌体中PHB占细胞干重的质量分数(%)

将式8-4-7式和式8-4-6代入式8-4-3中可得:

$$\frac{Y'_{P/C}}{Y_{P/C}} = \frac{w_1}{Y_{P/C}/Y_{X/C} + (1 - Y_{P/C}/Y_{X/C}) \cdot w_1} \tag{8-4-8}$$

根据式(8-4-8)可作出$(Y'_{P/C}/Y_{P/C}) - w_1$的图，见图8-4-3。

从图8-4-3中可以看出，w_1值越高，$Y'_{P/C}$越大。当然$Y'_{P/C}$总是比$Y_{P/C}$小。真养产碱杆菌在以葡萄糖、丁酸或H_2、O_2和CO_2为基质时，胞内PHB含量为w_1，一般不超过0.81，图中w_1在0.81以上时，以虚线表示之。从图中还可以看出，$Y'_{P/C}$与$Y_{X/C}$有关，在前期的菌体生长阶段，如果可获得较高的$Y_{X/C}$值，则细胞最终达到某一PHB含量时，就可相应得到较高的$Y'_{P/C}$值。

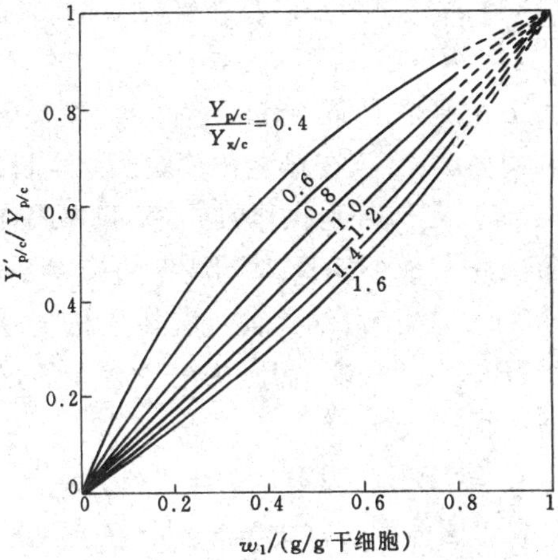

图 8-4-3　$Y'_{P/C}$，$Y_{P/C}$，$Y_{X/C}$和w_1的关系

(2) 提高摇瓶发酵过程中PHB对葡萄糖的产率系数　从式(8-4-8)和上述的讨论中已经可以很清楚地看出，PHB发酵中产

物对基质的产率系数$Y'_{P/C}$主要与残留菌体对基质的产率系数$Y_{X/C}$和最终胞内PHB含量w_1有密切的关系，通过分别提高$Y_{X/C}$和w_1的值，就可以提高$Y'_{P/C}$。

在PHB发酵过程中，前期主要为菌体繁殖阶段，如果在此阶段内细胞的比生长速率较小，则细胞用于维持消耗所需的能量的比例增加，$Y_{X/C}$值就相应较小，导致最终的$Y'_{P/C}$值变小。因而，在菌体生长阶段，可采用定时补料的方式来降低某些高浓度基质可能造成的对菌体生长的抑制作用，提高菌体的比生长速率，可获得较高的$Y_{X/C}$值，以提高产物PHB对基质的产率系数$Y'_{P/C}$。已有的PHB摇瓶发酵过程定时补料操作的试验结果表明，当总糖浓度较低(4%)时，定时补料方式对提高糖对PHB的产率系数不明显，随着总糖浓度的提高，定时补料方式可明显提高糖对PHB的产率系数，这可能是因为在总糖浓度较高的情况下，采用一次投料操作时，高的初糖浓度会对菌体的生长产生明显的抑制作用，使菌体的比生长速率下降，导致$Y_{X/C}$降低，而采用定时补料操作时，可以降低初糖浓度，减少高糖浓度对菌体生长的抑制作用，提高$Y_{X/C}$的值;且采用定时补料操作方式时，胞内PHB的含量也可相应提高，从而提高了最终PHB对葡萄糖的产率系数$Y'_{P/C}$。另外，菌体比生长速率的提高，可缩短前期菌体生长阶段所需的时间，有利于提高PHB的生产强度，而胞内PHB含量的提高，也有利于PHB的后处理过程。

2. PHB分批发酵动力学

(1) 菌体生长动力学模型　在*A.eutrophus*的PHB发酵过程中，PHB为胞内产物，细胞由两部分组成，即残留菌体(x_2)部分和PHB(x_1)部分，其中残留菌体是细胞内具有催化活性的组分，负责进行细胞内的各种代谢活动。因而PHB发酵过程中的细胞生长可表示为:

$$\frac{dx_2}{dt}=r_2=\mu x_2 \tag{8-4-9}$$

式中　r_2——细胞生长速率(g/h)

x_2——残留菌体干重(g)

μ——比生长速率(h^{-1})

由连续培养动力学的研究结果可知，在以葡萄糖为限制性基质时，*A.eutrophus*的生长符合Monod方程，但在分批发酵过程中，为了获得较高的产物浓度，基质浓度一般都维持在较高的水平，高浓度的葡萄糖会抑制菌体的生长，可见不宜直接用Monod方程来描述分批发酵的菌体生长行为。

对于*A.eutrophus*的菌体生长过程，Heinle、Belfares和Yoo等分别采用了式(8-4-10)、(8-4-11)和(8-4-12)来描述:

$$m=m_{m,1}\times\frac{s}{K_{s,1}+s}+m_{m,2}\times\frac{(s/K_{s,2})^n}{1+(s/K_{s,2})^n} \tag{8-4-10}$$

式中　m——菌体比生长速率(h^{-1})

$m_{m,1}$——无基质抑制时菌体最大比生长速率(h^{-1})

s——基质浓度(g/L)

$K_{s,1}$——基质平衡常数(g/L)

$m_{m,2}$——有基质抑制时菌体最大比生长速率(h^{-1})

$K_{s,2}$——基质抑制常数(g/L)

n——无因次数

$$\mu=\mu_m\left(\frac{s}{K_s+s+\frac{s^2}{K_{si}}}\right)\left(\frac{1}{1-\frac{N}{N_i}+\omega\frac{N}{N_i-N}}\right)\left(\frac{1}{1+K_{ix}X}\right) \tag{8-4-11}$$

式中　μ——菌体比生长速率(h^{-1})

μ_m——菌体最大比生长速率(h^{-1})

s——基质浓度(g/L)

K_s——基质平衡常数(g/L)

K_{si}——基质抑制常数(g/L)

N——铵离子浓度(g/L)

N_i ——铵离子总抑制浓度(g/L)

ω ——实验常数

K_{ix} ——菌体生长抑制常数(g/L)

X ——菌体浓度(g/L)

$$\frac{\mathrm{d}X_R}{\mathrm{d}t}=\frac{\mu_1 E_1 S_1 X_R}{K_1+S_1} \tag{8-4-12}$$

式中 X_R ——菌体浓度(g/L)

μ_1 ——菌体比生长速率(h^{-1})

S_1 ——基质浓度(g/L)

K_1 ——基质平衡常数(g/L)

E_1 ——酶浓度(g/L)

采用式(8-4-10)能较好地预测*A.eutrophus*在以H_2、O_2和CO_2为基质条件下的菌体生长行为。式(8-4-11)是以葡萄糖为碳源，硫酸铵为氮源条件下*A.eutrophus*的菌体生长模型，式中第1项和第2项分别表示该菌的生长受高浓度葡萄糖和硫酸铵的抑制，第3项表示高的菌体浓度对生长的抑制作用，该模型能较好地描述发酵过程中高细胞浓度下菌体的生长行为。式(8-4-12)采用压力诱导机制下酶的调控作用来预测菌体生长行为，通过对酶合成(诱导/阻遏)和酶活力(抑制/激活)机制的描述，该模型能较好地预测PHB的发酵过程，但需要确定一些实验过程中难以测量的参数，如初始酶水平和与菌体生长相偶联的酶比产生饱和常数等。

对于*A.eutrophus*，前面的结果表明：①高浓度的葡萄糖对菌体的生长有抑制作用；②硫酸铵浓度在0.4％以上时会对菌体的生长产生抑制作用，而在实际发酵过程中，硫酸铵的浓度不会超过0.4％，所以此处可以不考虑硫酸铵的抑制作用；③由于即使在氮源丰富的菌体生长阶段，胞内所积累的PHB含量也能达15％～20％。James认为胞内有较大的、颗粒状的PHB存在时，会在一定程度上抑制细胞的繁殖。综合考虑上述因素，并假定产物和基质对菌体生长抑制的机制相似，根据Luong所提出的生长抑制模

型,这里提出一个描述分批发酵中菌体生长的动力学模型:

$$\frac{dx_2}{dt}=r_2=\frac{\mu_m \cdot s_C/s_N}{s_C/s_N+K_s}\cdot\left[1-\left(\frac{s_C/s_N}{s_m}\right)^n\right]\cdot x_2 \qquad (8-4-13)$$

式中 μ_m——菌体最大比生长速率(h^{-1})

s_C/s_N——葡萄糖与硫酸铵浓度之比

K_s——基质半饱和常数(g/L)

s_m——菌体生长完全受抑制时葡萄糖与硫酸铵浓度之比

n——匹配参数,无任何物理意义

(2) 产物形成模型 由前面的研究结果可知,PHB发酵中产物的形成与菌体的生长部分相偶联,在菌体生长阶段形成部分产物,菌体生长停止后,产物才开始大量合成。最终所形成的产物PHB由两部分组成,包括菌体生长阶段合成的PHB(x_1)和氮源耗尽后的PHB合成期所合成的PHB(x_1''),因而两阶段中PHB的合成速率可分别表示r_1'(菌体生长阶段的PHB合成速率)和r_1''(PHB合成期的PHB合成比速)。菌体生长阶段产物的形成与细胞的生长相偶联,因而此阶段产物PHB的合成速率r_1'可表示为:

$$\frac{dx_1'}{dt}=r_1'=K_1 r_2+K_2 x_2=K_1\frac{dx_2}{dt}+K_2 x_2 \qquad (8-4-14)$$

菌体生长停止后,PHB开始大量合成,此阶段的PHB合成速率与碳源浓度、氮源浓度、残留菌体量和胞内的PHB含量有关。分批发酵过程中,由于在菌体生长停止后的PHB合成阶段没有进行氮源的限量补加,因而氮源对PHB合成速率的影响可以不考虑;在PHB合成阶段,低浓度的葡萄糖会限制PHB的合成,而只有葡萄浓度过量时才能刺激细胞大量合成PHB;在PHB积累过程中,随着胞内PHB含量的增加,PHB的合成速率会逐渐下降至零,这可能是当培养基中的氮源完全缺乏时,胞内蛋白质合成所需的氨基酸资源不能及时得到补充,从而会导致有关PHB合成酶的活力逐渐下降。综合上述各种因素,此阶段PHB合成速率r_1''的表达式为:

$$\frac{\mathrm{d}x_1''}{\mathrm{d}t}=r_1''=\frac{\mu_{1\mathrm{m}}\cdot s_{\mathrm{C1}}}{K_{\mathrm{S}}'+s_{\mathrm{C1}}}\cdot[1-K_3(t-t_1)]\cdot x_{2\mathrm{m}} \tag{8-4-15}$$

式中 $\mu_{1\mathrm{m}}$——PHB的最大合成比速(h^{-1})

$x_{2\mathrm{m}}$——最大残留菌体浓度(g/L)

K_{S}'——PHB合成阶段的基质半饱和系数(g/L)

K_3——有关PHB合成酶的失活常数(h^{-1})

s_{C1}——氮源耗尽时的葡萄糖浓度(g/L)

t_1——氮源耗尽时的发酵时间(h)

t——发酵时间(h)

(3) 基质消耗模型　在PHB分批发酵过程中，氮源的消耗主要用于细胞物质的合成。氮源耗尽后，细胞的生长即停止，硫酸铵的消耗与残留菌体的生长相对应。因而，硫酸铵的消耗速率可以表示为：

$$-\frac{\mathrm{d}s_{\mathrm{N}}}{\mathrm{d}t}=K_4\frac{\mathrm{d}x_2}{\mathrm{d}t} \tag{8-4-16}$$

葡萄糖的消耗由三部分组成，即形成细胞物质、合成产物PHB和维持细胞活性，与产物形成相对应，葡萄糖的消耗速率也可分为两部分来表示，菌体生长阶段的葡萄糖消耗速率$\frac{\mathrm{d}s_{\mathrm{C1}}}{\mathrm{d}t}$为：

$$-\frac{\mathrm{d}s_{\mathrm{C1}}}{\mathrm{d}t}=K_5\frac{\mathrm{d}x_2}{\mathrm{d}t}+K_6\frac{\mathrm{d}x_1'}{\mathrm{d}t}+m_{\mathrm{e}}x_2$$

$$=(K_5+K_1K_6)\frac{\mathrm{d}x_2}{\mathrm{d}t}+(K_2K_6+m_{\mathrm{e}})x_2 \tag{8-4-17}$$

或表示为：

$$-\frac{\mathrm{d}s_{\mathrm{C1}}}{\mathrm{d}t}=K_7\frac{\mathrm{d}x_2}{\mathrm{d}t}+K_8x_2 \tag{8-4-18}$$

其中：

$$K_7=K_5+K_1K_6 \tag{8-4-19}$$

$$K_8=K_2K_6+m_{\mathrm{e}} \tag{8-4-20}$$

PHB合成阶段的葡萄糖消耗速率$\mathrm{d}s_{C2}/\mathrm{d}t$可表示为:

$$-\frac{\mathrm{d}s_{C2}}{\mathrm{d}t}=K_9\frac{\mathrm{d}x_1''}{\mathrm{d}t}+m_e x_{2m} \tag{8-4-21}$$

式中 K_i ——参数($i=1,2,4,5\cdots9$)[g/(g·h)]

m_e ——菌体维持系数[g/(g·h)]

(4) PHB分批发酵动力学模型 综上所述,可以得出PHB分批发酵的动力学模型为:

$$\frac{\mathrm{d}x_2}{\mathrm{d}t}=r_2=\frac{\mu_m\cdot s_C/s_N}{s_C/s_N+K_S}\cdot\left[1-\left(\frac{s_C/s_N}{s_m}\right)^n\right]\cdot x_2 \tag{8-4-13}$$

$$\frac{\mathrm{d}x_1'}{\mathrm{d}t}=r_1'=K_1r_2+K_2x_2=K_1\frac{\mathrm{d}x_2}{\mathrm{d}t}+K_2x_2 \tag{8-4-14}$$

$$\frac{\mathrm{d}x_1''}{\mathrm{d}t}=r_1''=\frac{\mu_{1m}\cdot s_{C1}}{K_S'+s_{C1}}\cdot[1-K_3(t-t_1)]\cdot x_{2m} \tag{8-4-15}$$

$$-\frac{\mathrm{d}s_N}{\mathrm{d}t}=K_4\frac{\mathrm{d}x_2}{\mathrm{d}t} \tag{8-4-16}$$

$$-\frac{\mathrm{d}s_{C1}}{\mathrm{d}t}=K_7\frac{\mathrm{d}x_2}{\mathrm{d}t}+K_8x_2 \tag{8-4-18}$$

$$-\frac{\mathrm{d}s_{C2}}{\mathrm{d}t}=K_9\frac{\mathrm{d}x_1''}{\mathrm{d}t}+m_e x_{2m} \tag{8-4-21}$$

分别用式(8-4-13)至式(8-4-21)对不同s_C/s_N条件下的PHB分批发酵的实验数据进行拟合,计算出的模型参数见表8-4-1。

表 8-4-1 分批发酵过程模型的参数值

参 数	μ_m/(h^{-1})	K_S/(g/L)	s_m	n	μ_{1m}/(h^{-1})	K'_S/(g/L)	K_1/(g/L)
数 值	0.34	0.51	60.2	0.96	0.21	0.34	0.0081
参 数	K_2/[g/(g·h)]	K_3/(h^{-1})	K_4/(g/L)	K_7/(g/L)	K_8/[g/(g·h)]	K_9/(g/L)	m_e/[g/(g·h)]
数 值	0.0063	0.024	0.39	2.15	0.069	2.44	0.059

表8-4-2为模型计算值与实验值的比较。从表中可以看出，采用上述模型对PHB分批发酵的过程进行拟合，所有点的误差都小于10%，表明采用该组模型能较好地描述PHB的分批发酵过程。

表 8-4-2　模型计算值与实验值的比较

发酵时间/h	残留菌体浓度/(g/L)			PHB浓度/(g/L)			葡萄糖浓度/(g/L)			硫酸铵浓度/(g/L)		
	实验值	计算值	误差/%	实验值	计算值	误差/%	实验值	计算值	误差/%	实验值	计算值	误差/%
0	0.96	0.96	0	0.036	0.036	0	50	50	0	2.5	2.5	0
3	1.69	1.85	9.5	0.085	0.08	5.9	49.3	49.1	0.4	2.42	2.40	0.8
5	2.75	2.83	2.9	0.26	0.24	7.7	48.1	48.5	0.8	2.34	2.32	0.9
7	3.93	4.01	2.0	0.47	0.45	4.3	46.1	47.0	2.0	2.15	2.21	5.1
9	4.77	4.79	0.4	0.73	0.67	8.2	44.5	45.3	0.5	1.85	1.94	4.9
11	5.3	5.32	0.4	0.89	0.82	7.9	44.1	44.7	1.4	1.54	1.58	2.6
13	5.75	5.91	2.8	1.13	1.07	5.3	42.4	42.3	0.2	1.04	1.14	9.6
15	6.2	6.31	1.8	1.58	1.51	4.4	39.2	39.7	1.3	0.60	0.63	5
18	6.3	6.43	2.1	4.13	4.10	0.7	33.4	33.4	0	0	0	0
21	6.28	6.40	1.9	6.15	6.25	1.6	31.5	31.2	0.9			
24				9.24	9.32	0.9	26.0	27.3	5			
27				12.81	12.51	2.3	20.3	21.5	5.9			
30				15.41	14.82	3.8	15.5	16.8	8.4			
34				16.72	16.94	1.3	8.2	7.8	4.9			
37				17.9	17.60	1.7	0	0	0			

3. PHB分批发酵过程动力学的分析

(1) 模型的适用范围　从前面PHB的摇瓶培养和分批发酵结果可知，最终胞内PHB的含量与培养基中初始葡萄糖和硫酸铵浓度之比(即s_C/s_N)有密切的关系，PHB含量随其s_C/s_N值的增加而增加，当s_C/s_N值为20左右时，PHB含量可以达到很高的值，s_C/s_N继续增大时，PHB含量几乎不再增加，因而在考察PHB分批模型的适用范围时，选择了s_C/s_N不超过24的发酵条件。

图8-4-4至8-4-6分别是s_C/s_N为8、16和24条件下的

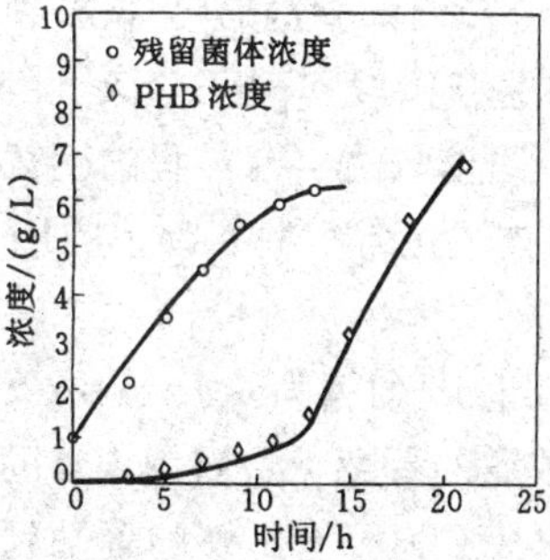

图 8-4-4 s_C/s_N为8时的PHB发酵过程参数变化

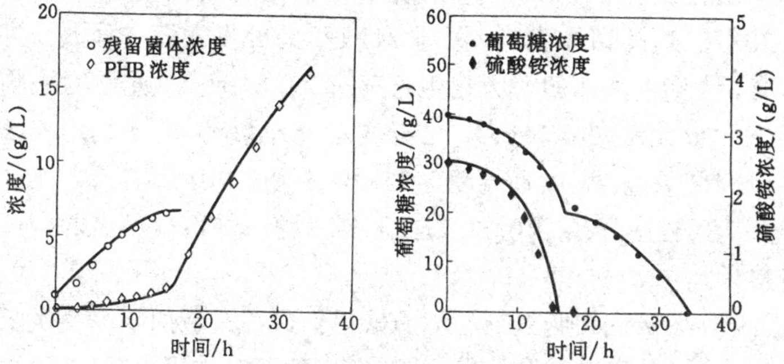

图 8-4-5 s_C/s_N为16时的PHB发酵过程参数变化

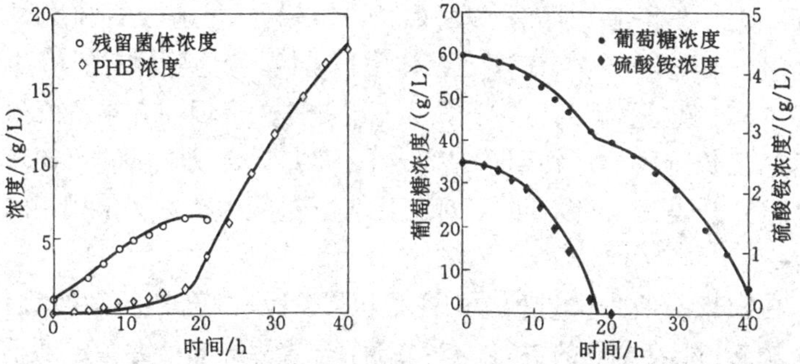

图 8-4-6 s_C/s_N为24时的PHB发酵过程参数变化

实验值与模型计算值的比较(图中点表示实验值，线表示模型计算值)。从图中可以看出，该组模型在所选择的试验范围内，模型计算值与实验值拟合得很好，而且将菌体生长阶段和PHB合成阶段的产物形成及葡萄糖消耗分开来表达，更能描述实际过程的变化情况。因此，该组模型可以较好地用于描述正常实验条件下的PHB分批发酵过程。

(2) PHB分批发酵模型分析　当以葡萄糖为*A.eutrophus*的菌体生长和PHB合成的碳源时，低浓度的葡萄糖会限制菌体的生长，高浓度的葡萄糖会抑制菌体的生长。为了有足够的葡萄糖促使细胞形成产物PHB，在分批发酵中葡萄糖的浓度一般都比较高，所以Monod方程不适合分批条件下的菌体生长行为。采用式8-4-13所表达的菌体生长动力学对PHB的分批发酵过程数据进行拟合，计算出菌体的最大比生长速率为$0.34h^{-1}$，微生物对底物的半饱和系数K_S为0.51g/L。已有的*A.eutrophus*的连续培养动力学研究结果表明，以葡萄糖为限制性基质时，该菌的最大比生长速率为$0.41h^{-1}$，K_S为0.57g/L，可见两种条件下所得出的数值比较接近。

*A.eutrophus*细胞只有在氮源缺乏而碳源过量的不平衡生长条件下，才能在胞内大量积累PHB。前面的研究结果表明，在氮源丰富的菌体生长阶段，细胞繁殖的同时，胞内也会积累一定量的PHB。以式(8-4-14)对分批发酵数据进行拟合，得出的K_1和K_2的值都很小(见表8-4-1)，表明在菌体生长阶段，胞内所积累的PHB量很少，氮源耗尽后细胞才开始大量合成PHB，因而在本研究中将菌体生长阶段的产物形成过程与PHB大量合成阶段的产物形成过程分开表达，将更有助于对PHB发酵过程中产物积累机制的理解。

在PHB分批发酵过程中的产物积累阶段，由于培养基中氮源完全缺乏，随着发酵的进行，有关PHB合成酶的酶活力会逐渐下降，部分细胞还会发生自溶，从而导致PHB的合成速率不断下降，因而在式(8-4-15)中采用了“$[1-K_3(t-t_1)]$”这一项来表示产物合成阶段PHB合成速率随时间下降的关系。假定PHB合成速率降为零，由$[1-K_3(t-t_1)]=0$可得，发酵时间为$t=41.7+t_1$，表明此时即使有葡萄糖存在，细胞也不能继续积累PHB。可见，在PHB分批发酵中，一方面由于高糖浓度会对菌体的生长产生抑制作用，另一方面由于在氮源完全缺乏的PHB合成期，有关PHB合成酶的活力会不断下降，因而采用分批发酵法不可能得到很高的PHB浓度。

尽管有关PHB或PHBV生产的流加发酵技术的报道很多，但对底物流加方式的控制大多是凭经验来实施的。而在PHB或PHBV的发酵过程中，根据菌体生长和产物合成阶段的不同特点来控制基质适宜的流加速率相当重要，例如在PHB或PHBV合成阶段，只有进行氮源的限量流加，才能促使细胞有效地积累多聚物，而且氮源的过量流加不仅会导致已积累的PHB降解，还会降低微生物细胞的PHB合成能力。对于在多聚物合成阶段采用何种流加方式来控制氮源浓度在有利于多聚物大量积累的范围内，还未见报道。另外，对于在流加发酵中如何采取适当的控制策略来获得高的产物对基质的转化率这一问题，所报道的文献中提及的很少。因而为了在多聚物发酵过程中获得高的生产强度、高的转化率和高的产物浓度，必须对其流加发酵过程实行优化控制。实现PHB或PHBV流加发酵的优化控制，必须建立在对发酵过程的菌体生长和产物形成的动力学充分研究和了解的基础上，应根据发酵过程中不同阶段的特点，优化底物的流加方式，提高多聚物的生产强度、转化率和产物浓度，降低生产成本，为最终实现其工业化生产打下良好的基础。

第五节　PHAs的提取技术

PHB的提取技术主要涉及到两个问题：一是方法的合理性，

主要表现在提取率、产物的纯度，提取过程是否对PHB的结构产生影响，从实验室到工业生产放大的可行性，以及操作是否方便，预、后处理是否复杂，环境污染程度等。二是过程的经济性，表现在提取所用材料费用、能量消耗以及设备投资等。由于PHB以颗粒状态存在于细胞中，分离提取比较困难，因而探索PHB的提取方法以降低提取成本就显得更加重要。本节对国内外学者从微生物体中提取PHB的研究状况进行了讨论。

一、有机溶剂法

对于由真养产碱杆菌生产PHB，研究初期人们通常采用的提取方法是有机溶剂法。这些有机溶剂包括：氯仿、二氯乙烷、1，1，2-三氯乙烷、乙酸酐、碳酸乙烯酯及碳酸丙烯酯等。其基本原理是，这些有机溶剂一方面能改变细胞壁和膜的通透性，另一方面能使PHB溶解到溶剂中，而非PHB的细胞物质（NPCM）不能溶解，从而将PHB与其他物质分离开来。具体操作步骤如图8-5-1所示。

图 8-5-1　有机溶剂提取PHB的过程示意图

对菌体以不同方法进行预处理，将会影响PHB的分子量、纯度及收率。Berger等人研究发现，菌体经过冷冻干燥后再用氯仿提取，PHB的重均分子量为1150000，而不经过冷冻干燥处理直接用氯仿提取，重均分子量为570000。Ramsay等人的研究结果表明，如果在用有机溶剂提取前先用丙酮对冷冻干燥过的菌体进行预处理，则PHB的纯度和收率都会得到提高，而且在溶剂的沸点温度下提取比起室温提取，可以大大缩短提取时间，得到更高的提取率。表8-5-1列出了部分研究报道的结果。

用有机溶剂的方法进行提取，尽管它所引起的PHB降解可以忽略，而且该法提取得到的PHB纯度可达到很高，但存在以下一

表 8-5-1　不同条件对有机溶剂提取PHB的影响

有机溶剂	提取温度/°C	提取时间/h	提取率/%	纯度/%	相对分子质量
氯仿	25	12	27	95	1 200 000
二氯甲烷	25	12	26	96	1 200 000
1,2-二氯乙烷	25	12	0	—	—
氯仿	61	0.25	50;70*	90;96*	930 000
二氯甲烷	40	0.25	15;24*	89;95*	1 050 000
1,2-二氯乙烷	83	0.25	50;66*	90;93*	900 000

* 用丙酮进行过预处理。

些缺点：(1)当溶剂中含有超过50g/L的PHB时，溶液变得很粘，要去掉细胞的残余物就变得很困难；(2)即使经过多次反复提取，仍有一定量的PHB存在于菌体中，因而提取率难以达到很高；(3)使用大量的有机溶剂，尽管溶剂可回收再用，但仍造成巨大的原料消耗；(4)大量有毒、易爆、挥发溶剂的使用，对环境造成严重污染，给操作带来不便。因此，用有机溶剂提取PHB通常作为实验室的一种提取方法。

二、次氯酸钠法

提取PHB的另一种方法是次氯酸钠提取法。因为次氯酸钠能够破胞且对细胞中的NPCM的消化很有效，因而用该方法破胞所得产品的纯度较高、提取速度快，避免了有机溶剂提取过程中繁琐的前、后处理工作。具体操作过程见图8-5-2。

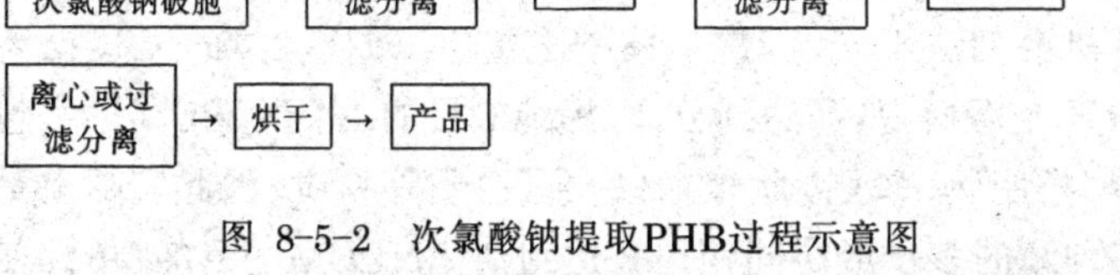

图 8-5-2　次氯酸钠提取PHB过程示意图

该法最大的优点是不使用大量的有机溶剂。但由于次氯酸钠对PHB分子有严重的降解作用，因而所获得的PHB分子量小。尽管Berger等人对该法的操作条件进行了优化，但提取所得到的PHB的分子量仍然只有原来的一半。

为了克服上述方法的不足，Hahn等人根据氯仿提取时PHB纯度高且被降解程度很小，而次氯酸钠对NPCM的消化很有效的优点，结合PHB是疏水亲油物质，而细胞膜具有亲水性的原理，发明了用分散的次氯酸钠/氯仿提取PHB的方法。操作过程见图8-5-3。

冷冻干燥菌体+次氯酸钠+氯仿破胞 → 离心分离 → 氯仿相中加入非溶剂使PHB沉淀 → 离心或过滤分离 → 烘干 → 产品

图 8-5-3　次氯酸钠/氯仿提取PHB的流程示意图

在该方法中次氯酸钠主要起破胞作用，而氯仿则对破胞产生的PHB起保护作用。因而不但可得到较高纯度(97%)的PHB，而且PHB被次氯酸钠降解程度大大减少，在初始相对分子质量为1 272 000的情况下，提取得到的相对分子质量达到1 020 000。同时由于破胞较完全，因而可获得较好的提取收率(91%)。

很明显，次氯酸钠/氯仿的方法比单纯使用氯仿提取率高，比单纯使用次氯酸钠分子量大，因此受到人们的青睐。但该方法仍然需要使用大量有机溶剂，并且操作比较复杂，这无疑限制了其在工业上的应用。

三、酶　法

考虑到有机溶剂的大量使用给操作带来不便，给环境带来污染等问题，Holmes等人提出了酶法提取PHB的工艺。其提取原理与有机溶剂法不同，与次氯酸钠法类似，即让大量的NPCM溶解而PHB不溶解，从而达到分离、提纯的目的。由于NPCM通常包括核酸、类脂物、磷脂、肽聚糖以及蛋白质等物质，因此实际上是通过多种酶的多步或协同作用来达到消化NPCM的目的。单纯使用酶来消化细胞中的杂质成分，所得PHB的纯度不高，往往要结合其他的方法，例如再用表面活性剂处理，才能得到较高纯度的PHB。表8-5-2的数据充分说明了这一点。

表 8-5-2　表面活性剂对酶法提取PHB纯度的影响

酶　消　化	表面活性剂处理	PHB纯度/%
有	无	91
有	有	96

该方法通常包括细胞的热处理、酶处理和用阴离子表面活性剂处理等步骤，操作十分复杂。尽管它实现了在水相体系中提取PHB，但由于细胞的杂质成分比较复杂，特别是酶作用的条件比较苛刻，而且所获得的产品纯度越高，所需要的处理步骤就越多，因而过程的操作也就越复杂，酶法的应用在提取成本、过程放大等方面仍然受到很大限制。

四、表面活性剂/次氯酸钠法

为了克服酶法提取PHB存在的操作步骤多且酶作用条件苛刻的不足，同时为了尽量避免使用有机溶剂而用水相体系提取PHB，人们研究了用表面活性剂/次氯酸钠来提取PHB的方法。操作步骤见图8-5-4。

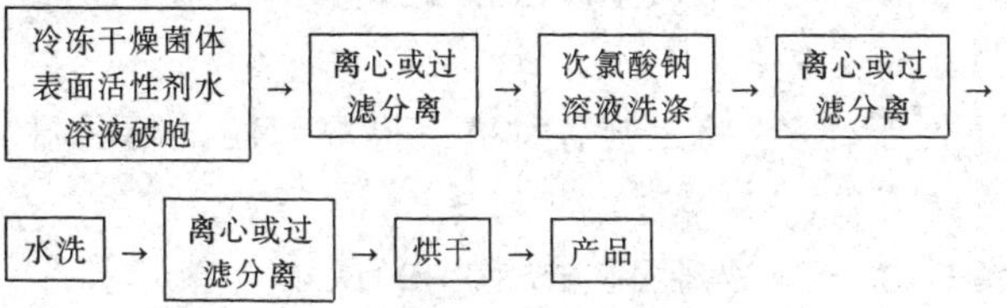

图 8-5-4　表面活性剂/次氯酸钠法的操作步骤

Ramsay等人的研究表明，先用表面活性剂处理菌体，再用次氯酸钠洗涤沉淀物，得到的PHB的纯度达97%以上，相对分子质量为730 000～790 000；如果只用表面活性剂处理菌体，则纯度要降低10%。关于用该方法提取PHB的原理，Helenius等人认为，在低浓度时，表面活性剂单个分子进入到细胞膜的磷脂双层中；随着表面活性剂浓度的增加，更多表面活性剂分子结合到磷脂双层中，细胞膜的体积不断增大；一旦磷脂双层被表面活性剂饱和，再增加表面活性剂就使得细胞膜受到破坏，表面活性剂与磷脂形成大量的胶团，胞内物质PHB释放出来。表面活性剂的另一作用是，通过对蛋白质的变性、增溶作用，使得细胞膜更易被破坏。

使用表面活性剂/次氯酸钠的方法，能够比较方便地实现在水相中提取PHB，这是它的突出优点，但要使用较大量的表面活性剂，而且次氯酸钠的使用不可避免地造成了PHB的降解。

五、其 他 方 法

近年来随着基因工程技术的进步，人们开发了用重组大肠杆菌生产PHB的方法，用氨水从这类细胞中提取PHB是其中的一种方法。它的操作过程比较简便，与单纯用次氯酸钠的方法类似，即将菌体与氨水一起搅拌，离心，然后用水和丙酮洗涤，烘干即得到产品。

该法是基于碱性条件下氢氧根离子通过皂化作用溶解了细胞中的脂类物质，从而使得PHB释放出来。

很显然，氨水提取法成本较低，而且比上述所有方法在操作上都方便，但它提取所得的PHB的纯度不是很高，即使与超声波破碎或与表面活性剂等其他方法和步骤相结合，提取的PHB的纯度仍然只在90%左右。

为了便于比较，将上述各种方法提取PHB的情况归纳于表8-5-3。

表 8-5-3　　各种提取方法对PHB的影响

提取方法	提取时间/h	温度/°C	提取率/%	纯度/%	重均分子量
氯仿法	0.25	61	70	96	930 000*
次氯酸钠法	1	25	90～95	95	600 000
次氯酸钠/氯仿法	1.5	30	91	97	1 020 000
酶/表面活性剂法	3	55/100	—	96	—
表面活性剂/次氯酸钠法	0.25	25	—	97～98	730 000～790 000
氨水法	0.5	40～50	—	86～91	—

* 室温提取时重均分子量为1 200 000。

目前，随着上游技术的发展，人们已经能够开发出生产高含量PHB的菌种，而且能够逐步实现发酵过程的优化控制。因此要实现PHB的工业化生产，迫切需要解决的问题是在保证PHB质量的同时尽快降低PHB的提取成本。无锡轻工大学通过近几年的努力，已研制出了一项成本低廉、操作简便、环境污染小的PHB提取新工艺，所申请的专利已公开。

第六节　PHAs的生物降解

一、降 解 机 制

1. 胞内降解

胞内PHB的代谢是个循环过程。通过对真养产碱杆菌、生枝动胶菌(*Zoolgea ramigera*)和拜氏固氮菌(*Azotobacter beijerinckii*)等菌株的研究，发现PHB的代谢主要过程如图8-6-1所示，不同的菌种间可能略有差异。

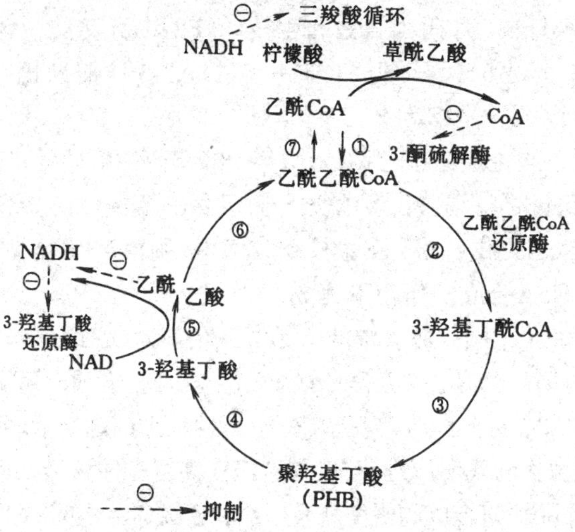

图 8-6-1　PHB的代谢过程

图中第4步到第7步是降解过程。首先(第4步)胞内无定形PHB颗粒在解聚酶作用下降解，形成单体和二聚体的混合物。只有在真养产碱杆菌中才形成D-3-羟基丁酸(D-3-HB)。二聚体随之在二聚体水解酶作用下形成单体。从巨大芽孢杆菌(*Bacillus megaterium*)和深红红螺菌(*Rhodospirillum rubrum*)中已分离得到降解酶。对巨大芽孢杆菌进一步研究表明，PHB的降解需要一个与PHB颗粒相连的热不稳定因子，以及3个可溶性组分，即热稳定性蛋白活性因子、PHB解聚酶和水解酶。PHB在这些因子共同作用下生成80％～85％D-(－)-3HB和15％～20％的二聚体，二聚体在水解酶作用下进一步降解。从生枝动胶杆菌和深红红螺菌中提取的二聚体水解酶不仅可降解(R，R)构型二聚体，还可降解(R，S)构型二聚体，后者还可降解(S，R)构型二聚体，但都比(R，R)构型二聚体降解得慢。二聚体降解酶同时也能作用于链较长的低聚体。PHB链的降解是以外式(ex-fashion)从羟基端开始，链越长作用越快。

D-3-羟基丁酸氧化成乙酰乙酸(第5步)是在脱氢酶作用下进行的，从产碱杆菌、拜氏固氮菌和生枝动胶菌中分离的脱氢酶都具有相似的最适pH、K_m值和抑制剂，NAD^+是辅助因子，而NADH和乙酰乙酸是抑制剂。

由乙酰乙酸生成乙酰乙酰CoA(第6步)有两种不同的机制。在真养产碱杆菌和拜氏乳杆菌中，这一过程由3-酮酰CoA转移酶作用，琥珀酰CoA提供CoA。在生枝动胶菌中，则由ATP提供能量，在乙酰乙酰CoA合成酶作用下完成。

在PHB的代谢中，最关键的酶是3-酮硫解酶。它既参与合成，由两个乙酰CoA合成乙酰乙酰CoA，又参与分解，合成时可被高浓度的CoA抑制，催化分解时，为乙酰乙酰CoA抑制，CoA激活。

根据微生物的代谢原理，可以知道PHB是受三羧酸循环两级调控的，PHB的降解和合成的平衡就是CoA和乙酰CoA之间的平衡。

2. 胞外降解

聚β-羟基丁酸(PHB)的胞外降解有两种机制。一种是在无菌条件下通过水解进行。这种机制对于PHB在医疗方面的应用(如作为药物的缓适载体、手术缝线等)特别重要。在自然环境中，是另一种机制——酶降解机制。许多细菌和真菌可分泌外解聚酶，有些甚至可以利用PHB作为唯一碳源生长。如粪产碱杆菌(*Alcaligenes faecalis*)、勒氏假单胞杆菌(*Pseuclomouas lemoignei*)、德氏假单胞杆菌(*Pseudomonds delafieldii*)和单纯青霉(*Penicillium simplicissmum*)。具体几种细菌和真菌产生的解聚酶的性质如表8-6-1所示。

表 8-6-1　　PHB解聚酶性质的比较

菌　种	分子量/ku	亚单位分子量/ku	最适温度	最适pH	抑制剂	水解产物
A.faecalis.AE122	90	95	55	9.0	PMSF	二聚体、三聚体
A.faecalis.T1	48～50	48		7.5	PMSF	二聚体、三聚体
Comamonas sp.	44～45	44	30	9.2	DTE	单体
P.lemoignei	45～49	54～58	8.0		PMSF、DTE	单体、二聚体、三聚体

注: PMSF为氟化磺酸苯甲烷，DTE为二硫赤藓糖醇。

粪产碱杆菌中有两种胞外聚体解聚酶: P(3HB)解聚酶和寡聚体水解酶。解聚酶相对分子质量约50 000，既可降解P(3HB)，又可降解水溶性寡聚体，但对短链寡聚体活性较低，不能作用于二聚体，它以内式(endo-fashion)作用于羟基端第2个酯键，产生二聚体和少量的单体。寡聚体水解酶仅作用于水溶性寡聚体，但活力比解聚酶要高10倍，链越长作用越快，但不能作用于聚体;它以外式作用于羧基端，生成单体;对二聚体来说，仅是(R，R)和(R，S)两种构型能被作用，前者较快。勒氏假单胞菌(*P.lemoignei*)也有两种聚体解聚酶，PHB解聚酶和二聚体水解酶。不同的菌株情况略有差异，有些是诱导型酶，有些是组成型酶。Y.Oda等发现在含有易利用底物的培养基中，*Paecilomyces lilacinus* D218几乎不分泌PHB解聚酶，而在仅是PHB为碳源的培养基中，解聚酶可达相当高的量。表8-6-2列出作用10天后，含PHB培养基中，其他碳源对PHB解聚酶形成的影响。并且应指出的是，仅是PHB解聚酶可以分泌到胞外，降解胞外PHB，形成三聚体、二聚体和单体的混合物，前者在细胞壁中的二聚体水解酶作用下形成单体，进入细胞。解聚酶也是以内式作用于羟基端的第2个或第3个酯键，但对寡聚体和聚体有相同的活力，二聚体水解酶则可作用于(R,R)和(S,R)构型的二聚体。

表 8-6-2　其他碳源对PHB解聚酶形成的影响

其他成分	PHB解聚酶含量/(U/ml)	培养液中蛋白质含量/(μg/ml)	菌丝体重/(mg/ml)
无	42	21.0	1.4
可溶性淀粉	0.02	21.1	3.1
乳糖	0.07	33.5	0.8
葡萄糖	0.06	15.5	2.2

二、PHB在环境中的降解

影响PHB降解速度的因素较多，包括环境类型、微生物种群及活力、水分、温度、塑料制品的厚度、表面组织形态、孔隙度、制品中的第2组分(如填充料、颜料等)。表8-6-3列出了不同条件下PHB降解的一个典型例子。

表 8-6-3　PHB在不同环境条件下的生物降解

环境条件	1mm厚膜消失所需时间/周	降解速度(μm/周)	50μm厚膜消失所需时间/周	降解速度/(μm/周)
厌气活性污泥	6	170	0.5	100
河口堆积物	40	25	5	10
好气活性污泥	60	17	7	7
土壤(25°C)	75	13	10	5
海水(15°C)	350	2.5	50	1

在自然环境中，能降解PHB的微生物范围很广，包括细菌、放线菌和霉菌等。环境中的pH、温度等不同，降解PHB的主导微生

物也不同。J.Mergaertd等在土壤中发现有295种微生物可降解PHB，包括105种革兰氏阴性菌，36种革兰氏阳性菌，68种放线菌和86种霉菌。在酸性土壤中，革兰氏阴性菌很少；高温时，霉菌多属烟曲霉(*Aspergillus fumigatus*)，而低温时多属马昆德拟青霉(*Paecilomyces marquandii*，砂土、粘土中)或青霉(*Penicillium*，其他土壤中)。

Y.Doi等在研究了环境对PHB降解的影响后认为，在一定范围内PHB降解速度与温度正相关，其降解分为两个阶段。第一阶段，相对分子质量下降；第二阶段，是在相对分子质量下降至13 000后，开始腐蚀。表8-6-4是PHB及两种共聚体的生物降解情况。在共聚体中，正常情况下降解过程的速度随4-羟基丁酸组分的增加而加快。

表 8-6-4　　PHB及共聚体的生物降解

时间/d	20	80	180
P(3HB-co-4HB)	+	+	√
PHB	−	+	√
P(3HB-co-3HV)	−	+	√

注：−表示分子量未变，+表示分子量下降，√表示开始腐蚀。

环境中有许多微生物能降解PHB，但每种的数量并不一定很多，活力不一定很高。当PHB出现在环境中后，经过一定的迟滞期，能降解PHB的微生物会逐渐增多，活力升高，降解速度会逐渐加快。Y.Oda等发现在培养基中加入PHB后，*Paecilomyces lilacinus*开始分泌PHB解聚酶，并且活力逐渐升高，6天后达到一稳定值。

微生物分泌的解聚酶，不仅对底物有专一性，而且还具有很强的立体异构专一性，通常对只有R—构象的聚体(共聚体)有良好的降解性，而含S—构象的聚体则较差。表8-6-5列出从河水沉淀中培养出的混合菌群对PHA膜的降解情况。

表 8-6-5　各种PHA膜的有氧降解情况

类　型	构　象	PHB含量	相对分子质量	降解性
PHB	(R)	100	150 000	+
PHB	(R)	100	800 000	+
PHB	(R,S)	100		−
PHB	(R,S)	100		−
PHB	(S)	100		−
P(HB-co-HV)	(R)	83/37	150 000	+
P(HB-co-HV)	(R)	80～20		+
P(HB-co-HV)	(R)	70/30		+
P(HB-co-HV)	(R)	94/4	360 000	+
P(HN-co-HH)	(R)	59/32	190 000	−

注：＋表示可降解，－表示不可降解。

通常情况下，PHB厌氧降解比有氧降解快。真养产碱杆菌在厌氧条件下，主要代谢产物是乙酸和D-3-羟基丁酸，乙酰CoA转变成乙酸的同时生成ATP。而在有氧情况下，乙酰CoA完全分解成CO_2和H_2O，产生12个ATP，这是一种对PHB更为经济的利用。与PHB相比较，有较长侧链的PHA在环境中降解速度较慢，因为低分子量的有机化合物离子化速度比结构复杂的要快，并且长侧链的重复单元增加了PHA的疏水性，抑制或阻碍了微生物在聚体表面的生长。因此可以通过改变重复单元、立体构象等来控制聚合物的生物降解速度。

三、展　望

随着石化合成塑料污染的加剧，人们正积极地进行各种生物可降解塑料的研究，内容涉及其生产的可行性、可用性和降解性。

目前对PHB降解的研究不仅是在降解的机制和现象上。利用遗传工程手段，将PHB胞外降解酶基因进行克隆表达的实验已见于报道，如Saito等分析了粪产碱杆菌的PHB胞外解聚酶结构基因的序列，并将其克隆到大肠杆菌中。结果发现重组菌可以较高水平的表达这个酶，约为普通菌株的10%，同粪产碱杆菌所分泌的解聚酶一样，该酶由一个488个氨基酸的前体和一个27个氨基酸的单肽组成。

随着对PHB降解研究的一步步深入，降解的内部机制逐步展现在人们面前。深入进行以PHB为代表的生物可降解塑料的生物可降解性的评价，以及开发高效的降解PHB的微生物制剂，并应用于垃圾处理厂和使用农膜的农田中，将是这一研究领域的发展方向。

第七节　PHAs的工业化

一、影响PHAs工业化的因素

PHAs作为一种生物可降解的热塑性材料，早在60年代就已引起了人们的广泛关注，在过去几十年中，有数家公司一直在探索PHB工业生产的可能性。1962年，Baptist在美国申请了有关PHB生产的专利。80年代初，ICI和奥地利生物技术有限公司等将微生物合成PHAs的研究推向试生产阶段。1982年，ICI使用真养产碱杆菌突变株为生产菌种，以葡萄糖为唯一碳源，在35m^3气升环流反应器及200m^3机械搅拌反应罐内试生产PHB成功，并以葡萄糖加丙酸为碳源生产出力学性能更好的β-羟基丁酸和β-羟基戊酸无序共聚物P(HB-co-HV)，当时的年产量为1000t，计划在90年代末达到数千吨。但PHB与聚丙烯的价格相比仍高出许多，缺乏相应的市场竞争能力。因而要进一步降低PHAs的生产成本，还必须在菌种、发酵方式、提取方法等方面进行不懈的努力，才有可能尽快地实现PHAs的大规模工业化生产。影响PHB(V)成本和质量的主要因素见表8-7-1。

表 8-7-1　影响PHB(V)成本和质量的主要因素

	降低成本因素	提高质量因素
菌　种	1. 利用廉价基质 2. 胞内聚合物含量高 3. 生长速度快 4. 易于培养 5. 改造菌种特性以利于提取	1. 聚合物分子量大 2. 分子量分布窄 3. 共聚物中HV组分高 4. 多种聚合物合成
工　艺	1. 高生产强度、高转化率和高胞内含量 2. 提高反应器中传氧性能,降低能耗 3. 有利于产物提取的工艺条件优化	
提　取	1. 非有机溶剂提取 2. 提取得率高,提取剂可回用 3. 操作简单,提取步骤少 4. 易于工业化 5. 环境污染小 6. 投资少	1. 在提取过程中尽可能减小聚合物分子量的降低 2. 纯度高
性能改进	与其他可降解材料共混	1. 进行侧链修饰,增大分子量 2. 采用淬火工艺,解决脆性大和易老化问题

二、国内外研究PHAs的水平

纵观国内外的研究报道,研究内容主要集中于以下几个方面:(1)微生物菌种的改良,包括采用分子生物学手段,有目的地提高菌种对多种原料的利用能力和转化率、改变细胞特性,利于提取等等;(2)发酵生产技术研究,如采用流加发酵控制技术、高密度细胞培养技术提高生产强度等等;(3)新型反应器研制,包括应用各种新型生物反应器或改进已有反应器,达到提高传氧效率、降低能耗等目的;(4)产品提取工艺开发,主要是从降低成本角度研究采用非有机溶剂提取方法等内容。目前,国外从事PHAs研究或生产的单位中比较有代表性的有英国ICI公司、韩国现代科学技术研究所(KAIST)、奥地利生物技术公司和日本名古屋大学等等。

国内对于采用微生物发酵法生产生物可降解塑料的研究起步于80年代中后期。我国政府对PHAs的研究和开发工作很重视，已将其列入“九五”项目，并将在“九五”期间完成中试。从所报道的资料来看，国内目前从事PHAs研究的单位主要有中科院微生物研究所、山东大学、北京农业大学和无锡轻工大学等，研究水平见表8-7-2。

表 8-7-2　国内外生产PHB的主要研究水平

菌　种	基　质	培养方法	培养时间/h	细胞干重/(g/L)	PHB含量/%	生产强度/[g/(L·h)]	发表时间/a
A.eutrophus	葡萄糖	pH-stat流加发酵	30	122	65	2.64	1994
A.eutrophus	$H_2/O_2/CO_2$	循环气体	40	91.3	67.8	1.55	1994
重组*E.coli*	葡萄糖	pH-stat流加发酵	42	117	76	2.11	1992
A.eutrophus	葡萄糖	反馈控制	40	117	71.6	2.1	1997
A.eutrophus	高果糖浆	流加发酵	50	20	34.5	0.318	1995
A.eutrophus	葡萄糖	流加发酵	72	50	77	0.58	1995
A.eutrophus	葡萄糖	流加发酵	—	—	78.6	0.24	1997
A.eutrophus	葡萄糖	流加发酵	52	71	79.4	1.08	1997

总的说来，国内对PHAs的研究起步较迟，研究水平与国外相比也有较大的差距，对PHAs产生菌的细胞生长和产物合成的动力学还缺乏全面的研究，对PHAs的发酵过程还缺乏有效的控制策略。但也应指出，国外研究中为达到高细胞浓度，常采用特殊供氧设备或纯氧培养或多次培养技术，因而生产强度值显得很高。

目前，世界上主要从事PHAs工业化生产和应用的公司见表8-7-3。90年代以来，见诸报道的文献多系涉及寻求生产PHAs的新方法和开发其新的应用领域。由于商业竞争的原因，有关PHAs发酵生产的关键技术的研究报道非常少。1990年，Bital等断言，只有发酵时间小于70h，PHAs含量大于80%，在商业上才是可以被接受的。迄今为止的文献中，以葡萄糖为碳源培养*Alcaligenes eutrophus*所得的PHAs含量最高为77%。

表 8-7-3　国外进行PHAs工业化生产和应用的公司

公 司 名 称	从事的主要工作
Berlin Packaging Corp.(USA)	市场调研，销售，推广ZENECA生产的BIOPOL
Bioscience Ltd.(Finland)	PHAs在医药方面的应用
Bio Ventures Alberta Inc.(Can.)	重组大肠杆菌生产PHA
Metabolix. Inc.(USA)	转基因植物生产PHA，技术认可和合资生产
Monsanto(USA)	转基因植物生产PHA(甜菜籽和大豆)
Polyferm. Inc.(Canada)	用廉价原料生产PHA(半纤维素)，用*Pseudomonas cepacia*从木糖生产PHA
ZENECA Bio Products(ICI)(UK)	流加发酵*A.eutrophus*生产P(3HB)和P(3HB-co-3HV)(BIOPOL)
ZENECA Seeds(UK)	转基因植物生产PHA(甜菜籽)

三、展　　望

对利用细菌生产生物可降解塑料，今后的研究工作可集中于下面几个方面：

(1) 在生产菌种方面　选育和构建碳源利用广谱、丙酸转化率高、生长速度快的*A.eutrophus*；构建高基质选择性、分子量分布可控制的*E.coli*和高转化率的*E.coli*，等等。

(2) 在发酵工艺方面　高生产强度、高转化率、高聚合物含量的流加发酵工艺；聚合物分子量大和分布窄的流加发酵策略；细菌合成聚合物途径中的酶作用机制和条件；多种聚合物［如P(3HB-co-3HV)、P(3HB-co-4HV)］的最佳生产工艺；重组*E.coli*进行高聚合物积累的工业化条件，等等。

(3) 提取、生物降解和应用方面　聚合物分子量最小降解的非有机溶剂提取法；胞内聚合物的清洁提取技术；不同结构聚合物的生物降解规律及机制；PHBV作为脂溶性和水溶性药物包埋载体制备条件的优化；聚合物修饰、共混及性能改进工艺技术，等等。

1998年9月，在日本东京召开了又一次PHA专题学术研讨会。从会议的论文来看，目前的研究重点已集中于多种PHAs的开发和转基因植物生产PHA的研究，并已有一些令人鼓舞的成果。可以预计，在不久的将来，PHAs将可能通过植物种植的方式来生产，其成本将与玉米等农作物相近。与此同时，一些性能更好的PHAs将应用于医学材料等领域。让我们期待着塑料废物污染问题的早日解决。

第九章　生物表面活性剂

第一节　生物表面活性剂概述

一、前　　言

表面活性剂是由亲水基和疏水基两部分组成的物质，它具有影响不相溶界面的特性。

表面活性剂在工业领域的各个方面都占有特殊重要的地位，但化学合成的表面活性剂常常存在原材料来源和价格、产品性能等方面的问题，同时在生产和使用过程中还带来一些环境污染问题。因此，人们很早就考虑应用生物技术来生产活性高、具有特效的表面活性剂，以避免出现上述问题。

由于许多生物学分子具有两亲性并能在界面优先分配，所以生物表面活性物质的存在是十分广泛的。我们把那些表现出特别高表面活性的生物分子称为生物表面活性剂。生物表面活性剂可以来源于微生物、植物以及动物，其中微生物生产的生物表面活性剂是一类具有特别高的表面活性的生物分子，具有较好的两亲性和界面优先分配的能力，而且比较适合于工业化生产。

生物表面活性剂在物理化学性质方面，与合成表面活性剂相当的性能有：

- 降低界面张力
- 乳化能力
- 对热的稳定性
- 对pH的稳定性等

但生物表面活性剂比合成表面活性剂更具潜在的优势，主要表现在：

- 结构的多样性(可为具体应用提供更宽的选择范围)
- 生物可降解性
- 对环境的温和性等

因此，用生物技术生产表面活性剂具有重要意义。

从经济上看，如果利用比较便宜的再生性底物作原料，并采用发酵法代替依靠日益减少的石油资源的化学途径，来生产表面活性剂，在以后的发展中将更有前途。

二、生物表面活性剂的基本特性

(一) 生物表面活性剂的特性和功能

微生物生产的生物表面活性剂化学结构甚为广泛，包括如糖脂、脂肽、多糖－蛋白质络合物、磷脂、脂肪酸和中性脂等。因此可以推测，由不同属类微生物合成的生物表面活性剂具有不同性质和生理功能。大多数生物表面活性剂明显地由亲水和疏水部分组成，前者可以是离子型或非离子型的，由单糖、二糖，或多糖、羧酸、氨基酸或肽组成，而后者往往是饱和、不饱和或羟基取代的脂肪酸。对于一些高分子量的表面活性剂分子，如蛋白质-多糖络合物，其亲水和疏水部分由不同的分子提供。

生物表面活性剂可将发酵液表面张力降低到0.03N/m以下，将正构烷烃的界面张力降低到0.13N/m以下。例如，*Rhodococcus* sp. H13产的甘油酯和*Bacillus licheniformis* JF-2产的生物表面活性剂可将水溶液的表面张力降低到0.026～0.027N/m，将癸烷或辛烷的界面张力降低到10^{-5}N/m。这些数值可与商业合成表面活性剂相媲美。

一些生物表面活性剂也表现出较好的热与化学稳定性。例如，从*B. licheniformis* JF-2获得的脂肽在温度高达75℃时至少可稳定140h。生物表面活性剂在pH5.5～12之间保持稳定，但在更酸性的条件下会逐渐失去活性。

下面介绍一下生物表面活性剂的性能指标。

1. 临界胶束浓度(cmc)

表面活性剂是一些既带有极性区(亲水性)又带有非极性区(疏水性)的亲水脂分子，这类分子相互之间很易结合形成胶束，也容易与不同极性相之间的表面结合。表面活性剂在水溶液中的最普遍特性是减小表面张力。虽然大多数生物表面活性剂使用的剂型为混合型制剂，它们和前面所述的表面活性剂的"理想"特性会有所不同，但根据目前比较普遍的方法，仍以临界胶束浓度(cmc，单位为mg/L)作为生物表面活性剂浓度的一种测定值，即通过测定达到cmc之前的发酵液或细胞悬液或经过提纯的提取液可以达到的稀释度，来测定其生物表面活性剂的浓度。这种稀释度通常也用cmc的倒数，即cmc^{-1}来表示。

2. Gibbs表面过剩值(Γ)

如果将表面张力与浓度的关系作图，在表面张力随浓度改变而迅速变化的区段内，曲线的斜率(特别是在0.1～1cmc之间)即为Gibbs表面过剩值(Γ)。利用Gibbs表面过剩值，即通过与处于胶束时的表面活性剂浓度相比较，测定出处于界面上的表面活性剂的过量值，可以相应地表达泡沫和乳浊液的稳定性。因此，Gibbs表面过剩值对于了解表面活性剂的相对疏水性、泡沫的稳定性与乳液的稳定性等都是很重要的。

3. 表面(界面)张力

蒸馏水的气-水表面张力大约为0.072N/m，蒸馏水对正己烷的界面张力约为0.04N/m。表面活性剂通常可使这两数值下降到0.03～0.04N/m和0.001N/m，或者更低。某些生物表面活性剂的表面张力降低值和其临界胶束浓度如表9-1-1所示。一些合成表面活性剂的数据也列于该表，以供对照。

在工艺研究时，需要发展一种测定表面活性剂浓度的通用检验法。由于对生物表面活性剂的化学性质一般了解不多，而且一

表 9-1-1　一些生物表面活性剂的表面张力特征

表面活性剂	表面张力 /(mN/m)	界面张力 /(mN/m)	ρ(cmc) /(mg/L)
Corynebacterium sp.提取液	38～34	—	300
Corynebacterium sp.发酵液	31	—	1000
Corynebacterium sp.提取液	42	15	150
*Nocardia erythropolis*发酵液	29～30	3～3.5	667～769
*Rhodococus erythropolis*提取液	35	22	15
*Ustilago maydis*提取液	30	<1	2
Mycobacterium sp.发酵液	39	14	2500～3333
Pseudomonas sp.发酵液	42	18	1～7000
*Bacillus subtilis*发酵液	27	1	250～500
*Acinetobacter calcoaceticus*发酵液	30～40	1～2	—
SDS	37	—	0.05
SDS+0.15mol/LNaCl	—	0.5～0.7	100
Span20(1%)	2.8	—	—

种特定的培养物往往会产生几种表面活性剂，所以设计出一种基于表面张力减小的检测方法。通过连续稀释，将整个发酵液滴定至cmc。依据cmc^{-1}来表示发酵液中表面活性剂的浓度。通常观察到一个cmc，偶然也发现有两个cmc。此项技术为研究表面活性剂的生产提供了一种依据其物理性质而非化学性质的方法。利用此法曾对大量菌种在整个生长周期内产生生物表面活性物质的情况做了研究。在短时间内其浓度增高，其后增长缓慢或急剧下降，生产上这种波动的时间明显地取决于搅拌(机械乳化)与通气的程度。利用野兔棒状杆菌(*Corynebacterium lepus*)生产表面活性剂时，为获得最高产量需要高水平的搅拌和通气。在利用烃类连续发酵生产表面活性剂时，出现了与培养基中烃类加入的相对速率有关的问题。但只要能够对表面张力与达到临界胶束浓度所需的稀释度作持续检测，就有可能对这些参数进行反馈控制。

表9-1-1已列出了部分生物表面活性剂的临界胶束浓度。现在再把7种典型微生物产生的生物表面活性剂的最小表面张力、临

界胶束浓度和Gibbs表面过剩值等数据和合成表面活性剂六乙烯氧化十二烷醚(heaxaethylene oxide dodecyl ether)加以比较(表9-1-2)。所有这些生物表面活性剂均有助于培养基中烃基质的乳化，因而能够刺激微生物对烃的摄取与生长。

表 9-1-2　几种生长在烃中的微生物产生的生物表面活性剂的部分性质

生物表面活性剂生产菌	最小表面张力 /($\times 10^{-3}$N/m)	ρ(cmc) /(g/100ml)	Γ /(pmol/cm)
Arthrobacter terrogens 5A	50	—	13
Corynebacterium hydrocarboclastus	35	0.47	2
Corynebacterium lepus	30	0.015	5,11
Corynebacterium xerosis	45	0.15%	19
Nocardia erythroplis ATCC4227	30	—	8
Pseudomonas aeruginosa	40	0.01	12,18
Pseudomonas asphaltenicus	30	0.02	13

(二) 生理学功能

目前，对生物表面活性剂的生理学功能还不很清楚。虽然大多数生物表面活性剂被认为是次级代谢产物，但其中一些能通过促进营养物传送或微生物-宿主之间的相互作用，对产生生物表面活性剂的微生物的生存起重要作用。总的来说，生物表面活性剂的生理学功能都与生物表面活性剂的两亲性有关。

(1) 生物表面活性剂可以增强非极性底物的乳化作用和溶解作用，从而促进微生物在非极性底物中的生长　从微生物生长动力学的角度，研究微生物生长速率与营养物浓度之间的关系，可以推测微生物是否依赖于非极性底物为唯一碳源，分泌生物表面活性剂到生长培养基中，以确保碳源的及时供给从而维持其生存与生长。事实上，一些利用烷烃的微生物在水溶性基质中生长时会产生少量的生物表面活性剂。已经证实，*Pseudomonas aeruginosa*在正烷烃中生长时，在生长培养基中加入极少量生长刺激物——鼠李糖脂可以加速其生长。一株能产生少量鼠李糖脂但不能利用石蜡的*P. aeruginosa*变异菌株，加入鼠李糖脂后可以明显促进其在烷烃中的生长。然而生物表面活性剂也并不总是在非水溶性基质中产生，例如一株在十六烷中不能生长的变异株，在葡萄糖基质中产生的鼠李糖脂是普通菌株的2倍，而这种场合不存在烷烃的乳化需求。

一些细胞周围的生物表面活性剂可能与烷烃在细胞界面的迁移和接触有关，这一机理的依据是，从生长在烷烃中的*Candida tropicola*细胞表面的多糖残链中分离得到2.5%的脂肪酸，而从生长在葡萄糖中的细胞中只测到痕量的相应多糖组分，这表明细胞周围的多糖-脂肪酸络合物与烷烃底物直接进入细胞有关。*Serratia marcescens*产生的生物表面活性剂可能对细胞表面的疏水性起调节作用，这可能是细胞在各种界面附着与形成菌落的一个重要因素。阴离子磷脂已被确证在蛋白质膜嵌入中起相当重要的作用，最近证实阴离子磷脂可控制蛋白质毒素在膜的嵌入。

(2) 生物表面活性剂的抗生性　生物表面活性剂(主要为脂肽和甘油酯)具有杀虫活性。生物表面活性剂的杀虫活性与其两亲性有直接关系。大多数抗生性生物表面活性剂，如*P. aeruginosa*产的鼠李糖脂和*B. subtilis*产的表面活性剂，由于溶解大多数细胞膜成分而具有抗生素功能。微生物通过向培养基中释放抗生素，使其本身在环境条件变化时具有更好的生存机会。

三、生物表面活性剂的类型

微生物生产的生物表面活性剂包括广泛的化学结构，不同微生物生产的生物表面活性剂见表9-1-3。

表 9-1-3　不同微生物生产的生物表面活性剂

生产菌	表面活性剂类型
Torulopsis bombicola	糖脂(槐糖脂)
Pseudomonas aeruginosa	糖脂(鼠李糖脂)
Bacillus licheniformis	脂蛋白(Surfactin)
Bacillus subtilis	脂蛋白(Surfactin)

续表

生产菌	表面活性剂类型
Pseudomonas sp. DSM 2874	糖脂(鼠李糖脂)
Arthrobacter paraffineus	蔗糖脂及果糖脂
Arthrobacter	糖脂
Pseudomonas fluorescens	鼠李糖脂
Pseudomonas sp. MUB	鼠李糖脂
Torulopsis petrophilum	糖脂,蛋白质
Candida tropicalis	多糖-脂肪酸复合物
Corynebacterium lepus	棒杆霉菌酸
Acinetobacter sp. HO1-N	脂肪酸、甘油单、二酯
Acinetobacter calcoaceticus RAG-1	脂杂多糖(Emulsan)
Acinetobacter calcoaceticus 2CAC	整个细胞(脂肽)
Candida lipolytica	Liposan(主要为碳水化合物)
Candida petrophilum	脂肽
Nocardia erythropolis	中性脂
Rhodococcus erythropolis	海藻糖霉菌酸双酯
Corynetobacterium salvonicum SFC	中性脂
Corynetobacterium	多糖-蛋白质复合物

显然,微生物生产的生物表面活性剂的类型主要取决于所采用的微生物。从化学类型来分,主要有糖脂、肽、脂肪酸和磷脂。很多微生物生产的生物表面活性剂似乎是一些比较复杂的混合物,其中分离得较多、研究得也较深入的生物表面活性剂是糖脂。表9-1-4列举了一些具有良好性能的生物表面活性剂。

表 9-1-4　具有良好性能的生物表面活性剂的主要类型

生物表面活性剂类型	结构类型	分枝菌酸
糖脂和分枝菌酸 海藻糖二分枝菌酸脂	在C′-6,′6处被酰化的带有1-酰基-2-羟基酸分支的总链长度为C_{60}～C_{90}的海藻糖	分枝杆菌
海藻糖二棒状杆菌分枝菌酸脂	结构同上,但酰基链较短,总长约为C_{28}～C_{88}	诺卡氏菌 红球菌 棒状杆菌
鼠李糖脂	鼠李糖或二鼠李糖带有β-羟基癸酸或二聚物的糖苷	假单胞菌
槐二糖脂	与17-羟基C_{18}酸相连的槐二糖或乙酰化的槐二糖	球拟酵母

续表

生物表面活性剂类型	结构类型	分枝菌酸
肽和聚合物 Emulsan Surfactin	带有蛋白质、多糖和脂肪酸 酯的大分子聚合物 带有亲脂和亲水组分的环脂肽	乙酸钙不动杆菌 枯草芽孢杆菌

(一) 糖脂和分枝菌酸脂

糖脂的特点是由二糖酯化到被修饰的脂肪酸上构成的，常见的例子是鼠李糖、槐二糖、蔗糖或海藻糖酯化到烃基化的脂肪酸上，烃基的位置通常是在羧基的β位上，但是这一功能基在其他基团位置上存在的例子也有。图9-1-1为球拟酵母(*Torulopsis* sp.)产生的两种典型糖脂。

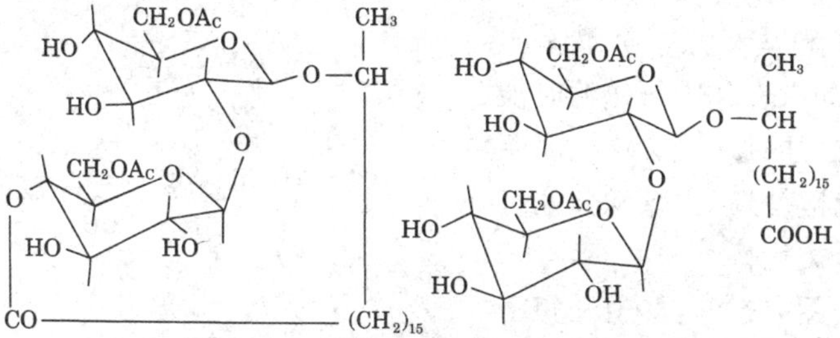

图 9-1-1　球拟酵母产生的典型糖脂结构

这类脂中最常分离到并被广泛研究的是索状因子脂(Cord factor)。这个名称是由于观察到它们在显微镜下表现呈纽结的杆状索带的缘故。这些脂类含有一种海藻糖，并在C-6和C-6′处相连成β-羟羧酸。一般称其为分枝菌酸或霉菌酸(Mycolic acid)。

1. 分枝菌酸脂

由于海藻糖二分枝菌酸既是一种生物表面活性剂，又具有促免疫剂的特性，以及对各种分枝杆菌的致病作用，因此近年来对它作了广泛的研究。分枝菌酸从细菌和放线菌中发现，其中包括分枝杆菌(*Mycobacterium*)、诺卡氏菌(*Nocardia*)、棒状杆菌(*Corynebacterium*)、红球菌(*Rhodocus*)、假单胞菌(*Pseudomonas*)、假丝酵母(*Candida*)和球拟酵母等。各属菌株产生的分枝菌酸的碳原子数和其不饱和度均是专一性的。

这种类型的表面活性剂中许多都含有棒状杆菌分枝菌酸(Corynemycolic acids)，也就是说含有碳原子数为32～40的分枝菌酸。例如红平红球菌(*Rhodococus erythroplis*)含有$C_{45}H_{45}O_{12}$到$C_{76}H_{137}O_{13}$的棒状杆菌分枝菌酸。在棒状杆菌、诺卡氏菌、节杆菌(*Arthrobacter* sp.)和短杆菌(*Brevibacterium* sp.)中也可看到类似结构。这些海藻糖二棒状杆菌分枝菌酸是细胞结合型的。但据报道，红平红球菌在生长限制条件下可以生产不同类型的海藻糖脂，而且其中70％是非细胞结合型的。它所分泌的这些脂类是海藻糖的酸性四酯，它是一种细胞主要组分，在2、3、4和2′位置上被酯化，且还带有一个琥珀酰基、一个辛酰基和二个癸酰基残基。如果在作唯一碳源时加入有关的糖，组分中的海藻糖就被蔗糖、果糖和其他有关糖类代替。

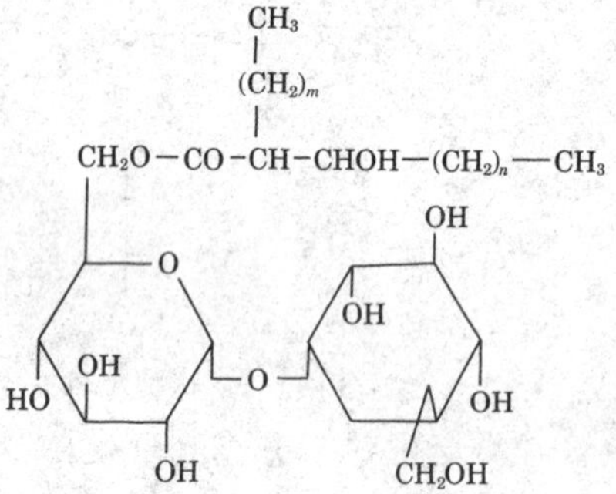

图 9-1-2　红平红球菌产生的海藻糖-6-棒状杆菌分枝菌酸酯

$m+n=27\sim31$

图9-1-2、图9-1-3和图9-1-4即为红平红球菌产生的海藻糖分枝菌酸单酯、双酯和四酯。图9-1-5为白喉棒状杆菌(*Corynebacterium diphtherias*)产生的一种葡萄糖脂。

2. 海藻糖脂

日本学者铃木、田中等对许多烃微生物进行糖脂分析，发现绝大多数或多或少产生蒽酮正反应物质，即糖脂。发现所研究的25株烃细菌普遍产生海藻糖脂。其中石蜡节杆菌4303(*Ar.paraffineus*)产生的糖脂经鉴定为α-α′海藻-α-分枝-β-羟基脂肪酸。其脂肪酸通式是R—CHOH—CHR′—COOH，其中R为C_{18}～C_{23}，R′为C_7～C_{12}。糖脂的产量随细菌的生长而增加，同时底物烃减少。他们认为若同化烃能力强的细菌产生较多的糖脂，则暗示这种糖脂与烃吸收密切相关。

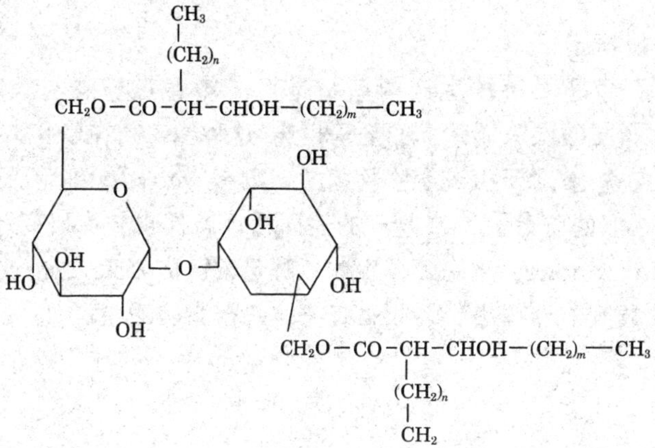

图 9-1-3 红平红球菌产生的海藻糖-6,6′-棒状杆菌分枝菌酸双酯

$m+n=27\sim31$

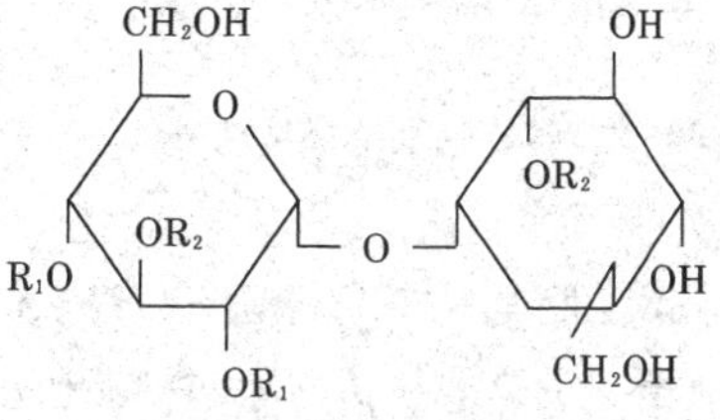

图 9-1-4 红平红球菌产生的海藻糖-2,3,4,2′-四酯

$R_1=OC(CH_2)_mCH_3$或$OC(CH_2)_2COOH$，$m=6$(主要成分)$R_2=OC(CH_2)_nCH_3$，$n=8$(主要成分)

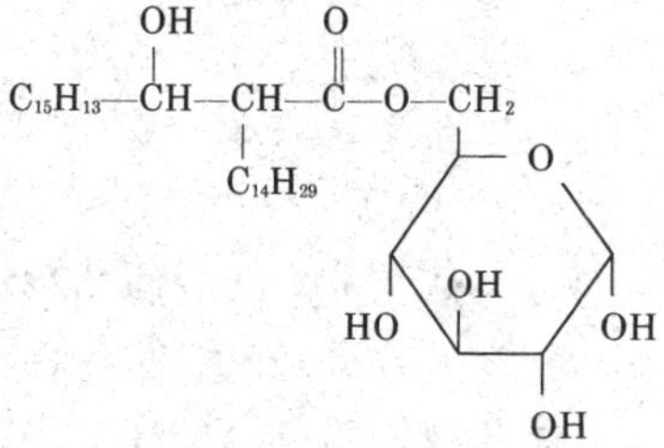

图 9-1-5 白喉棒状杆菌产生的葡萄糖-6-棒状杆菌分枝菌酸酯

3. 鼠李糖脂

鼠李糖脂由数株铜绿假单胞菌(*Pseudomonas aeruginose*)

中分离得到。在这类糖脂中1个或2个鼠李糖分子与β-羟基癸酸，即3-[3-(鼠李糖基-鼠李糖基)-癸酰氧基]-癸酸的1个或2个分子相连。久冢等人用铜绿色假单胞菌S_7B_1试验，也分离出具有乳化作用的鼠李糖脂，经鉴定该物由1分子鼠李糖和2分子β-羟基癸酸组成。

4. 槐糖脂

球拟酵母属菌株生产的糖脂是槐二糖通过糖苷与吸附在C_{16}～C_{19}脂肪酸次末端碳上的羟基相连。这种槐二糖在C-6和C-6′处可能被酰化。对于玉蜀黍黑粉菌(*Ustilago maydis*)细胞所产生的非常相似的胞外纤维二糖脂的表面活性特性也曾有研究(图9-1-6)。另外，Spencer曾在葛罗氏球拟酵母(*Torulopsis gropengiesseri*)发酵液中分离出与烃吸收有关的槐糖脂肪酸脂。

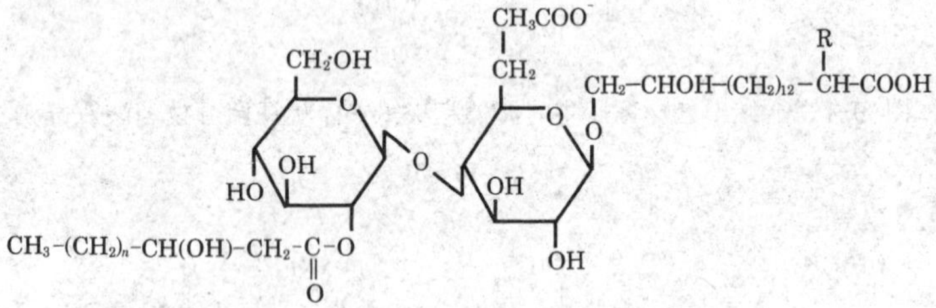

图 9-1-6 玉蜀黍黑粉产生的纤维二糖脂(黑粉菌分枝菌酸)

5. 其他

其他糖脂，包括葡萄糖、甘露醇糖脂等，如节杆菌(*Arthobacter* sp. DSM2567)在各种糖源中培养时，可生成不同的糖脂。先用葡萄糖培养DSM2567，并将其制成休眠细胞悬液。将此细胞悬液于磷酸盐缓冲液中，再分别以甘露糖、葡萄糖、纤维二糖、麦芽糖和麦芽二糖为碳源，则得到甘露糖单酯、葡萄糖单酯、麦芽糖单酯、麦芽糖双酯、纤维二糖单酯、纤维二糖双酯、麦芽三糖单酯和麦芽三糖三酯等。其中部分结构如图9-1-7所示。这些糖脂都含α-支链-β-羟基脂肪酸，其主链上有时也可能存在双键。

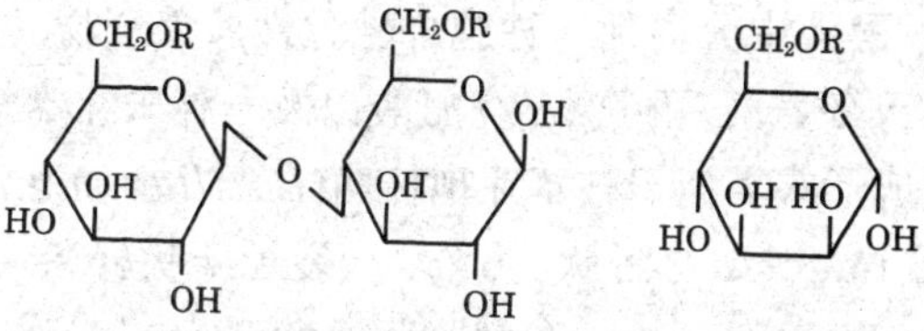

纤维二糖双酯　　　　甘露糖单酯

图 9-1-7　由节杆菌DSM2567的休眠细胞产生的糖脂

R-α-支链-β-羟基脂肪酰基

(二) 肽和聚合物

蛋白质的表面活性(伸展、起泡和表面张力降低)是大家所熟知的，尽管大分子量的蛋白质活性剂只从一种细菌群中分离得到。目前典型肽和聚合物类的生物表面活性剂主要是益沐神(Emulsan)和莎梵婷(Surfactin)。

1. 益沐神(Emulsan)

乙酸钙不动杆菌(*Acinetobacter calcoaceticus*)可以产生一种胞外生物乳化剂，称为Emulsan。这种聚合物是一种杂多糖，平均分子量10^{18}u，主要由D-半乳糖胺和一种未经鉴定的氨基糖醛酸组成。

2. 莎梵婷(Surfactin)

据报道，由枯草芽孢杆菌生产的Surfactin脂肽是迄今已知最有效、但仍有争议的一种生物表面活性剂。最初是由于它对生物系统有裂解作用而被发现的。它可使仅含0.005％ Surfactin的0.1 mol/L碳酸氢钠溶液的表面张力下降至0.0279N/m，这要比使用相同浓度的月桂酰硫酸钠时的表面张力低得多。Surfactin的结构与其他芽孢杆菌生产的环状寡肽抗生素非常相似，但其中有一种脂肪酸(8-羧基-异十五烷酰，简称HPD)作为其组分中的一个单位:

```
O————————L – Leu—D – Leu—L – Asp
|                                |
HPD—L – Glu—L – Leu – D – Leu—L – Val
```

3. 其他

除上述以外，由烃利用性酵母石油假丝酵母(*Candida petrophilium*)发酵液中分离到一种胞外乳化性肽聚合物，这种聚合物由谷氨酸、天冬氨酸、丙氨酸、亮氨酸以及一种未经鉴定的脂肪酸组成，其组成形式类似于枯草芽孢杆菌(*Bacillus subtilis*)产生的一种称为Surfactin的脂肽。另外，从裂烃棒状杆菌(*Corynebacterium hydrocabocastus*)和解脂假丝酵母(*Candida lipolytica*)也分离到一些具有生物表面活性剂特性的胞外聚合物。这两种微生物制剂都是一些含有脂肪、蛋白质和糖类的混合物。

井口等对石油假丝酵母分泌到培养基中的乳化因子的分析鉴定进一步表明，其为多肽脂质，对酵母菌有生长促进作用，但这种促进作用是否是由于肽脂质的乳化作用引起尚不清楚。中国科学院微生物研究所在假丝酵母21207菌株烃发酵液中分离出由不同碳链脂肪酸和5～8种氨基酸组成的多肽脂质，即脂肪酰肽，这与洗涤剂“雷米邦A”的结构相似。

久家等在研究假单胞菌S_7B_1的乳化因子时还同时发现一种“似蛋白活性因子”，简称PA。PA分子量为14500u(道尔顿)，含有丝氨酸和苏氨酸等亲水氨基酸，不含精氨酸和组氨酸，共含有147个氨基酸残基。PA对烃氧化的刺激作用与鼠李糖脂有协同效应，同时PA的乳化作用似乎是与其高级结构有关。因为在90℃加热PA 20min，它仍稳定；98℃加热20min，失活55%，加热45min则完全失活。

除Surfactin以外，Takahara等还发现了含有Ile、Val、Phe、Leu和Ser的脂肽，分子量范围在1000～1500u，脂肪酸的主要成分为$C_4H_9CH(OH)CH_2COOH$。Peypoux等从枯草芽孢杆菌中分离出了一种具有表面活性的抗生素——抗霉枯草菌素(Mycosubtilin)。它由混合长链β-氨基酸构成类脂基团，与8种D型与L型氨基酸共同组成。以合成的3-氨基十六酸和3-氨基十七酸作标准样，可知该抗生素中天然长链β-氨基酸的组成为：3-氨基-14-甲基十五酸，约35%；3-氨基-14-甲基十六酸，约59%；3-氨基十六酸，约6%；3-氨基十八酸，少量。

Besson等人也从一种芽孢杆菌中分离出一种脂肽，类似于Surfactin，只是其结构中一个β-氨基代替了Surfactin中的β-羟基，其类脂基也由混合长链β-氨基酸组成。

绿脓杆菌(*Pseudomonas aeruginosa* P-20)同化正十六烷烃时产生一种肽糖脂。它的结构中有52个氨基酸残基，1个糖基和1个脂肪酸残基。这些氨基酸主要有L-Ser、L-Lys、L-Asp、L-Glu、L-Pro、L-Val和L-Leu。糖基为鼠李糖，脂肪酸残基为11种脂肪酸的混合物，主要为$C_{16:0}$酸和$C_{18:1}$酸，不饱和酸占65%。

Wilkinson等人在营养琼脂中培养发红假单胞菌（*Pseudomonas rubescens*)，分离得到一种只含一个鸟氨酸的脂，这种鸟氨酸脂具有较好的乳化性；脂肪酸中羟基由气相色谱和质谱法证实其结构如图9-1-8所示。它具有一个游离的羧基和氨基，具有两性性质。

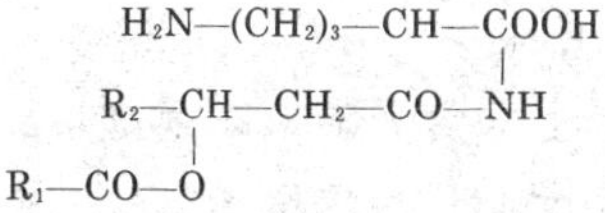

图 9-1-8 发红假单胞菌产生的鸟氨酸脂(R_1，R_2为烷烃链)

Knoche等人从氧化硫硫杆菌(*Thiobacillus thiooxidans*)培养物中分离到另一种鸟氨酸脂。从该脂水解的条件、红外光谱、丹磺酰氯基团分析和非水滴定的结果，证实脂中3-羟基十六酸与鸟氨酸的α-氨基以酰胺键结合。结构如图9-1-9所示，可以看出鸟氨酸中的ω-氨基和羧基全都是游离的。

Tahara等人分别用葡萄糖杆菌(*Gluconobacter cerinus*)、根瘤农杆菌(*Agrobacterium tumefaciens*)和盐屋链霉菌(*Streptomyces siogaensis*)得到了含鸟氨酸和牛磺酸的类脂以及其他氨基酸的类脂。

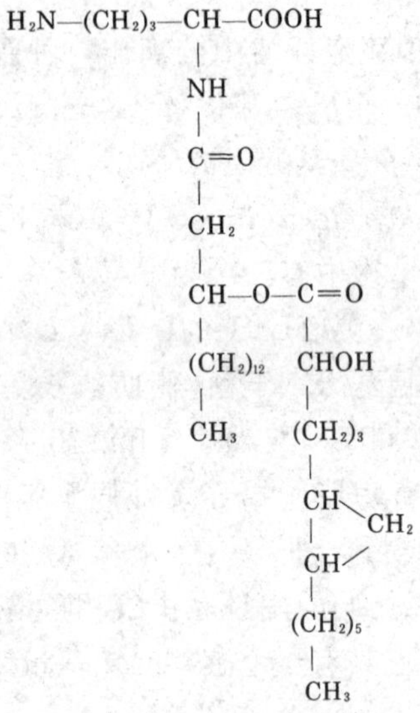

图 9-1-9 氧化硫硫杆菌产生的鸟氨酸脂

(三) 脂肪酸

从生长在正烷烃上的红平诺卡氏菌(*Nocardia erythropolis*)发酵液中抽提出来中性脂戊烷提取液，从中发现约90%为表面活性物质，其中含有一种单甘油酯、一种脂、一种脂肪醇和一些游离脂肪酸。

类似的研究证实，在野兔棒状杆菌(*C. lepus*)的生物表面活性剂中，游离状棒状杆菌分枝菌酸起重要作用。由于分枝的棒状杆菌分枝菌酸比等量的简单羧酸有效得多，因此它本身具有极好的表面活性剂特性。这种效果看来与棒状杆菌分枝菌酸中的β-羟基有关。通过对插入标准羧酸中的羟基的位置作用所作的研究已证实了这一点。

Prokop等发现在热带假丝酵母(*C.tropicalis*)发酵的早期，胞外脂肪酸积累最多，以后逐渐减少，并认为胞外脂肪酸在生长初期对乳化烃类可能起重要作用。

(四) 活性磷脂

磷脂作为生物结构物质广泛分布在动物的脏器、神经、植物的种子和微生物中。特别是构成神经细胞或组织细胞的细胞膜的磷脂的生理活性，引起了普遍的重视，而神经传递物质(乙酰基胆碱)、前列腺素、PAF(血小板活化因子)之类的活性磷脂，以及肺表面活性物质、分化诱导物质、细胞毒性物质等更为人们所关注。

作用于三酰基甘油的1,3-位置特异脂肪酶，对磷脂也显示活性，另外还发现来源于猪胰、猪肝线粒体及猪血小板的磷脂酶，将这些酶逐次作用于磷脂，可以合成在特定位置上具有特定酰基的特殊磷脂。

采用没有位置特异性的水解酶水解磷脂，可得到甘油磷酸胆碱，以它为原料由脂肪酶进行酯化反应，可得到草酸基的磷脂酰胆碱。

四、生物表面活性剂的鉴定方法

(一) 糖脂的鉴定方法

1. 糖脂的精制

糖脂类通常用硅胶柱色谱法区分。极性弱的中性糖脂使用氯仿-丙酮混合液，而极性强的糖脂可使用氯仿-甲醇混合液，再通过改变其各自的混合比使之溶出。若混合有磷脂，还应进一步利用色谱法或硅胶薄层色谱法(TLC)将糖脂分离、精制。糖脂可用α-萘酚硫酸和过碘酸希夫试剂检测。分离方法也可使用DEAE纤维素及活性白土柱色谱法。

2. 糖及脂肪酸的鉴定

把糖脂水解，往生成的分离糖中导入水合醛乙酸盐或三甲基甲硅烷基诱导体后，用气液层析法(GLC)分析。前者的诱导体在色谱图上因可作为单一的峰被分离，因而鉴定上很方便。

脂肪酸鉴定时先把糖脂水解，生成的脂肪酸甲基酯用GLC分析，分子内的脂肪酸分布，可进一步通过分别分析经胰酶水解后来自游离C-1的脂肪酸和来自溶解糖脂的C-2脂肪酸来确定。

3. 脱酰基化合物的分析

把糖脂用弱碱水解，去除脂肪酸酯，再分析水溶性的脱酰化物。分离用滤纸色谱法或纤维素TLC进行。

糖的检测可用碱性硝酸银和过碘酸希夫试剂。此外可通过使用氨基及磷酸基等的显色方法来推断其组成成分。含磷酸基的脱酰化物可使用高压滤纸电泳加以分离。也有把脱酰化物用三甲基甲硅烷基化的GLC分离、鉴定的方法。分离脱酰化物用红外吸收和核磁共振分析，由后者的光谱可以推断糖的异头物(Anomer)的配置。两种分析方法，在分析后试剂均可回收。

4. 糖的结合部位解析

把糖脂或其脱酰化物由过碘酸氧化和氢化硼钠还原以及由弱酸水解，将得到的生成物多元醇、多元醇醛用GLC进行分析。由磷糖脂的上述分解所得的多元醇磷酸，在成为三甲基甲硅烷基诱导体后，也可用GLC分离。通过对这些反应生成物的鉴定和定量，可以推断糖的结合部位。糖的结合部位根据Hakomori的完全甲基化法也可以推断。糖脂或脱酰化物的完全甲基化物乙酰解离所得的乙酰化的甲基糖可用气相色谱-质谱法(GC/MS)解析。

5. 糖的异头物的配位分析

把糖脂的脱酰化物用α-糖苷酶、β-糖苷酶或α-半乳糖苷酶、β-半乳糖苷酶分解，再鉴定游离糖。另一种方法是铬酸氧化法，用铬酸将β-糖苷快速氧化，通过分析反应前后的糖组成，可以分析出糖的异头体配位。利用核磁共振光谱分析也可推断出糖的异头体配位。

(二) 分枝菌酸的鉴定方法

分枝菌酸是分子量最高的天然脂肪酸，其碳原子数范围在20～90，其结构与一般脂肪酸不同，在α位具有很长的烷基侧链，是一种β-羟基脂肪酸。由于这种结构在高温下是不稳定的，因而自Stodola等在1938年首次报道了其存在以来，虽已对它进行了大量的研究，但迄今为止应该说，在较为详尽的分子水平上的分析及代谢研究还是非常不充分的。

有关分枝菌酸结构的研究，已经进行多年，以各种普通化学方法为主的尤其是以硅胶柱色谱法为中心的分离方法、元素分析、红外吸收光谱进行的结构分析，以及根据核磁共振进行的研究均已做过。其中最有效的方法是质谱分析，其在分析分枝菌酸直链部分的碳原子数、二重结合数以及羧基、环丙烷环、甲氧基的鉴定等中，至今仍是必不可少的。当然，该法也并非尽善尽美之法，问题在于分枝菌酸从结构上看是对高温不稳定的。如图9-1-10所示。在300℃时，α、β(C_2—C_3)间的碳键结合会开裂，而出现所谓热分解。因而近来常用热解产物来分析，即通过对局部分枝菌酸醛(来自直链部分的醛)和来自α-侧链的α-甲基酯的分析来进行结构推测。

1. 热解产物分析法

由于热解产物分析法存在一个定量问题，即对完整的分枝菌酸定量是不可能的，因而只能尽可能利用分枝菌酸分子中的基本结构，探索能简便而且可充分进行相互定量的方法，最终发现分枝菌酸甲基酯的三甲基甲硅烷基(TMS)诱导体适宜于用GC/MS分析。这一方法比较简单，在TMS化进行定量工作中，TMS甲基酯即使在300℃以上的温度下也还稳定，因而用于多数菌种分枝菌酸分析还是很方便的。一般来说可遵循图9-1-11所示的操作程序。在硅胶G薄板上，以n-己烷-二乙醚(4：1，体积比)为溶剂展开后，从板上回收各分离物。再用双(三甲基硅烷基)三氟乙酰胺(BSTFA)吡啶(1：1，体积比)或往其中再加少量的三甲基氯硅烷(TMCS)，在50℃下TMS化30min后用苯把溶剂除去，余物用少量已烷溶解后立即注入GC。这时的分枝菌酸用前述的中性溶剂提取可溶性脂，但不能提取细胞壁束缚酯。因而提取方法要因目的的不同而具体选择，但一般常采用经碱水解后(10% KOH，100℃回流一夜)提取总脂肪酸的方法。下面具体介绍各种分析方法。

$$\underset{\displaystyle\ \ \ \ \ \ \ \ OH\ R_1}{R_2CH\text{-}CH\text{-}COOCH_3} \xrightarrow{300^{\circ}C} R_2CHO + R_1CH_2COOCH_3$$

图 9-1-10　分枝菌酸甲基酯的热分解

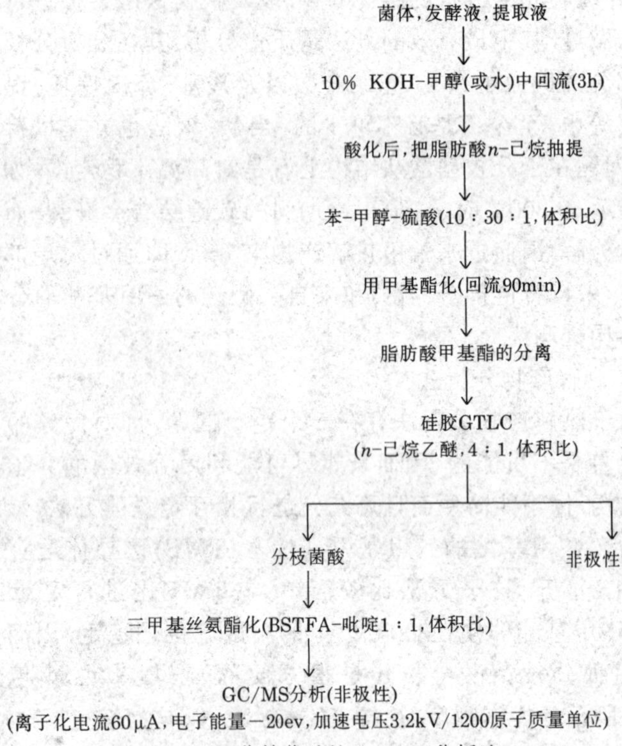

图 9-1-11　分枝菌酸的GC/MS分析法

2. 薄层色谱法

过去对分枝菌酸的各分离单体的分离多采用以硅酸为载体的柱色谱法，但该法需处理大量试样，这点对化学结构分析来说是很不方便的，因而还是以TLC分离法更好。把糖脂水解所得的总脂肪酸甲基酯用*n*-已烷二乙醚(4：1，体积比)的混合剂展开时，非极性酸(R_f 0.8或0.8以上，R_f 为比移值)和极性酸(R_f 0.6以下)甲基酯分离明显。

对诺卡氏菌来说，极性酸斑点的R_f值因菌种而会有若干差异。但大体上还是单一的(R_f 0.4～0.6)，相当于诺卡氏分枝菌酸甲基酯。与此相对，分枝杆菌的极性酸，可有2个以上色斑，有时它们又会重合，因菌种而表现出极为复杂的类型。但TLC上色斑的R_f值不但会因极性基的结构而有不同，也会因碳原子数的不同使长链部分的R_f值增大。如果看一下同样的α-分枝菌酸，其R_f值会依分枝杆菌＞诺卡氏菌＞棒状杆菌的顺序排列。另外在这种条件下，草分枝杆菌(*Mycobacterium phlei*)的分枝菌酸，其分离顺序表现为R_f值由高向低依M_1(α-分枝菌酸)、M_2(酮分枝菌酸)、M_3(二羧酸分枝菌酸及二级醇)的顺序分离。

3. 气相色谱法

将上述薄层色谱板用碘蒸气显色后，用氯仿回收分枝菌酸甲基酯，再用BSTFA进行TMS化，即可采用GC(或GC/MS)进行分析。进行GC分析时的柱长度和固定相的选择至关重要，是上述方法成败的关键。一般使用0.3cm(内径)×(40～50)cm(长度)的玻璃柱分离C_{50}左右的分枝菌酸。固定相选用OV-1或OV-17系统的非极性硅聚合物(聚硅氯类)。不管在哪种情况下，最好都在300℃条件下，进行24h的老化。狭义诺卡氏菌(*Nocadia sensustricto*)的分枝菌酸分离成以C_{52}为中心的C_{46}～C_{58}的偶数酸。与此相对，红球菌菌群，因菌种不同，分子组成有明显差异。红色诺卡氏菌(*N. rubra*)、卡拉兰纳诺卡氏菌(*N. carallina*)和藤黄诺卡氏菌(*N. lutea*)等分离成以C_{44}～C_{46}为中心的偶数酸群，红平诺卡氏菌(*N. erythropolis*)分离出大量的奇数酸，多色产色诺卡氏菌(*N. polychromogenes*)和一种戈登氏菌(*Gordona bronchialis*)分离得到碳链明显增长的类群(分别以C_{62}和C_{64}为中心)等等。这些显示了极为丰富的类型。根据对分枝菌酸的GC分析，可清楚地看出酶图谱，这对菌种的鉴定也是很有用的。

4. 质谱分析法

用GC分离的分枝菌酸甲基酯的TMS诱导体，如图9-1-12

所示。因断裂，总碳原子数、所含双键数、直链部分的结构以及侧链的结构均得以鉴定。

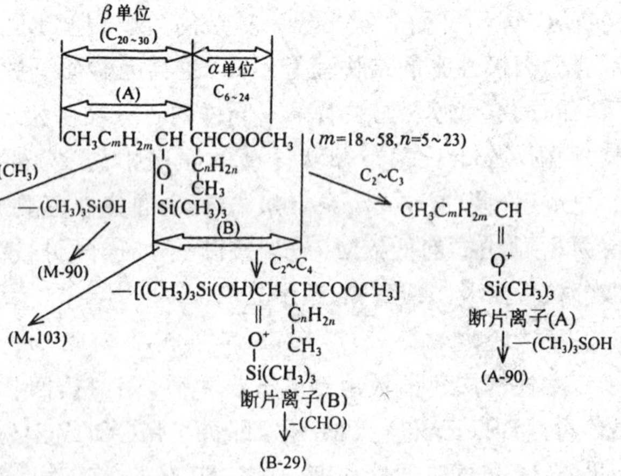

图 9-1-12　分枝菌酸甲基酯TMS诱导体的断裂情况

这种情况下的分子量，因(M–15)离子较分子离子(M^+)检测得更为明显，故(M–31)、(M–90)和(M–122)离子等也是有用的。直链部分的结构(碳原子数及不饱和键数)因在C_2—C_3间断裂，可根据断片离子(A)及(A–90)或α–侧链的断片离子(B)及(B–29)进行鉴定，但只用质谱分析要决定双键结合及环丙烷环的情况则是困难的。另外，一般说来，用GC分离的分枝菌酸的各分子中，不饱和程度不同的某些成分重复的情况较多。就星状诺卡氏菌(*N. asteroides*)的C_{52}分枝菌酸的情况看，(M–15)离子由5种峰(m/z487、845、843、841和839)组成，系分别由C_{52}的饱和、单氯、双氯、三氯和四氯酸形成。与此相对应，(M–32)、(M–43)和(M–90)离子也分别显示了相同的类型。

另一方面，断片离子(A)的主要峰m/z593、591、589和S87，其直链部分明显地存在3个不饱和双键。与此相对断片离子(B)以m/z371为主，但由于在m/z369也有相当强的离子被检测出，因而不难发现上述分枝菌酸的α单位(到包含α侧链的C_2位的碳原子数)是由C_{15}饱和单氯酸构成的。诺卡氏菌的分枝菌酸是以不饱和程度高的链长加长为特点的，被检测的最高可达六氯酸。与此相对，分枝杆菌的分枝菌酸，其分离物成分显示多样性，具有多数极性不同的成分。其中最基本的结构M_1(α-分枝菌酸)，存在于所有菌种之中，但其直链部分和α侧链的结构因菌种而异。

5. 高压液相色谱法(HPLC)

对分枝菌酸的HPLC分析是由Qureshi等和Steck等进行的。前者的做法是把自结核分枝杆菌(*M. tuberculosts*)H_{37}Ra株的α-分枝菌酸对溴苯酰酯化后用μBondapakC_{18}进行反相柱色谱分析，把不同碳原子数的同系物分离，分离后利用直接导入法进行质谱分析。其结果表明主要成分是具有2个环丙烷的$C_{76:78:80:82}$分枝菌酸。而后者同样是先把牛分枝杆菌(*M. bovis*)、耻垢分枝杆菌(*M. smegmatis*)及结核分枝杆菌(*M. tuberculosts*)的分枝菌酸用对溴苯酰酯化，然后再分2个阶段，先用10 μm大小的硅胶，再用μBondapackC_{18}将其分离。可分别分为极性不同的分离物和碳原子数不同的同系物。牛分枝杆菌BCG株被鉴定为C_{79}～C_{88}的分枝菌酸。

(三) 脂肽的鉴定方法

脂肽可因氨基酸与脂结合的差别而分为两类。一为脂肪酸与氨基酸的氨基以酰胺形式结合的*N*-酰基氨基酸型，另一种是甘油脂与氨基酸的羧基以酯形式结合的*O*-氨基酸脂的磷脂酰型。现以研究较多并且主要存在的鸟氨酸脂类为例，对脂肽的鉴定方法作一介绍。

1. 提取的脂类用双向硅胶TLC展开，用茚三酮检测出鸟氨酸脂

由于在展开时，鸟氨酸脂附近存在有茚三酮阳性的磷脂酰乙醇胺，因此需用Dittmer试剂检测磷而使两者的差别充分地区分开来。鸟氨酸脂对Dittmer试剂反应阴性。分离鸟氨酸脂时，用硅

胶TLC或硅胶柱色谱法把磷脂酰乙醇胺的茚三酮阳性组分析出，然后再把鸟氨酸脂用TLC分离、精制。当用色谱法分离两者有困难时，可用酶处理磷脂酰乙醇胺，使溶解的磷脂酰乙醇胺部分分解，再把鸟氨酸脂分离。还可以把提取的脂类用弱碱水解，再把鸟氨酸脂作为脱酰化物加以分离。这时将失去脂结合脂肪酸。分离出的鸟氨酸脂，先用红外光谱分析。

2. 鸟氨酸鉴定

将鸟氨酸脂用酸水解，水溶性的鸟氨酸可用氨基酸分析仪鉴定或者将其转为二硝基苯基诱导体后，再用TLC鉴定。此外还可使用放射性同位素(^{14}C-鸟氨酸、^{14}C-赖氨酸或^{14}C-谷氨酸)，通过对这些脂肽给予特殊的标记，也能鉴定其组成氨基酸。

3. 脂肪酸鉴定

鸟氨酸脂的酯结合脂肪酸，可通过将脂类用弱碱水解制取。酰胺结合脂肪酸，可把经弱碱水解生成的脱酰化物进一步用酸水解来制取。此后把分离了的两结合部的脂肪酸甲基酯化后，用TLC和GLC分析。羧基脂肪酸的存在利用前者的分析可容易地加以鉴别。羧基酸的羧基位置，可用GC/MS解析。环丙烷酸的存在可通过用(甲基-^{14}C)蛋氨酸给酯的亚甲基以特殊标记的方法加以鉴定。亚甲基的位置根据加氢接触还原产生的分枝脂肪酸甲基酯的质谱分析加以鉴别。

4. 游离氨基的鉴定

鸟氨酸脂的游离氨基，可把脂转换成二硝基苯基(DNP)诱导体或丹磺酰(DNS)诱导体再分析。把合成的DNP-(或DNS-)鸟氨酸脂用酸水解，把所得的DNP-、(或DNS-)鸟氨酸用滤纸色谱法和硅胶TLC鉴定，据迄今为止报道的有关鸟氨酸脂的情况，鉴定结果均为δ-DNP(或δ-DNS)鸟氨酸。DNS-诱导体因呈荧光，故可进行微量分析。此外还有把鸟氨酸脂的游离氨基用亚硝酸脱酰化，加酸水解后用所生成的单氨基单羟基戊烷酸进行鉴定。

5. 游离羧基的鉴定

鸟氨酸脂中游离羧基的存在，可用重氮甲烷甲基化的方法加以证明。把脂类用重氮甲烷甲基酯化后，用重铬酸钾把酯氧化，定量生成甲醇。羧基如果是游离的，则生成的甲醇量等于鸟氨酸的量。游离羧基的存在，通过脂类的非水溶剂的滴定也可以证明。把鸟氨酸脂用氯仿-甲醇(2∶1，体积比)溶解，再用HCl和甲氧基钠滴定，然后根据pH值测定其电位差。具有游离氨基和游离羧基的鸟氨酸脂显示具有两性离子。

6. 鸟氨酸脂酯结合数的确定

鸟氨酸脂的酯结合，可用羟基氨分解法加以定量。把该值与鸟氨酸量比较，可知脂的酯结合数。含有二醇的鸟氨酸脂内的二醇，可先把脂用酸水解，而后用GLC加以鉴定。

(四) 脂肪酸组成的确定方法

1. 气相色谱法

菌体产生的脂肪酸在提取后甲酯化，使用GLC可以很容易地对其进行分析。各种脂肪酸在色谱图上的保持时间以及对各种处理的反应可以作为鉴定的基础。

要得到细胞的总脂肪酸的甲基酯，可采用盐酸-甲醇提取与甲基酯化同时进行的方法，也可采用提取碱化的脂肪酸，再将其用甲基化剂使其甲基化的方法。

气相色谱分析使用配有氢焰电离检测器(FID)的GLC进行恒温分析。最好使用毛细管，若使用玻璃柱，柱高以2m为宜。历来所用的效果良好的填充柱，极性强的有作为液相的二甘醇琥珀酸(DEGS)聚酯，非极性的有涂布着硅OV-1的铬目砂W等硅藻土。应该说对DEGS，液相的浓度越低，分离效果越好，但由于劣化也快，所以使用浓度应掌握在10％。用OV-1时，浓度为5％的程度为好。此外像EGS，GS-30d等填充剂也可使用。

载气使用氮气，载气的流速为30ml/min，柱温为170℃左右，但要预先进行样品及标准样品的分析；考虑到分离度和分析时间，应确定适当的柱温和载气流速。在样品注入时开始记录保留时间与标准相对照。

由GLC所得各峰的鉴定，多数是与在相同条件下被分析的标准样品或由已知脂肪酸组成的菌株各峰的保留时间加以对照进行的。使用填充柱进行分析，有时会出现极性脂肪酸和非极性脂肪酸，相同碳原子数的同位侧链和非同位侧链的脂肪酸会形成相同的峰。若使用毛细管可将两者成功地分离，如支链酸用4～5m的填充柱在峰顶分离。但也有不能分离的情况。

对利用极性、非极性柱来区分峰的化学结构已有很多了解，但并非都能得到令人满意的结果。根据下面所述的方法对样品进行再处理，有时反而会得到令人满意的结果。

饱和酸的单元酸、2-和3-羟基酸等各组群，在其保留时间的对数值和碳原子数之间大体上存在着直接关系。即如果以碳原子数为横轴，保留时间或相对保留时间的对数值为纵轴，引一直线，即使对非标准样品，不了解其保留时间的物质，也可据此加以推测，因而在推定未知峰方面是一种有用的方法。

要确定不饱和酸的双键结合位置，最好的方法是用溴氧化等方法在双键结合位置上切断碳链，使其成为两部分，但具体做时要进行实验。采用这种方法，由于顺十八碳烯酸双键结合位置不同的异构体的保留时间会略有不同，因而如果两者不混合的话，只要认真测定，还是可以区别的。在使用DEGS柱的情况下，与油酸相比，异油酸的保留时间稍长。当使用2m柱时，在一般分析条件下，约有30s的差距；在使用5m柱时，因条件不同会有1min左右的差距。

2. 色质联用法

如果把GLC与质谱联合起来(GC/MS)分析碎片，多数情况下均可较为容易地了解含有甲基酯组分的物质的化学种类。如果和前面介绍的方法结合起来研讨，对峰的鉴定会更加明确，不失为一种有效的方法。

由GC/MS的结果，可根据分子峰离子(M^+)方便地了解GLC图上相应峰的分子量。长链碳的存在可通过切断其碳碳结合，然后根据一个亚甲基单位，也就是根据14质量单位间隔所看到的峰群加以判别。

不饱和酸和三甲烯酸质谱分析的碎片图，因表现为相同的质谱而不易区分，因而需要使三甲烯酸在酸性条件下开环，再分析所生成的支链脂肪酸。但这样做还不如使用将样品进行再处理的方法。

支链脂肪酸的支链在接近羧基的情况下，经质谱分析可以看到特有的峰。但对那些在细菌细胞中经常可以看到的同位型和非同位型脂肪酸来说，由于这些碎片峰来源不明，因而形成的诱导体常常无法分析，要鉴别这些酸是很困难的。

羧基脂肪酸的分子峰是多种多样的。水分子M^+-18的小峰为可见程度;2-羟基酸随着C_1—C_2的开裂，(M^+-59)表现有极强的峰，这是它的一个突出特点;此外随着C_2—C_3和C_3—C_4的开裂，m/z90，m/z103也可见到。在3-羟基脂肪酸中m/z103常显示基本峰，也是极富特点的。

第二节　生物表面活性剂的生产

一、生物表面活性剂的生物合成及其遗传学

像生物表面活性剂这样的次级代谢物的生物合成与遗传学一般比较复杂。由于各种原因(诸如生物表面活性剂结构的多样性，可能包含各种生物合成途径，以及对除*B. subtilis*外的工业微生物的微生物遗传学缺乏了解等)，不像蛋白质那样便于定性。现有的报道只是一些有关生物表面活性剂的疏水、亲水部分的合成和*B. subtilis*生产表面活性剂遗传学的少量研究进展。

(一) 生物合成

1. 概述

与测定得到的生物表面活性剂结构的种类多样性相同，其生物合成途径也多种多样。为简单起见，可根据是否从头合成疏水部分、亲水部分，或两者都合成，将合成途径分为三大类。显然，这种分法不能反映许多涉及脂类和疏水部分构成的各种生物合成路线。那些非从头合成的组分通过改良碳源如糖类、烷烃等来生产，各种不同碳源基质常常能被结合进生物表面活性剂，形成一属有关的分子。

在脂肽中，如herbiclin和surfactin，脂和肽部分都由烷烃直接合成。在生长培养基中加入氨基酸或脂肪酸只影响其产量而不影响产物结构。由*Rhodococcus erythropolis*形成的海藻糖脂是一个典型的化合物，其亲水组分(此处为海藻二糖)不受碳基质的影响，而脂肪酸部分则取决于进料烷烃的链长。脂肪酸(分枝菌酸，Corynomycolic acid)被酯化为海藻糖-6-磷酸酯的酶反应可能是限速步骤，随后脱磷酸化并进一步修饰。而*Arthrobacter paraffineus*产的表面活性剂则提供了另一类化合物的例子，这类化合物中亲水链(糖)受碳源的影响，当该微生物以果糖为碳源生长时产生果糖脂，而在蔗糖生长培养基中则生成葡萄糖与蔗糖脂。

生物表面活性剂的脂肪酸成分与脂类代谢机理密切相关。目前对脂类代谢已了解得比较清楚，但是，亲水支链由于其生物合成机理变化范围大，其结构具有高度的复杂性，因而了解较少。

以烃类为基质生产的生物表面活性剂是生物表面活性剂中的一大类，许多微生物都可以仅靠烃类为单一碳源生长。酵母菌和真菌主要利用直链饱和烃，细菌则除了降解异构烃或环烷烃以外，还利用不饱和烃和芳香族化合物。

烃基质的憎水性是微生物降解烃类存在的主要问题。由于烃降解酶嵌入细胞质膜中；烃基质必须通过外层亲水细胞壁才能进入细胞内，被烃降解酶利用。因此，烃基质的憎水性是限制烃摄取步骤的主要因素。各种微生物以不同方式解决这一问题。一些细菌和酵母菌分泌出离子型表面活性剂，使培养基中的烃基质乳化。另一些微生物产生非离子表面活性剂。在烃基质培养时，各种微生物都产生有利于烃基质被动扩散而进入细胞内的效应，这是通过由微生物产生的一大类物质起作用。这类物质也就是所谓的"生物表面活性剂"，如表9-2-1所示。

表 9-2-1 微生物在烃类中生长时产生的一些生物表面活性剂

微生物	生物表面活性剂
Acinetobacter calcoaceticus sp. RAG-1	Emulsan，一种阴离子D-半乳糖胺聚合物
Arthrobacter paraffineus ATCC19558	非专一产物
Arthrobacter paraffineus KY4303	α-支链-β-羟基脂肪酸海藻糖脂
Corynebacterium hydrocarbolastus	含碳水化合物、蛋白质和类脂的聚合物
Pseudomonas aeruginosa sp. S_7B_1	鼠李糖脂和类蛋白活化剂
Corynebacterium lepus	棒杆霉菌酸
Nocardia(Rhodococcus) erythropolis	阴离子海藻糖四酯
Endomycoplis(Yarrowia) lipolytica	Liposan，主要为碳水化合物
Candida guilliermondii	糖蛋白
Torulopsis bombicola	槐糖脂

就目前看来，大多数生产菌都需要某种烃类作为生物合成的碳基质，如*Torulopsis* sp.和*Corynebacterium* sp.即属于此类生产菌；而*Bacillus subtilis*则可以在血琼脂平板上生产并且代谢产生生物表面活性剂surfactin；*Corynebacterium lepus*无论在烃类或葡萄糖介质中培养，都可以大量产生生物表面活性剂，但后者产生的生物表面活性剂是被细胞束缚的，可用有机溶剂萃取出来；*Arthrobacter* sp. DSM 2767可用葡萄糖和甘露糖生产表面活性剂，这表明可以用廉价碳水化合物生产生物表面活性剂。

同一般化学合成表面活性剂一样，生物表面活性剂分子中也包含着憎水基和亲水基两个部分。憎水基一般为脂肪酰基链；极性亲水基则有多种形式，如中性脂的酯或醇功能团，脂肪酸或氨基酸的羧基，磷脂中含磷的那部分，以及糖脂中的糖基。生物表面活性剂由细菌、酵母菌和真菌在各种碳源、特别是憎水性基质如烃类中培养时产出。微生物以烃类为基质产生出生物表面活性剂可能有两方面的原因：(1)当生物表面活性剂为胞外产物时，它有利于烃类乳化；(2)当生物表面活性剂为胞壁结合型时，有利于烃类穿透浆膜外周间隙。所以，生物表面活性剂糖脂，如海藻糖脂、鼠李糖脂，对于微生物摄取憎水性基质起着非常重要的作用。

微生物不管生成何种生物表面活性剂，在分子中接上脂肽、糖脂或仅仅是类脂取代基是合成的一个关键步骤。生物表面活性剂分子中的类脂基是多样的，可以是从简单的C_{10}～C_{18}的直链脂肪酸到含碳原子数高达86的复杂物质。

2. 脂肪酸的合成

在生物表面活性剂生产中，脂肪酸的碳链范围通常很窄，主要是C_{16}酸、C_{18}酸及C_{20}酸。尽管在所有生物体系中脂肪酸的生物合成基本类似，但在某些细菌体系与真核微生物(酵母菌和霉菌)体系之间还存在一些差别。微生物合成不饱和脂肪酸的方式不同，得到的C_{18}不饱和脂肪酸也不尽相同。细菌通常产生11-$C_{18:1}$酸，即顺式异油酸(cisvaccenic acid)，而酵母菌、霉菌和其他所有活细胞都产生油酸，即9-$C_{18:1}$酸。但不管在哪种体系，脂肪酸的全程合成都从乙酰-CoA开始。下面对这一过程作一简单介绍。

(1) 乙酰-CoA的来源　细菌中没有线粒体，乙酰-CoA通常直接从丙酮酸由丙酮酸脱氢酶催化形成，丙酮酸则从葡萄糖和其他基质酵解得到。

酵母和霉菌细胞的真核性决定了上述反应在其细胞的线粒体内区间发生，但得到的乙酰-CoA本身不能透过线粒体，要以与肉毒碱反应或与草酰乙酸反应的方式完成CoA的转移。

当以乙醇或乙酸等C_2基质作为生物生长培养基时，乙酰-CoA必然被直接合成。

(2) 乙酰-CoA的羧基化　无论在细菌、酵母、真菌或动植物细胞中，乙酰-CoA均被乙酰-CoA羧化酶羧化成丙二酰-CoA，然后作为C_2供体，以乙酰为单位在合成脂肪酸中逐步使碳链延伸。

(3) 碳链延伸过程　无论在真核生物或原核生物中，从乙酰-CoA延伸到长链(C_{18})脂肪酸都具有相同的机制。基本步骤包括乙酰基与丙二酰基缩合，产生C_4单元，然后还原，脱水，C_4单元进一步还原，直到形成C_4基(即丁酰基)。通过丁酰基与另一个丙二酰基缩合，按上述过程循环，产生C_6单元，如此反复循环直至形成长链酰基。在此过程中脂肪酸合成酶(FAS)起着控制作用。

(4) 从烷烃生物合成脂肪酸　虽然非极性的烃类基质不溶于水，在通常情况下也不易被氧化，但由于微生物产出的表面活性分子可降低周围介质的表面张力(γ_s)，从而帮助微生物利用烷烃供其生长。某些微生物可以利用上述基质生产生物表面活性剂以利于摄取。作为烷烃和有关化合物异化作用的结果，合成得到的脂肪酸再被用于构成表面活性剂中的类脂部分。

正构烷烃可能的摄取机制有下述三种：

a. 摄取溶解烃：一些短链烃($<C_{10}$)，其水溶性虽然有限，但已能被一些菌株以通常的摄取机制对其摄取利用。这种摄取机制不适用于长链烃。

b. 直接接触机制：烃类发酵中常见的现象是生成絮凝物(flocs)，这些絮凝物被视为细胞、烃类液滴和夹带的空气泡形成的复合物。形成絮凝物的原因可能是细胞表面在烃类中培养被诱导，其亲油性增加，便与烃类液滴结合。可以想见，由于紧密接触，烃得以通过细胞膜的亲脂层转移入细胞中。

在不利用烃类的微生物中观察不到絮凝物，利用烃类的微生物在非烃介质中培养时，絮凝物也大大减少。这种现象可以证明上述设想。

c. 摄取乳化烃：该摄取机制是直接接触机制的延续和扩充。在这种机制中，基质首先通过一个被称做“调节作用”或“假增溶”的过程转化为亚微液滴。这一过程进行的前提是存在具有强表面活性的胞外表面活性剂可供利用。

烃氧化机理：烃类，如正构烷烃，进入细胞后，随之经受氧化。

烷烃类的氧化一般从分子的一段开始，经过生成伯醇、醛而得到脂肪酸。

脂肪酸的去向：烃类氧化的主要产物是脂肪酸，这些脂肪酸直接就能结合成更为复杂的类脂。通常报道微生物在奇数碳烷烃中生长将使结合在各类类脂中的相应链长脂肪酰基部分增多。脂肪酸也可通过其他代谢途径进一步代谢，如经正常β-氧化产生乙酰-CoA；或在奇碳脂肪酸时产生丙酰-CoA；也可通过ω-氧化生成二元羧酸；甚至也会发生α-氧化；或者脂肪酸链延伸或发生其他反应，如脱氢、羟化等。

脂肪酸本身也可作为许多微生物的培养基质，这些脂肪酸像烷烃一样，可以用来合成生物表面活性剂。脂肪酸的去向显然取决于微生物。脂肪酸也像烷烃氧化中那样，可以通过ω-或ω-1-位碳原子的羟化得到羟基酸，甚至进一步氧化得到二元羧酸。

然而，脂肪酸与烃类不同之处在于，它能靠特殊的主动输送系统进入细胞内，即以CoA酯的形式进入细胞质。这一机制可能避免游离脂肪酸对细胞的潜在毒性。从研究动物细胞得知，真核细胞摄取脂肪酸以不同机制进行，并且不涉及能耗。

3. 类脂的生物合成

无论从生理学角度或从化学角度出发，类脂的范围都是很广的，它包括长链脂肪酸及含或不含这类脂肪酸的一大类溶解于氯仿、戊烷等有机溶剂的物质。生物表面活性剂的非极性憎水部分通常就是由一个或多个长链酰基构成的类脂基。

尽管由全程合成或由烃氧化生成脂肪酸在胞外确实可以以游离形式存在，但当胞内脂肪酸浓度大于某一极限时，细胞就不能耐受其毒性。因此，脂肪酸在细胞外必须以某种酯化形式存在，如形成CoA的硫酯，以减少对细胞的毒性。硫酯又通过常见的β-氧化循环或少见的α-氧化循环降解。真核细胞中最常见的类脂贮藏形式是脂肪酸与甘油形成的甘油单、双、三酯，细菌中则可形成多种脂肪酸酯。与生物合成表面活性剂有关的类脂的生物合成，或自发出现于胞外，或与微生物表面结合，以使微生物具有一定的表面活性。

生物表面活性剂或多或少总可归于类脂，所以，如果能够控制微生物代谢使其有利于脂肪形成，那么这种代谢过程也将有利于菌株产生生物表面活性剂。但由于生物表面活性剂既含有类脂部分，又含有碳水化合物部分，必须经过两条合成代谢途径才能得到，而影响这些生物合成的途径的因素也可能不同，故对这些情况均需要加以考虑。

(二) 遗传学

生物表面活性剂合成的遗传学分析现在还处于早期阶段，利用重组DNA技术控制生物表面活性剂生产进展很慢，并且要通过将来的努力才能用于科学研究和商业开发；另外，代谢工程，即应用遗传工程以促进非染色体产物的合成，虽然已经在其他领域如抗生素领域进行了有益的探索，但用于生产生物表面活性剂的例子只有将乳糖利用基因在*Pseudomonas aeruginosa*中的表达，使得其在乳糖或乳酪清液中得以生长并生产鼠李糖脂。

往返运载体(Shuttle vectors)和转导噬菌体的DNA转移系统对许多产生物表面活性剂的微生物，如*Bacillus*和*Rhodococcus*等有利。对增强生物表面活性剂生产的成功的工具基因研究而言，用于筛选变异株的合适的平板试验是必不可少的，如直接菌落薄层色谱法和血液琼脂平板试验法。

新近对*B. Subtilis*遗传学及对表面活性物质生产的研究，揭示了包括生物表面活性剂合成的分子水平重组在内的复杂问题。值得注意的是，表面活性剂生产所需的*srf*A基因，已被置于一个可诱导促进因子的控制之下，从而表面活性剂的生产仅仅依赖于在生长培养基中加入诱导物isopropyl-β-galactoside(IPTG)。其他具有增强生物表面活性剂生产的重组微生物也已经得到。有报道从一株野生型表面活性剂生产株*Bacillus subtilis* RB14得到了重组菌株*Bacillus subtilis* MI113，其中含有与表面活性剂生产相关的质粒基因，在理想条件下其表面活性剂产量是野生型的8倍。

二、生物表面活性剂的生产试验

有效的生物表面活性剂试验的意义在于，能成功地通过优化培养基和发酵工艺来进行生物表面活性剂生产，并能对生物表面活性剂生产菌或它们的变异株进行选择。但是，大多数生物表面活性剂分子中缺乏普通反应基团或发色基团，这样就难以进行通用的化学或光谱学试验，下面对生物表面活性剂培养基优化和菌种选择方面的新进展作一简单介绍。

(一) 生物表面活性剂优化研究试验

生物表面活性剂优化研究试验的前提是获得大量具有较好特征性和敏感性的样品。目前，生物表面活性剂测定用得最普遍的方法是界面/表面张力测定法和薄层色谱(TLC)，但是这些方法由于灵敏度不够以及费时，不适于定量研究。例如，细胞-自由培养基对有机相的界面/表面张力通常受到诸如pH和离子强度等因素的强烈影响，很难通过界面/表面张力来对生物表面活性剂生产进行定量试验，因此，界面/表面张力法仅适用于生物表面活性剂生产微生物的初步筛选。另一方面，尽管TLC法在溶剂体系合适的条件下能够提供较好的手段和半定量的信息，但还是不适于分析优化研究获得的大批样品，因为预处理的纯化步骤较为费时，比如要进行沉淀和萃取等。在界面/表面张力测定法中通过测定微滴直径和接触角而鉴定表面活性剂的湿活性也存在着类似的问题。因此，为了给生物表面活性剂优化过程提供有效的工具，必须研究新的试验方法。

高效液相色谱(HPLC)已广泛应用于生物分子的测定、定量与纯化，但它在生物表面活性剂分析上的应用的首例是用C_{18}柱反相HPLC分析由*Bacillus lichenifomis* JF-2产生的生物表面活性剂。该法具有高特征性与灵敏性，并具有处理大批量样品的能力。此外，精确分析所需的样品量小，也不需繁琐的预纯化。该法被成功地用于监测特定生物表面活性剂生产的流程，最终得到*Bacillus lichenifomis*生物表面活性剂连续生产的新工艺过程。

生物分子间的比相互作用，如酶与底物或底物同类物，抗原与抗体，已被广泛用于开发像亲和色谱与酶接免疫吸附剂试验法(Enzyme-linked immunosorbent assay ELISA)等的新型纯化和诊断技术。曾报道了一种针对*Bacillus lichenifomis* JF-2产的脂肽生物表面活性剂的ELISA方法，该法非常专一和灵敏(下限0.01mg/dm)，同时还具有处理大批样品的能力，但它不适于处理其他类型的生物表面活性剂，因为即使与载体蛋白如牛血清白蛋白(BSA)或锁眼帽贝血蓝蛋白(KLH)结合，生物表面活性剂也并不都具有免疫遗传性。

(二) 生物表面活性剂菌种选择试验

由于大量的菌株需要定性，所以高效的筛选策略是分离得到所需微生物或变异株的关键。上述间接的生物表面活性剂试验不适合该目的，所幸的是，已开发出了一些直接利用生物表面活性剂生理学和化学性质的技术。

有文献报道了一种筛选产生物表面活性剂变异株的改良的细菌菌落TLC法，TLC法样品前处理需费时许多天，但该法可在TLC平板上直接用细菌群体，并在平板上进行预展开，随后含细菌提取液的平板在去除菌体并干燥后进行展开。该实验方法被成功地应用于生物表面活性剂生产缺陷型变异菌株的鉴定与分离。但是这种直接菌落薄层色谱法的灵敏度较低，不能应用于生物表面活性剂低水平生产的细菌。

一些生物表面活性剂可能由于其两亲性而具有抗生性或溶血(Hemolytic)性。这些活性被用于原位生物表面活性剂试验的展开。例如，Surfactin，一种由*B. subtilis*产的脂肽生物表面活性剂，能使红血球细胞破裂，虽然其本身不是溶血酶。这种溶血活性使得Surfactin在血液琼脂试验中能够展开，菌落周围无色溶菌区域的直径或大小很好地对应于微生物的生产能力。该法成功地应用于筛选具有产生物表面活性剂能力的微生物，以及分离具有增强生物表面活性剂产率的*Bacillus subtilis*变异株。该法也能扩大到具有抗生活性的生物表面活性剂。如*Bacillus lichenifomis*产的脂肽生物表面活性剂的原位试验。但是要特别记住的是，血液琼脂的复杂性质使得血液琼脂试验不适于研究培养基组成对生物表面活性剂生产的影响，而溶血区域形成的范围也可能受到二价离子和其他微生物生产的溶血素的影响。

最近还研究出了一种专门针对阴离子生物表面活性剂的新的半定量琼脂平板生物表面活性剂实验法。该法的基础是，阴离子表面活性剂在水溶液中的浓度可以通过与阳离子物质形成的离子对测定，此处选择的阳离子化学试剂为CTAB(溴化十六烷基三甲基铵Cetyltrimethylammonium bromide)和甲烯蓝。在理想条件下，可以在产鼠李糖脂的菌落周围观察到深蓝色晕环，而且晕环的直径与所产鼠李糖脂浓度成正比。该法显示出还能应用于其他阴离子甘油脂如槐糖脂(Sophoroselipids)和纤维二糖脂(Cellobioselipids)。上面讨论的血液琼脂试验在本琼脂平板试验中也可应用。然而，用其他阳离子替代物如氯化*N*-十六烷基吡啶(*N*-cetylpyridinium chloride)或苄乙铵(Benzethonium chloride)进行进一步改良，对其他产生物表面活性剂的微生物是必要的，因为CTAB抑制大多数细菌的生长。

三、生物表面活性剂的生产

由于生物表面活性剂是由不同种类的微生物生产的不同种类的化合物，因而难以给出普遍的理想生产指导线路。生产生物表面活性剂的微生物可分为三类：完全以烷烃为碳源生产生物表面活性剂，如*Corynebacterium* sp.和*Arthrobacter* sp.;仅以水溶性底物为碳源，如*Bacillus* sp.;以烷烃和水溶性底物为碳源，*Pseudomonas* sp.。对依赖于碳源的生物表面活性剂的结构和产量以及所用菌种的了解十分重要。此外，不同菌种生产生物表面活性剂的途径可能不同，因此过程放大与发酵必须就不同的个例进行优化。与其他微生物发酵一样，生物表面活性剂生产的目标是获得最大的产率(或生产强度)、转化率和最终浓度。另外，减少其他代谢产物的积累十分重要，因为它们会影响产品的物理性质和提取过程。像大多数生物分子的生产和分离一样，理想的提取策略常要考虑到生产途径及生物表面活性剂的物理化学性质等因素。

(一) 培养基配制

碳源是生物表面活性剂结构与产量的关键。根据生产菌种的生理学特点，加入烷烃对生物表面活性剂的生产既可能起诱导作用，也可能起阻碍作用。此外，加入如蔗糖等生物表面活性剂前体可以形成甘油脂亲水支链的组成部分，像前面提到的，*A. paraffineus*在不同碳源上生长生成不同亲水支链的生物表面活性剂。同样，生物表面活性剂的脂肪酸部分的结构也受烷烃链长的左右，如由*Rhodococcus erythropolis*生产甘油酯。

其他可能影响生物表面活性剂生产的营养成分包括氮源、磷源、金属离子和其他添加剂。在*Pseudomonas* sp.，*Acinetobacter* sp.和*Torulopsis* sp.的生物表面活性剂生产中可以发现，氮源与碳源或酵母浸膏的比例起着调节作用，磷代谢也有影响。例如，*Bacillus lichenifomis* JF-2的脂肽生物表面活性剂的生产中，将磷浓度从100mmol/dm^3降低至50mmol/dm^3，可将产量从35mg/dm^3提高到110mg/dm^3。加入铁或锰盐发现也能增加*Bacillus subtillus*的surfactin的产量。多价离子对生物表面活性剂生产的影响可能与氮代谢相关。加入如青霉素或氯霉素等的抗生素既可能增强也可能抑制生物表面活性剂的生产。一些例子中加入生物表面活性剂前体发现对生物表面活性剂的结构与产量都有改良作用。此外，像许多其他发酵一样，培养温度、培养基pH和溶解氧水平或搅拌速率对生物表面活性剂的生产也具有重要影响。

(二) 发酵

生产生物表面活性剂的方法取决于微生物和合成产物的性质,表9-2-2列出了各种可能的生产途径。

表 9-2-2 微生物生产生物表面活性剂的各种生产方法

(1) 与细胞生长相关的生产 • 用亲油介质诱导生产 • 用优选介质组成达到增产 • 用优选环境影响因素(pH、温度、通气、搅拌速度等)达到增产 • 加入能引起细胞壁通透性变化的试剂(青霉素、乙胺丁醇、EDTA等)增产 • 加入能促使胞壁结合生物表面活性剂同胞壁分离进入介质中的试剂(烷烃、煤油、EDTA等)增产
(2) 在控制下由生长细胞生产 • 限氮生长 • 限多价阳离子生产 • 在控制下改变pH或温度等条件增产
(3) 由休止细胞生产 • 由游离休止细胞生产 • 由固定化休止细胞生产 • 由固定化休止细胞经随程提取法生产
(4) 由生长细胞、游离休止细胞、固定化休止细胞经加入前体法生产

大多生物表面活性剂在微生物生长稳定期和对数生长期都释放到培养基中。生物表面活性剂的生产可以在低稀释率下通过分批或连续发酵进行。对于那些可以通过休止细胞生产的生物表面活性剂,如*Torulopsis bombicola*生产的甘油酯,可以通过固定化酶进行生产,并可以结合具有吸附柱的生物反应器,这样可从循环发酵液中提取生物表面活性剂以进一步提高生物表面活性剂产量。一个类似的方法,即通过泡沫分馏连续提取产物,已应用于提高*Bacillus subtillus*的surfactin产量。其他用于提高生物表面活性剂生产的发酵技术还包括气升式反应器的应用及双液相发酵。从*Bacillus lichenifomis* JF-2生产脂肽生物表面活性剂的独特方式发展出了不同于其他的发酵操作,因为在生产中通过发酵液界面张力变化和HPLC分析,生物表面活性剂的累积在中

间状态最多并随后迅速下降。后来发现，表面张力的增加或生物表面活性剂浓度的降低是由于生物表面活性剂被生长稳定期细胞所摄取的结果。在一般的分批操作中，生物表面活性剂的浓度通常在1h内从最大值降到零，这就很难得到高的产量。但是，在中间稀释率时进行连续发酵，有可能维持多数细胞群体处于生产状态，并保证含高浓度生物表面活性剂培养液的连续产生。

除传统的液态发酵技术外，其他发酵操作也已被应用于生物表面活性剂的生产。例如，利用重组*Bacillus subtillus*在豆腐残渣上固态发酵生产Surfactin，其产量至少是液态发酵的4倍以上。此外，自循环发酵生产生物表面活性剂的潜力也已得到证实。

(三) 糖脂类生物表面活性剂的生产

生物表面活性剂中最大的一类是糖脂。

非离子型生物表面活性剂的亲水基在细胞的胞壁质中定向，而憎水的类脂基朝向介质定向，这样就使得微生物细胞与油滴接触，细胞壁与油相介质间的界面张力(γ_1)降低，介质分子围绕着细胞形成了单分子油层，并会被动扩散进入细胞内。这类类脂是严格的生长相关型。

离子型生物表面活性剂由不产脂性微生物产生，它们由细胞分泌进入介质，并形成微乳状液，以利油滴扩散进入细胞内。为使烃类在水中达到一定乳化程度，就要求这些生物表面活性剂是水溶性的。满足这种要求的生物表面活性剂是阴离子型的，它们能够成盐。由于只要在很低的生物表面活性剂浓度下微生物就能在油性基质中培养，所以只有在细胞稳定生长期才能经常观察到这些生物表面活性剂过量生产。

生物表面活性剂中糖脂的生物合成途径可能有下述4种:

(1) 糖基和类脂基均由全程合成;

(2) 糖基由全程合成，类脂基合成视烃基质的链长而定;

(3) 类脂由全程合成，糖基合成视基质而定;

(4) 糖基和类脂基合成均视烃基质而定。

糖脂合成途径取决于微生物。目前尚未见有第4种糖脂合成实例的报道，但可以预见，在微生物中加入不同前体，将来可以控制糖脂中糖基和类脂基的组成。*Arthrobacter* sp.似乎具有这种可能性。

第三节　生物表面活性剂的合成代谢调节与提取

一、生物表面活性剂生产中的代谢调节

生物表面活性剂合成前体的代谢途径有多种，在某种程度上取决于主要碳源的性质。从碳水化合物合成糖脂表面活性剂时，有关的微生物代谢主要是糖解和脂肪形成；当以烃类为基质时，主要是脂解和糖原异生。

由于还不能精确地预测微生物随环境条件的变化情况，因此必须分别确定每种微生物随培养条件变化而发生的类脂含量和组成的变化。如果在某种极端环境条件下使用微生物，不管这种极端环境是温度、pH或盐浓度，总会有特殊的微生物能够耐受这样的条件。许多这类微生物具有异常的类脂，它们已经进化到能够耐受高温、极高和极低的pH或高盐浓度。用这样的类脂以及其他的细胞组成作为表面活性剂使用具有重要的意义。

（一）碳水化合物分解代谢的机理

微生物产生生物表面活性剂常常以烃类为基础，然而也能以碳水化合物为基质。在碳水化合物基质对脂肪形成的各影响因素中，限制除碳以外的营养会促使类脂蓄积。在生物表面活性剂合成中也有类似现象，限制营养会调节碳从碳水化合物转化为含脂生物表面活性剂。这种现象表明，虽然生物表面活性剂分子由糖和类脂两部分构成，但在以碳水化合物为基质时，整个分子的合成速度受类脂的合成速度所控制。因此，影响碳水化合物基质中

脂肪形成的因素同样也可能影响生物表面活性剂的合成。图9-3-1为从碳水化合物基质合成生物表面活性剂前体的中间代谢情况。

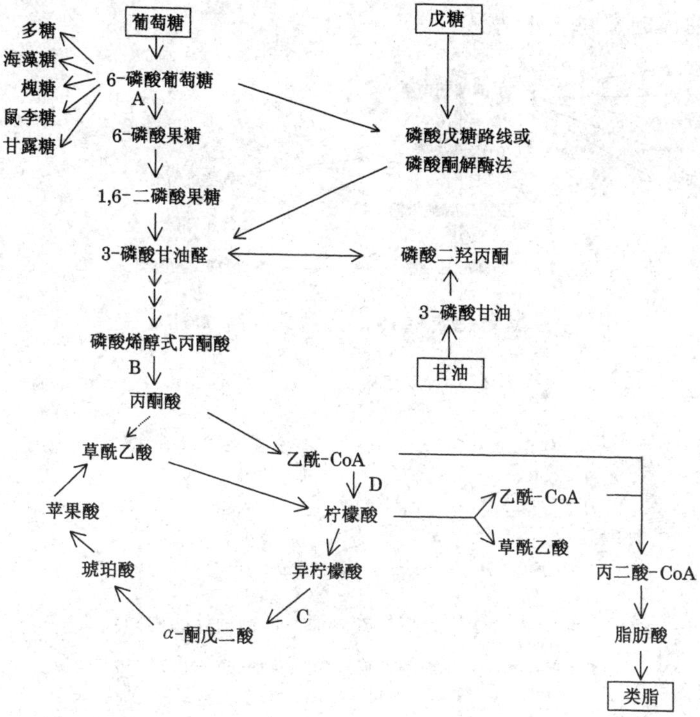

图 9-3-1　从碳水化合物基质合成生物表面活性剂前体的中间代谢

A—磷酸果糖激酶　B—丙酮酸激酶　C—异柠檬酸脱氢酶

D—ATP/柠檬酸裂合酶和丙酮酸脱氢酶　A、B、C和D为关键酶

(二) 烃代谢的控制机理

脂肪酸可以从烃，如正构烷烃合成得到。然后，脂肪酰基可以很方便地构成表面活性剂分子。但是，由于表面活性剂分子中还含有糖部分，它的合成必须经由葡萄糖异生途径，即通过β-氧化循环将脂肪酸氧化到乙酰-CoA，或将奇碳脂肪酸氧化到丙酰

-CoA。这样，在关键酶——由乙酰-CoA诱发的异柠檬酸裂合酶的作用下，经过苹果酸、乙醛酸循环，烃类氧化得到的乙酰-CoA最终转化成草酰乙酸。它随后由磷酸烯醇式丙酮酸羧基激酶催化形成磷酸烯醇式丙酮酸。图9-3-2为从烃基质合成生物表面活性剂前体的中间代谢情况。

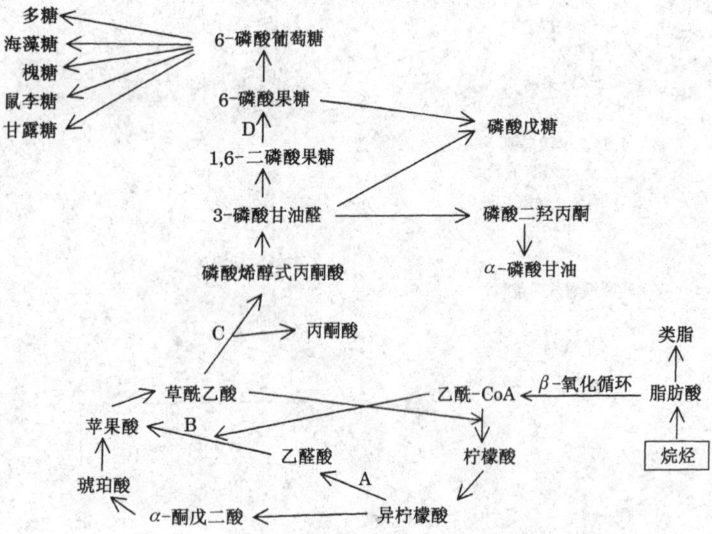

图 9-3-2 从烃基质合成生物表面活性剂前体的中间代谢

A—异柠檬酸裂合酶 B—苹果酸合成酶 C—磷酸烯醇式丙酮酸羧基激酶 D—1,6-二磷酸果糖酶 A、B、C和D为关键酶

(三) 生物表面活性剂合成的调节

生物表面活性剂的合成可通过油性物质的诱发作用、葡萄糖等物质的代谢抑制、限氮及限多价阳离子以及其他作用方法调节。此外，改变微生物生长速度常常会使生物表面活性剂过量生产。温度对生物表面活性剂合成也有调节作用。

烃和其他不溶于水的物质可以诱发微生物生产生物表面活性剂，这是目前研究最多的调节方式。据认为，烃的存在对生物表面活性剂的生成起诱导作用，且发现在生长培养基中添加烃时生长的细胞在形态学上有显著的差异。烃对细胞壁组分起一种溶剂作用。生物表面活性剂分子可能在烃同化过程中起输送作用。在某些培养物中，生物表面活性剂起生长促进剂作用，添加生物表面活性剂可以大大加快微生物的生长速度。

烃的类型可能也很重要。例如不动杆菌生产的乳化剂对特定烃类有一定的专一性，最有效的乳化既需要带环状组分，也需要带脂族组分的烃，此外，把正链烷烃底物的链长由C_{10}增加到C_{17}会大大影响表面活性剂的产量。又例如，由*Candida* sp.生产甘露糖赤藓糖醇脂，只能以正构烷烃或甘油三酯为碳源，而不能以碳水化合物为碳源。

二、产 物 提 取

从发酵液中提取和浓缩生物表面活性剂可能占总生产成本的大部分。这些化合物的低浓度和两亲性常妨碍其有效分离。所幸的是，对大多数应用而言，只要最终产品具有所需的性质，产物的最终纯度并不十分重要。

生物表面活性剂分离的最佳方法随着发酵操作及其物理化学性质不同而不同。当以不溶于水的烷烃为碳源时，必须在分离操作前先去除无用的烷烃。这一点上，4℃冷冻很有效。对于从*Candida lipolytica*分离生物乳化剂而言，可有效固化未同化的十六烷并使得酵母沉降。水溶性胞外生物表面活性剂的分离通常包括多种浓缩步骤，而与膜相连接或不溶于水的胞外生物表面活性剂的分离要相对简单一些，例如与膜相连接生物表面活性剂，由*Micrococcus cerificans*产的磷脂，可用有机萃取剂方便地从细胞体分离出来;不溶于水的生物表面活性剂，如*Torulopsis bombicola*产的甘油脂，能够在离心以后作为重油从发酵液中分离出来。

生物表面活性剂的预处理一般只包括一些简单步骤，如沉淀、有机萃取或吸附色谱。带电荷的生物表面活性剂，如由*Bacillus subtillus*生产的surfactin，通过调节上清液pH到surfactin

等电点进行分离。用冰冷却的丙酮和乙醇以及像硫酸铵等的盐类也被用于从发酵液中沉淀生物表面活性剂。有机萃取可代替沉淀方法或作为补充。通过对有机溶剂谨慎的选择和对水溶液离子强度、pH的调节可以得到在萃取相中的高分配系数。此外，超滤已被成功地用于从发酵液中提取生物表面活性剂。由于超分子结构的形成，如生物表面活性剂在CMC以上时形成的微胶束，使得超滤膜截取的分子量比生物表面活性剂分子量大两个指数级，生物表面活性剂没有明显的损失而可作为生物表面活性剂的浓度。

从发酵上清液大规模或连续分离生物表面活性剂，在离子交换树脂上进行的吸附色谱、活性炭，或如Amberlite XAD-2的疏水吸附剂表现出了较好的效果。生物表面活性剂的进一步纯化，可以用硅胶分配液相色谱，或如Sephdax LH20亲脂树脂的凝胶过滤等。最后，同族生物表面活性剂制品可由预备反相色谱获得。

第四节 生物表面活性剂的应用与前景

一、生物表面活性剂的应用

生物表面活性剂具有超过合成表面活性剂的优点，比如，生物表面活性剂的化学多样性为切合特定应用需要提供更为广泛的选择范围。从与合成表面活性剂相竞争的角度而言，生物表面活性剂在商业上应用取决于其成本与性质。目前，因为生物表面活性剂生产成本较高，其在食品与化学工业中的应用不具有竞争性。但是，合成表面活性剂的环境影响开始使微生物产化合物在经济社会中分量加大。此外，生物表面活性剂的化学多样性使得其广泛多样的物理化学性质具有适合特定需要的能力，例如，*Bacillus lichenifomis* 86产的BL-86在制陶术工艺中是一种优良的分散剂。随着更多的生物表面活性剂在商业上得到应用，其使用范围会迅速增加。生物表面活性剂在工业中应用见表9-4-1。

表 9-4-1　　生物表面活性剂在工业上的应用

作用	工业应用领域										
	农业	建筑	弹性体和塑料	食品饮料	工业清洗	皮革	金属	造纸	油漆涂料	石油及石化产品	纺织
乳化	*		*	*		*	*		*	*	*
破乳										*	
润湿，铺展，渗透	*	*	*	*	*	*	*	*	*	*	*
增溶，固体分散	*		*	*						*	*
加气，发泡		*	*	*			*			*	
消泡				*				*			
去污				*	*	*		*		*	*
抗静电			*						*		*
防蚀	*				*					*	

(一) 生物表面活性剂增强油类提取(EOR)

多年以来，生物表面活性剂增强油类的提取(EOR)被认为是其最重要的发展领域。石油工业中，水流钻井以后用表面活性剂对油进行增流的实际应用已有较长时间，发现与传统的EOR工艺相比，原位微生物增强油类提取具有较大优点。虽然原位增强石油流动的微生物机理尚未十分明了，生物表面活性剂和生物多聚物的产生以及高渗透性区域的选择堵塞确实对微生物增强油类提取起着关键作用。据估计，在达到有效的油提取以前，油与海水的界面张力(IFT)必须降低到10^{-2}～10^{-3}mN/m，一些生物表面活性剂可以提供这样低的IFT值而有利于增强油类提取。

为达到原位微生物增强油类提取(MEOR)的要求，微生物必须具有在与油田相似条件下生产有效生物表面活性剂的能力。在这方面筛选已得到了*Bacillus lichenifomis*的耐热与耐盐菌株。从注入海水的水体中分离得到的*Bacillus lichenifomis* JF-2，在厌氧和好氧条件下，培养基中氯化钠高达10％和温度高达50℃时，生产非常有效的生物表面活性剂。从油田分离得到的*Ba-*

cillus lichenifomis BAS50也具有类似的性质。*Bacillus lichenifomis* JF-2生产的脂肽生物表面活性剂被用于增强油类提取的泥芯冲洗试验。但是，采用生物表面活性剂冲洗在目前的石油价格下不是经济之举，因而不可能占有市场。另一种增强油类提取的方法包括注射和随后的微生物在油田的原位生长。微生物在油田生长的实验研究与数学模拟显示，表面活性剂的产生是增加油类流动的首要因素。与表面活性剂冲洗相反，MEOR在经济上具有吸引力，但在被石油工业领域普遍接受以前还存在许多技术障碍需要克服。

(二) 生物表面活性剂应用于环境领域

生物表面活性剂十分适合在环境领域应用。不溶性污染物的分散与增溶是生物修复的重要步骤。从土壤去除有机化合物以及乳化促进微生物同化作用都需要用到表面活性剂。一些生物表面活性剂显示出对土壤中疏水污染物具有增强其生物可利用性和生物降解的作用。例如，已证实*Pseudomonas aeruginosa* UG2生产的鼠李糖脂具有从不饱和土壤中去除脂肪族和芳香族污染物的能力。与合成化合物相比，生物表面活性剂具有无或较小环境影响的优点和原位生长的可能性。新近研究证实，生物表面活性剂在促进土壤有机污染物降解及Exxon-Valdez石油泄漏分散中得到了成功应用。*Bacillus lichenifomis*生产的生物表面活性剂在溶解有机成分使煤炭升级上的应用也得到了研究。无锡轻工大学也通过实验证实，*Candida antarctic* WSH-112在利用正构烷烃产生物表面活性剂的同时，对正构烷烃的降解率达到90%以上，这表明生物表面活性剂在治理石油污染领域具有良好的前景。

(三) 生物表面活性剂在医疗方面的应用

一些生物表面活性剂，如由*P.aeruginosa*产的鼠李糖脂、*B.subtilis*和*B.lichenitormis*产的脂肽，已发现具有抗生活性。此外，由*Streptosporangium amethystogenes* subsp. *Fukuiense*

AL-23456生产的脂肽既有粒性白血球细胞菌落刺激因子[granulocyte colony stimulating factor(G-CSF)],也有粒性白血球-巨噬细胞菌落刺激因子[granulocyte-macrophage colony stimulating factor(GM-CSF)]诱导活性。也有文献报道,由*S.Amethystogenes*产生的脂肽对BLAB/c雌鼠骨髓细胞增生具有显著刺激。

二、微生物生物表面活性剂与酶合成表面活性剂

许多分离的酶被用于制备各种表面活性剂,以催化水解、醇解、缩合、酰化或酯化反应,包括单甘油脂、磷脂、甘油脂和氨基酸为基础的表面活性剂,它们来自于相对廉价的如脂肪和植物等原料。与传统化学合成相比,这些酶法具有能耗低、热耗小、生物可降解度高和高的选择专一性,因而有望成为传统表面活性剂生产方法的替代者。

微生物表面活性剂与酶合成表面活性剂的比较列于表9-4-2。酶法的优点在于提取费用低和次级结构改良方便,而全细胞法(发酵)的优点是生产费用低和种类多样。尽管从混合发酵培养中分离纯化微生物生物表面活性剂的成本普遍较高,但许多像原位生物修复等微生物表面活性剂潜在的应用并不要求其高纯度。另一方面,酶合成表面活性剂可以用于生产高附加值产品,如药品组分,因为它们较易提纯。

从表9-4-2还可看到利用酶和微生物生产表面活性剂所遇到的问题。酶法所遇到的两个主要问题是酶的成本较高,和亲水、亲油底物难以在基质中溶解。固定化酶以及通过基因工程增强酶稳定性与活性的进一步发展将有望降低酶法中酶成本高的影响,新近在多相酶反应体系和超临界液体技术方面的进展也有助于解决底物溶解度低的问题。

除了由产物浓度低造成的提取成本高以外,微生物表面活性剂还在生产过程中产生大量废液,为解决这些问题,必须采取改

进菌种和全细胞固定化的手段。代谢工程和新型发酵技术的成果也将有助于微生物表面活性剂的生产。

表 9-4-2　微生物表面活性剂与酶合成表面活性剂的特征

特　点	微生物表面活性剂	酶合成表面活性剂
优点	(1) 生物可降解性 (2) 多样性 (3) 生产成本低 (4) 原位应用	(1) 生物可降解性 (2) 结构修饰简便 (3) 提取成本低 (4) 提纯简便
缺点	(1) 提取成本高 (2) 废液量多	(1) 酶成本高 (2) 底物溶解度低
进一步提高的关键	(1) 改进菌种 (2) 全细胞固定化 (3) 改进发酵技术 (4) 代谢工程	(1) 固定化酶 (2) 增强酶的稳定性与活性 (3) 多相体系 (4) 超临界液体技术

三、生物表面活性剂大规模生产的条件

要对生物表面活性剂进行大规模工业开发，必须满足下述条件：

(1) 供微生物生长的基质廉价易得；

(2) 生物表面活性剂的生产工艺简单；

(3) 生物表面活性剂的得率高；

(4) 生物表面活性剂活力高，有特效。

如果生物表面活性剂的优点得到进一步完善，如高活性、良好的稳定性和良好的生物降解性，那么它们的开发就能获得成功。由于微生物进行生物合成的多样性，因而可能由生物产生新的、性能更好的表面活性产物。这是一门有希望的新兴技术。

第十章 生物农药

第一节 生物农药概况

由于受病、虫、杂草的危害，全球每年农作物的损失大约为1/3。为了控制和减轻病、虫、杂草的危害，全世界每年施用的农药高达300万吨。其中绝大部分为化学合成农药，它们大都是抗生物降解的毒害性化合物，能通过食物链在生物体内积累。因此，人们对因其带来的不良后果而担忧。作物保护从化学防治向生物防治转化是发展的趋势。近年来世界各国都十分重视生物农药的研究和利用。

目前全世界已注册的生物农药约有60多种，年销售额(2.5～3)亿美元。尽管生物农药的种类和销售额相对化学农药还不大，但因其对病、虫、杂草具有专一性，对人畜较为安全，对生态无破坏性，并可弥补化学农药的某些缺陷，故其应用前景十分广阔。据预测，到本世纪末，生物农药在整个农药市场上所占的份额将达到40％或更高。

究竟什么是生物农药呢？迄今为止比较公认的定义是，生物农药是利用生物体本身或由生物体产生的生理活性物质作为杀虫剂或除草剂，对特定的病虫害产生作用的安全性高的新农药。生物农药一般可分为直接利用生物体和利用源于生物体的生理活性物质两大类(图10-1-1)。

生物农药的优点是：(1)对害物选择性高，对生态系统影响较小；(2)对非靶标昆虫、益虫和人很少或没有影响；(3)昆虫不易产生抗性；(4)在环境中无残留。但是，生物农药也有许多限制因素：(1)在不到100种制剂中，仅有20种被环保局批准；(2)杀伤害虫缓慢；(3)一些制剂在环境中不稳定；(4)制造费用高昂。生物技术的发展将有助于人们克服这些不利因素，拓宽生物农药在农业害物防治中的用途。

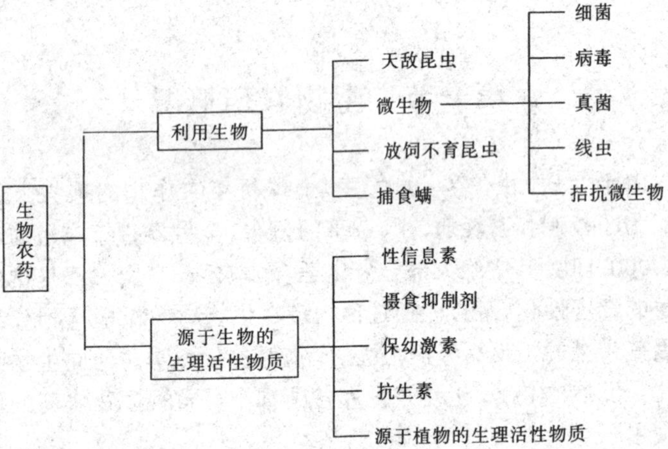

图 10-1-1　生物农药的分类

生物农药产品现在的主要市场分布于世界各地。市场供应的生物农药可防治害虫、微生物及杂草病害等以保护农作物。在美国，有礼来公司、杜邦公司、瑞士山道士公司的分公司、阿博特公司和斯托弗化学公司从事生物农药的研究开发并进行工业规模生产。在日本，抗生素特别广泛地用于防治水稻、蔬菜和工业用作物的病害。工业规模生产的抗生素主要有灰黄霉素、灭瘟素、春日霉素、多氧霉素、细霉素、有效霉素、链霉素、氯霉素和新生霉素等。

第二节　微生物农药

一、细菌杀虫剂

据报道，自然界中有1500多种微生物(包括真菌、细菌、病毒等)及其代谢产物具有杀虫特性。目前研究和利用的较多的是细菌。根据细菌对昆虫的致病性，可将其分为4类：(1)含晶孢子形成杆菌，如苏芸金芽孢杆菌(*B.thuringiensis*)；(2)专性病原菌，如日本甲虫芽孢杆菌(*B.popilliae*)；(3)兼性病原菌，如球形芽孢杆菌(*B.sphaericus*)、铜绿假单胞菌和无色杆菌属；(4) 潜在病原菌，如粘质沙雷氏菌。

细菌杀虫剂中最典型的、研究历史有90年之久的例子是芽孢杆菌属(*Bacillus*)。其中研究得最多的是苏芸金芽孢杆菌、日本甲虫芽孢杆菌、球形芽孢杆菌、缓病芽孢杆菌(*B.lentimorbus*)和*B.moritai*。已商品化的芽孢杆菌属杀虫剂如表10-2-1所示。

苏芸金芽孢杆菌(其制剂简称B.t.制剂)是大多数生物农药研究者的重要研究内容，也是目前商业开发最为成功的微生物杀虫剂。当前全世界每年生产的B.t.制剂有7000～10000t，年销售额已达1.5亿美元，其中欧洲国家产量在2000t左右，占欧洲国家生物农药总量的90％。B.t.制剂的研究与利用始于本世纪30年代，因其生产设备较为简单，使用比较方便，尤其是它可有效地防治150多种鳞翅目幼虫(其中有些是重要的经济害虫)，因此，70年代以后，B.t.制剂便成为防治农田和仓库害虫的重要生物杀虫剂之一。美国环保局已将其指定为用于大田作物、果树、蔬菜和观赏植物的主要生物农药，并将它用于仓库害虫的防治。苏芸金芽孢杆菌发现以来大事记见表10-2-2。

1. 作用机制

苏芸金芽孢杆菌是一种杆状、革兰氏阳性、含晶、形成孢子的细菌。在适当的培养条件下，该菌可形成孢子——一种含晶的类芽孢体。这种类芽孢体内含有蛋白类的δ-内毒素(也被称为杀虫结晶蛋白质ICP)。当孢子完全形成后，细胞溶解并释放孢子和晶体，进入周围培养基内。晶体或孢子的混合物进入敏感幼虫体内后，这种没有杀虫活性的原毒素被碱性肠液活化，并在中肠蛋白

表 10-2-1　　商品化的细菌杀虫剂

菌　种	血清型/变种	商品名称	靶标生物	制造商
Bacillus moritai		Lavillus M	双翅目	日本住友化学公司
日本甲虫芽孢杆菌		Doom, Japidemic	鞘翅目幼虫	美国Fairfax生物研究室
		Milky spore disease		美国Reuter Laboratory公司
苏芸金芽孢杆菌	H3(HD-1)/kurtsaki	Dipel	许多鳞翅目	美国Abbott实验室
(δ-内毒素＋孢子)	H3(HD-1)/kurtsaki	Thuricide		美国Sandoz-Wander公司
				美国Zoecon(Sandoz)公司
	Certan	Bactur		美国Thompson-Haywas化学公司
	H-1/thuringiensis	Bactospeine		Roger Bellon
	H3(HD-1)/kurtsaki	Plantibac		Procida
	H3(HD-1)/kurtsaki	Bug Time		法国生化产品公司
	H3(HD-1)/kurtsaki	Sporeine		法国LIBEC公司
	H3(HD-1)/kurtsaki	Biospor		德国赫斯特公司
	H-1/thuringiensis	Bathurin		Chemapoi-Biokima
	H-1(HD-1)	Baktukal		南斯拉夫Serum Kalinovica公司
	H4/dendrolimus	Dendrobacillin		俄罗斯Glavmikrobioprom公司
	H5/galleriae	Entobacterin-3		俄罗斯Glavmikrobioprom公司
	H-1/insectus	Insektin		俄罗斯Glavmikrobioprom公司
苏芸金芽孢杆菌	H-1/thuringiensis	Biotoksybacillin		俄罗斯Glavmikrobioprom公司
(内毒素)		Eksotokin		俄罗斯Glavmikrobioprom公司
		Toxobakterin		俄罗斯Glavmikrobioprom公司
苏芸金芽孢杆菌	Israelenis H-14	Bactmos, Vectobac	库蚊属	法国生化产品公司
		Teknar	伊蚊属	美国Zoecon(Sandoz)公司

酶作用下进一步转化为有杀虫活性的δ-内毒素。δ-内毒素能破坏幼虫肠壁的上皮细胞，使幼虫停止取食，从而中毒死亡。幼早致死时间取决于昆虫种类和剂量。

表 10-2-2　　苏芸金芽孢杆菌大事记

年份	内容概要
1901	日本从病家蚕中分离出第一株菌株，取名"sotto"杆菌
1915	在德国苏芸金的地方，分离出一菌株，苏芸金芽孢杆菌因而得名
1927	第一种以苏芸金芽孢杆菌为主剂的生物杀虫制剂诞生，具有杀鳞翅目害虫活性
1957	以苏芸金芽孢杆菌kurstaki品系(B.t.k)制成的Thuricide问世，由太平洋发酵产品公司和山道士公司销售
1967	以苏芸金芽孢杆菌kurstaki HO-1品系为主剂的最大商业制剂问世，农业试验证明能防治鳞翅目幼虫
1970	阿博特公司推出70～80年代居首位的产品Dipel
1977	发现苏芸金芽孢杆菌israelensis品系(B.t.i)
1983	发现苏芸金芽孢杆菌tenebrionis品系(B.t.t)。Mycogen公司申请第一个含苏芸金芽孢杆菌转移基因植物的美国专利
1994	截至年底，美国有关苏芸金芽孢杆菌的专利已达123宗

2. 对害虫的释放方式

有关苏芸金芽孢杆菌研究的另一重要领域是寻找对害虫的最佳释放方式。使用苏芸金芽孢杆菌虽然有很高的环境安全性，但是，在典型的田间条件下(如紫外线降解和雨淋)，苏芸金芽孢杆菌在植物叶片上的停留时间只有几小时甚至更短。本世纪80年代，美国孟山都公司为改进苏芸金芽孢杆菌蛋白的功效和残留活性，开发出克隆有苏芸金芽孢杆菌内毒素蛋白基因的植物寄生假单胞菌(*Pseudomonas*)重组细胞。Mycogen公司用此技术进一步开发出MVP和M-Trak产品，其中能够表达苏芸金芽孢杆菌内毒素蛋白的假单胞菌为死菌(以避免重组菌登记时将会遇到的法规障碍)。实际应用表明，这种产品可保护苏芸金芽孢杆菌蛋白免遭环境降解。为提高残留活性，还有公司在生产苏芸金芽孢杆菌制剂时加入抗紫外保护剂及其他添加剂。总之，由于苏芸金芽孢杆菌只有被昆虫摄食才会起作用，因此，施用苏芸金芽孢杆菌应比施用接触性化学杀虫剂更为安全。

3. 用遗传工程手段改进B.t.制剂

B.t.制剂不能被人们广泛接受的原因是：(1)在自然条件下活性丧失；(2)专效性极强，生物活性谱相对窄；(3)相对高昂的价格；(4)见效慢，施药后害虫仍会产生危害。因此人们采用遗传工程技术来改造B.t.制剂。

遗传工程应用在B.t.制剂上的主要研究目的是扩展其用途及生物活性谱。主要的研究工作包括：(1)开发可使通常的B.t.基因表达出不同寄主谱的接合体菌株；(2)将具有不同寄主谱的B.t.互相融合在一起的融合体的构建；(3)直接修饰特定区域以改善或扩展寄主谱；(4)开发能够表达B.t.基因的转基因微生物或转基因植物。这些探索有许多在技术上是可行的。例如，已经商品化的产品Foil对鞘翅目和鳞翅目昆虫均有活性。作为其活性成分的是一种经过接合的B.t.菌株，它具有两个不同的质粒，一个编码对鞘翅目的活性，另一个编码对鳞翅目的活性。在商业上，美国孟山都公司已分离出苏芸金芽孢杆菌戈尔斯德变种(*B.thuringensis kurstaki*)内毒素基因，并将其插入根寄生菌——荧光假单胞菌*Pseudomonas fluorescens*，在该菌的保护之下，玉米根系可免遭鳞翅目幼虫的危害。此外，比利时植物遗传系统公司(Plant Genetic Systems)将苏芸金芽孢杆菌的B.t.毒素基因引入烟草植株中，使烟草获得了合成保护素的能力。虽然转基因植物不再是微生物杀虫剂，但B.t.基因在植物中的表达使过去一些不能防治的昆虫能够得以防治。

遗传工程技术将导致苏芸金芽孢杆菌毒力增强，也使孢子-结晶复合体对恶劣环境具有更大的耐受力，从而增加杀虫剂的效果。但为了保护生态，采用遗传工程技术构建新的生物杀虫剂，必须同时满足既不杀害益虫又不会长时间存留在环境中的要求，即必须保留对人类、非靶标生物及环境安全的特性。而实际上，就像任何一个事物都有其两面性一样，遗传工程的消极作用仍不可避免地存在。例如，大多数天然存在的B.t.会产生多种具有杀虫作用的蛋白质，而重组细菌中通常只能表达一种蛋白质，这种只表达单一B.t.蛋白质的微生物杀虫剂和转基因植物有可能会使靶标种群迅速产生抗性。此外，虽然寄主范围窄会妨碍其商品化，但若将杀虫谱扩得太大，就有可能会连益虫也会感染，反而成为缺点。

4. 生产方法

苏芸金芽孢杆菌的商品化生产采用传统的分批深层发酵技术。其发酵培养基不需要特殊成分，培养条件也较为粗犷。典型的发酵培养基含有15g/L的大豆粗粉、5g/L的葡萄糖（通常为糖浆）和5g/L的淀粉。分批发酵的最终产物含有细胞、孢子、胞外酶和蛋白质、其他低分子量物质和杀虫结晶蛋白质(ICP)。经高速连续流离心分离、丙酮沉淀后，生成的粘稠糊状物再与各种辅助剂（润湿剂、粘着剂、稳定性）混合，最后制成粉剂或液体包装出售。产品质量可利用标准化的生物测定或单克隆抗体来检定。开发廉价的发酵培养基、缩短发酵周期和提高单位体积发酵罐的毒素产量是发酵工程研究者的重要课题。加拿大也有学者在研究苏芸金芽孢杆菌的连续培养生产方法。

5. 应用状况

苏芸金芽孢杆菌是一些作物综合害物治理的重要手段。美国加利福尼亚大学的研究表明，苏芸金芽孢杆菌可同信息素、昆虫天敌（如寄生赤眼蜂）配合使用防治夜蛾，防治费用虽然与传统化学农药大致相同，但对环境造成的损害明显减少。另据报道，在美国东部地区的马铃薯种植区，一些幼虫对大部分合成杀虫剂已有抗药性，若在生长季节初期施用苏芸金芽孢杆菌tenebrionis品系来防治小幼虫，再用氟铝酸钠防治大幼虫和成虫效果相当好。

6. 其他

B.t.制剂能否引起害虫产生抗药性，一直是研究者十分关注的问题。在苏芸金芽孢杆菌长达30年的使用历史中，发生田间抗性的记载不多，有报道的小菜蛾抗性是在苏芸金芽孢杆菌作为单一农药使用、害虫在数年的极端选择压力下产生的。如果苏芸金芽孢杆菌不是以唯一杀虫剂或虫害防治方法使用，虫害的选择压力就会相对减少，抗性也应很小。

尽管生物杀虫剂(如苏芸金芽孢杆菌毒素)可以用做部分化学杀虫剂的代用品，但只有将它与合成的化学杀虫剂结合起来作为害物综合防治措施的一部分，才能发挥生物杀虫剂的最大效力。采用这种方法就可能把生物杀虫剂和化学杀虫剂两者的不利因素减小到最小，增强其防治虫害的优势。

苏芸金芽孢杆菌制剂对环境影响的相对不敏感性是其能够得以商业开发成功的重要原因之一。改进苏芸金芽孢杆菌的施用方法，在制剂中添加紫外线保护剂并用遗传工程手段来改进苏芸金芽孢杆菌的性能，将会给农民进行综合害物治理提供更多的机会和选择。

二、病毒杀虫剂

用于生物防治的病毒主要是杆状病毒(*Baculoviruses*)，由于它从未在脊椎动物或植物中发现，因此被公认为对人类、非目标生物和环境十分安全的微生物。杆状病毒可分为4小类：核型多角体病毒(*Nuclear polyhedrosis viruses*，简称NPV)、颗粒体病毒(*Granulosis viruses*，简称GV)、非闭合杆状病毒(*Non-occlnded bacnloviruses*)和萼状病毒(*Calyx viruses*)，已经开发和正在开发用做杀虫剂的主要是NPV和GV，它们的病毒颗粒由于被包裹在包涵体内因而十分稳定。

(一) 作用机制

鳞翅目和膜翅目幼虫取食叶片而吞入NPV和GV后，包涵体就溶解于昆虫的碱性(pH9.0～10.5)肠液中，释放出病毒颗粒。病毒颗粒侵染敏感昆虫的肠细胞，然后扩散到其他组织。受侵染幼虫死亡后，向环境释放出大量的包涵体，进而侵染更多的幼虫或进入土中累积起来。

(二) 病毒杀虫剂的特性

病毒杀虫剂的特性如表10-2-3所示。

表 10-2-3　　病毒杀虫剂的优缺点

优　点	缺　点
(1) 寄主特异性强，有利于环境保护 (2) 安全性高，对人和非目标生物安全 (3) 病毒可在同一世代的个体之间蔓延传染，有些还可传染给下一世代 (4) 由于不影响天敌和寄生物，因此在综合害物管理中使用较为理想	(1) 特异性限制了市场规模和商业产品的开发 (2) 不适用防治复杂的害虫群体 (3) 致死速度缓慢，见效不快 (4) 对施药时间的要求较为严格 (5) 生产成本昂贵 (6) 为保持活性，贮存条件要求较高

(三) 病毒杀虫剂的商品生产方法

1. 活体生产法

在活的寄主昆虫体内生产病毒是目前主要的生产方法。取得染病寄主有两种方法：第一种方法是鉴定目标群体大量存在的地理环境，并在这一群体内引入特种病毒接种体，再收集侵染的个体。使用这种方法，必须对不同地区害虫的群体动态进行细致的调查和鉴定。由于病毒的产量和活性高低差异很大，并且存在杂种污染的可能，因此，采集田间的病毒进行生产并不是十分合理的方法，其价值主要是提供室内品系所没有的性质的接种体。第二种活体生产方法是采用寄主昆虫的实验室群体和控制引进的病毒。这种生产方法需要考虑的因素包括：寄主昆虫群体的差异、有关寄主和环境的多种因子、病毒品系的差异等。

(1) 寄主昆虫　大规模生产病毒的关键是需要繁殖快、生长健壮的寄主昆虫。Bell等研究认为，每一代群体的增殖率是孵化率(%)乘以从母代到第一代的增殖率。他们饲养从各地采集到的舞毒蛾，两个不同地区采集的舞毒蛾增殖率差异大于2.5倍，其内部存在致病病毒是一个最重要的因素。有些文献还提到昆虫野生群体内存在性别比例上的差异，这可能也是一个重要因素，因为雌雄不同的昆虫在生长、孵化时间、成熟率、食料消耗、饲养容器的影响等方面都有差异，因此实验室繁殖用寄主昆虫原种在生产前要进行细致的评价。

在病毒生产中需要进行许多分离和隔离的工作，因此为了饲养健壮、未受侵染的繁殖用寄主昆虫，需要一定的工作空间。健壮而未受侵染的原种必须严格地小规模保存好，以保持其具有所需要的生长特性。病毒接种、生产过程等必须与全部寄主昆虫饲养工作严格地隔离开来。

(2) 环境因子　寄主昆虫的生长、活性及产生可收集病毒的能力取决于许多环境因子。这些环境因子包括营养、容器大小、温湿度、虫口密度、性别比例和光照等。

昆虫的天然食物是植物，但用植物来饲养昆虫是大规模生产所不允许的。现在一般都采用人工饲料或半天然饲料在室内群体饲养昆虫。最早采用的人工饲料是由酪朊、麦芽和棉叶组成的混合物，并加入复合维生素以及减少细菌污染的抗生素，同时加入适量琼脂以使混合物呈半固体状态。在这一配方基础上加以改进及使用各种蛋白质或植物成分配制的人工饲料，过去10年中一直广泛地用于培养寄主昆虫。Shapiro对核多角体病毒(以下简称为NPV)生产用的舞毒蛾饲料进行了比较，发现麦芽含量高的饲料病毒生产强度相对较大，成本也相对较低。

生产病毒的容器可以用塑料、玻璃、蜡纸板、纸、涂蜡袋、筛网或培养皿，价格便宜是选择的主要依据。容器大小应能够保障昆虫的最佳生长，结构则要适于堆放，保证空间得到最佳利用，并且不妨碍空气流动。此外，接种和收集方便也应是选用容器的一个原则。

温度和湿度是两个能改变昆虫生长和病毒生产的重要环境因子。要使寄主昆虫得以大规模繁殖，必须提供昆虫生长所需的最佳温度和湿度。此外，在病毒生产中，若湿度不够，幼虫就可能脱水。对多数昆虫而言，相对湿度保持在50％即可。

(3) 病毒接种、生长和收集　开发病毒杀虫剂的主要目的是消灭取食大量植物的农业和森林害虫。使病毒侵染这些害虫最好的办法是将病毒剂与害虫食料结合起来。在食料上喷洒病毒悬浮液，病毒就直接进入食料中，但食料的高温有可能造成病毒失活，因此也可以直接向幼虫喷洒。

在收集病毒时，染病幼虫的死活对病毒的活力有一定的影响。例如，从被病毒致死的寄主昆虫收集到的棉铃虫NPV的活性较强。有关舞毒蛾NPV的数据证实了死亡率(%)和病毒活性增强也有同样的关系，但活性增强的原因还不太清楚。现已知死幼虫体内比活的染病幼虫含有更多的细菌，因此可能是腐生细菌释放的降解酶或代谢副产物对病毒活性增强起到一定的作用。

病毒的收集包括容器内侵染幼虫的收集和贮藏。由于每一个容器只有几只幼虫，因此大多数都采用冷冻的办法，将染病幼虫的容器放在冰箱内。其目的是：①阻止细菌生长和虫体腐烂；②冷冻的幼虫操作起来比腐烂的虫体容易，而且能一直贮藏到需要大批量加工时为止。

将染病幼虫组织加水浸泡搅拌即可提取病毒。早期，染病幼虫和水以1∶3混合，搅拌粉碎后用不同等级的滤布过滤出悬浮液中大的固体物质。Bell等的工作表明舞毒蛾NPV的多角体包涵体提取以1∶10稀释最为有效。搅拌时间也会影响病毒的产量。从多角体病毒来提纯包涵体，一般是用超离心技术来完成的，通常在8000～15000r/min下离心15～20min，弃去上层清液，剩下颗粒再悬浮，进而配成制剂。最近也有不采用离心，直接使用冷冻干燥法分离病毒的报道。

2. 离体生产法

由于用活体寄主昆虫生产病毒杀虫剂存在许多不可捉摸的因素，因此，研究人员对在组织培养系统内产生病毒和病毒制品的可行性也进行了广泛的研究。在细胞培养基上病毒生长有许多优于活体培养的优点：①可大量生产；②过程可实现自动化；③能采用细胞培养技术；④能够严格监测和控制营养及环境条件的变化。不过，尽管离体生产具有这些优点，但病毒的离体生产技术至今还未得到广泛使用，主要原因是在成本上尚无法与已经广泛使用的活性生产技术竞争。

(1) 细胞培养　1962年首次培养出取自昆虫细胞的永久性细胞株，用的是一种蚕(*Antheraea eucalypti*)的组织。此后培养出许多节肢动物的细胞株，利用这些细胞株培养出来的细胞能维持一种或多种病毒的生长。现广泛使用的是几种鳞翅目昆虫的细胞株，因为这些细胞株具有使核多角体病毒、细胞质多角体病毒和颗粒体病毒生长的能力。文献报道最多的细胞株主要是几种重要的农业害虫：粉纹夜蛾(*Trichoplusia ni*)，苜蓿银纹夜蛾(*Auotographa caligornica*)，草地贪夜蛾(*Spodoptera frugiperda*)和甘蓝夜蛾(*Mamestra brassicae*)。

基本的培养过程是：一般采用卵或初龄幼虫作为起始材料，用乙醇、次氯酸盐或其他消毒液进行表面消毒。卵或幼虫被浸渍软化，再用酶制剂如胰蛋白酶和胶原酶分解组织，结果形成单个细胞和小的组织碎片，然后放入组织培养瓶或Leighton管内，同时加入少量含牛胎血清和抗生素(如链霉素)的生长培养基。用显微镜观察培养基表面的细胞生长，进而再接种培养，最后建立细胞株。可以用稀释分离法挑选出更有利于病毒生产的专门细胞株。

Hink在100ml摇瓶中培养粉纹夜蛾细胞时发现，影响细胞生长最重要的因素是氧分压、聚集性和pH。通气、添加甲基纤维素、调节pH能解决这些问题，增加细胞产量。发酵罐扩大到2L时，影响因素将会有所改变。对细胞培养过程进行优化是很有必要的，因为只有提高产量和降低成本，离体生产病毒的大规模应用才可能实现。

(2) 影响病毒生长的有关因子　细胞培养生长期是影响病毒产量的一个因素。Volkman等研究证实，在对数生长期生长的细胞对多角体的侵染和生产比在其他生长期中生长的细胞更敏感，然而Lynn等的数据又表明病毒产量并不是侵染率对细胞生长周期的函数。多角体的产量明显地受到细胞生长密度的影响，在苜蓿银纹夜蛾NPV生产中，若考虑细胞密度的因素，则每毫升的多角体数量和单位侵染细胞的多角体数量有明显差异。

当将离体生产病毒方法放大时，需着重考虑经细胞多次培养后病毒致病力减弱的现象。Mackjnnon等报道粉纹夜蛾NPV细胞培养15代以后，单位细胞的多角体数量和非闭合病毒的效价明显下降。苜蓿银纹夜蛾NPV在粉纹夜蛾细胞上长期培养后，多角体包涵体产量和单位包涵体的正常病毒粒子数量都有减少。棉铃虫NPV长期离体培养，多角体包涵体产量和非闭合侵染病毒数量都有下降趋势，尤为明显的是后期培养出的多角体已经没有使棉铃虫幼虫致死的能力，而早期培养的同样剂量的多角体能使幼虫造成明显的死亡。McIntosh报道建立了用杆状病毒持续侵染的细胞株，虽然病毒照样生产，但包涵体数量与原细胞株首次侵染生产的包涵体数量相比减少了98%，病毒的效价也降低到原来的1/100。这些研究表明，在细胞培养系统内大规模生产病毒时必须考虑病毒致病力下降的问题。Hink开发了一个在发酵培养基上半连续生产病毒的系统，该系统建立了一个极好的低成本高效益的生产模型，但在收集病毒4次后，也陷入了产量和侵染力下降的困境。

3. 制剂生产

传统化学杀虫剂制剂有液剂、乳油、可湿性粉剂、粉剂、颗粒剂和饵剂等，而病毒杀虫剂使用最多的是可湿性粉剂、粉剂或饵剂，因为这类制剂能使昆虫致病病毒粒子包裹在天然蛋白基质内。可湿性粉剂由浸渍病毒的惰性载体组成，使用时加水搅拌成悬浮液。粉剂是由惰性干载体稀释病毒组成的，一般是撒施。饵剂一般含有害虫喜食的饲料。制剂应没有腐蚀性，不堵塞药械，能均匀地分布在作物上，并在普通条件下保持其最高活性。

在田间条件下，阳光是使杆状病毒侵染力丧失的主要因素，这可能是阳光中紫外线的强度和波长的作用。为此，杆状病毒制剂中应加入防止因接触日光使病毒失活的助剂。活性炭具有延长病毒活性的作用，药液的pH和配制用水中的氯元素对病毒的侵染力也都有影响。

(四) 利用遗传工程技术改进病毒杀虫剂

重组DNA技术对杀虫用杆状病毒的改造，主要集中在以下几个方面：扩大寄主范围、加快毒杀速度和提高病毒在作物表面对紫外线钝化作用的耐性等。目前遗传工程的主要注意力集中在引入可编码具有杀虫作用的神经毒素、肽、激素或酶的NPV病毒基因，或删除能延长被侵染幼虫生命的基因。到目前为止，已将编码保幼激素酯化酶、昆虫利尿激素和几种B.t.毒素的基因引入苜蓿银纹夜蛾NPV中。结果表明，工程病毒能够相当快地杀死或麻痹昆虫。经遗传工程改造过的苜蓿银纹夜蛾NPV已经在英国使用，是基因工程病毒进入环境防治害虫的首例。但这种改进能否降低成本目前尚属疑问。

(五) 应用

在俄罗斯，病毒制剂主要用于林业害虫的防治，如利用Virin ENSh防治舞毒蛾和利用Virin Diprion防治松柏锯角叶蜂已达到实用规模。在巴西，仅大豆夜蛾(*Anticarsia gemmatalis*)NPV的防治面积就超过30万公顷。危地马拉生产的苜蓿银纹夜蛾NPV用于防治棉花上的各种夜蛾十分有效。

我国对病毒制剂的开发也十分重视，产品主要用于防治农业害虫。已经试验过的品种有斜纹夜蛾(*S.litura*)、粘虫(*Mythimna separata*)、棉铃虫(*H.armigera*)、桑毛虫(*Euproctis similis*)和茶毛虫(*E.pseudoconspersa*)的NPV。此外，小菜粉蝶(*Pieris rapae*)已在全国大部分省市使用过，面积达到16000hm^2。

(六) 病毒杀虫剂商品生产的未来

病毒杀虫剂的生产价值最终取决于它本身的效果、使用方便程度以及和传统的害虫防治方法比较的相对成本。杆状病毒的研究已证实了它们用作生物防治剂的价值，现在最关键的问题还是成本。由于活体和离体生产技术在成本方面还有很大的改进余地，因此，只要同时解决病毒制剂的大规模生产技术、产品的适销性、田间应用和监控方法和产品在田间条件下的稳定性等问题，病毒杀虫剂大规模使用的前景非常广阔，在未来的害虫管理中必将发挥较大的作用。

三、真菌杀虫剂

真菌杀虫剂是产量仅次于细菌杀虫剂的另一类生物杀虫剂。据报道，有400～500种真菌具有不同程度的杀虫能力，其中属于半知菌的即有250多种。目前正在使用的真菌杀虫剂有13种，已注册的有6种。仅白僵菌(*Beauaveria bassiana*)和绿僵菌(*Metarhizium anisopliae*)这两种真菌即可在鳞翅目、鞘翅目、直翅目、半翅目和双翅目的700多种幼虫体内寄生。英国已将轮枝菌(*Verticillium lecanii*)和头孢霉(*Cephalosporium lecanii*)等真菌用于温室蔬菜蚜虫的防治。西欧某些学者还进行了利用真菌防治麦蚜的试验研究，结果表明，真菌*Erynia neoaphidis*对麦蚜的致病力强于*Entomophthora* spp.(分枝虫霉属)，但认为分枝虫霉属仍然是一种有前途的真菌杀虫剂。

1. 特点

与B.t.制剂和病毒相比，真菌杀虫剂有两个优点：(1)许多分离物有较宽的寄主范围，可以使多种昆虫染病；(2)真菌通过侵染角质层(表皮)来感染寄主，除了毛虫、甲虫和其他咀嚼口器昆虫以外，还能感染蚜虫和叶蝉。

2. 培养

大多数真菌可在人工培养基上生长，作为微生物杀虫剂基主要缺点是用量较大、生产成本较高。真菌在液体培养基中生长时，会产生芽生孢子，其壁较薄，比分生孢子存活率低。此外，分生孢子贮存期比B.t.和病毒制剂短，芽生孢子就更差。最近，开发了菌丝断片作杀虫制剂，但这一制剂能否进入商业性开发还有疑问。已工业生产和试生产的昆虫致病真菌如表10-2-4所示。

表 10-2-4 工业生产和试生产的昆虫致病真菌

菌 种	靶标生物	产品名称	制造国
白僵菌	马铃薯甲虫	Boverin	俄罗斯
	苹果蠹蛾		
	欧洲玉米蛾		中国
	松毛虫		
Culicinomyces	蚊幼虫	仅试验应用	美国
Hirsutella thompsonii	橘锈螨	Mycar	美国Abbott实验室
绿僵菌	沫蝉	Metoquino	巴西
Nomuraea rileyi	鳞翅目幼虫		
Verticillium lecanii	蚜虫、麦二岔蚜	Vertalec	英国Tate & Lylein公司
	温室白粉虱	Mycotal	英国Tate & Lylein公司
	蓟马	Thriptal	英国Tate & Lylein公司
拟青霉	根瘤线虫	Biocon	菲律宾
玫烟色拟青霉	粉虱、桃蚌螟		美国、日本
节丛孢	玉米根瘤线虫	Royal 300	法国
盘长孢状刺盘孢	杂草		美国
Cercospora rodmanii	凤眼莲属杂草	试验应用	美国Abbott实验室
大隔孢伏革菌	松树的*H. annosum*		英国Bio-Basic公司
绿色木霉	苹果溃疡病		

3. 应用

主要有以下9种真菌得到应用。

(1) 丽金龟棒束孢(*Isaria kogane*) 它是日本微生物防治害虫研究中首先发现的品种之一，用于森林害虫丽金龟的防治。从丽金龟(*Anomala testaceips*)分离出的丽金龟棒束孢对丽金龟幼虫为主的害虫群体有很强的致病性。1970～1973年，日本长野和爱知县林业局微生物培养所生产丽金龟棒束孢制剂达185t。

(2) 节卵孢属(*Oospora* spp.) 它是对切根虫有效的丝状菌，日本长野县林业局在1973～1976年生产了88t防治用制剂。棒束孢和节卵孢制剂的大量生产，是以缫丝厂的蚕蛹粉作培养基，在三角瓶内培养10天，温度25℃，然后干燥粉碎装袋以便运输。施用剂量：棒束孢制剂6g/m^2，节卵孢制剂3g/m^2。15～60天后效果明显。

(3) 玫烟色拟青霉(*Paecilomyces fumosoroseus*) 可用来防

治家蚕寄生蝇和桃小食心虫。

(4) 紫红色拟青霉(*Paecilomyces lilacinum*) 可用来防治马铃薯块茎蛾、粉蚧和吹绵蚧。

(5) 绿僵菌(*Metar hizium anisopliae*) 用来防治黑蠕象。

(6) 粉虱座壳孢(*Aschersonia aleyrodis*) 用来防治粉虱。

(7) 白僵菌(*Beauveria bassiana*)用来防治赤松毛虫、马铃薯甲虫和苹果小果蠹。

(8) 轮枝孢(*Verticillium recanii*) 在英国,用轮枝孢产生的Vertalek防治温室作物中的桃蚜,用Mycotal防治粉虱。

(9) 汤普生多毛菌(*Hirsutella thompsoni*) 美国用来防治橘全爪螨。

四、放线菌杀虫剂

放线菌生物杀虫剂是防治螨类的重要生物杀虫剂。早在1974年日本即利用杀螨菌素来防治果林和茶园害虫,并指出其防治效果同温湿度有密切的关系。

五、线虫杀虫剂

昆虫寄生性线虫大致可分为以下3类: (1)对某种昆虫专性寄生且具有共生关系的线虫; (2)对某种昆虫专性寄生且可杀死昆虫的线虫; (3)对昆虫无专性寄生且可杀死昆虫的线虫。目前研究的线虫种类主要有斯氏线虫属(*Steinernematid*)、新线虫属(*Neoaplectana*)和异线虫属(*Heterorhabditis*)。这些线虫的特点是寄主范围广,杀虫活性强,其培养方法比较经济,它们和寄生细菌(*Xenorhabdus* spp.)的商业性产品在许多国家内可免于注册手续,其效果也已在各种市场上得到证实,生产和销售已达到相当的商业规模,因此是具有较高实用性的生物农药。

1. 作用方式

斯氏线虫属和异线虫属与细菌(*Xenorhabdus* spp.)共生。在线虫非寄生期即线虫幼体侵染的第3个阶段，线虫并不进食，但在其肠内携带共生细菌，接触昆虫后，线虫经口、肛门或气孔，以及通过渗透机械地进入昆虫体腔内，在体腔内释放细菌。此外，异线虫属线虫还能够通过有些害虫的表皮进入体腔，在24～72h内由于细菌繁殖而使昆虫因败血症而死亡，同时提供了营养及阻止许多外来微生物生长，为线虫的繁殖创造有利的条件。线虫以增殖的细菌和寄主死亡组织为食，繁殖数代，最终在肠内带着共生细菌脱离死亡昆虫。在18～28℃下，线虫在大多数昆虫体内完成其生命周期需8～20天。

线虫与细菌之间的关系是相互共生的。如果没有线虫，细菌不能进入昆虫体腔；而没有细菌，线虫则不能在昆虫体内进行繁殖，两者缺一不可。这些共生菌都有初生态和次生态两种形态。具有初生态共生菌的线虫有较强的杀虫力。这些细菌能产生出抑制菌体外其他细菌生长的物质，使培养基呈碱性。这种嗜碱性与昆虫体内的pH密切有关，然而在线虫体内究竟是如何共生的，还有待于进一步研究。

2. 寄主谱和田间应用

在实验室条件下，斯氏线虫属和异线虫属的线虫，其寄主范围包括大多数昆虫，高浓度条件下还扩大到其他无脊椎动物如腹足纲、综合亚纲、蛛形纲、甲壳纲和倍足亚纲等。然而，由于行为和生态上的障碍因素，限制了线虫对一些在土壤中生活的昆虫的作用。因此，有些侵染虽然在实验室获得成功，但在田间可能无法实现。实际上，在田间线虫只能侵染极少几种昆虫。不过，令人高兴的是，这些线虫已被证实对非目标生物无害。

3. 生产和配制

线虫产品能否商业化，取决于在昆虫防治计划的成本许可下生产足够数量产品的能力。目前，用于生产斯氏线虫属线虫的发酵罐其容积已发展到15～80m^3，培养基包括大豆粉、酵母浸出液、玉米油和蛋黄。5年前的生产成本比化学杀虫剂高500％～800％，随着液体发酵技术的发展，这一数字已下降到10％～60％。

异线虫属线虫尚不能采用液体发酵法大规模地生产。异线虫属线虫的敏感性、与细菌间的相互作用及对通风条件的要求，可能是限制其高效生产的原因。目前主要是采用固体培养法生产，其成本为斯氏线虫属线虫产品的1～3倍。

线虫产品的配制和贮藏所涉及的问题不同于化学农药。在配制前，线虫常冷藏在大的通气贮罐内。用聚丙烯酰胺和藻酸盐凝胶载体固定线虫，或在粘土上使它们部分脱水，采用这种方式可配成稳定的线虫制剂。制剂能够降低斯氏线虫属线虫的新陈代谢，它们的生命力在室温下可达5个月，冷藏条件下可达12个月。异线虫属线虫由于不能在室温下贮藏，故其货架寿命很短。

4. 实用化问题

虽然昆虫寄生性线虫与普通杀虫剂一样可以防治害虫，但即使在美国和欧洲，线虫杀虫剂也只是初步中规模地使用。其原因主要有以下两个: (1)要广泛使用就必须大量培养线虫; (2)在不适宜的环境条件下线虫活力不强，因此在条件不适的地方使用就显不出较高的防治效果。第一个问题通过建立人工大量繁殖方法就可以解决。第二个问题，经研究发现，对线虫生长影响最大的是湿度。在低湿度条件下，线虫体内水分蒸发加快，因此不能长期生存。Kamionek研究发现，*Neoaplectana carpocapsae*种DD-136品系线虫，在30℃相对湿度20％时，2.5h就有98％死亡；而当湿度为85％时，即使100h后也没有死亡。梅雨季节时叶面处理的线虫3天后还存活；但天晴时，1h内就全部死亡。考虑到线虫对湿度的高度依赖性，因此改叶面使用为土壤处理可能会更有效。Moore报道，处理后24天的感染态线虫仍能在土壤中存活。但因为在土壤中有捕食线虫的小动物会影响线虫的生存，这种情况下，若与其他药剂混用，有可能延长线虫的生存时间。线虫对温度也很敏感，最适温度在25℃左右。温度的急剧变化会使线虫活动变得迟钝，感染力下降，防效变差。此外，阳光、pH、氧浓度、盐类浓度等因素也会影响线虫对寄主的感染力和防治效果。

5. 市场机遇

当前的包括杀螨剂在内的世界杀虫剂市场估计约为60亿美元，预计增长率为2%～3%，几乎有15亿美元用于防治危害玉米、水稻、草皮、蔬菜和观赏植物的地下害虫。从理论上说，线虫产品有可能进入这一部分市场，但事实上线虫产品还不能与其他的生物防治剂相竞争。

线虫产品已商品化进入高成本市场，如酸甲蔓(葡萄黑象甲)，柑橘(根象甲)，草皮(小地虎)和观赏植物(葡萄黑象甲)的生物防治。对于这些作物已立法规定禁用或限制使用成本低廉的化学杀虫剂(如有机氯类杀虫剂)。

然而在较低成本的作物市场中(如玉米和蔬菜)，线虫产品商品化面临的最大挑战是它必须在药效、成本、产品使用和贮存的难易等方面与化学杀虫剂进行竞争。虽然化学杀虫剂会造成严重的环境问题，但从种植者的角度来说，他们对害虫防治剂最关心的是高效、快速、低成本，而很少会顾及环境影响。因此在这些低成本市场中需要进一步开发、完善线虫产品的剂型和使用方法，才可能使线虫占领大份额的杀虫剂市场。

6. 线虫的安全性

推广使用昆虫寄生性线虫也必须注意对哺乳动物、鸟类、鱼类及其他有用生物的安全性和对环境的污染，商品化线虫则还必须满足农药登记的要求。

Polnar和Gangler等用线虫对哺乳动物的试验表明，大鼠和小鼠经日服或腹腔注射昆虫寄生性线虫后，未发现病变或死亡现象。经口服的线虫死后随粪便排出，腹腔注射的线虫则被鼠腹腔内大噬菌体包围致死。结果似乎表明，线虫进入哺乳动物体内不能生存且很快就会死亡。此外，在鱼的饲养水池内投放1万头/ml的线虫，结果对鱼无影响。对植物根的试验中也未发现昆虫寄生线虫侵入植物体内的现象。

7. 结论

以斯氏线虫属和异线虫属线虫为主配制作为防治土栖害虫的广谱生物杀虫剂是很有潜力的。各国的生物技术公司要将这些线虫商品化，并引入用量大的杀虫剂市场，如防治玉米幼芽根叶甲、德国小蠊，研究就必须朝确定最佳生产工艺、寻找更好的剂型、改进施用技术和采用更具毒性的线虫品种方向发展，这样才有可能缩小线虫和其他杀虫剂产品之间的成本差距。

六、拮抗微生物

所谓拮抗微生物，是指在土壤中同时存在两种以上生物种群时，利用其相互作用(协调、敌对、拮抗)以达到生物防治的目的。利用拮抗微生物进行病害防治的实例如表10-2-5所示。

表 10-2-5　利用拮抗微生物进行生物防治的实例

拮抗微生物	对象病害/病原菌	研究国家
假单胞菌(*Pseudomonas putida*)NRRL-B-12537	番茄萎蔫病/尖镰孢菌	美国
荧光假单胞菌	腐霉菌属	美国
绿色木霉T-1-R-9	菊萎蔫病/尖镰孢菌	美国
一种木霉菌(*Trichoderma harzianum*)T-315	苗立枯病/腐霉菌属、丝核菌属、小核菌属、镰孢菌属	欧洲许多国家
链霉菌属	棉立枯病/真菌立枯丝核菌	美国
颠茄青枯菌(*Pseudomonas solanacearum*)M4S	茄科植物土壤病害	日本
一种青霉菌(*S. griseaviridis*)ATCC 39271-2	植物真菌病	美国
腐霉菌属N2 ATCC 20692-3	植物腐霉菌	美国
一种假单胞菌(*P.cepacia*)NRRLB-14149	黄瓜、大豆科植物/腐霉菌	美国
T.harzianum，嗜麦芽假单胞菌，黄杆菌属等	植物病害	美国

日本农水省农业环境技术研究所、枥木农业试验场进行用拮抗微生物(假单胞菌属细菌)防治土壤病害的试验。在枥木农业试验场，日本化学、Agrocanashow、三菱瓦斯化学、日东化学工业、Corp化学等大公司共同开展对蔓割病、根腐萎蔫病的防治应用。朝日工业公司也从萝卜、草莓、甘蓝的萎黄病及番茄的萎蔫病的

病原菌中分离获得了拮抗微生物，经鉴定为木霉属，并大量繁殖成功。

七、微生物除草剂

(一) 微生物本身作为除草剂

生物除草剂是化学除草剂的最适代用品。作为生物除草剂，应用杂草植物的天敌——草食性昆虫(如椿象、蓟马、鞘翅目昆虫)、草食性的螨、线虫和软体动物是富有前途的，应用微生物(病毒、植物病原真菌)也获得了成功。美国、法国、澳大利亚和许多非洲国家在进行利用病毒防除水生杂草的试验。60年代，病原微生物开始用作生物除草剂，70年代起，植物病原真菌(真菌除草剂)在许多国家又得到了实际应用。巴西学者利用锈菌的某些小种进行除草试验，分离出对杂草有较强毒力的小种(*Puccinia cbondvillina*)，并将其运用到实际生产中，受益达1800万美元。还有，镰刀菌(*Fusarium*)虽然是多种作物萎蔫病的主要病原菌，但利用*F.latertium*可以成功地防除大豆和玉米田中的锦葵科杂草。

目前应用较多的微生物除草剂包括Collego和Devine两种。美国佛罗里达大学和阿博特公司开发的微生物除草剂Devine(由疫霉属菌产生)于1981年获得登记，可用于防除柑橘类果园中的攀缘性杂草*Morrenia odorata*。Collego(由刺盘孢属真菌产生)则由美国阿肯色大学和厄普约翰公司开发，系炭疽病原菌，可选择性地防除水稻和大豆田的皂角(*Aeschynomene virginica*)。Collego包含有15％孢子和85％惰性成分。试验结果表明，Collego对*A. virginica*有90％以上的抑制效果，而Devine在两年间对*M. odorata*的效果可保持在100％。虽然它们的防治效果令人满意，但由于它们可长期存在于土壤中，故能否作为除草剂农药予以销售还存有疑虑。继而获得登记的有Mycogen公司开发的链格孢，此外，美国还成功地使用尾孢属真菌*Cercospora rodmanii*防除水生杂草风信子；北卡罗来纳大学与Ciba-Geigy公司正在开发的*Bipo-*

laris sorghicola，系以世界上重要杂草——石茅为寄主植物，倘若能实用化，其经济效益将无法估量。

通常，从杂草中分离获得的植物病原菌对寄主植物具有种间特异性，所以对栽培植物危害甚小。不足之处是微生物除草剂不能非选择性地防除多种杂草，同时也不像化学除草剂那样速效，而需要相当的时间(有时是几年)才能见效。如果它能防除化学除草剂所不能防除的重要杂草靶标，而且它的相容性和时间性允许与广谱化学除草剂混用，微生物除草剂就会对作物保护发挥有意义的作用。

(二) 微生物代谢物作为除草剂

从微生物中分离得到的植物毒性物质在贮存、应用、制剂的相容性和半衰期方面都比活体微生物具有优越性，施用分离出来的植物毒素不会使非靶标植物染病，其药效通常不依赖于环境因素，便于预测，因此，微生物代谢物作为除草剂也成为研究重点。

植物病理学家将微生物产生的植物毒素分为两类：寄主特异性毒素和非寄主特异性毒素。寄主特异性毒素是指只作用于产生毒素的微生物所能侵染的植物种或其中一个亚种的毒素。某些侵染重要商品作物的病原菌所产生的毒素已经被鉴定结构，它们均由真菌产生。相对地，对侵染杂草的病原菌产生的毒素研究还很少。由于寄主特异性毒素的选择性很高，研究工作应针对经济影响大的杂草，如阿拉伯高粱。一旦杂草特异性毒素被发现，则通过结构——活性研究能导致其选择性的应用，尽量使其在农业上发挥最大的作用。

非寄主特异性毒素定义为产生毒素的微生物在自然条件下不感染植物，但其毒素对植物有害的毒素。这些微生物不一定是致病菌，细菌和真菌都可以产生这类毒素。尽管它们被定义为非特异性的，但其中许多对杂草具有选择性，有可能从中开发出一些新型除草剂。

由链霉菌产生的茴香霉素(Anisomycin)是第一个导向除草

剂商品化的微生物代谢产物，能强烈抑制杂草，但不影响某些园艺作物。虽然茴香霉素本身没有商品化，但它为新型的合成除草剂苯草酮(Methoxyphenone)的开发提供了化学基础。该药是优良的稻田除草剂，可以破坏敏感植物的叶绿素合成。

第一个直接开发成商品除草剂的微生物代谢物是双丙氨膦(Bialaphos)，它是链霉菌*Streptomyces viridochromogenes*的产物，已在日本市场出售。双丙氨膦是一种非选择性除草剂，既可杀单子叶植物，也可杀双子叶植物。对哺乳动物的毒性低，在土壤中的半衰期较短。双丙氨膦是一种生物激活除草剂，它必须被靶标植物代谢一部分后才产生活性。

由*Streptomyces saganonensis*产生的除草素(Herbicidins)有希望成为除草剂。除草素已试验用作稻田除草剂，在对水稻无影响的剂量下对几种禾本科草的防效。由交链孢*Alternaria alternata*产生的Tentoxin是一种环状四肽，在杂草-作物群落中能选择性地杀死杂草。例如，它可以防除玉米田中的阿拉伯高粱和大豆地中的多种阔叶草。遗憾的是，该产品合成困难，发酵产率又低，故未能商品化。

第三节　农用抗生素

抗生素系对生命有拮抗作用的化学品，通常由微生物产生，对微生物病原体十分有效。抗生素在防治人类疾病之外的其他领域中的应用，已被人们称为其“非医”或“非药用途”。它在植物病理学方面、尤其在防治植物病害方面的应用是人们兴趣日增的议题。以往一直认为由微生物产生的抗生素具有高效、低毒、安全、易分解和环境污染小等特点，是一种理想农药，故对生物源农药的安全性要求并不高。然而，随着生活水平的提高，人们发现，抗生素虽然不会损害作物，但却有可能产生残留，并且存在潜在的毒性，这是和微生物农药所不同的地方。

一、研究历史

1932年Winding发现从胶霉属(*Glicladium fimbriatum*)分离出来的胶霉毒素(Gliotoxin),对马铃薯丝核菌有拮抗作用,有助于防治马铃薯和番茄的根腐病。1954年,Brown和Boyle注意到青霉素对根癌病细菌有活性。Zaumeyer发现喷施链霉素,能有效地防治由栖菜豆假单胞菌引起的豆类作物的疫病。Zalabaok和Ark也在田间条件下使用链霉素防治由解淀粉欧文氏菌引起的豆类疫病。印度已将金色制霉素(Aureo fungin)开发成为防治水稻真菌病害的植物保护剂,日本也已在水稻栽培中长期使用杀稻瘟菌素。用于保护植物的抗生素如表10-3-1所示,表10-3-2则介绍了几种常用的农用抗生素。

表 10-3-1　植物保护中所用过的抗生素

功　能	抗 生 素 名 称
抗细菌	抗生素C6、灭胞素、氯霉素、橘霉素、红霉素、短杆菌肽、卡那霉素、新生霉素、青霉素、光菌霉素、多链丝霉素、多粘霉素、根菌素、链霉素、农霉素、四环素、万古霉素、Phytostrep
抗真菌	抗生素P3、抗生素P9、抗霉素、金色制霉素、杀稻瘟菌素、球茎状素、杀假丝菌素、抗生素CRRI、放线菌酮、多叶霉素、制霉菌素、寡霉素、灰黄霉素、植病活菌素、多氧菌素、四烯菌素、单端孢菌素、Benturicidin、Venturomycin
抗类菌质	四环素、红霉素、甲烯土霉素
抗病毒	放线菌素D、抗生素205-2B、杀稻瘟菌素、放线菌酮、柔毛霉素DPB、光神霉素、丝裂霉素C、杀结核菌素、Pentaene G8、三原霉素、间型霉素B、多氧菌素A、氯霉素、橘霉素、右霉素和Ribavvirin

表 10-3-2　几种常用的农用抗生素

名称	活性	类型	使用对象
Abamectin	杀虫、螨剂	大环内酯	观赏植物
金色制霉素	杀菌剂	多烯类	水果、蔬菜
杀稻瘟素S	杀菌剂	核苷	水稻
春日霉素	杀菌剂	氨基环多醇	水稻
土霉素	杀细菌、支原体剂	四环多体	水果、棕榈
匹马霉素	杀菌剂	多烯类	球根类
多氧霉素	杀菌剂	核苷	水稻、水果、蔬菜

续表

名称	活性	类型	使用对象
链霉素	杀细菌剂	氨基多环醇	水果、蔬菜
四抗菌素	杀螨剂	大环丁烯	水果
有效霉素A	杀菌剂	氨基环多醇	水稻

二、杀真菌剂

植物保护中，用抗生素防治真菌要比防治其他植物病原更为成功。在这一方面已使用的抗生素主要有金色制霉素、杀稻瘟菌素、放线菌酮、灰黄霉素和间型霉素等。

金色制霉素是一种庚烯抗生素，是从肉桂链霉菌地生变种(*Streptomyces cinnamoseous* var. *Terricola*)中提取出来的，为庚烯类抗生素中新的一类。它是一种广谱杀真菌剂，能有效地防治各种真菌。它是一种金黄色粉末，在潮湿和光照下不稳定，需在干燥黑暗环境中贮存。采用这一抗生素，可防治由柑橘褐腐病疫霉引起的柑橘流胶病、芒果的黑色蒂腐病、番茄的黑腐病，由稻瘟病梨形孢引起的稻瘟病以及由苹果白粉病霉引起的苹果白粉病等。

杀稻瘟菌素由灰色产生链霉菌(*Streptomyces griseochromogens*)产生，能抑制几种细菌和真菌。假单胞菌属对杀稻瘟菌素S特别敏感。在日本，已广泛地使用杀稻瘟菌素S防治稻瘟病。该药是在稻株上真菌侵害已经发生后施用的，因为它在菌丝体阶段比孢子阶段更为有效。应该说，人们更希望去探索能杀死孢子的抗生素，以便能防治土壤习寄菌，并在它侵害作物之前摧毁接种体。

美国Merck公司销售的链霉素制剂、Upjohn公司销售的放线菌酮制剂，都是用来防治观赏植物的病害。此外，研究发现，芽孢菌霉素(Bacillomycin)能有效地防治侵害几种禾谷类作物的玉蜀黍大斑病长蠕孢。抗霉素A能有效地防治马铃薯早疫病交链孢的孢子。Karumin能有效地防治马铃薯丝核菌。日光霉素(Nikkomycin)正在美国康涅狄格州用于处理患Dutch elm病的树木，它抑制几丁质的生成，阻止*Ceratocystis ulmi*菌丝体的正常生长。四环素则可防治由黄单胞菌属引起的番茄溃疡病。

三、杀 细 菌 剂

抗细菌类抗生素的试验工作大多限于欧洲、印度、日本和新西兰。番茄种子用抗生素处理可防治细菌性病原。Xanthobacdin对黄单胞菌属和其他一些细菌有活性。种子传播的烟草细菌性肿瘤也可用氯霉素和四环素处理；在受土壤杆菌属侵害的植物上喷施四环素能抑制根癌病。在使用抗生素防治植物细菌病原时要非常谨慎，最重要的是要避免在环境中产生抗性。

四、杀 病 毒 剂

用抗生素防治植物病毒病也是引人注目的，其中最常用的抗生素为氯霉素、放线菌酮和放线菌素D。其机理是利用抗生素来抑制寄主细胞中病毒核酸的复制或蛋白质的合成。抗病毒抗生素应该选择广谱性好、成本相对较低且无药害的品种，如果同时能促进寄主作物生长则更好。在这方面，已发现有些抗生素不仅能防治番茄缩叶病，还能增大和增多番茄的果实。虽然抗生素已经可以防治烟草、马铃薯、黄瓜、番茄和其他作物的一些病毒病害，但由于仍有许多植物病原(特别是病毒)引起的病害尚未能成功地加以防治，因此，这方面的任务还很艰巨。

类菌质体(MLO_S)和类立克次氏体(RLO_S)在使用抗生素后比病毒更易失活，因为它们具有与细菌类似的薄膜，在膜形成的过程中能更直接地受到抗生素的作用。对几种类菌质体病害尤其桑萎缩病、甘蔗矮化病和草梢病，用四环素处理非常有效。此外，葡萄坏死、啤酒花皱叶病和甜菜黄化病，据说是由RLO_S引起的，用四环素、青霉素和金色制霉素联合处理效果较好。

五、杀 虫 剂

杀虫剂的作用机制主要有：抑制乙酰胆碱酯酶；抑制γ-氨基丁酸的神经传递系统；作为离子载体，干扰细胞膜内外的离子平衡，以阻止几丁质的合成等。近年来又发现昆虫飞行的必需能量来源于海藻糖，由此认为海藻糖酶是昆虫飞行的关键酶，因此，对海藻糖酶具有强烈抑制作用的抗生素，有望开发成对昆虫有特效、而对人畜和环境十分安全的杀虫素。

目前工业化的杀虫素主要有Tetranactin、Hygromycin B、Destomycin B、Mibemycinh和Avermectin等。此外，见于文献报道的还很多，如中国医科院医药生物技术研究所和日本北里大学共同开发的具有杀原虫活性的戒台霉素(Jietacin)，Heisey发现的由灰色链霉菌产生的缬氨霉素(Valinomycin)，Hayashi发现的由简青霉产生的Okaramine，Takahashi发现的由链霉菌产生的Altemicidin以及Watanabe从红藻中发现的Z-Laureatin，在实验室研究中都表现出了优良的杀虫活性。

六、展 望

目前，仅有少量的抗生素开发为商品化的农业化学品，其原因与抗生素的效力、稳定性、毒性(环境和生态)及成本有关。农用抗生素的开发与医用抗生素相比，有以下几个特点。

1. 作用对象为群体

由于农用抗生素应用于农作物，因此人或其他生物都可能直接或间接摄入，这是和医用抗生素不同的地方。因此，开发农用抗生素时必须更多地从正常人或其他生物的角度予以考虑。

2. 经济性要求高

鉴于农用抗生素主要用于防治农作物的病虫草害，因此开发时必须考虑其投入产出之比。成本原因会使一些性能良好的抗生素也无法得到实际应用。

3. 生物间相互作用的关系复杂

农用抗生素的开发和实用化必须考虑到害物、植物、人类、动物和环境等各方面的因素。如有的物质具有很好的触杀或抑制作用，但施于植物后，却会被转化为其他无效物质;有的则相反，会从无效变为有效，从无毒变为有毒。诸如此类的复杂因素，大大增加了农用抗生素开发的难度。

尽管如此，开发农用抗生素也有容易的一面。如在进行筛选和研究时，可直接在生物体上进行。此外，还可借鉴医用抗生素开发成功的经验，提高筛选能力。这些都是相对医用抗生素而言的有利之处。

第四节　源于植物的生理活性物质

药用植物早在几百年前就为人们所认识，其提取物广泛应用于民间和现代医药中。在希腊，将谷物种子浸在酒中或同捣碎的柏树叶混在一起可防治霉变(黑穗病)。中世纪曾有过使用制作橄榄油所剩残渣的记录。17世纪，含有尼古丁的烟叶提取物可用于防治海蟓虫和网蝽科害虫。然而，20世纪40年代以来，化学合成农药纷纷替代植物源农药雄踞市场，使得有关植物衍生的农用天然产物的研究一度陷入低谷。实际上，当今世界至少有26万种不同的植物，而在化学性质上进行过调查研究的不过10%。植物能够产生类萜、生物碱、多炔、类黄酮、独特的氨基酸和糖等多种性质各异的次级代谢物，这些代谢物在作物保护上有着广泛的用途，对它们的研究不是太多了而是还远远不够。因此，从科学观点看，高等植物再度成为新农用化合物宝贵资源应该是毫无疑问的，开发植物天然产物是现代农药研究的一个重要发展方向。

一般说来，植物天然产物原有的化学成分通常不会表现出令人满意的农药性能，因此，植物天然产物作为合成的先导化合物要比直接作为商品更有希望。

一、杀 虫 剂

植物天然产物中以杀虫特性著称的当数除虫菊。在古代，除虫菊的干花粉末就常常用来杀虫。天然除虫菊含有6种非常相似的化学成分，其主要活性成分为除虫菊酯、瓜菊酯和茉莉菊酯。由于除虫菊具有高效的杀虫活性和对哺乳动物的低毒性，故而是一种理想的害虫防治剂。但是，除虫菊不稳定，在农田作物中防治昆虫不太经济，尽管现在市场上仍有除虫菊的制成品销售，但杀虫性更佳、光稳定性更强的合成拟除虫菊酯正大量取而代之。

鱼藤酮(Rotenone)是众所周知的植物杀虫剂，至今仍受园林工作者的欢迎。鱼藤酮及相关的类鱼藤酮(Rotenoids)是从鱼藤属(Derris)、尖荚豆属(Lonchocarpus)和灰叶属(Tephrosia)植物中提取的。这些植物最早在亚洲和南美洲作为鱼毒使用，将此类植物在湖和小河中拖动，鱼就会麻木而易于捕捉。鱼藤酮具有防治一系列害虫的活性，其作用方式主要为呼吸抑制。

另一非常熟悉的商用杀虫剂是烟碱(Nicotine)。远在300年前，欧洲部分地区就用烟草提取液来喷洒植物。在多种烟草属植物中都发现有烟碱的存在，而黄花烟草中的烟碱含量远比人们熟悉的制烟烟草丰富，为提取烟碱，已有人专门栽培黄花菇草。烟碱的作用方式是通过对乙酰胆碱受体的附着，使神经系统受损。其缺点是对人毒性极高。

沙巴草属和黎芦属植物虽早已用作杀虫剂原料，但商业化应用却极为有限。其有效成分是藜芦定(Veratridine)等一系列藜芦属生物碱。藜芦属生物碱作用于钠通道，对哺乳动物和昆虫毒性颇高。

不饱和异丁基酰胺类化合物对飞行昆虫能迅速击倒和杀死，但天然产物极不稳定，不能直接使用。这类化学成分有很强的辛辣刺激性，施于舌部可起局部麻醉作用。业已发现它们具有阻断钠通道的作用。

从印度楝树获得的印度楝树油(Neem oil)是一种令人瞩目的天然植物杀虫剂。印度楝树油中含有多种化学成分，其中最具活性的是苦楝素。苦楝素在1968年就得以分离，然而20年后其结构才被完全阐明。苦楝素具有昆虫拒食作用和忌避作用，是一种强力的昆虫生长调节剂，使昆虫不能从一个发育阶段蜕皮进入下一发育阶段而夭亡。苦楝素能与传统杀虫剂相互兼容，其新的化学性能和特有的作用方式(不杀成虫，无“快杀”作用)，对治理常规农药抗性和抗性虫害的综合治理，有着重要意义。苦楝素对哺乳动物和鸟类低毒乃至无毒，土壤降解迅速，加上有效剂量低，因此对环境中非靶标生物的危害很小，商业应用前景十分广阔。

二、杀　菌　剂

虽然具有强烈杀虫活性植物天然产物的例子比比皆是，但由高等植物获得杀菌剂的情况比获得杀虫剂更为复杂，其主要原因是因为植物天然产物常常是抑制真菌的生长而不是杀灭真菌。

毛蒿素是从毛蒿植物获得的常规次级代谢物。离体活性试验表明，能防治一系列植物病原，对人类病原也有防治效果。毛蒿素已进行合成研究，但要获取实用产品，尚需时日。在医药领域，发现局部使用刺激性太大，合成刺激较低的类似物，常常又降低杀菌效果。

高等植物次级代谢物活体试验显示出能防治植物病原的有硬尾醇(Sclareol)，这是从南欧丹参和胶粘烟草中得到的。虽然这种物质防治豆科植物上的锈菌效果良好，但其效能和使用范围，离商品化要求还有距离。

三、除　草　剂

相当数量的植物天然产物具有令人注目的除草特性，但此类高等植物资源相对较少。开发植物的除草剂功能比杀虫剂和杀菌剂更困难，主要是因为在自然环境中，杂草对作物的损害远小于病虫害带来的严重损失，对杂草而言，采用化学防治更容易，因此，生产商对来自植物源的除草剂兴趣不大。

植物天然产物中除草效应最好的是从万寿菊属植物提取的α-三噻吩。万寿菊也称非洲金盏花，含量非常丰富。α-三噻吩除有除草特性外，还有杀线虫作用。对α-三噻吩的作用方式尚不十分了解，但有迹象表明，α-三噻吩在紫外线照射下会产生原子氧，从而使酶失活、核酸氧化和膜破坏，导致生物体损害。α-三噻吩已进行化学合成研究，但产物至今都没有商业价值。此外，香豆素、胡桃醌、δ-氨基-γ-酮戊酸、蒿属素和1,8-桉树脑也具有作为除草剂开发的潜力。

四、其　他

人们常常采集由民间传说所了解的医用植物，将它们的提取液与接种物相混来试验已知的植物病毒，并进行半叶试验。两半叶子都用病毒悬浮液擦涂，其中半叶接种未处理过的病毒，另半叶接种与医用植物提取液相混过的病毒。结果发现，植物可产生许多病毒抑制剂，它们是蛋白质、糖蛋白、多糖、酚类等。藓类，尤其是泥炭藓(Sphagnum)、藻类和豆科的山扁豆属的提取物在抑制烟草花叶病毒方面很有效。

尽管已从植物中成功地开发出几种医用药物，但要从植物中开发能安全经济地喷施在田间作物上的杀病毒剂，还有很多工作可做。一些被子植物，如铁苑菜(*Acalypha indica*)，已显示出对植物病原真菌如交链孢属的活性。近来，海洋生物在医学方面的潜力已引起人们极大的注意，海洋生物中探索植物保护用抗生素的工作正在进行。

此外，日本的一些企业，已建立了从紫茉莉中提取烟草MAP为主要成分的抗病毒农药的批量生产技术。协和发酵建立了由透骨草组织培养而大量生产Hydoxan A的技术。这种方法在农药生产上的应用尚属首例，若能商品化，可称为世界首创。

第五节 昆虫生长调节剂

人们在开发高选择性杀虫剂的过程中，发现了一系列具有昆虫生长调节作用的杀虫剂(IGRs)。这些药剂作用于昆虫生长和发育的关键阶段，干扰昆虫形态的形成。鉴于从幼虫至成虫的蜕皮生长过程是昆虫特有的性质，故而此类杀虫剂对人、畜十分安全。

昆虫生长调节剂的成功开发，激发了人们去寻找具有其他特性的昆虫生化靶标并对脊椎动物几乎无毒的新药剂。由于昆虫本身不能合成甾体细胞核，而所需甾醇必须依赖于食物源。因此，由食物中摄取甾醇的过程或将其转化为基础代谢物的酶，有可能成为杀灭害虫的靶标。另外，昆虫角质层形成的复杂生化过程，也为农药研究者提供了众多的机会。

一、控制昆虫变态的化合物

昆虫的变态受控于大脑分泌的某些激素，其中最主要的要数保幼激素(JH)和蜕皮激素。前者多为萜烯类衍生物，后者为甾族化合物。对于完全变态的昆虫，在幼虫早期阶段，其保幼激素含量很高，到后期就急剧下降，到蛹期时则几乎为零。蜕皮激素在高龄期显著增加，以引发幼虫内部组织器官的分解及形成成虫形态，从而开始了下一个幼龄期循环。

60年代末，人们设想将保幼激素类似物开发成杀虫剂。确实，通过外部集中使用保幼激素或其类似物，能破坏虫体内保幼激素的平衡，从而诱使昆虫形态的变异，例如延长幼虫期、蛹的蜕变不完全、雌成虫不育及胚胎发育受影响。

尽管不少人在该领域的研究中付出了相当的努力，但只在70年代才开发了几个适于公共卫生、包装贮存和兽药方面的化合物。但是，在实际应用中保幼激素类似物作为杀虫剂也有两个弊端：一是它们仅在昆虫生命循环的一个短时间内有效；二是对成虫阶段影响有限。从化合物本身而言，其不饱和萜烯的结构对光稳定性较差，故在田间持效性差。目前，再次兴起对该领域的研究系得益于4-苯氧基苯酚衍生物的发现。此类保幼激素类似物光稳定性好，甚有开发前景。

双氧威(Fenoxycarb)系由汽巴-嘉基公司开发。该品种系作为农用杀虫剂的第一个保幼激素类似物，对低龄幼虫有效，可防治鳞翅目害虫及果树、柑橘、棉花、橄榄、葡萄及观赏植物上的吮吸式口器害虫，而对益虫和益螨安全。

哒幼酮(NC-170)属哒嗪酮类化合物，为日本日产公司开发的用于防治水稻害虫的候选品种，其对飞虱、叶蝉呈现了类保幼激素的高选择活性。

二酰基肼类化合物抑食肼(RH-5849)能诱使鳞翅目害虫提前蜕皮，并可很快抑制摄食，进而死亡。尽管对一些昆虫和哺乳动物显现了与钾离子通道受阻有关的神经毒性，但该药剂仍被认为是非甾醇蜕皮激素抑制剂。对二酰肼类结构进行优化后开发了Tebufenozide，这种蜕皮激素抑制剂，对昆虫任一生长期均具有诱发它迅速提早蜕皮的功效。该药剂主要用于果树、葡萄、蔬菜、水稻等作物及林业上防治鳞翅目害虫，而适期使用则是成功地发挥其药效的关键。

二、抑制昆虫几丁质合成的化合物

昆虫的外壳系由角质层所形成，起着支撑、保护和渗透作用。角质层则由外部蜡质层(上表皮)和几丁质/蛋白质所组成，它可将外表皮、中间层和内表皮分开。从幼龄期到下一龄的蜕皮过程中，老的内表皮被分解掉，其组成部分在新的角质层形成之前被吸收到昆虫体内。苯甲酰脲类几丁质合成抑制剂，为胃毒作用的杀幼虫剂，能抑制幼虫蜕皮时新的角质层的形成。虽然对作用的生化机制尚不明了，但已知它们并非抑制几丁质合成酶。由于此类化合物缺乏速效性，故往往与其他速效杀虫剂混用。这类药剂通常在摄食后才能发挥其胃毒作用，故对肉食性昆虫类影响很小，有利于保护天敌。因此，此类药剂适于害物综合防治。

三、其　他

在以生物源为生理活性物质的生物农药中，以性信息素最有前途。目前，日本已发现了约70种害虫性信息素，并有一部分得到实用化。用性信息素防治害虫有引诱灭杀的大量引诱法和交配错乱法，而后者(在整个区域释放出信息素，以使雄虫难觅雌虫，从而减少交配和产卵)已实用化。以性信息素防治害虫，具有能减少杀虫剂用量的优点，但也有一药一虫的局限性。

第六节　生物农药的发展趋势

生物农药经过多年发展，虽然到目前为止仍然只占整个农药生产的极小部分，但它在生物防治中起到的作用是不可忽视的。形成于20世纪60年代的害物综合治理观念，可充分发挥生物农药的优点，同时能克服化学农药对环境造成的有害影响，其基本原理是：采用良好的作物栽培农业技术和抗性品种；开发能保持和激活调节昆虫、病菌和杂草数量的天敌和其他生物机能的方法；研究能抑制有害生物的有效的化学和生物手段；合理使用农药，特别是使用选择性农药、信息素及病毒、细菌制剂。害物综合治理方法已在美国、日本、法国、德国、意大利、英国、西班牙、瑞士和巴西得到成功应用，并将进一步为全球所接受。在这种情况下，对生物农药的特点、现状和发展趋势再作一综合分析，会有助于生物农药未来的推广使用。

一、生物农药存在的问题

生物农药活性对土壤因子和环境条件(如温度、pH、温度和紫外线变化)的依赖性和相对敏感性，造成其活性不稳定，是限制生物农药商品化的重要原因之一。生态参数也会影响生物农药的性能，例如土壤的微生物复合系统可能对引进的微生物种的群体增殖起缓冲作用。此外，生物农药的高特异活性使得它对非靶标生物的影响有限，这种相对于广谱性化学农药的优点在另一方面又限制了它的推广应用。除了活性谱相对较广的苏芸金杆菌和昆虫致病性线虫，许多有潜力的生物农药只是对病虫害发育的某个阶段有效。例如昆虫致病线虫只对害虫的幼虫有效，而真菌一种轮枝孢(*Verticllium chlamydosporium*)也只能侵染植物致病线虫的卵。从药效的角度来看，许多生物农药与化学农药的击倒活性相比，有效速度较慢，种植者不愿采用。再有，生物农药需要在有效活性期使用，常规化学农药销售网络封闭条件下必需的1～2年的货架寿命，对于生物农药是很难达到的。由于货架寿命短，因此需要回收过期失效的产品，造成生产厂利润微薄，不得不减少生物农药的产量。

大多数生物农药的生产成本相对常规化学农药还缺乏竞争力。目前的生物农药产品中之所以大部分是苏芸金杆菌，其中一个重要原因是液体发酵生产工艺显著降低了苏芸金杆菌的生产成本。高生产成本导致产品价格昂贵，因此除了高价值产品的市场外，其他市场几乎都把生物农药排斥在外。生物防治的优缺点如表10-6-1所示。

表 10-6-1　　生物防治的优缺点

项　目	化学防治	生物防治
残留毒性	有	很少或没有
选择性	有或无	有
对人、畜及其他动物的毒性	有	无
抗性	出现	基本没有
效果	速效，受环境影响小	缓效，受环境影响大
质量管理(施用、操作)	容易	稍复杂
大量生产	便宜、稳定	困难

二、生物农药的希望

在园艺种植业，生物农药生产成本的竞争性可能强得多，如防治葡萄黑象甲，采用线虫和化学农药地虫磷的费用相近，分别为每平方米1.1和0.9镑。温室害虫采用益虫防治则比施用化学农药更便宜。

在世界农药总的市场趋势走向平稳或甚至有点下降的同时，生物农药的销售额却以每年10%～20%的速度增长，从一个侧面反映出生物农药应用的巨大潜力。许多重要的农药公司近年来设立了不少合作项目，大力支持生物农药进入市场，如Ecogen公司、Mycogen公司、作物基因国际公司和Novo Biocontrol公司。这些生物防治产品的专门生产厂，每年在生物农药开发上的预算费用高达600～1000万美元。另外一些大的农药公司，如Ciba-Geigy公司、Zeneca和Sandoz公司用于植物生物工程研究开发投资每年达1500～2000万美元。

农药工业对生物农药关心的原因是，新化学农药的发现几率在过去20年中从5000个化合物成功1个降低到20000个才能成功1个。因此从1981年起，农药研究开发投资每年递增3.1%，但同时期世界农药市场每年增长率仅2%。据估计，一个农药产品进入市场需投资8000万美元，而将现有的生物农药投入市场每个产品只需200万。农药开发成本中主要部分是注册登记，估计每个化合物注册费用约需2000万美元。相反，生物农药注册较为简单，即使在有些国家现在有所强化，其注册费用也在20万美元之内。生物农药从开发到生产的时间虽然较短，但有时这方面的优越性会被开发低成本的生产工艺和长时间的田间试验所抵消。较低的开发成本，不仅使生物农药能够进入较小的市场，还可以进入以前化学农药从未进入过的新市场。

开发和利用生物农药形成热潮，另一个重要原因是环境的可容性。环境法规和公众对环境的认识导致在农业上减少使用化学农药的压力增大，公众要求农业生产出少含或不含化学残留物的农产品的呼声越来越高，这使得食品加工业和零售商对农业种植者施加压力，迫使其只能使用消费者心理上能接受的作物保护剂。虽然这涉及到作物种植者对施用农药利弊的认识，但市场上供应的生物农药和化学农药的比例对作物种植者的选择取向还是有较大的影响的。所有这些，都使得生物农药逐渐替代化学农药的希望正不断增大。

三、生物农药未来的研究课题

生物农药定义中的第一类，即直接利用生物作为农药是未来生物农药研究中的主要方面。在研究开发中应对以下几点有充分的考虑。

(1) 目标害虫　确定目标害虫；建立目标害虫的大量繁殖方法供测定效果及繁殖病原需要。

(2) 针对目标害虫的微生物的选择和育种　包括有效微生物的选择；有效变种的筛选；育种需要的微生物培养方法和基因工程改进手段等。

(3) 效果　微生物农药防治效果的实验室测试以及害虫防治的田间试验。

(4) 开发生物农药的廉价、大量生产技术。

(5) 生物农药制剂和质量控制　主要是在保证稳定性和生物活性前提下的制剂生产方法及生物活性和稳定性测定方法。

(6) 建立微生物的安全性的证实及评价方法。

(7) 生物农药对环境的影响　分析对非目标微生物和生态平衡的影响，考察害虫对生物农药的抗性。

(8) 施用技术　微生物杀虫剂施用的合理化；微生物杀虫剂施用可能引起任何问题的对策。

农业和农业生产的情况在21世纪会发生很大的变化，虽然化学农药届时仍将在农业中发挥重要作用，但如果对环境和农作物的污染增加、害虫对化学杀虫剂抗性发展以及从综合防治角度考虑的话，化学杀虫剂的施用将会受到愈来愈多的限制。同时，由于能源危机，需要节省合成产品包括农药的原料——石油的呼声会越来越强烈。生物农药将获得前所未有的发展机遇。在未来的生物农药研究中，育种所需的基因操作技术在微生物遗传学和昆虫病理微生物学发展的基础上将会有很大的进步。下列研究的成功将扩大生物农药的用途，尤其是对具有化学农药抗性以及化学农药难以防治的害物。

(1) 利用基因操作技术对苏芸金杆菌和球形芽孢杆菌进行育种，以获得具有高毒力和寄主谱广的变种。

(2) 用基因操作技术对昆虫病原病毒育种获得高致病力和寄主谱广的病毒株。

(3) 用基因操作技术和原生质体融合技术对昆虫病原真菌育种获得高致病力和稳定的昆虫病原真菌菌株。

(4) 生物农药的低成本生产。

(5) 微生物杀虫剂的安全施用。

在以上研究范围内取得的成功必将促进生物农药的发展，这些功能更强的生物农药是下一世纪替代化学农药的潜在力量，并为未来的作物种植者在相当数量作物的病、虫、草害防治实践中提供了更多的选择。

主要参考文献

[1] National Science and Technology Council, USA. Biotechnology for the 21st Century: New Horizons. 1995

[2] Timmis K N. Environmental biotechnology. Current Opinion in Biotechnology, 1992, 3 : 225～226

[3] 程树培.环境生物技术.南京: 南京大学出版社,1994

[4] 蒋展鹏.环境工程学.北京: 高等教育出版社,1992

[5] 顾夏声等.水处理工程.北京: 清华大学出版社,1985

[6] 刘大均.生物技术.南京: 江苏科学技术出版社,1992

[7] 罗九甫.酶和酶工程.上海: 上海交通大学出版社,1996

[8] 陈驹声,居乃琥,陈石根.固定化酶理论与应用.北京: 轻工业出版社,1987

[9] 李再资.生化工程与酶催化.广州: 华南理工大学出版社,1995

[10] 伦世仪.生化工程.北京: 中国轻工业出版社,1997

[11] 俞俊棠,唐孝宣.生物工艺学.上海: 华东化工学院出版社,1992

[12] 张自杰.环境工程手册(水污染防治卷).北京: 高等教育出版社,1996

[13] 郑平,冯孝善.废物生物处理理论和技术.杭州: 浙江教育出版社,1997

[14] Lun S Y, Wu J, Chen J. Anaerobic Waste Treatment: Efficient Separation of the Acid and Methane Forming Phases Using Two UASB. Process Biochemistry, 1995, 30(6): 523～529

[15] Chen J, Lun S Y. Study on Mechanism of Anaerobic Sludge Granulation in UASB Reactors. Water Science & Technology, 1993, 28(7): 171～178

[16] Lun S Y, Chen J. The Contribution of Interspecies Hydrogen Transfer to the Substrate Removal in Methanogenesis. Process Biochemistry, 1992, 27: 285～289

[17] Chen J, Lun S Y. Scale-up of UASB Reactor. In: Biochemical Engineering for 2001, ed. S. Furusaki, et al., Springer-Verlag, Tokyo, 1992: 795～799

[18] 陈坚,伦世仪.UASB反应器中颗粒污泥的培养与应用.环境科学,1988, 9(5): 11～15

[19] 陈坚,李期颁,伦世仪.颗粒污泥的生物相与最佳条件的研究.水处理技术,1988, 14(4): 230～236

[20] 伦世仪,陈坚等.ABR-UASB工艺处理酒糟废水的研究.中国沼气,1989, 7(2): 8～13

[21] 陈坚,伦世仪等.UASB反应器结构与性能的研究.生物工程学报,1991, 7(2): 171～179

[22] 陈坚,李春生,伦世仪.厌氧污泥颗粒化机制研究.中国环境科学,1993, 13(5): 334～338

[23] 李小明,陈坚,伦世仪.卤代芳香化合物的厌氧降解.中国沼气,1994, 12(2): 1～5

[24] 严煦世.水和废水技术研究.北京:中国建筑工业出版社,1992

[25] 章克昌.酒精与蒸馏酒工艺学.北京:中国轻工业出版社,1995

[26] Atkinson B,Mavituna F.Biochemical engineering and biotechnology handbook. Macmillan Publishers Ltd, 1983

[27] Rehm H J, Reed G. Biotechnology, Vol. 3. Verlag Chemie GmbH, 1983

[28] 王连生.有机污染化学.北京:科学出版社,1990

[29] 王菊思,赵丽辉,匡欣.合成有机化合物的生物降解性研究.环境化学,1993, 12(3): 161～170

[30] 李小明,陈坚,伦世仪.硝酸盐对驯化降解TA污泥的影响研究.环境科学,1996, 17(4): 51～53

[31] Bailey R E. Comment on "chlorobenzenes in sediments, water, and selected fish from Lakes Supperior, Huron, Erie, and Ontario." Environ. Sci. Technol, 1983, 17:504～510

[32] Chapman P J. Bacterial metabolism of 4-chlorobenzonic acid. Abstr. Ann. Meet. Am. Soc. Microbiol, 1975, 192～197

[33] Daughton C G, Hsich D P. Parathion utilization by bacterial symbionts in a chemostat. Appl. Environ. Microbiol, 1977, 34: 175～181

[34] Healy J B, Young L Y. Anaerobic biodegradation of eleven aromatic compounds to methane. Appl. Environ. Microbiol, 1979, 38:84～89

[35] Johnston H W, Briggs G G, Alexander, M. Metabolism of 3-chlorobenzonic acid by a *Pseudomonas*. Soil. Biol. Biochem,

1972, 4:187～193
[36] Knackmuss H J. Degradation of halogenated and sulfonated hydrocarbons. Page 189 in T. Leisinger, A. M. Cook, R. Hutter and J. Nuesch (eds.) Microbial Degradation of Xenobiotics and Recalcitrant Compounds. Acadimic Press, New York, 1981
[37] Lettinga G, van Velsen A F M, Hobma S W, de Zeeuw, Klapwijk A. Use of upflow sludge blanket(UASB)reactor concept for biological wastewater treatment, especially for anaerobic treatment. Biotech. Bioeng., 1980, 32:699～705
[38] Martin Alexander. Biodegradation and Bioremediation. Acadamic Press, 1994, 248～271
[39] Hinchee R E, Olfenbuffel R F. (Eds) In Situ Bioreclamation. Butterworth-Heinemann, Massachusetts, U.S.A., 1991
[40] Hinchee R E, Olfenbuffel R F.(Eds) On-Site Bioreclamation. Butterworth-Heinemann, Massachusetts, U.S.A., 1991
[41] Jodi S B. Impact of present and future regulations on bioremediation. J. Industrial Microbiology, 1991, 8:13～22
[42] EPA's Alaska oil spill bioremediation project. Environ. Sci. Technol., 1991, 25(3):372～379
[43] Raiph J P. Applications of adapted microorganisms for site remediation of contaminated soil and ground water. Sci. Technol., 1991, 25(3):247～259
[44] 张甲耀，李静等.生物修复技术研究进展.应用与环境生物学报，1996, 2: 193～199
[45] 堵国成，陈坚，伦世仪等.流加发酵生产生物可降解聚合物的研究.生物技术，1996, 6(4):5～10
[46] 堵国成，陈坚，伦世仪等.真养产碱杆菌ATCC17699生产聚β-羟基丁酸摇瓶发酵条件的研究.应用与环境生物学报，1996, 2(3): 308～314
[47] 堵国成，陈坚，伦世仪等.真养产碱杆菌生产聚β-羟基丁酸的补料批式发酵条件研究.应用与环境生物学报，1997, 3(4):371～374
[48] 堵国成，陈坚，伦世仪等.真养产碱杆菌WSH3的连续培养动力学研究.化学反应工程与工艺，1998, 14(1):61～66
[49] 堵国成，陈坚，伦世仪等.真养产碱杆菌两级连续培养系统生产聚β-羟

基丁酸的动力学研究.生物工程学报,1998, 14(2):192～197
[50] 郁明,陈坚,伦世仪.真养产碱杆菌合成3-羟基丁酸与3-羟基戊酸共聚物(PHBV)摇瓶发酵条件研究.无锡轻工大学学报,1998, 17(2):1～5
[51] 陈银广,陈坚,伦世仪.生物可降解塑料(PHB)提取的研究进展.化工进展,1998, 17(1):41～45
[52] 陈银广,陈坚,伦世仪.β-羟基丁酸戊酸共聚酯作为药物黄酮体缓慢释放的初步研究.无锡轻工大学学报,1998, 17(1):29～33
[53] 陈银广,陈坚,伦世仪.聚β-羟基丁酸酯提取方法的比较.无锡轻工大学学报,1998, 17(3):5～9
[54] 高海军,陈坚,伦世仪等.PHB生物降解性的研究进展.无锡轻工大学学报,1996, 15(2):174～178
[55] 高海军,陈坚,伦世仪等.聚β-羟基烷酸薄膜的好氧和厌氧降解.环境科学,1997, 18(4):17～20
[56] 高海军,陈坚,伦世仪等.不同环境条件下聚羟基烷酸(PHAs)薄膜生物降解性研究.中国环境科学,1997, 17(4):330～334
[57] Kitamoto D, *et al*. Production of Mannosylerythritol Lipids by *Canida antarctica* from vegetable oil. Agric. Biol. Chem., 1990, 54:37～43
[58] 方云等编译.生物表面活性剂.北京: 中国轻工业出版社,1992
[59] T. Nakahara, *et al*.Induction and characterization of mutants enhance in assimilability of nalkanes in shake cultures from a strain of *Canida* sp. J. Ferment. Technol., 1983, 61:19～25
[60] H. Kawashima, *et al*. Extracellular production of a Mannosylerythritol Lipid by a mutant of *Canida* sp. from n-alkanes and triacylglycerols. J. Ferment. Technol., 1983, 61:143～150
[61] Sung-Chyr Lin. Biosurfactants: Recent Advances. J. Chem. Technol., 1996, 66:109～120
[62] 刘涛,刘廷华等编著.生物表面活性剂.北京: 科学技术文献出版社
[63] 陈坚,华兆哲,伦世仪.生物表面活性剂在环境生物技术中的应用.环境科学,1996,17(4):84～87
[64] 朱文昌,陈坚,伦世仪等.甘露糖赤鲜糖醇脂的微生物生产.工业微生物,1998, 28(1):32～37
[65] 华兆哲,陈坚,伦世仪等.假丝酵母生产生物表面活性剂及降解正构烷烃的研究.南京大学学报,1998, 34(2):149～154

[66] Federici B A.微生物杀虫剂.张文明译.农药译丛,1992, 14(3): 36～39
[67] 张一宾编译.微生物杀虫剂的防治现状及展望.农药译丛,1996,18(3): 13～16
[68] Aizawa K.二十一世纪的微生物杀虫剂及其防治.姚亦民译.农药译丛, 1988, 10(2):8～10
[69] 曹如槐.国外生物农药研究与利用的现状.国外科技,1991, 11:36～38
[70] 晓岚摘译.农用生物农药展望.农药译丛,1994, 16(2):7～17
[71] 上田富雄.生物农药的现状及开发动向.生物と工业,1992, 9(6):51～54
[72] 倪长春等译.作为生理活性化合物的农药.农药译丛,1996, 18(3): 4～7
[73] 郭三堆.植物Bt抗虫基因工程研究进展.中国农业科学,1995, 28(5): 8～13
[74] Kenneth E. Sherman.大规模商品生产病毒杀虫剂的可能性.晓岚摘译.农药译丛,1986, 8(6):29～34
[75] 山中聪.新的生物农药——昆虫寄生性线虫.生物と工业,1986, 3(6):5～12

欢迎加入"轻工读者俱乐部"

一、会员享受的优惠:

1. 免费获得最新图书信息。

2. 以90折优惠价购书(免收邮挂费)。

二、加入办法:

仔细填写下面的读者调查表和会员登记卡,寄回我社,即可成为会员。

读者调查表

为了更深入地了解您的阅读和服务要求,我社正在进行读者调查。您的宝贵意见将会作为日后编辑,选题的依据。

请您在选中答案前的方格内打"√"或将您的答案填写在横线上:

1. 您是通过什么途径知晓本书的?

□ 同事、亲友的介绍 □ 逛书店 □ 街头书摊 □ 机场书摊

□ 培训班 □ 报纸 □ 杂志 □ 网络 □ 邮件信息

□ 其他途径(请注明) ____________________

2. 您是如何获得此书的?

□ 书店购买,是在____________省____________________县(市)

____________________书店购得(请写书店名称)

□ 借阅 □ 邮购 □ 培训及学校用教材

3. 您认为本书的质量如何:

	很好	好	尚可	差	很差
从理论、专业水平的角度看	□	□	□	□	□
从实用、可操作性的角度看	□	□	□	□	□
从新颖、创新程度的角度看	□	□	□	□	□
从文笔、案例生动的角度看	□	□	□	□	□
从印刷、装帧质量的角度看	□	□	□	□	□

4. 下面哪些因素会影响您购买图书:(可多选)

☐ 书店宣传及书架陈列 ☐ 书名 ☐ 作者 ☐ 编辑机构

☐ 出版机构 ☐ 内容简介 ☐ 前言 ☐ 目录

☐ 封面(底)推荐 ☐ 图书定价 ☐ 其他(请注明)______

5. 您感兴趣的读物类型:(可多选)

☐ 案例型国外原著 ☐ 教材型国外原著 ☐ 编写、加工后的国外资料

☐ 港、台类著作 ☐ 案例型国内著作 ☐ 教材型国内著作

☐ 其他______

6. 您对我社提供的服务有哪些建议:

☐ 图书编辑方面:______

☐ 专业培训方面:______

☐ 营销咨询方面:______

"轻工读者俱乐部"会员登记卡

姓名		性别		年龄		文化程度	
工作单位							
通讯地址							
邮编		电话				传真	
E-mail							

请在您感兴趣的书籍类型后画√:(可多选)

食品科技 ☐	发酵工业 ☐	皮革工业 ☐	塑料工业 ☐
造纸工业 ☐	日用化工 ☐	日用陶瓷 ☐	机电工业 ☐
工艺美术 ☐	服装编织 ☐	家用电器 ☐	经济管理 ☐
生 活 类 ☐	其它(请注明)		

请按下述地址将读者调查表及此登记卡寄回我社:

1. 北京东长安街6号 中国轻工业出版社邮购部。邮编: 100740

2. E-mail: qwbs@public.bta.net.cn 咨询电话: (010) 65241695

内 容 简 介

环境生物技术是现代生物技术和环境工程技术相结合的一门新兴交叉学科。近10年来，环境生物技术发展极其迅速，已成为一种经济效益和环境效益俱佳的、解决复杂环境污染问题的最有效手段。本书是轻工高等院校教学指导委员会组织编写的教材。根据国内外环境生物技术研究与应用的现状，本书重点介绍两部分内容。第一部分为传统环境生物技术，即废水的好氧生物处理、厌氧生物处理、除磷脱氮技术和废物的资源化工程。第二部分重点介绍现代环境生物技术，包括危险性化合物的微生物降解、污染场地的生物补救、生物可降解塑料和生物表面活性剂以及生物农药的生物合成。

本书可用作高等院校生物工程、环境工程专业教材，也可供从事环境工程、发酵工程、生物可降解塑料生产、科研和设计院所的技术人员以及有关院校的师生参考。